研究叢書54

文法記述の諸相

中央大学人文科学研究所 編

中央大学出版部

まえがき

　現在，中央大学人文科学研究所には，50近くの研究チームがある。それぞれのチームは，学部の枠を超えた研究員，他大学に属する客員研究員，および大学院生などの準研究員から構成されている。チームの1期の研究期間は5年で，それぞれ1期の終了時には，一定のまとめや成果を出すのがほぼ慣例となっている。

　我々の研究チーム「文法記述の諸相」は，2005年4月に発足した。最近増えてきたものの，以前は言語学を主体に扱うチームはあまりなく，唯一「言語の体系と教育」（1999年〜2003年　主査：野田時寛）という研究チームがあった程度である。この研究チームを引き継ぐ形で新たに生まれたのが，本研究チーム「文法記述の諸相」であり，参加メンバーは，何らかの形で文法研究に携わっている研究者たちである。チーム全体の専門は，対象言語の面でも対象分野の面でも広く多様で，この学際性の故に共同研究チームという位置づけとなっている。　扱う対象言語は，研究員数の多い順から，英語，中国語，日本語，ドイツ語，フランス語などがあげられる。対象分野や枠組みは，統語論，意味論，語用論，辞書学，音声学，音韻論，言語習得，言語教育などである。そして，合計16名の研究員から構成されている。

　2010年3月に1期5年の研究期間が終わり，まとめの一区切りとして，このたび本叢書を刊行する運びとなった。当初は，16名全員が執筆の予定であったが，最終的には11名による9本の論文となった。執筆を断念された研究員には，多忙を極める学務の中心を担ったり，学部などの組織の長という重責の任に就かれた研究員もおり，これらの研究員の方々の論文の収録を断念せざるを得なかったのは，心残りでならない。

　執筆者の扱う対象言語，対象分野が異なるため，この叢書を一つの共通テーマでまとめるのはなかなか至難の業であり，最終的には，中心として扱っている対象言語（日本語，中国語，英語）によって，3部構成にまとめることとなった。以下本叢書に掲載した論文について簡単に紹介したい。

　第1部の日本語は，3編の論文からなる。野田論文は，寺村秀夫の研究を

出発点にその影響を受けた研究の流れを追い，その最近の成果である『現代日本語文法』の記述について批判的考察を試みたものである。藤原論文は，実際の会話やブログデータを話し言葉コーパスとして，「ほんと」「実際」「事実」などから，最近の若者の「まじ」「リアル」までを含め，文の命題部分が「真の情報」であることを表示する「話し手の主観を表す副詞」について考察したものである。林・西沼・谷部論文は，発話末の上昇・下降音調と音節長に焦点を当て，日本人の若年層における発話データを収集・分析し，韻律が日本語の男女差を決定づける事実を明らかにしている。また，収集した音声データの一部を用い，日本語母語話者と中国人・ドイツ人の日本語学習者に対して行った聴取実験の結果，母語により異なる知覚の傾向と特徴が見出され，母語が異なる学習者に対する音声指導にあたっての留意点を提起したものである。

　第2部の中国語は，中国語方言(漢語系言語)を扱った2編の論文からなる。工藤論文は，広西三江侗族自治県での実地調査を基にした論考で，漢語方言のひとつ六甲話において，名詞とその前に置かれる名詞，形容詞，疑問代名詞，動詞(句)，介詞句(いわゆる前置詞句のこと)それぞれが，おもな4種類の統語構造のうち，どの構造をとり得るかをまとめたものである。遠藤論文は，台湾の新竹県新埔鎮の海陸客家語の動詞補語構造についての記述的研究である。補語とは動詞・形容詞に後置される成分で，結果，方向，可能，状態，程度などを表す。本論文では，この構造が標準中国語とはかなり異なったものであることを指摘している。

　第3部の英語は，4編の論文からなる。大羽論文は，今までの与格構文交替に関する統語的観点からの研究について問題点を俯瞰したあと，約3,000万語の新聞記事コーパスを対象に，3パターンの構文をとる5つの動詞の目的語の名詞句の定性・不定性と代名詞の頻度を計量し，名詞句の定性という観点から，与格構文交替の統語的問題点の解決案を提示したものである。若林論文は，truck-driver, paper-ripperなどの動詞由来複合名詞について取りあげ，大人の英語母語話者(段階3)の産出データと子供の母語話者習得中(段階1，2)の産出データの違いに焦点を当て，その違いから，「範疇素性の一貫使用の有無」，「統語の習得が形態より先んずる」という母語習得に関する一般的記述の提案を試みたものである。

　市川論文は，「could / might＋完了不定詞」構文を取りあげ，主要な辞書や文法書の語義記述と文法説明を綿密に比較しながら，その多義性，曖昧性

に関する複数の問題点を考察し，語用論的意味として「苛立ち，非難」と「注意喚起」の区別を文法記述に盛り込むことの必要性について論じたものである。最後に収録の新井の拙論は，semantic prosody の現象とされる問題を取りあげ，その最初の定義を批判的に検討し，おもに BNC コーパスを使って，不快な意味を持つ名詞句と共起しやすい名詞・動詞表現の存在を具体的に指摘し，これらが「予兆・発生・直面」という共通の意味にまとめられる特性を持つことを明らかにしたものである。

　本研究チームの研究活動と本叢書の刊行は，多くの方々の惜しみないご援助やご貢献によって成し得たものである。まず，最初に共同研究チームとしての発足をご提案，ご推薦くださった当時の所長，上坪正徳法学部教授に感謝申し上げたい。また，研究叢書の刊行にあたり，寛大なご配慮を賜った現所長の石井正敏文学部教授，出版委員長の秋山嘉法学部教授，そして運営委員の皆様に，御礼申し上げたい。

　さらに本叢書の出版にあたり，数え切れないほどの無理なお願いやご迷惑をおかけしたにもかかわらず，いつも最後は快く受け入れてくださった上，入念な校正・索引作りに労を厭わず奮闘いただいた出版部の菱山尚子氏に，心から感謝申し上げたい。

　最後に，本叢書を読まれた読者の皆様から，忌憚のないご批判や建設的なご意見を賜れば，執筆者一同，望外の喜びであり幸せである。

　　2010年9月末日

研究会チーム「文法記述の諸相」
責任者　新　井　洋　一

目　次

まえがき ……………………………………… 新井洋一　　i

第1部　日　本　語

文法の書き方
―現在の日本語記述文法の流れと問題点― ……………… 野田時寛　3

 1．はじめに　3
 2．文法のとらえ方　3
 3．何のための，誰のための文法か　4
 4．記述文法の流れ　4
 5．記述の順序：全体の配置の問題　10
 6．述語文型の提示のしかた　17
 7．おわりに　31

真の情報を導く副詞の形成 …………………… 藤原浩史　41

 1．はじめに　41
 2．副詞の意味の不確定性　42
 3．真の情報を導く副詞　45
 4．真の情報を導く副詞のシステム　56
 5．新たな副詞の形成　57
 6．おわりに　62

日本語の発話末韻律の産出と知覚 …………… 林　明子／西沼行博／谷部弘子　65

 1．はじめに　65
 2．社会音声学と言語教育の立場から見た本稿の位置づけ　67
 3．音声表出実験に基づく産出面からのアプローチ　68

4. 聴取実験に基づく受容面からのアプローチ　73
5. おわりに　89

第2部　中　国　語

広西三江六甲語の連体修飾構造……………………………工藤早恵　101
  1. はじめに　101
  2. 統語構造の4つの種類　103
  3. それぞれの連体修飾語に用いられる統語構造　105
  4. おわりに　128

台湾海陸客家語の補語…………………………………………遠藤雅裕　131
  1. はじめに　131
  2. 補語の定義　132
  3. 結果補語　133
  4. 方向補語　145
  5. 可能補語　152
  6. 状態補語　158
  7. 程度補語　165
  8. おわりに　167

第3部　英　　　語

与格構文交替における統語的制約の再検証…………大羽　良　177
  1. はじめに　177
  2. 与格構文交替とは　178
  3. 先行研究　181
  4. 3パターン以上の構文交替を認める動詞と
     その項の統語的特徴の関係　191
  5. 調査方法　193

6．結　　果　*194*
　　7．分　　析　*200*
　　8．おわりに　*207*

英語を母語とする子供の発話に見られる
　動詞由来複合名詞に相当する構造……………………若 林 茂 則　*211*

　　1．はじめに　*211*
　　2．大人の英語母語話者の文法における動詞由来複合名詞　*212*
　　3．子供の文法に見られる複合化　*216*
　　4．考察：子供の文法　*223*
　　5．おわりに　*226*

語義と文法の記述と語用論
　―「could/might+完了不定詞」構文をめぐって―…………市 川 泰 男　*231*

　　1．はじめに　*231*
　　2．語義記述　*231*
　　3．文法記述　*255*
　　4．語用論　*271*
　　5．おわりに　*277*

不快表現との共起指向性が高い
　「予兆・発生・直面」表現………………………………新 井 洋 一　*281*

　　1．はじめに　*281*
　　2．今までに取り上げられたおもな共起表現　*282*
　　3．起源と既存研究概観　*284*
　　4．不快指向性を持つ「予兆・発生・直面」表現　*293*
　　5．おわりに　*336*

索　　引

第1部　日　本　語

文法の書き方
――現在の日本語記述文法の流れと問題点――

野 田 時 寛

1. はじめに

　日本語の文法の書き方について考える。文法というものをどうとらえ，どう書くかは，研究者の考え方，その研究目的によって大きく違ってくる。本稿では，文法研究の成果をどうまとめ，どういう順序で提示するかという点から，現在の文法記述が持っている問題点を考えてみたい。

　本稿の筆者の求める文法は，外国語としての日本語教育に役に立つ実用的な記述文法である。その立場から，そのような日本語の文法を書くにはどうしたらよいか，これまでに書かれてきた日本語文法にはどのような問題点があるかを考える。

　現在の日本語文法記述の例として，くろしお出版から刊行されている『現代日本語文法』（全7巻）をとりあげ，その構成，記述のしかたの疑問点を検討し，望ましい記述のあり方を探る。記述の細かい内容の当否はひとまずおいて，どう書くか，どういうまとめ方をするかを議論の対象とする。

2. 文法のとらえ方

　日本語の文法と言っても，そのとらえ方により，文法に何を求めるかはかなり違う。

　「規範文法：記述文法」「理論文法：実用文法」「解釈文法：表現文法」という対立した見方のうち，筆者は後者の立場をとる。すなわち，記述的で，実用的で，表現のための文法という立場から，よりよい文法を求める。

　実際のことばの使われ方を元にして，抽象的な理論よりも実用に役立つ記述を求め，実際に文が組み立てられるような規則の集合として文法を考える。

　上にあげたどの立場に立つにせよ，文法が体系的なものであることは，基

本的な前提であるが，その体系の隅々まで書くことを必要と考えるかどうかは，立場によって大きく違う。

筆者の求める日本語教育のための記述文法は，すべての文法事項について述べてあること，つまり「網羅的」でなくてはならない。そして，それらが見通しよく，わかりやすく説明されることが求められる。

3. 何のための，誰のための文法か

文法の初めは，古典語を理解するために作られたものと考えられる。わからないものをわかるための，上であげた「実用文法(解釈文法)」である。

現代の，自分たちが使用している言語の文法を書くことは，ずっと後になって生まれる。自らの現代語を，古典語と同じような整った規則に基づくものと認めるためである[1]。

言語学者(文法学者)が，文法を解明すること自体に価値を認め，学問的探究のひとつとして文法を研究するようになったのは，最近のことと言ってよいだろう。

日本語の文法研究も，古典語の研究として始まった。現在，小学校から教えられている「学校文法」は，国語学の古典語中心の研究から生まれた，「国文法」とひとくくりにして呼ばれるもののひとつ(橋本文法)が元になっている。それは，現代日本語を習得しているものが古典日本語を理解するために役立つものではあるが，現代語の分析としてはあまりに不十分な体系である。

後に紹介する寺村秀夫の文法研究は，寺村の言語学の素養と，外国人留学生に対する日本語教育の中での研究から生まれた。そのことが，それ以前の理論的関心が中心にあった文法研究に対して，寺村の文法が柔軟な方法と豊富な成果を得た原因のひとつになっていると筆者は考える。

4. 記述文法の流れ

包括的な記述をしている最近の文法書を対象として，どのように文法が書かれているかを検討し，その問題点を考える。

最近の記述文法の流れに大きな影響を与えたのは寺村秀夫の研究である。初めに寺村の著作を検討し，次にそれに影響を受けているいくつかの文法書

を見る。

4.1　寺村秀夫の文法

　寺村秀夫は，日本語文法の全体を見通した著作を 2 度書こうとし，2 度目の途中でなくなった[2]。1 度目の成果が『日本語の文法(上)』(1978)，『同(下)』(1981)であり，2 度目の未完の著作が『日本語のシンタクスと意味』(全 3 巻，1982，1984，1991)である。前者は『(上)』が単文，『(下)』が複文を扱い，後者は 3 巻全部が単文を扱っており，複文の巻は書かれないままになった[3],[4],[5]。

4.1.1　『日本語の文法(上)』(1978)

　寺村の 2 つの著作には，記述の順に多少の異同が見られる。まず，『日本語の文法(上)』を見ていく。目次から各章の題を引用する。

1. はじめに――日本語のきまりと仕組み
2. 文の構成要素とその種類分け
3. 「こと」の類型――述語の種類とその補語との結びつき
4. 「主語」「主格」「主題」
5. 述語の活用
6. テンス・アスペクト
7. 態(ヴォイス)――格と動詞の形との相関
8. 心的態度(ムード)の表現

　「はじめに」での問題設定，多くの誤用例を使った問題の展開など，巧妙な導入部分の後，品詞分け，語順の問題などに触れ，「こと」の類型，すなわち述語による補語(格)のとり方の型を探っていく。

　寺村は，この本では「主題」を「補語(格)」のすぐ後に論じている。主題をここに置いた理由は，「主語」の問題を補語に続けて論じたかったからであろう。寺村は，「主語廃止論」で有名な三上章を師として尊敬していた。

　三上章は，学校文法の「文は主語と述語から成る」という基本的な考え方を徹底的に批判し，「主語廃止論」を唱えた。「主語」は他の補語と区別する構文的根拠が弱く，それよりも「主題」を重んじるべきであり，「主語」の代わりに，「主格」と「主題」という 2 つの用語を「が」と「は」に当てるべきであるとい

うことを繰り返し主張した。上の「4．「主語」「主格」「主題」」という章題は三上のそういう問題意識を引き継いでいる。

　記述の順序以外に，寺村の分析で注目すべきことは，文の基本構造を「コト」と「ムード」に分けたことである。この『日本語の文法(上)』ではそれほどはっきりと述べてはいない(「こと」の類型，という表現に暗示されている)が，次の『日本語のシンタクスと意味』ではより明確に論じている。この用語の使い方は，三上に始まるが，寺村が引き継いだことで，広く使われた。これは国語学の「叙述」と「陳述」(渡辺実)に対応するものであり，1960年代の格文法の"proposition"と"modality"にも対応する[6]。

4.1.2 『日本語のシンタクスと意味』(1982, 1984, 1991)

　寺村秀夫の主著である『日本語のシンタクスと意味』(全3巻)の第1巻『日本語のシンタクスと意味Ⅰ』(1982)は，第1章で形態論・品詞論なども含め，文の構成を概観した後，第2章では「コトの類型」として補語の型によって述語の分類を行なう。この述語の分類の議論は100ページにわたり，大きくとりあげられているが，格助詞の用法の一覧や，補語のまとめといったものはない。第3章は格に関わる「態(ヴォイス)」を扱う。

　続いて第2巻『日本語のシンタクスと意味Ⅱ』(1984)の第4章で「活用」を論じた後，第5章「確言の文」は「確言」のムードの中のテンスとアスペクトを扱い，第6章は「概言」と「説明」のムードを論じる。以上が単文の基本的な部分になる。

　まとめていえば，「コトの類型―ヴォイス―(活用)―テンス・アスペクト―ムード」という流れである。「コトの類型」では単独の述語が補語をとってひとつの事態を表す。その述語に要素が付け加えられて成立するヴォイスからムードへの順は，動詞に接続する要素の承接順になっており，それは複合的述語の構造を反映していると考えられる。寺村は，それまで「助動詞の用法」として記述されてきたさまざまな文法事項にひとつの論理的な分析の順序を与えた。

　文の基本的な構造の分析をこのような形でとらえる寺村の記述の順序は，この後の文法に大きな影響を与えている[7]。

　なお，遺稿として残され，未完に終わった『日本語のシンタクスと意味Ⅲ』(1991)の第7章は「取り立て――係りと結びのムード」であり，第8章「構文要素の結合と拡大――連用と連体」の途中で終わる。ここでは主題の章をた

てず,「取り立て」の中で「は」を扱っている。

4.2　90年代以後の文法書
　寺村の影響を受けていると思われる文法書を3種見る。

4.2.1　益岡・田窪『基礎日本語文法―改訂版―』(1992, 初版1989)
　寺村やその他の80年代の研究成果を受けて，現代日本語の文法の全体を簡潔にまとめたものとして，初めてと言っていい文法書である。むろん，これ以前にも簡略な文法書はいくつもあったが，その時代の研究水準を反映したものはなかった。内容を目次からまとめる。

　　第Ⅰ部　序論：文の組み立て
　　第Ⅱ部　語(品詞論　14章)
　　第Ⅲ部　単文
　　　　1章　補足語
　　　　2章　注意すべき構文(存在・所有，授受，感情，対称性，比較，変化)
　　　　3章　述語の修飾語　　　　4章　ヴォイス
　　　　5章　テンスとアスペクト　6章　ムード(11節)
　　　　7章　疑問と否定の表現　　8章　提題と取り立て(9節)
　　　　9章　名詞句の構造　　　　10章　指示
　　　　11章　省略，繰り返し，語順転換，縮約
　　　　12章　分化文と未分化文　　13章　慣用句
　　第Ⅳ部　複文
　　　　1章　補足節　　　　　　　2章　副詞節(10節)
　　　　3章　連体節　　　　　　　4章　並列節
　　　　5章　従属節の従属度
　　第Ⅴ部　敬語と男女差
　　　　1章　敬語表現の文法　　　2章　ことばの男女差

　寺村が論じなかった多くの問題を，他の研究者の研究成果と著者自らの研究を加えて，220ページ余の短い記述の中でまとめている。
　5ページの序論の後，語論が66ページ(30%)，単文が107ページ(50%)，

複文が34ページ(15%),敬語などが10ページという配分である。語論(品詞論)の割合が比較的大きく,複文は寺村に比べると少ない。

第Ⅲ部1章の「補足語」は「格とその主な用法」として格助詞ごとに用法を解説している。その後に「必須の格の配列型」として文型の例をいくつかあげている。寺村(1982)とはかなり違い,格助詞を重んじている。

第Ⅲ部2章の「注意すべき構文」というのは,体系的な文法としては好ましくないまとめ方であろう。しかし,それではどうするかというと難しい。9章以降の内容もさまざまな事項を順不同で並べただけになっている。12章は「文とは何か」という基本問題に関するものであるが,補足的に扱われている。

第Ⅳ部「複文」は,寺村の『日本語の文法(下)』の分析を受けており,短い記述ではあるが,このような見通しのよい形で複文が記述されたのは,筆者の知る限り初めてである。

4.2.2 『日本語文法ハンドブック』(2000, 2001)

庵他『日本語文法ハンドブック』も,それ以前の水準を超えた文法書である。『初級』(2000)約400ページ,『中上級』(2001)約570ページ,合わせて1000ページに近い,堂々たる内容の文法である(ページ数は資料・索引などを除外した本文のみの数)。ただし,『初級』と『中上級』で同じ記述が繰り返されているところがあり,編集意図が不明瞭である。

また,教師用の参考書であり,体系的な文法書というより,書名の通り「ハンドブック」的なところがある。記述の順序は日本語教科書に合わせてあり,第1章が「指示詞・疑問詞(コソアド)」であるということが象徴的である。これは,日本語教科書の第1課で「これ・この本」などが教えられることの反映である。

寺村の「コトの類型」に当たる内容は,「格助詞」と題して解説している。文型は動詞文型の例をいくつかあげているだけで,格の解説は意外なほど短い。これも,初級日本語教科書の文法解説として必要な程度におさえたということだろう。

なお,品詞論は第Ⅱ部として『初級』の巻末に置かれている。

4.2.3 『現代日本語文法』

現在出版されている文法記述の中で,もっとも詳しく包括的なものは,日

本語記述文法研究会による『現代日本語文法』(全7巻)である。その「総目次」が同書の各巻末にある。省略した形で下に示す。

　　日本語記述文法研究会編『現代日本語文法』
　　現代日本語文法総目次　（予定）
　　　　第1巻　　はじめに―『現代日本語文法』の立場と構成―
　　　　　　　　第1部　総論　　　　第2部　形態論
　　　　第2巻　　第3部　格と構文
　　　　　　　　第4部　ヴォイス
　　　　第3巻　　第5部　アスペクト　第6部　テンス
　　　　　　　　第7部　肯否
　　　　第4巻　　第8部　モダリティ
　　　　第5巻　　第9部　とりたて　　第10部　主題
　　　　第6巻　　第11部　複文
　　　　第7巻　　第12部　談話　　第13部　待遇表現

　2003年に第4巻が出版され，その後断続的に続刊が出て，2010年6月に最後の第1巻が出版され，全7巻がついに揃った。
　『現代日本語文法』は，約30人の若手研究者による膨大な量の記述文法である。1巻当たり約300ページあり，全体で2000ページを超える。このような文法記述が実現したことの意義はどれほど強調してもしすぎるということはない。
　本稿の筆者が文法の勉強を始めた1970年代の初めには，現代日本語の体系的な記述文法と呼べるものはほとんどなかった。それほど遠くない将来に2000ページの文法書が書かれるだろうなどということは，まったく想像もできないことだった[8]。
　記述文法に第一に求められるものは，記述の詳しさ，正確さである。この点で，同書はこれまでの文法書をはるかに超えている。上記の『日本語文法ハンドブック』もすばらしい成果であったが，逆にそれを手にしたことによって，日本語文法の全体を書くためには1000ページを費やしてもそれほど詳しい記述にはならない，ということが明らかになったとも言える。十分な記述をするためには，その倍の密度の濃い記述が必要となる，と感じた。それが，『現代日本語文法』によって実現したのである。

今後は，この『現代日本語文法』が現代日本語の文法記述のひとつの標準となると思われる。したがって，同書の記述のしかたについて考えておくことは重要な意味を持つと考える。この第2巻の「格と構文」については，後で少し詳しく検討することにする。

「格と構文」以下の文法事項のとりあげ方をひとつの流れとしてまとめると，次のようになる。

格と構文 ─ ヴォイス ─ 時(アスペクト・テンス) ─ ムード ─
とりたて・主題 ─ 複文 ─ 談話 ─ 待遇表現

これは，明らかに寺村の考えを受けている[9]。ただし，『現代日本語文法』第5巻で主題を「とりたて」とは分けて，寺村よりは「主題」を大きく扱っている。なお，『現代日本語文法』には，寺村の第8章「連用と連体」に対応するような，修飾に関するまとまった部分がない。

5. 記述の順序：全体の配置の問題

以上に紹介した文法の全体的な記述の順序の問題を考える。全体の体系を見通しよく解説するには，何から始め，どのように続けていけばよいか。初めに何を論じるかという問題と，「主題」の位置づけ，単文と複文という分け方の問題，および形式によるまとめ方と機能によるまとめ方の違いの問題を検討する。

5.1 文法記述の始め方

文法をどのように書き始めるか。ここで考える問題は，構文論の前に品詞論をどの程度論じるかということと，文の構成を分析する前に「文」についての議論をするか，という2つの問題である。

5.1.1 形態論・品詞について

文は単語を一定の規則の下に配列したものである。したがって，文の構成規則である構文論の話を始める前に，単語に関する知識が必要である。品詞論を構文論の前に置くのは自然な発想である。しかし，品詞論をどの程度詳しく述べればよいのかは判断が難しい。

かつての文法では，品詞論が中心であった。語の用法が詳しく研究され，その組み合わせとして文の構造が説明された。述語と補語の格関係は，補語に使われる格助詞の用法の問題とされ，品詞論の助詞の中で扱われる。ヴォイス・テンス・ムードなどの問題は助動詞の用法として論じられる。複文は接続助詞の用法の問題である，など，語の用法の説明が文法の大部分を占める。それらが品詞論で論じられた後の構文論が中身の少ないものとなるのは当然の結果である。

　しかし，現在の文法記述の中心は構文論，いかに文を組み立てるか，である。品詞論はその準備段階と見なされる。語の用法は，構文論の観点から位置づけを見直される。品詞論的観点(他の語との接続，活用の有無などの形式的特徴)によって助動詞とされていた一部の語が，その機能によってヴォイス・テンス・ムードなどに分けられる。テンスは「タ形」と「ル形」の対立として見直され，ムードには動詞の活用形から助動詞，さらには複合的な形式(「なければならない」「はずだ」など)もその機能によって分類される。そのような組み替えによって，それぞれの機能の対立関係，全体の体系がより明確になる。

　接続詞の用法は，かつては品詞論の中で記述されたが，現在では談話文法の中心的項目としてとりあげられる。指示詞あるいは「こそあど」の問題も談話の文法項目としてもとりあげられるようになってきた。

　では，現在の文法は品詞をどう扱っているか。寺村(1982)の品詞論はきわめて短いものである。構文論を重視した文法で品詞論をどう書くかという問題に対しては，寺村の書き方がひとつの答えを示している。できるだけ簡略に，である。ただし品詞間の境界，特に構文的性質に関する問題は詳しく述べている。なお，形態論のうち，活用については詳しく議論している。

　益岡・田窪(1992)は「第Ⅱ部　語」として66ページ，本文225ページのうち約30％を費やしている。品詞を詳しく説くこと自体はひとつの立場として理解できるが，品詞の問題と構文の問題の区別が不十分である。品詞の解説の中で，第Ⅲ部「単文」で扱うべき「文」の問題を扱っている。

　例えば，第Ⅲ部「単文」では名詞文をとりあげず，第Ⅱ部の「名詞」でも名詞述語のことは扱っていない。「名詞述語の機能」という解説は，第Ⅱ部の「判定詞」の末尾にある。たしかに，名詞述語は「名詞＋判定詞」であるのだが，その機能は判定詞の用法とは言えず，また，名詞の性質としても議論できないものである。「名詞述語の機能」なるものは，名詞述語となる名詞と，主題

名詞との意味関係によって決定される名詞文の構文的性質に関わるものであり，構文論で議論すべき問題だからである。そして，さらには，名詞節の性質にも関わってくるので，複文の構文的性質の問題としても分析されなければならないのである[10]。

庵他(2000)は第Ⅰ部で構文を扱った後，第Ⅱ部として品詞の解説を行なっている。分量は400ページのうち，60ページである。

この本も，品詞の問題と構文の問題の区別が不十分である。第Ⅱ部に「名詞(文)」という章があり，名詞の問題と，名詞文の問題を分けていない。そもそも，日本語教育のための文法書であるならば，名詞文の解説は巻頭に置くべきである。同じ第Ⅱ部の形容詞の章では，形容詞同士の語順や，「形容詞が必要とする名詞句とその格」という構文的性質の解説まである。当然，文型の問題として，第Ⅰ部に「形容詞文」という章をたてて，そこで解説すべき問題である。

『現代日本語文法』は第1巻の第2部「形態論」の中に「品詞」という章を置いているが，30ページ弱であり，全体の量から見ると，非常に少ない。記述は，基本的なことのみに抑えられている。

5.1.2 文について

文について論じる場合，「文とは何か」という根本問題のほかに，文の種類にはどのようなものがあるかということを文の機能から考えるという問題がある。

後者のひとつは，「平叙文・疑問文・命令文・感嘆文」というよく行なわれる分類である。この分類は，文の構成を考える前に説かれることが多かったが，現在はムード(モダリティ)の中で扱われ，文の構造は(感嘆文以外は)すべて「コト」と「ムード」という単一の型で分析される。感嘆文は，ムードとして扱われるものと，一語文あるいは未分化文とされ，述語を持った文とは別扱いされるものに分かれる。

日本語の文の類別として，もうひとつ重要なのは，主題の有無に関わる分類である。三尾砂の「主題文：現象文」，佐久間鼎の「品定め文：物語り文」，三上章の「有題文：無題文」など，優れた分析があり，日本語研究のひとつの成果であるが，記述文法での位置づけはまだ定まっていない。「コト」と「ムード」という分析の中では，主題は「コト」の外の要素とされ，かと言って，「ムード」としての扱いは不明であり，中心的課題とならない。構文論の中で

の主題の位置づけについての私見は、次節で述べる。

　日本語教育では、述語の違いによる「名詞文・形容詞文・動詞文」という分類が重視される。表す事柄の違いが大きく、主題の「は」の使われ方も大きく違う。

　しかし、本稿でとりあげている文法書では、この区別はそれほど重視されていない。3種とも結局は「コト+ムード」の「コト」の中身の違いであり、補語のとり方の違いであると考えられているようで、動詞文だけが大きくとりあげられている。

　寺村(1982)では、動詞文型が詳しく、形容詞文型もそれなりに扱われているが、名詞文型はごく簡単に述べられている。名詞文型は「ハ」の問題として、「第7章　取り立て」の中でもう一度とりあげられることになる。

　益岡・田窪(1992)は、形容詞文・名詞文という形で論じない。名詞文は、すでに述べたように「判定詞」の中で触れられる。形容詞文は、後で詳しく述べる「注意すべき構文」の中の「感情の構文」で感情形容詞がとりあげられるだけである。

　庵他(2000)については上で述べた。

　『現代日本語文法』は、後で紹介するように、動詞と形容詞の詳しい文型表を提示しているが、名詞文については何も述べていない。

　格あるいは補語の型の分類、つまり文型を詳しく書くことは、記述文法が当然すべきことだが、格の、あるいは格助詞の複雑さ・用法の面白さにばかり注目すると、動詞文の議論が中心になり、他の文型がおろそかになる。形容詞文と名詞文は、動詞文とは違った世界である。そこの違いに注意するためには、格の用法を中心にしてこの3種の文型を比較しないほうがよい。

　動詞文・形容詞文という分類は、述語の分類ではなく、文全体の性質の問題だと考えるべきである。格の配列の型より、動詞文・形容詞文・名詞文が何を表そうとしているのかに注意する必要がある。

　動詞文は、外界の事態の複雑さを格の組み合わせで表すことが主であるから、それぞれが表す事柄によって分類していけばよい[11]。

　形容詞文は、何よりも物事の性質の表現であることに注意して、文型としての特徴を考える。動詞文と同じ枠組みで分析しても、形容詞文の特質は明らかにならないのである。感情形容詞の問題や、動詞文との補語の種類の違い、なぜ「〜ハ〜ガ」文型となることが多いのかなど、動詞文とは違った形容詞文の特性をきちんと記述することが重要だと思うのだが、現在の文法書は

その点が不十分である。

　名詞文に関しては，三上章(1953)の「措定」と「指定」の区別，野田尚史(1982)の「～ハ～ガ」文など，文型として考えるべきことがあるのだが，それらが記述されることは少ない。名詞文の文型については後述する。

5.2 「主題」の位置づけ

　次に，構文論の中での主題の位置づけについて述べる。

　すでに述べたように，寺村秀夫の『日本語の文法(上)』では「主語」と「主題」の問題を補語の議論の後に置いていた。それは，三上章の問題意識を受け継いだものである。

　三上章は，日本語においては「主題―解説」の構造が「補語―述語」の構造以上に重要なものと考えていた。英語は「主語―述語」が文の要であるが，日本語でそれに相当するものは，「主格―述語」ではなく，「主題―解説」の構造である，と繰り返し主張した。

　三上の考えからすれば，主題は日本語の構造の基本を形作るものであり，補語が「主題化」されて，ある特別な機能を持たされたものという位置づけで済むものではない。したがって，現在の文法書のように，補語やヴォイス，ムードなどが文の基本構造として扱われた後で，「取り立て」と共に解説されるような位置づけでは不十分である。「取り立て」は，まさに基本的な意味に対して，別の意味を暗示する役目を持っているに過ぎない。しかし，主題はそういうものではない。この点で，寺村は三上より後退している。

　主題とは何かという問題をここで詳しく論じることはとてもできないが，現在の文法記述が主題の重要性を十分にとらえきれておらず，その扱いが文の基本的構成に「後から」加えられるような位置づけになっていることに，大きな疑問を感じているということを記しておきたい。

　主題は，コトの類型と関係づけて論じられるべきものである。特に，名詞文では主題が基本的に必須のものになるので，動詞文のように主題化として扱われるべきものではない。名詞文と形容詞文の多くは，主題文である。動詞文・形容詞文・名詞文という文型を記述する際に，主題とはどういうものであるかを記述し，名詞文・形容詞文と主題との密接な関係を分析すべきである[12]。

　また，動詞文の主題は必然的に文脈に関する解説を必要とし，談話文法の要素を取り込まなくてはならなくなる。文法現象は網の目のように関連し

合っているので，主題について述べようとすると，記述の対象の範囲を「文」に限定することはできなくなる。

5.3 単文と複文の区別について

現在の文法は，多くが単文と複文を分けて記述する。これは当然の処置のようにも感じられるが，そのために記述がしにくくなる事項がいくつかある。ある構文が単文と複文にまたがっている場合，どう記述するかが問題となるのである。

寺村はそれ以前の文法と比べて，複文を大きくとりあげようとした。『日本語の文法(上)』は単文，『同(下)』は複文を扱っているが，複文のほうが長い。『日本語のシンタクスと意味』は単文編を3冊目の途中まで書き，続く複文編は2冊の予定だったということである[13]。

しかし，単文編第Ⅱ巻のテンス・アスペクトを論じる中で「従属節のテンス，アスペクト」として複文を扱っている。第Ⅲ巻の「取り立て」でも「Xダケニ」「Xダケアッテ」について，複文となる場合をとりあげている[14]。単文と複文とで扱いをきっちり分けるという考えではなかったようだ。

益岡・田窪(1992)は「第Ⅲ部　単文」「第Ⅳ部　複文」と分けている。同書の「注意すべき構文」の中の「比較の構文」には複文の例もあがっているが，「複文」では比較については何も触れていない。当時は，複文で比較構文を扱うこと，言い換えれば「比較節」という連用節の存在は，研究者の意識になかったようである。

『現代日本語文法』では第6巻が「複文」と題され，複文に関する文法項目は基本的にはこの巻で扱うはずである。しかし，いくつかの問題はその他の巻で扱われている。

まず，第3巻のテンスで「第3章　従属節内での非過去形・過去形」としてさまざまな従属節内のテンス現象をそれぞれの節に分けて，「第2節　補足節内の非過去形・過去形」から「第8節　等位節・並列節内の非過去形・過去形」まで詳しく記述している。そして，第6巻「複文」では，「(名詞修飾節中のテンスについては第6部第3章第3節を参照)」(p.74)のような参照指示が繰り返し記入されている。

つまり，テンスについては1冊の中でその全体がとらえられるが，複文について知るには，テンスの巻も参照しなければならない。

また，第2巻の「比較・程度構文」は複文の例も扱っているが，第6巻「複

文」では比較は扱っていない。「程度」に関しては，「程度・限定を表す様態節」として「ほど・くらい」などを扱っている。「ほど」の記述は「比較・程度構文」のほうがずっと詳しい。なお，どちらにも他への参照指示はない。それぞれの執筆者は，他の記述の存在を知らなかったようだ。「くらい」は第5巻の「とりたて」でも扱われており，ここには第6巻の「様態節」への参照指示(p.135)がある。

「とりたて」には，「節のとりたて」という項目が多くあり，複文が扱われることが多い。

以上のように，単文と複文を分けて「複文」という巻を作っても，他の巻で複文を扱う場合が多い。単文と複文を分けて記述することは，自明のことではなく，両方にまたがる文法形式を整理し，適切に記述することは意外に難しい。

5.4 形式と機能のどちらでまとめるか

ある形式がいくつかの用法を持つ場合，それをまとめて記述するか，それぞれと類似した機能を持つ別の形式と共に記述するべきかという問題がある。モダリティの巻から例をとる。

第4巻「モダリティ」の「説明のモダリティ」に「わけだ」の解説があり，否定の形として「わけではない」「わけにはいかない」「わけがない」の3つの形があげられている。しかし，「わけではない」以外の形は「説明のモダリティ」ではない。それぞれ，「(状況)可能の否定」「可能性の強い否定」という意味合いになる。したがって，それぞれ別のところで解説されるべきものであるが，「わけだ」の否定の形，ということで「説明のモダリティ」の中で解説が施されている。

また，「ものだ」「ことだ」も，前の文との論理的つながりを述べるものではないので，「説明のモダリティ」とは言えないが，「形式名詞の助動詞化」(p.192)という共通性から，「わけだ」に続けてとりあげられている。

このような形式の類似性によって記述すべき文法事項をまとめてしまうことは，機能別にまとめて解説していく「モダリティ」の巻の方針の例外になっている。しかし，あまり細かく用法別に分けてしまうと，同じ形式を使った表現の関連性がとらえにくくなり，相互参照も煩雑になる。

同じような問題は，後でとりあげる「補助動詞構文」にも言えることである。これも後でとりあげる寺村(1982)の「感情表現」の文型記述は，動詞と形

容詞という形態別の分類を越えている。また,「関係」を表す動詞文は,形容詞文に近い。このような形式による分類と機能による分類のずれを,どう記述すべきか。体系の網の目を線条的に記述しようとする際に必ず起こる問題である[15]。

6. 述語文型の提示のしかた

　構文論の中心課題のひとつである述語の文型をどう記述しているかを細かく見る。
　寺村秀夫の著作と,それの影響を大きく受けていると見られる『現代日本語文法』の述語文型の提出のしかたを検討する。

6.1　寺村の「コトの類型」
　寺村(1982)の「第2章　コトの類型」の中を見る。述語の文型の提示順に特徴がある。目次から抜粋して引用する。

　　1．動的事象の描写
　　　1.1　二者の関係の表現
　　　1.2　移動・変化の表現
　　　1.3　「入レル,出ス」表現——働きかけと移動の複合
　　　1.4　「変エル」表現——働きかけと変化の複合
　　　1.5　授受の表現——働きかけと対面と移動の複合
　　2．感情表現——動的事象の描写と性状規定の境界域
　　3．存在の表現
　　4．性状規定
　　5．判断措定
　　(以下略)

　「1．動的事象の描写」のみ下位項目を示した。全体の流れは,動詞文から形容詞文,名詞文へという順になるが,「感情表現」の中では動詞で表されるものから形容詞で表されるものへという順で,「動的事象の描写と性状規定の境界域」であることが明示されている。「存在の表現」でも,「アル,イル」のような動詞と「多イ,少ナイ」という形容詞がひとつの文型の中に収められ

ていて，品詞の枠を越えて文型を考えていることがわかる。
　また，「動的事象の描写」の中では，「働きかけ」という他動詞性が，自動詞の移動・変化と「複合」することによって，別の他動詞を産み出していくという関係がはっきりわかるように提示されている。
　以上のようにして，全部で30の型に分けられている[16]。

6.2　『現代日本語文法』の「格と構文」

　以上の寺村(1982)の「コトの類型」に対応する『現代日本語文法』の第3部「格と構文」を検討する。この第3部は以下の章で構成されている。

　　　第1章　格と構文の概観
　　　第2章　さまざまな格
　　　第3章　名詞をつなぐ助詞
　　　第4章　補助動詞構文
　　　第5章　さまざまな構文
　　　第6章　あり方の副詞的成分

「第1章　格と構文の概観」に「格」「文型」「自動詞・他動詞」という短い導入的解説がある。それらについて検討する。

6.2.1　「格」について

　格の定義は次のように述べられている。

　　　名詞と述語との間に成り立つ意味関係を表す文法的手段を格という。
　　　これらの意味関係は，名詞につく格助詞によって表される。　　(p.4)

　すなわち，格助詞が格を表す，ということだが，格助詞だけでは不十分である。名詞がどのような名詞であるかという情報が必要である。例えば，

　　　　　　　　　　　　　　　用法
　　　彼には金がある。　　所有の主体
　　　金庫には金がある。　存在の場所

という例では，動詞と格助詞の型（「～に～が　ある」）は同じである。この「用法」の違いは，名詞の違いによる。「彼」がヒト名詞であり，「存在の場所」とは考えにくいということによる。なお，この「用法」名は同書 p. 5 の「格助詞と用法の対応」の表による。

　このように，動詞と格助詞だけでは用法（＝意味関係）は定まらない。格助詞の用法を詳しく分析することは，国文法の時代から行なわれてきたことであるが，それでは動詞との格関係を正確に記述するには不十分だという認識から，補語（名詞＋格助詞）という単位を分析の対象とすることが行なわれてきたのではないか。

　この問題については，次の「文型」のところでももう一度述べる。

6.2.2　「文型」について

　文型は「述語にとって必須の名詞がとる格の組み合わせを文型という。(p.13)」と定義されている[17]。

　すなわち，『現代日本語文法』では「述語文型」のみを「文型」といい，受身文などは後でとりあげる「構文」とされる。また，ここの「格」は，すでに述べたように格助詞が表すとされるので，文型の表し方は，

　　　［が］文型　　　［が，を］文型　　　［が，を，から，に］文型

などのようになる。

　この「文型」のところに，「動詞の文型」「形容詞の文型」として文型のリストがある。全体を紹介すると長くなるので，一部を抜粋して下に示す。全部の文型リストは注を参照していただきたい[18]。

```
動詞の文型　（pp.13-20）
  0項動詞
    ［φ］文型
      現象型：時雨れる，停電する，吹雪く，春めく，など
  1項動詞
    ［が］文型
    1)　主体動作型：歩く，起こる，踊る，泳ぐ，泣く，走る，笑う，など
    2)　主体変化型：明ける，壊れる，倒れる，とれる，開く，割れる，など
```

3) 状態型：曲がっている，優れている，など
2項動詞
　［が，を］文型
　1) 主体動作(対象無変化)型：たたく，食べる，読む，など
　　　(略)
　8) 空間移動・時間経過型：(町を)歩く，通る／(一日を)送る，など
　［が，に］文型
　1) 主体動作(方向性)型：話しかける，(試験に)落ちる，など
　2) 主体移動(着点明示)型：(地面に)落ちる，達する，入る，など
　3) 主体変化型：変わる，なる，戻る，など
　　　(略)
3項動詞
　［が，に，を］文型
　1) 対象移動(着点明示)型：移す，送る，やる，渡す，など
　2) 対象移動(起点明示)型：教わる，聞く，もらう，など
　　　(略)
4項動詞
　［が，を，から，に］文型
　1) 対象移動型：上げる，動かす，移す，下げる，選ぶ，など
　2) 対象変化型：あらためる，変える，直す，訂正する，など

形容詞の文型　(p.20-22)
1項形容詞
　［が］文型
　基本型：赤い，浅い，熱い，危ない，荒い
2項形容詞
　［が，が］文型
　対象明示型：悲しい，楽しい／嫌いな，正確な，など
　　　(略)
　［が，と］文型
　相手明示型：親しい，近い，そっくりだ，無関係だ，など

文型の立て方は寺村より細かくなっているが，動詞の場合，文型同士の関

係についての見通しが説明されていない。「項」の数と，それぞれの文型の述語がどのような「型」の述語であるかの名づけが行なわれているだけで，文型の詳しい説明はない。

自動詞の文型にヲ格が加わることで，対応する他動詞の文型が作られるという関係は，読み手が自ら発見しなければならない。

その後の「他動詞・自動詞」という節も，形態的な問題の解説のみで，対応する自動詞・他動詞がどういう文型をとり，どういう細かい問題があるのかということは何も解説されていない。対応する自他動詞の使い分けは，日本語で重要な文法項目である。文型の対応を明示し，解説することと，その使い分けがどのような心理によるのかという解説が必要である。

6.2.3 文型に対する疑問点

文型の立て方に関する疑問を4点述べておく。

6.2.3.1 主体移動の文型

自動詞と他動詞との対応に関して，文型の立て方そのものに疑問を感じるところがある。4項動詞の[が，を，から，に]文型の「1）　対象移動型」の中に「上げる，動かす，移す，下げる」という動詞が例としてあげられているが，これに対応するはずの自動詞「上がる，動く，移る，下がる」の文型，すなわち3項動詞として

　　　[が，から，に]文型　　　主体移動型

とされるべき文型が立てられていない。

自動詞の移動型は，

　　　[が，に]文型　　　主体移動(着点明示)型
　　　[が，から]文型　　　主体移動(起点明示)型

があげられているだけである。「上がる」などの動詞はどこに所属することになるのだろうか。

　　　[が，から，に]文型の場合は[から]あるいは[に]が必須でなく，[が，を，から，に]文型の場合はどちらも必須の格であるというのは無理がある。

同じ[が, を, から, に]文型のもうひとつ,「 2) 対象変化型の動詞」の「変える」に対応する「変わる」は, 2項動詞[が, に]文型の「3) 主体変化型」にある。そこでの解説(p.16)に,

 変化前の状態を「から」で表す[が, から, に]文型をとることもある。
 ・ 信号が黄から赤に変わった。

と3項動詞となる場合も触れられている。しかし, そうならば3項動詞として文型を立てておいたほうがわかりやすい。

6.2.3.2 ト格をとる他動詞
 3項動詞の中で,[が, を, と]文型という文型があるべきだが, 落ちている。同書 p.49「相手を表す格」の中の「基準としての相手」に

 ・ 電話に出た姉を母と間違えた。

という例文が出されている。この例文の文型は[が, を, と]である。
 文型のリストの中で「と」を使う文型は, 2項動詞の[が, と]だけである。p.50の「「に」と「と」の比較」という中でも,

 ・ 友達{と／に}卒業旅行の行き先を相談した。

という例文があげられている。これは[が, と, を]の型になっている。
 さらに,「第2章 さまざまな格」の「第11節 そのほかの格」の最後(p.103)に「内容」という格があり,

 あの方は恩師と呼べる。

という例文があるが, これも「あの方を恩師と呼ぶ」という[が, を, と]の文型である。
 そこには,

 2辺の長さが等しい三角形を「二等辺三角形」という。

競技開始に遅れた選手を失格とみなす。
飼い猫を「ミミ」と名付ける。
日本国籍を有する人を日本人と定義する。
円周率を3とする。

などの例文があり，みな同じ文型である。それが文型のリストにはない。
　そのほかに，「が，を，と／が，と，を」の型は，

男を女と分ける
右手を左手と重ねる
残額を繰越金とあわせる
砂利をセメントと混ぜる
古い部品を新品と取り替える
友人と対策を相談する・話し合う
弟とおもちゃを交換する
仲間と力を合わせる

など多くの動詞がとりうる，ごく一般的な文型である。
　なぜこのような基本的文型が落ちてしまうのか。文型全体の体系を考えないからであろう。同書の文型リストを「を」があるものとないものに分けると，次のようになる。

2項動詞	3項動詞	4項動詞
が	が，を	
が，に	が，に，を／が，を，に	
が，と		
が，から	が，から，を	が，を，から，に
に，が		

　こう並べると，文型同士の関係が明らかになる。最後の「に，が」は，「ある，いる，できる」などなので，「を」がないことは納得できるが，「が，と」の文型に「を」を加えた文型を想定することは，体系を考えれば当然のことだろう。また，4項動詞の文型に対応する自動詞があるべきであることも[19]。

6.2.3.3 多用法の動詞の扱い

次に，ひとつの動詞が複数の文型をとる場合の問題を考える。

『現代日本語文法』の「格と構文」の文型は，1項動詞・2項動詞というふうにまず項の数によって，動詞が分けられている。すると，例えば1項動詞の主体動作型「歩く」と，2項動詞の空間移動型「(町を)歩く」とでは大きく所属が違ってくる。この場合，多義というより，基本的な意味が共通していることは明らかである。このような動詞の例は多くあると思われる。

寺村(1982)は「歩ク」を「移動動詞」として，ヲ格の有無は変異のひとつとする。

　　移動—2　「通ル」動き
　　　述語：A．通ル，経過スル，過ギル，経ル，渡ル，越ス
　　　　　　B．歩ク，走ル，駆ケル，這ウ，進ム，トブ
　　補語：仕手(X)→Xガ
　　　　　通りみち(Y)→Yヲ(A類にとっては必須補語，B類にとっては
　　　　　　　準必須補語)
　　　　　出どころ(V)→Vカラ(副次補語)
　　　　　到達点(あるいは目的地)(W)→Wへ／Wニ(副次補語)　(p.120)

『現代日本語文法』のように，項(必須補語)の数で動詞を分類してしまうと，「移動」という意味の共通性が分断されてしまう。寺村の「準必須補語」というのは，苦しい処置であるが，これによってひとつの動詞の用法の広がりをとらえることができるのである[20]。

「〜項述語」というとらえ方は，述語が必須補語としてとる補語が確定できることを前提とした考え方であるが，現実の言語は，日本語が特にそういう性質を持つものなのかどうかはわからないが，そういうものではない。動詞の用法ごとに考えてみても，はっきりと必須補語であるかどうかは決めがたい。

6.2.3.4 名詞述語について

名詞述語については，「名詞は，それと同定関係といった意味関係で結びつけられる名詞を1つとる。(p.13)」という説明があるだけで，文型としては立てられていない。

格助詞「と」の「基準としての相手」には動詞と形容詞の例しかない(p.49)が,

　　　私は彼と　親戚／友達／知り合い／同郷／同姓同名　だ

などの名詞述語がありうる。名詞文型として[が，と]文型を立てるべきである。

　また，第2章「さまざまな格」のうち，「領域」を表す「に」のところには次の名詞文の例があげられている。

　　　私には，いい音楽は何物にも代えがたい宝物だ。
　　　自分の実力が通用しないのは，佐藤には初めての経験だった。
　　　漢字は，日本語を学ぶ外国人には，頭痛の種だ。
　　　私には田中さんはかけがえのない仲間だ。　　　　　(p.94)

「その名詞で表されるとらえ方が一般的に成り立つのではなく，限定された主体において成り立つことを表す。」という解説があり，名詞文型と言ってよいかどうか検討が必要だが，形としては[が，に]文型であり，上記のp.13で触れておくべき例である。
　なお，次の例は[が，に]文型の候補となる例である。

　　　これはパパには内緒よ。

　また，野田尚史(1982)の「カキ料理は広島が本場だ」構文についても2項形容詞の[が，が]文型と同様に文型を立てておくべきである。
　寺村(1982)でも，名詞文の扱いが不十分であった。名詞述語は，「コトの類型」の中で動詞述語，形容詞述語の後で「判断措定」としてかんたんに記述されているだけである。この扱い方を,『現代日本語文法』も引き継いでしまっている。

6.2.4　「さまざまな格」について

　短い第1章に続く「第2章　さまざまな格」がこの「第3部　格と構文」のひとつの中心となるのだが，それは「主体」「対象」「相手」「場所」など，10の

主な格と,「そのほかの格」としてまとめられる8つの格の解説である。それぞれの格が,いくつかの格助詞によって表され,その細かな下位分類が解説される[21]。

　この格のとりあげ方は,寺村とはかなり違う。寺村は,述語の分類を基本とし,それがとる補語に「仕手」「相手」「目当て」「片方」などの意味役割を与え,下位分類していく。あくまでも述語が中心である。それは,日本語教育のため,学習者が動詞のとる名詞の種類と格助詞の使い分けを正確に知るため,ということが念頭にある。

　また,寺村(1982)は「感情表現」のところで,動詞と形容詞のつながりを重視して,

〔17〕　能動的な心の動き,積極的感情の発動
　　　　述語：愛スル,憎ム,恨ム,惜シム,悲シム,好ク
　　　　補語：感情主(X)→Xガ
　　　　　　　対象(＝目当て)(Y)→Yヲ
〔18〕　感情の直接的表出
　　　　述語：コワイ,憎イ,恨メシイ,惜シイ,悲シイ,スキダ
　　　　補語：感情主(X)→Xガ(まれにXニ)
　　　　対象：(Y)→Yガ
　　　　　　　　　　　　　　　　　　　　　　　　　(p.153)

のように両者を関連づけて文型を立てているが,『現代日本語文法』にはそのような関連づけは見られない。

　寺村は,日本語教育のための「上級文法読本」として(注2)にあげた「Workbook」を書き始めた。日本語の文を正しく作り出すための要となるのは述語の格支配の正確な理解であるという認識があったのだろう。日本語学習者のために動詞と補語との型を整理し,格助詞の使い方の誤りをなくすために,動詞を分類した。それを元に,より精密な議論が加えられて『日本語の意味とシンタクスⅠ』の「コトの類型」という研究となった。そのような「述語文型」を重視する立場からの文型整理と,「格」の用法を中心として格助詞の解説を重視する立場との違いが,寺村(1982)と『現代日本語文法』との間で大きく現れていると言える[22]。

　では,なぜ現在の文法書は文型中心でなく,格助詞中心の記述をしがちなのか。

筆者は野田(2004)で，動詞文型が日本語教育の中で重視されないのはなぜかを考えた。ひとつには，利用しやすい文型表の研究が遅れていることがある。寺村はその必要性を感じて自ら動詞文型の研究を進めたのだが，日本語教育にとって使いやすい一覧を作るには至らなかった。その後も，日本語教育の中で適当な詳しさの動詞文型表を作ろうという動きは生まれなかった。
　また，何らかの動詞文型表を完成させたとしても，その利用者としては，具体的にどの動詞がどの文型で使えるのかということが，動詞ごとに参照できるような大きな動詞リストが必要である。つまり，その文型表に基づいて動詞文型を記述した動詞辞典がなければならない。その条件が，日本語の場合欠けている。
　学習者用の優れた英語辞典を最初に作ったHornbyは，動詞文型表を辞典の初めに掲げ，それに基づいた動詞文型の番号を各動詞の用法ごとに明記するという画期的なことを行なった。『新英英大辞典』(開拓社 1942)である。それ以来，多くの英語辞典がそれぞれの工夫による文型の表記を考え，現在の英語辞典の多くに動詞の文型表記が載せられている[23]。
　野田(2004)で述べたごとく，日本語に関しても動詞文型の詳しい研究が行なわれてきた。野田(2008)で見たように動詞辞典も水準の高いものが作られてきた。しかし，それらは日本語教育で利用するには専門的すぎ，動詞の語数が少なすぎる。
　より使いやすい，動詞の語数の多い(形容詞も含めた)文型辞典の出版が望まれるのだが，実現は難しい。日本語教育，日本語文法研究の今後の課題である。

6.2.5 「格と構文」の構成について

　さて，文型と格について少し詳しく見てきたが，ここで「格と構文」全体の構成について考えてみる。
　すでに紹介したように，第3部「格と構文」は6つの章からなっている。その第1章が「格と構文の概観」であるわけだが，この章は全体の「概観」にはなっていない。すなわち，第3章以降の連体助詞・並列助詞，補助動詞構文やその他の構文，副詞的成分について，何も書かれていないのである。
　『現代日本語文法』の他の巻では，第3巻の「アスペクト」「テンス」にせよ，第4巻の「モダリティ」にせよ，その「概観」では，「アスペクトとは」という定義・概説の部分があり，その巻のおおよそのことが述べられている。し

かし,「格と構文」では,「格とは」という解説はあるが,「構文とは」もしくはそれに類する「構文」に関する解説がない。

「格と構文」の「と」の意味するところは何か。「格」と「構文」の関連を述べているのではなさそうだ。そこにとりあげられた構文の解説の中で,特に格に言及しているわけではないからだ。では,「格」についての解説(「文型」を含む)と,「構文」についての解説をひとつの「第3部」としてまとめた理由は何か。

そもそも,この「構文」とは何かがはっきりしない。「ヴォイス」も当然「構文」であろうが,それとこの第3部の「構文」はなぜ分けられているのか。それらのことが,「概観」で述べられるべきであった[24]。

また,なぜこの巻に助詞や副詞の記述が置かれているのかの説明もない。副詞については,アスペクトやテンスのところにも「アスペクトに関わる副詞成分」「テンスに関わる副詞的成分」のようにそれぞれ記述があるので,全体的にそういう方針であることがわかるが,助詞(連体助詞・並列助詞)をなぜここに置くのかは明らかでない。おそらく,「名詞＋格助詞」である補語の,その名詞が名詞句に拡張される場合の,ひとつの方法を解説しておこうという意図だろうが,「概観」でそのような事情に触れておくべきである。

6.2.5.1 「補助動詞構文」

次に,「第4章　補助動詞構文」というまとめ方について。ここでは,

　　　てある　　てあげる・てくれる・てもらう　　てくる・ていく
　　　てしまう　　てみる　　てみせる　　ておく

という形の構文をとりあげている。

たしかに,これらは「補助動詞」による構文ではあるが,それは品詞の共通性であって,構文としての共通性を保証するものではない。その機能は,アスペクトに関わるもの,授受表現,移動の表現など,多種にわたっている。用法の共通点は特にない。

「てある」「てくる・ていく」「てしまう」「ておく」は,第3巻第5部「アスペクト」でもとりあげられており,記述の一部は重複している。「てある」と「ている」の比較は,「アスペクト」の巻よりもこの「補助動詞」のところのほうで詳しく説明されている。そして,補助動詞としてもっとも使用頻度の高い

「ている」は、ここでは扱われていない[25]。
　「補助動詞構文」のように、品詞によって構文をまとめてしまうなら、「助動詞構文」というまとめ方もありうることになる。国文法では、「助動詞」の章でさまざまな構文がとり扱われてきた。それを、品詞別の分類をとりはらい、ヴォイス、テンス、モダリティなど、機能別に分けて分析してきたのが、三上章・寺村秀夫などの日本語学の流れではなかったのか。
　もっとも、この「補助動詞構文」を「アスペクトに関する構文」「授受構文」「移動に関わる構文」などとして意味別に分けていくと、「てみる」「てみせる」の位置づけが難しくなる。「補助動詞構文とは」のp.122にある、「行為実現に対する態度に関係するもの」というのは、「てみる」「てみせる」に言及したものだろうが、それが日本語の構文全体の中でどういう位置づけになるのかははっきりしない。確かに、分類しにくい構文ではある。

6.2.5.2 「さまざまな構文」

　そのようなまとめにくい構文を集めたものが、次の第5章「さまざまな構文」である。以下のような構文が、特に関連づけられず収められている。わかりにくいものに具体例を付記した。

　　難易構文：しにくい、しやすい、など
　　比較・程度構文：「XよりYのほうが〜」「汗が出るほど暑い」など
　　認識動詞構文：〜が〜を〜と思う、など
　　変化構文：〜ことになる、ようにする、など
　　所在構文：「机の上には辞書がある」「絵は壁に掛かっている」など
　　付帯状況構文：XをYに〜する（若い女性をターゲットに）
　　数量構文：「学生を3人呼び出す」など

　まさにさまざまであるが、日本語の構文の全体をとりあげようとすると、このような「その他」が出てしまうことは避けられない[26]。
　これらのすべてについて論じることはできないが、いくつかの疑問点を述べておく。
　「所在構文」には、動詞「ある・いる」の文型から、「ている・てある」、受身の「並べられている」、名詞文の「食堂はデパートの7階だ」までが「存在」あるいは「所在」を表すひとつの構文としてまとめられている。そのこと自体は、

意欲的な分析だが，そのやり方が他の構文でも貫かれているかと言えば，そうではない。
　「変化構文」は動詞を受けた「会うことになる」などの複合的表現のみを扱っていて，「変化」を表す他の構文を扱っていない。
　まず，格助詞「に」の「変化の結果」の用法(同書 p. 59)のところに，

　　信号が青に変わる。

という例文があり，「変化構文」としてまとめることもできる。
　また，形容詞や名詞述語を使った「～く／に　なる／する」の形もとりあげていない。これらは，益岡・田窪(1992)では「変化の構文」とされているものである。そこから例文を引用する。

　　もう少し安くして下さい。
　　美智子さんきれいになったね。
　　息子を言語学者にしたいなんて。　　　　　　　　　　　　　　(p. 93)

　このような前例がありながら，なぜ「ことになる」などの表現だけを「変化の表現」としてとりあげたのか。これは，「ことになる」などの表現をとりあげなければならないという要請がまずあり，それを「変化構文」と名づけただけであるのだろう。初めから「変化を表す表現」として関連する構文を集めれば，このようにならなかったのだろう。
　「難易構文」も「しにくい・しやすい」などの動詞に複合要素がついた形のみをとりあげている。「難しい・易しい」を使った次の名詞節を使った複文も「難易構文」に含めてよいだろう。

　　この論文は批判しにくい。
　　この論文を批判するのは難しい。
　　人のことはあれこれ言いやすい。
　　人のことをあれこれ言うのは易しい。

　「しにくい」と「するのは難しい」との使い分けも重要な論点になる。このような単文と複文の構文的関連は，これからの研究課題である[27]。

「比較・程度構文」では，複文もとりあげており，単文を扱うはずの他の構文とのバランスを欠いている。「程度構文」では，複文のほうがむしろ基本になっているので，複文の巻で扱ったほうがよい。

なお，「付帯状況構文」や「数量構文」はまさに他の構文との関連が薄く，構文としての分類が難しいものである。構文全体の体系の中でどう位置づけるかは今後の課題である。

7. おわりに

以上，「文法の書き方」と題して，記述文法はどのように書かれるべきかという問題についていくつかの考えを述べた。

1980年代の寺村秀夫の研究が基礎を築いた後，その教えを受けた学生たちとその他の多くの研究者により，1980年代以降多くの論文が書かれ，日本語文法の主要な問題について研究が著しく進んだ。それが『現代日本語文法』という画期的な記述文法を産み出したと言えるのだが，その記述のしかたにはいくつかの問題点があると筆者は考える。

寺村が動詞と補語との関係を研究して，詳しく記述した述語文型は，簡単な文型一覧と，格助詞の用法の詳しい記述にまとめられてしまった。意味類型によってまとめられ，表現文法としての側面を持っていた文型記述は，格助詞の意味を正確に解釈し，文の意味を理解するための解釈文法の側面が強くなっている。

佐久間鼎―三上章の研究の流れでは，主題の構文論における位置づけが大きかったのだが，寺村はそれをとりあげず，寺村以後はそれが談話文法へ移され，構文論の基本問題とは意識されていない。

今後，『現代日本語文法』のような膨大な記述文法がふたたび書かれるのは，かなりの時間が過ぎてからであろうと思われる。このような貴重な研究の成果について，その得失を論じておくことは必要なことであると考えて，本稿でその全体から見ればほんの一部分について検討した。

主張の要点のいくつかを繰り返すと，
・品詞論は構文論に必要な限りにおいて簡潔に論じるのがよい
・述語の格だけに注目するのではなく，名詞文・形容詞文・動詞文という述語による分類が文全体の機能に大きく関わっている点に注目する（述語類型論）

・主題の持つ機能をもう一度検討し直して，文の類型と関連づけ，主題を「コト」に後から付け加えられる要素，とは考えない
・「構文」全体の体系を考え直し，各構文のそれぞれの位置づけを考える
・単文／複文の区別，形式／意味によるまとめ方など，記述のしかたを考える
・複文は，たんに単文と分けて記述されるだけでなく，単文の要素と共にそのパラディグマティックな関連に注目した分析がなされるべきである

となる。

注

1) この辺りのことについては，田中(1981)の第3章を参照。「世界ではじめて」の「俗語」の文法であるネブリーハの『カスティリャ語文法』(1492)について，次のように書かれている。

　ではいったいかれは，何を目的にしてこの俗語文法を書いたのか。
　　女王様が，さまざまな異なる言語を話す多数の野蛮の諸族や諸民族を支配下に置かれ，その征服によって，かれらが，征服者が被征服者に課する法律を，またそれにともなって我々のことばを受け入れる必要が起きたとき，その時かれらは，ちょうど私どもが今日，ラテン語を学ぶためにラテン語文法の術を学ぶのと同じ様に，この私の術(Arte)＝文法によって，私たちのことばを理解するようになるでしょう。(以下略)
　この期においてもまたその後においても，俗語が文法を持つことの意味を，これほど明快に説明した例は他にない。　　　　　　　　　　　　　　(pp.59-60)

2) 寺村の文法記述の原形は，1972年から81年にかけて三友社から出版された，
　An Introduction to the Structure of Japanese—Workbook—
というテキストにまでさかのぼることができる。4分冊に分けられ，
　1　補語の型　　2　活用　　3　ヴォイス　　4　ムード
という内容であった。

3) 『日本語の文法』は，国立国語研究所から出された「日本語教育指導参考書」シリーズのひとつとして書かれたもので，記述的な文法を目指したものではないが，当時の文法記述の最良のものであった。日本人(日本語母語話者)にとっては当然と思われる日本語の構造を客観的に探り出していくための方法と，その結果得られたいくつかの成果を簡潔にまとめていた。特に『(下)』は複文の全体的な記述文法として，日本で最初のものと言ってよいだろう。

4) 『日本語のシンタクスと意味Ⅲ』(1991)の「あとがき」で仁田義雄は「『日本語の

シンタクスと意味』は，複文篇二冊を含めて計五冊になる予定のものであった。」と書いている。
5) 寺村の著作の内容は，「特集　寺村秀夫追悼」という『日本語学』1991年2月号で解説されている。また，寺村の研究について益岡(2003)が詳しく論じている。
6) 「ムード」は述語の語形を指す意味もあるので，あいまいさを避けるため，「モダリティ」が最近ではよく使われる。また「コト」は「命題」とも言われる。
7) ただし，寺村はテンスを論じる前に，「第4章　活用」の最後に「各活用形の用法とムード(展望)」という短い節を置いて，ムードの各種の名称だけを出している。そこで「確言」というムードを立て，テンスとアスペクトを「確言のムード」の中の事項として解説していく。テンスは他のムードの中ではかなり違った現れ方をするからである。
　　この慎重な取り扱い方は，以後の文法書の中では継承されていない。テンスやアスペクトは，ムードの解説の前に，ムードとの関係を触れられないままにとり扱われることになる。
8) 70年代初めに利用できた文法としては，Alfonso(1966)がもっとも優れた記述文法であった。体系的に書かれたものとして，鈴木(1972)があったが，個別の文法事項の記述が物足りなかったし，何よりも品詞論に基づいた「形態論」の観点から書かれたものであり，構文論として不十分だった。
　　三上章の著作は，研究書としては群を抜いていたが，記述文法とは言えない。むしろ，三上が師と仰いだ佐久間(1952, 1966)の文法書が具体的記述に優れていた。
9) 『現代日本語文法』は，寺村秀夫につながる研究者たちによって書かれている。そのことは，各巻の冒頭に置かれた宮島達夫の文章に述べられている。
　　『現代日本語文法』の執筆陣は30人をこすにもかかわらず，大部分が寺村秀夫・仁田義雄という，すぐれた文法研究者の教え子であって，現在の日本で考えうる最適のグループといってよい。(宮島達夫「＜参照文法＞紹介」)
10) 野田(1985)の「内包解説文」「外延指定文」の議論を参照。名詞節に関する問題は野田(1995)に議論がある。
11) ただし，形容詞に近づいたものもある。感情・性質・関係などは，用法として，あるいは動詞自体の性質として動詞本来の機能から外れたものである。
12) 主題と述語文型の関係を論じるには，佐久間(1941)の「品定め文」と「物語り文」という概念に基づいて詳しく述べる必要があるが，ここではこれ以上論じない。三上章と寺村秀夫以降の研究者の問題意識の「ずれ」の問題と共に，別稿で論じたいと考えている。
　　なお，「物語り文」と「品定め文」は，「事象叙述」「属性叙述」として益岡編(2008)

でさまざまな角度から議論されている。
13) ただし,そもそも何を「複文」とするかで研究者の見解は分かれている。筆者は野田(1997)で複文の分類について検討した。寺村の分類もそこで紹介した。
14) その箇所の例文を引用しておく。
　　　彼のことはよく知っているだけに,説得しにくい。
　　　わかいとき苦労しただけに,人の気持ちがよく分かる。
　　　のように述語の確言形について,(中略)接続助詞として使われる。
　　　　　　　　　　　　　　　　　　　　　　　(寺村1991,p.171)
15) 筆者は野田(2009)で,動詞用法辞典の意味別配列と多用法・多義動詞の問題という同類の問題を検討した。言語の記述には必ずつきまとう問題である。
16) 筆者は野田(2004)で寺村の文型の概略を紹介した。
17) この定義の後の段落に次のような説明がある。
　　　文型は,述語を中心として表現される事態の類型を表す。事態の類型には対象変化型,主体移動型,対象接触型などがある。
　　　・佐藤が窓ガラスを割った。([が,を]文型,対象変化型)
(以下略)　　　　　　　　　　　　　　　　　　　　　　　　　(p.13)
　　この説明はわかりにくい。「文型が事態の類型を表す」わけではないだろう。つまり,
　　「[が,を]文型」が「対象変化型」を表す
とは言えない。以下の文型表を見るとわかるとおり,文型は事態の類型の違いによって下位分類される,ということではないか。
18) 『現代日本語文法』の「格と構文」の文型
　　(動詞と形容詞の語例は一部省略する)
　　動詞の文型　(pp.13-20)
　　0項動詞
　　　[φ]文型
　　　　現象型:時雨れる,停電する,吹雪く,春めく,など
　　1項動詞
　　　[が]文型
　　　　1) 主体動作型:歩く,起こる,踊る,泳ぐ,泣く,走る,笑う,など
　　　　2) 主体変化型:明ける,壊れる,倒れる,とれる,開く,割れる,など
　　　　3) 状態型:曲がっている,優れている,など
　　2項動詞
　　　[が,を]文型
　　　　1) 主体動作(対象無変化)型:たたく,食べる,読む,など

2) 主体動作(対象変化)型：温める，壊す，倒す，割る，など
3) 産出型：(事件を)起こす，選ぶ，作成する，建てる，掘る，など
4) 関係(意味表示)型：表す，意味する，帯びる，指す，示す，など
5) 心的活動・態度型：覚える，思い出す，嫌う，尊敬する，など
6) 言語活動・知覚型：聞く，話す，見る，など
7) 移動目標型：訪れる，狙う，など
8) 空間移動・時間経過型：(町を)歩く，通る／(一日を)送る，など

[が，に]文型
1) 主体動作(方向性)型：話しかける，(試験に)落ちる，など
2) 主体移動(着点明示)型：(地面に)落ちる，達する，入る，など
3) 主体変化型：変わる，なる，戻る，など
4) 関係型：関係する，一致する，匹敵する，値する，まさる，など

[が，と]文型
1) 相互動作型：結婚する，けんかする，別れる，など
2) 主体変化型：変わる，なる，など
3) 関係型：異なる，違う，など

[が，から]文型
1) 主体移動(起点明示)型：出る，取れる，など
2) 構成型：できる，なる，など

[に，が]文型
1) 存在型：ある，いる，存在する，たまる，など
2) 所有型：ある，いる，など
3) 能力・知覚型：可能動詞，聞こえる，できる，見える，わかる，など

3項動詞

[が，に，を]文型
1) 対象移動(着点明示)型：移す，送る，やる，渡す，など
2) 対象移動(起点明示)型：教わる，聞く，もらう，など
3) 対象接触型：あてる，かける，飾る，据える，塗る，など

[が，を，に]文型
  対象変化型：あらためる，変える，する，直す，戻す，など

[が，から，を]文型
1) 対象移動型：そらす，出す，遠ざける，はずす，離す，など
2) 産出型：産む，選ぶ，選出する，作る，など

4項動詞

[が，を，から，に]文型

1) 対象移動型：上げる，動かす，移す，下げる，選ぶ，など
　　　2) 対象変化型：あらためる，変える，直す，訂正する，など
　形容詞の文型　(pp.20-22)
　1項形容詞
　　　［が］文型
　　　　　基本型：赤い，浅い，熱い，危ない，荒い
　　2項形容詞
　　　［が，が］文型
　　　　　対象明示型：悲しい，楽しい／嫌いな，正確な，など
　　　［が，に］文型
　　　1) 対象限定型：甘い，厳しい，弱い／熱心な，無力な，など
　　　2) 領域限定型：多い，少ない／不可欠な，不適当な，有利な，など
　　　3) 基準明示型：近い，等しい，など
　　　［が，から］文型
　　　　　起点明示型：近い，遠い，など
　　　［が，と］文型
　　　　　相手明示型：親しい，近い，そっくりだ，無関係だ，など
19)　森山(1988)の「と」に関する文型を一部紹介する。
　　　　12-3　［ガ，ヲ，ニ／ト(相互的)］型：相互型対象変化動詞句
　　　　　　　合わせる，重ねる，つなげる，似せる，交ぜる，組み合わせる
　　　　　　　～合わせる
　　　　12-5　［ガ，ヲ，ニ／同一的なト］型：対象改変型動詞句
　　　　　　　改める，変える，なおす，する，(もとに)もどす(非移動的)
　　　　14　　［ガ，ヲ，ト(相互的)］型：対象交換動詞・対象競争動詞
　　　　　　　一位を争う，競う
　　　　　　　交換する，取り引きする，差し引きする，相殺する，変える
　　　　15-2　［ガ，ヲ，カラ，ニ／ト］型：対象改変型変化動詞句
　　　　　　　改める，変える，治す，訂正する
　　このように「と」の文型がかなり詳しく分析されている。森山卓郎は『現代日本語文法』の巻末にある《日本語記述文法研究会メンバー一覧》に名前があり，第3巻の執筆担当者である。動詞文型の担当者は森山(1988)を読んでいないということだろうか。
20)　これについては寺村(1982)の議論を参照。同書 p.81 から始まる「分類の方法」の議論は，短いものではあるが，繰り返し参照されるべき議論であると思う。
21)　格助詞の用法の呼び方について気づいたことを書いておく。

p.15の［が，を］文型の 7)移動目標型に「移動の目標としての対象」の「を」があるが，p.5の「格助詞と用法の対応」表の「を」にはそのような用法はあげられていない。また，p.39以降の対象の「を」の解説の中にもない。

p.19の［が，から，を］文型の 2)産出型に「出現の起点」という用法の呼び方が使われ，
　　科学者が植物から油を作った。
という例文があるが，p.67の「変化前の状態」には，
　　変化前の状態が，原料の意味になることもある。
　　米から酒を作る。（原料）
という解説と例文がある。この「植物から」と「米から」は同じ用法のはずである。「出現の起点」という用法は，p.6の用法の一覧にない。なお，「原料」という用法も p.6にはないが，「変化前の状態」のひとつとみなされるようだ。

p.44に「所有の対象」として，
　　田中さんには大学生の娘さんがいる。
という例文があげられているが，p.173の「所在構文」では，「存在主体」として，
　　佐藤さんには息子さんが3人いる。
という例文がある。

こういう用法名を一冊の本の中できちんと統一することが必要である。

22) 「格助詞の用法」という説明のしかたについては，村木(2000)に次のような見解が述べられている。
　　主として名詞につく「ガ」「ヲ」「ニ」などの形式は，伝統的な国文法の世界で格助詞としてとらえられてきた。これらの形式は，自立しない付属語に属し，付属語の中で語形変化をしない助詞のうち，名詞について文中の他の単語との関係をしめすものとして位置づけられてきた。そのために格の研究は「名詞＋格助詞」についての研究とされていた。そこでは，しばしば，格の考察が格助詞の意味・用法として，名詞から切り離されてしまう傾向にあった。格助詞「に」の用法，「で」の用法といったふうに。しかし，格の概念は，あくまでも名詞の文の中でのはたらきであり，本体の名詞をぬきにして問題にすることはできない。　　　　　　　　　　　　　　　　　　　　　　　　　　　　(p.52)

23) 野田(2004)で英語辞典の文型表示についても少し例をあげてある。なお，国語辞典の文型表示についても，野田(2007)で検討した。

24) 細かいことになるが，「第4部　ヴォイス」の中で，「受身文」「使役文」と「可能構文」「自発構文」「相互構文」「再帰構文」という呼び分けがなされている。意図的なものかどうかわからないが，「～文」とする理由が何かあるのだろうか。

25) この「ている」「てくる」などは，第3巻の「アスペクト」では，「している」「し

てくる」「してしまう」などの形で示されている。補助動詞「くる」が動詞のテ形に付いて作る構文の要素としては「てくる」と言い，アスペクト形式としては「してくる」と言う，ということのようだ。

26) このような処置の前例は，益岡・田窪(1992)に見られる。そこでは，「第Ⅲ部第2章 注意すべき構文」として次のものがとりあげられている。
　　存在・所有の構文　　授受の構文　　感情の構文
　　対称性の構文　　　　比較の構文　　変化の構文
この2冊が扱っている構文の出入りとその位置づけ，記述の内容を比べると興味深い。

27) 筆者は野田(1999, 2000, 2001)で単文・複文・連文の関連性をさまざまな点から考えてみた。

参考文献

Alfonso, Anthony (1966) *Japanese Language Patterns*. 上智大学

Hornby, Albert S. (1942) 『新英英大辞典』(*Idiomatic and Syntactic English Dictionary*) 開拓社

庵・高梨・中西・山田 (2000)『初級を教える人のための日本語文法ハンドブック』スリーエーネットワーク

庵・高梨・中西・山田 (2001)『中上級を教える人のための日本語文法ハンドブック』スリーエーネットワーク

佐久間鼎 (1941)『日本語の特質』育英書院(復刊1995 くろしお出版)

佐久間鼎 (1952)『現代日本語法の研究(改訂版)』恒星社厚生閣

佐久間鼎 (1966)『現代日本語の表現と語法(増補版)』恒星社厚生閣(改訂版1951)

鈴木重幸 (1972)『日本語文法・形態論』むぎ書房

田中克彦 (1981)『ことばと国家』岩波書店

寺村秀夫 (1972-81)*An Introduction to the Structure of Japanese* — Workbook — 三友社

寺村秀夫 (1978)『日本語の文法(上)』国立国語研究所

寺村秀夫 (1981)『日本語の文法(下)』国立国語研究所

寺村秀夫 (1982)『日本語のシンタクスと意味Ⅰ』くろしお出版

寺村秀夫 (1984)『日本語のシンタクスと意味Ⅱ』くろしお出版

寺村秀夫 (1991)『日本語のシンタクスと意味Ⅲ』くろしお出版

日本語記述文法研究会 (2003)『現代日本語文法4 第8部 モダリティ』くろしお出版

日本語記述文法研究会 (2007)『現代日本語文法3 第5部 アスペクト 第6部 テンス 第7部 肯否』くろしお出版

日本語記述文法研究会（2008）『現代日本語文法6 第11部 複文』くろしお出版
日本語記述文法研究会（2009）『現代日本語文法5 第9部 とりたて 第10部 主題』くろしお出版
日本語記述文法研究会（2009）『現代日本語文法7 第12部 談話 第13部 待遇表現』くろしお出版
日本語記述文法研究会（2009）『現代日本語文法2 第3章 格と構文 第4章 ヴォイス』くろしお出版
日本語記述文法研究会（2010）『現代日本語文法1 第1部 総論 第2部 形態論』くろしお出版
野田時寛（1985）「名詞文の意味と用法」『日本語学校論集』12号 65-84. 東京外国語大学附属日本語学校
野田時寛（1995）「複文研究メモ(1) 連体節・名詞節と名詞」『人文研紀要』第27号 179-210. 中央大学人文科学研究所
野田時寛（1997）「日本語の複文の分類について」『中央大学論集』第18号 13-27. 中央大学
野田時寛（1999）「複文研究メモ(3) 連体節・連用節」『人文研紀要』第34号 21-45. 中央大学人文科学研究所
野田時寛（2000）「複文研究メモ(4) 単文と複文の連用成分」『人文研紀要』第39号 169-192. 中央大学人文科学研究所
野田時寛（2001）「複文研究メモ(6) 単文・複文・連文」『人文研紀要』第42号 107-129. 中央大学人文科学研究所
野田時寛（2004）「日本語教育のための動詞文型表について」『中央大学論集』第25号 59-73. 中央大学
野田時寛（2007）「日本語辞典の問題点(3)」『中央大学論集』第28号 83-96. 中央大学
野田時寛（2008）「日本語動詞用法辞典について」『人文研紀要』第63号 133-162. 中央大学人文科学研究所
野田時寛（2009）「日本語動詞用法辞典について(2)」『人文研紀要』第66号 89-113. 中央大学人文科学研究所
野田尚史（1982）「「カキ料理は広島が本場だ」構文について」『待兼山論叢』第15号 45-66. 大阪大学文学会
益岡・田窪（1992）『基礎日本語文法―改訂版―』くろしお出版
益岡隆志（2003）『三上文法から寺村文法へ』くろしお出版
益岡隆志編（2008）『叙述類型論』くろしお出版
三上章（1953）『現代語法序説』（復刊1972 くろしお出版）
村木新次郎（2000）「格」『文の骨格』岩波書店

森山卓郎（1988）『日本語動詞述語文の研究』明治書院
「特集　寺村秀夫追悼」『日本語学』1991年2月号 明治書院

真の情報を導く副詞の形成*

藤 原 浩 史

1. はじめに

　文の要素は，命題的な要素と話者の心的態度を表す要素に大別できる。後者を取り扱う副詞を，モダリティ副詞あるいは SSA 副詞[1]と呼ぶ。文の命題に対して，話者の心的態度を表明するものである。

　これには，「まさか」「きっと」「たぶん」「幸い」などのように，命題に対する評価を与えるもの，「やっぱり」「もちろん」「せっかく」など，その命題を先行文脈に対して位置づけを与えるものなど，談話の管理を行なうものまで，相当な数を数えることができる[2]。

　(1)　<u>ホント</u>，彼には困ったもんだよ。
　(2)　<u>てゆーか</u>，それ本気で言ってんの？
　(3)　<u>いや，しかし</u>，今日は寒いね〜。

　(1)「ホント」は，[彼には困ったもんだ]という命題について，話者がその正しさについて実感を有することを表現する。(2)「てゆーか」は，談話の文脈，特に相手の論理を遮断する機能を持つ。(3)は，[今日は寒い]という情報が，会話の場の中で優先的に卓立されているが，「いや，しかし」という応答のことばと接続詞によって，後続する文の誘導が行なわれている。このように，実際に運用されている事例を，命題外のものと認定することは，記述をする上でそれほど困難ではない。

　このような副詞的なアイテムは，文脈をコントロールするものとして，さまざまな言語形式から生成されている。古代日本語と比較するならば，現代日本語では，副詞，ことに話者の主観を表す副詞が充実している[3]。種類も多く，頻度も高い。これらは近代，そして特に現在，充実されつつある文法項目と言えるだろう。歴史的には比較的浅いので，上記のごとく，さまざまな言語形式の転用が図られていることが観察される。

特に，若者コトバではこの部分が大きく変化しており，しばしば，言語の誤用と指弾される対象となる。例えば，副詞「全然」は「否定」と呼応する型がくずれ，「肯定」にかかる型が発生してきているのは周知の通りである[4]。

   (4)　ワタシが作ったから，あんまりおいしくないとおもうけど……」
　　　　「いや，全然おいしいよ。てか，すっげー，うめー」
　　　　「ほんと？」

だが，肯定・否定は大した問題ではない。肯定型表現が台頭しても否定型表現がなくなった訳ではないからである。

   (5)　「オレが作ったから，絶対おいしいよ」
　　　　「いや，全然おいしくないよ。てか，まずい」
　　　　「ほんと？」

このような言い方は若年層においても実現可能である。(4)においては，「全然」は，文脈から予期される命題「おいしくない」に反する命題「おいしい」を持ち出すことができるアイテムになっており，(5)では先行する命題「おいしい」に反する「おいしくない」を導く。つまり，みとめ方としての否定という命題内情報に固定されているところから，肯定・否定のみとめ方にはかかるものの，その判定が前文脈に対して，反対になることを卓立する訳である。そして，「全然」が導く文の内容が，先行する情報に対して「真」であることを述べ立てるに至る。この情報の真偽判定に関わる表現は，現在，まさにさまざまな言語表現が形成されつつある文法項目である。

2. 副詞の意味の不確定性

しかし，ある単語が，どのようにしてモダリティ副詞としての機能を果たすに至るか，すなわち話者の主観を表す副詞となるか，それについて意味論的な説明を与えることは難しい。例えば，以下の「本当・ほんと」は単語の意味として，どこがちがうだろうか。

(6) A. <u>ホント</u>，彼には困ったもんだよ。
　　B. ああ見えて，<u>本当は</u>やさしい人なんです。
　　C. うわ～，<u>ほんとに</u>山がキレイ。
　　D. 大化の改新は，<u>本当に</u>行なわれたことか，疑問だ。
　　E. 漢字の書き順は決められていません。<u>本当です</u>。

　Aは，「(以下は)真の情報である」と予告する副詞である。「は」がついたB「本当は」となると，「前件から判断して君が偽と判断する(以下は)真である」といった具合になるだろう。機能の異なるモダリティ副詞と言えよう。C・Dは述語にかかる副詞であるが，Cは話者による対象の評価に関わる訳であるから，Aと連続性がある。Dは現象のありようをかざるものであり，それとは異なるが，副詞としての機能は類似する。Eは述語となるものであるが，前文の命題を受け取る述語であるから，それがどのような内容であるか，後から説明するタイプと言えよう。つまり，意味的にはAと類似するが，文の前方には立たず，後にある点が異なる。このように，「本当・ほんと」の各用法の文法的機能は異なるのだが，単語としての意味は連続性を認めることができる。
　ただし，このような現象はモダリティ副詞のみにとどまることではない。例えば，「ちょっと」の各用法の説明[5]は，日本語教育の場では最難問となるであろう。「1メートルちょっと」のように数量詞として用いる(ことがら的な意味を持つ)ものは，まだよいが，「ちょっと難しい」「ちょっと小さい」などはその程度性を正確に把握することは難しい。例えば，形式的には同じような動詞述語にかかって見えてもまるで反義的である。

(7) a.「ちょっと待つと，次の電車は来るよ」
　　b.「ちょっと待たないと，次の電車は来ないよ」
(8) a.「モノレールの駅を出て，<u>ちょっと</u>歩くと，文学部の建物があります」
　　b.「中央大学に行くには，多摩動物公園駅でおりると，<u>ちょっと歩</u>きます」

　これを説明するには，「ちょっと」の中には2つの意義素があると仮定する必要がある。(7)，(8)のaタイプに顕在化している「程度：0値からの差

分・小」と，同じくｂタイプに顕在化している「確実性」である。前者は物理的な程度にかかり，後者は心理的な実感に対応している。つまり，ａタイプとｂタイプでは，その意義素は共通しているが，論理の組み立てが異なるのである。

(9)　a. 確かに(待つ・歩く)けれども，その(時間・距離)は小である。
　　　b. 大した時間じゃないけれど，確実に(待つ・歩く)ことになる。

　２つの意義素は文脈に応じて，論理構造を変化させている。これを単義的にとらえると，ａは「少し」，ｂは「かなり」の意味と誤解することになる。
　「ちょっと」がモダリティ副詞化する場合もこの２つの意義素は機能している。

(10)　「ちょっと，ちょっと。君，ケータイ，忘れてるよ」
(11)　「吉田君，倉庫に行って，部品とってきてくれない？」
　　　「ちょっと，いま手が放せません」
(12)　「ちょっと，この帳簿チェックしておいてください」

　相手に知らせるべき「確実な情報」を話者が持つことを「ちょっと」は導く。また，この会話が成り立つ場合，話者と相手は場を共有しているが，実は文脈がずれている。(11)のようにそれを完全な拒絶(「いいえ」または「いや」)ではなく，相手が知らない情報があることを示唆する。(10)，(12)のように，聞き手にかける予期せぬ負担がある場合，そこには差分のようなものがあるが，それを「小」と評価することで，対立せずに，円滑なコミュニケーションを図る訳である[6]。
　このように，モダリティ副詞化する場合には，その単語の内包する意義素は対応する要素が，ことがら的な要素から心的態度・文脈などに切りかわる。「ちょっと」ならば，「確実性」は導く情報に，「差分・小」は彼我の文脈の隔たりに対応することとなる(「ちょっと，すいません」などが典型)。このため，疑問文・推量文にはきわめて出現しにくく，行為指定・通達・断り，などと親和的となる。単語が内包する意味と，その単語が機能する文法現象には対応がある訳である。
　本稿では，その現象を意味論的に追究することを試みたい。特に，「ほん

と」を中心とする真偽判定，特に真の情報であることを話者が表明する副詞の一群の生成メカニズムを対象として論考する。その第一段階として，文脈の中での機能の確認を行ない，真の情報を導く副詞の体系の概要を理解することを目的とする。

3. 真の情報を導く副詞

3.1 該当する語彙

「ほんと，本当」が「真の情報」（疑いの余地がない情報）を表すモダリティ副詞としても機能することは，(6A)，(6B)の用法から明らかであるが，一見して，体言的要素が文法的な要素として機能するように認められる。これと同様に「真である」ことを意味内容とする体言は，多々ある。

国立国語研究所(2004)の「1．1030真偽・是非」「3．1030真偽・是非」にあたると，「本当」に類する語群を調べることができる。この語群の中で，「真理」「摂理」など一般的な真を表すものは，モダリティ副詞化することはないようであるが，「物事の実在」を意味する「実際」「事実」「真実」「現実」「本気」「リアル」などは，モダリティ副詞として使用できる。

(13) A. ホント，彼には困ったもんだよ。
B. 実際，彼には困ったもんだよ。
C. 事実，彼には困ったもんだよ。
D. 真実，彼には困ったもんだよ。
E. 現実，彼には困ったもんだよ。

ただし，複数の語彙が同じ特性を持つとするならば，体言・相言として用いる場合に，語彙論的な意味対立が問題になるように，それぞれが実現する心的態度・文脈制御の対立が問題となる。そこには，機能の分担があるはずである。上記A～Eでは，これに先立つ文脈がそれぞれ異なることが想定されるだろうし，命題に対する話者の心的態度も異なる。この確認作業を試みてみたい。

話者の心的態度を実現する副詞の一群は，それゆえに，書き言葉としては現れにくい。話者の気持ちが表出されるタイプの文章であることを要求する。かといって，話し言葉の実例を多数集めることは作業的に難しく，デー

タとしてはつかまえにくい。幸い，現在では，ブログに擬似的な話し言葉があり，これをコーパスとして利用することができ，用例の集積が可能である。用例の検索には，「Google」および「goo」ブログ検索を利用した。以下，実例に基づいて用例をあげる[7]。

3.2 実は・本当は

はじめに，文を導く副詞としてのみ機能する「実は」を確認しておきたい。

(14) 〈略〉，そのアイスクリーム，甘い食べ物であるだけに，「カロリーが高そう」，「太りそう」といったイメージを持っている人も少なくないのでは？ 社団法人日本アイスクリーム協会では，「アイスクリーム白書2007」の中で，実はアイスクリームは"太りにくい"というデータを発表した。

(15) 最近，マスコミによると地球温暖化説がしきりに唱えられておりますが，実はそれは違うらしいです。

「実は」に導かれる命題は，(14)アイスクリームは「太りそう」に対する「太りにくい」，(15)「地球温暖化説が唱えられている」に対する「それは違う」といった，一般のイメージや常識に反する内容である。話者が持ち出す話題は「真」であるけれども，それは一般には真と想定されていないことを意味する。ただし，この論理構造は必須ではなく，次のように相手(聞き手・読み手)が知らない事実でもよい。

(16) 実は，わたしも4，5年の間に，1.2の視力が0.3にまで下がりました。しかし，ある方法を実行したところ，0.8までは改善しました！ そして約3年間，ちゃんとその視力を維持できているんです。

(16)における話者の視力の低下は，相手の想定を伴わない。ただし，そもそも共有される前提がないので，相手にとって未知であることは，前述の想定外タイプと類似する。すなわち，「実は」は「自分が持っている，相手に知られていない真の情報」を導くと記述できる。

「本当は」はこの「実は」にきわめて類似する。(14)，(15)の「実は」を，「本当は」に置き換えても，ほとんど意味がかわらないだろう。ところが，話の

切り出しに使う(16)の場合、これに置き換えると違和感が生ずる。「実は」とちがって「本当は」は、先行する情報の存在が必須となるのである。
　「本当は」の用例においては、(17)表向きの態度「もー、と言いながら」、(18)「建前」で話者が表出したことが「偽」であり、「本当は」が導く情報が「真」であることを表示する。

　⒄　お父さんが、ジャンプ自分で買ってこい！というので、もー、と言いながら行ってきた。ほんとは行きたかったのですよ。
　⒅　あたしが生徒会や級長をやるのには、意味があります。内申稼ぎだのなんだのは建前で、本当は、社会に出ても恥ずかしくない人になってほしい。イジメとは無縁の、皆で明るく笑って過せる学校にしたい。というのが理由です。

　「実は」と「本当は」は「相手に知られていない真の情報」であることは共通するが、論理構造の有無によって対立することが認められる(図1)。

　　　　［先行情報］　　［副詞］　　　［後続情報］
　　　　　　　　　　　　実は　　→　相手にとって未知の真の情報
　　　　偽の情報　→　本当は　→　相手にとって未知の真の情報
　　　　　　　　　　　　　　図1

　なお、これらは話者が持つ情報の説明を職能とするので、行為指定(命令文)には関与せず、叙述型の文に固定される。疑問文の場合には「実は〜か？」「本当は〜か？」では相手の持っている情報の真偽の確認、発話の誘導となる。

3.3　ほんと・本当

　「本当は」が論理構造を要求するのは、先行文脈に対して卓立を図る係助詞「は」が介在していることが想定される。また、「本当に」と「に」をつけると、述語の実現性をとりたてる副詞になる。ここでは、助詞をとらずに文を導くタイプをとりあげる。典型的なパターンは、次のように、自分の感覚、感動を導くものである。

(19) 肩が痛くてほんとつらい。
(20) セロ，ほんとすごい！　昨日，フジＴＶの番組を観ました。毎回見てるけど，ほんと，すごい　なんでどうして　映像操作する以外，考えられない。でも，そうすると，あの周りの人はみんな「サクラ」ってことになる。それもなさそうな気がするし……。ほんと，わかんない。

　これらは，感覚的・感情的な実感であり，話者にとって疑いようのないことである。その確実性を「ほんと」は導く。同様に，心の中に持っている情報について「真」である実感を持つ場合にも使うことができる。

(21) 私は元いじめられっ子です……。内藤選手の姿に勇気付けられた子供も多いのではないでしょうか。本当，彼こそ真のボクサーと思います。
(22) 今日は本当，夢のよーな１日だった。こんなにも１日って短かったんだ。普段は，絶対に手の届かない，遠い遠い存在の人。だけど今日は，あたしの目の前にいる。あたしのことを見てる。会話をしてる。本当，信じられないよ。

　自分の持つ真の命題に限定的であるから，相手に回答を要求する疑問文とは不調和である。疑問文に出てくる場合は，回答を要求するものではなく，話者がわからないでいることを表出するタイプのものとなる。

(23) ラーメン，ソーメン，パスタ，うどん……基本的に麺類大好き v だけど，だけど……＞＜　そばの何処が嫌いなのか分からないけど，嫌い。　やだ，おそば苦手。　本当，どこが苦手なんだろ？　自分でも不思議です。

　(23)において「本当」が導くものは，「自分でもわからない」という疑心の存在であり，それが確実に存在することである。つまり，疑問に至る心的状況にかかる。
　同様に，対人的に働きかける，勧め・禁止などの行為指定にも使用できるのであるが，相手に対する実行の確実性ではなく，話者の実感の方にかか

る。

　　⑷　治安に関しては、「日本程治安の良い国はない」とよく聞きますよ。とくに盗難に関しては、<u>ほんと</u>気をつけた方がいいです！
　　⑸　<u>ほんと</u>マジかんべん　仕事だっつの！　まぁ自分が蒔いた種なので仕方ないって言えば仕方ないんだけどさ……（家にPC持って帰ってこなかったから会社行かなきゃ仕事ができない）。
　　⑹　出演する面子もバッチリでしょー？　<u>本当</u>，お越し下さい。

　(24)「気をつけた方がいい」は助言であるが，この評価は話者の判断であり「〜と思う」が潜在している。(25)「勘弁」も同様に状況に対する心境である。(26)ではライヴの用意が十分であるから，「来てくれることを（切望する）」ものである。
　このように見ると，「本当・ほんと」の導く文は，話者自身の心理的な情報に限定されることがわかる。それは「真の情報」であるが，話者の心内情報であることを表示する（図2）。

　　　　　　［先行情報］　　［副詞］　　　［後続情報］
　　　　　　　　　　　　　ほんと　→　話者の心内にある真の情報
　　　　　　　　　　　　　　　　図2

　「実は」「ほんとは」のように，相手にとっての質は考慮しない。(27)のように，話者にすでに提示されている情報について，同意するのにも用いることができる。

　　⑺　そのニュースの中でも，某クリニックの院長先生も「「入荷する日になって，初めてワクチンの量が分かる有り様で，予約を受け付けにくい状態。現場は混乱している」と行政の対応に不満を示した。」とのこと。<u>ホント</u>その通りであります……。

　この「ホント」を「本当は」「実は」に置き換えると，話者がそうでないことを表明していたり，真の情報を表明していなかったことを内包する。「ホント」の場合には，そのような規制はなく，文脈的には，より単純な構造を

持っているのである。

3.4 実　　際

　用法の連続性から見るならば、前項(27)は「実際」に置き換えることができる。心内情報を取り立てる場合には、以下の情報は真であることを意味するので、「ほんと」と共通する特性を持つ。次の(28)、(29)は、「ほんと」に置き換えてもあまり意味はかわらない。

(28) サマータイムは実際面倒くさい代物だ。ヨーロッパに住んでいたとき、春と夏のサマータイムの切り替え時期は注意しないと間違えたりした。時計を1時間動かしたり、戻したり、面倒くさい。あれは緯度が北海道より高くて、夏と冬の昼間の時間が大幅に違うヨーロッパに合った制度。

(29) 実際美味しかったです。チアシードたっぷりダイエットクッキー☆チアシード豆乳おからクッキー。

　「面倒くさい」「美味しい」は感情・評価であり、話者の心理的情報の表出となっている。この場合には、「実際」と「ほんと」は近似している。
　「ほんと」には置換しがたい例に下記のようなものがある。(30)のように、一般的な情報に対して、それを補強する体験的事実を導く事例である。

(30) 野尻湖の水中植物は、近年ソウギョを導入したために挺水植物が減少したそうです。実際作業期間中、水中植物は、確認できませんでした。

　すなわち、心内情報に限定されないことが「ほんと」との対立点となり、現象として観察できる事実に基づくものをとりうるのである。(28)、(29)においてもヨーロッパに住んでいた体験、食べてみた体験によるものであるから、「実際」が導くものは話者が体験した真の情報とまとめることができるだろう。
　なお、「実際」という副詞には、一般論を前提として、それを補強する情報を導くタイプとして必ずしも体験に基づかない事例が出てくる。(31)のよう

に導く情報が現象として実現することを推論するタイプがある。

(31) どんな人格でも，自分にとって大切なこと，自明に思われること，違和感を抱くこと，そういうことを解き明かしていく作業は，必ず普遍に通じるはずで，実際カントやハイデガーはそういうことをやっていたんじゃないか。(茂木健一郎　クオリア日記)

逆に，一般論に反する情報を導いてもよい。(32)のように，一般的に「広告をみんなが見ている」と思われていることに対して，自分の体験からは，それが否定されることを導くものがある。

(32) あらゆる無料サービスを支えている広告。でも実際見ていないと思う。

これらは「現象として実現する」ことを補足するものである。そのため，(31)，(32)のように，推量文に出現することができる。また，(33)疑問文にも，(34)仮定条件句にも現れることができるので，真偽の確定しない情報に出ている。話者の情報の真偽判定に対する態度ではない。

(33) 実際，自分の時間ってどれくらいありますか？
(34) 実際戦争したら日本はどの程度戦えるか。

「実際」は，真偽の確定した情報を導く場合に，それが体験に基づく真の情報であることを付加する機能を発揮しているのである。「実際」の語彙的な意味としては連続性を有しつつ，導く情報に応じて，文法的な意味がかわる事例である(図3)。

```
［先行情報］　　［副詞］　　［後続情報］
 一般論　　→　　実際　　→　a.話者が体験した真の情報
　　　　　　　　実際　　→　b.話者が真と推論する情報
                   図3
```

図3aの場合が，ここで取り扱う真の情報を導く副詞の範疇に入るもので

ある。

3.5 事　　実

　先行する一般的な情報に対して，それを補強する真の情報を導くものとして，「事実」がある。前項「実際」の用例のうち，(28)～(30)はこれに置き換えることができる。共通する機能を持っている。しかし，用法は一段階狭く，(31)～(34)のような不確定な情報は導かない。一般論が，現象として観察される現象と合致するタイプに限定される。図３ａタイプに限定的である。

(35)　血液学会からのオファーだったから，この(ギャラも低いであろう無料コンサートの)仕事受けたんだろうなって。彼女にとったらひときわ思い入れの多いところからのオファーであり，それゆえ受けたかったというのではないかなと思いました。(<u>事実</u>，彼女のコンサートスケジュールにはこのコンサート入っていませんでしたし)

(36)　まあ，亀田父のセカンドライセンスが失効したとしても，亀田家にとっては大した問題ではなかろう。もともとセカンドとしてまともな仕事などできていないのだから痛くも痒くもないはずだ。<u>事実</u>，亀田２の世界戦でも，素人が聞いても首をかしげる指示を飛ばしている。

　これらは，先行する情報を証明する情報を補足していくタイプである。話者は，みずから確認した情報として提示するが，それは実際に生じた現象として観察されるものである。そのため，話者が体験していない伝聞に基づく情報でも導くことができる。

(37)　アロエが何故，医者要らずと言われるのか……。その由縁を今日知りました。それは，アロエを食べると流産するから。なのだそうです。<u>事実</u>，アロエヨーグルトを食べた妊娠初期の人が何人も流産してるそうな。うゎ，衝撃の新事実ダヨ。

　これらは「実際」には置き換えることができるが，「ほんと」とすると現象を自分で確認した場合に限定される(35)，(36)か，不調和(37)となる。話者の心内にある情報はとりにくいのである。話者が外から知りえた現象として真

であることがポイントとなる(図4)。

　　　　［先行情報］　　［副詞］　　［後続情報］
　　　　　一般論　　→　事実　→　一般論に合致する心外の真の情報
　　　　　　　　　　　　　図4

　次の(38)では「地味で何もない町」という一般論を補強する既知の情報として「事実」が現れ，一般論に対抗する未知の情報を「実は」が導いている。

　　(38)　今日のアド街は，我が生まれた街，暮らす街　田端。地味で何もない，と新聞でも書かれてますし，<u>事実</u>，昔，駅前にあったのは和菓子屋1軒のみ。でも，<u>実は</u>文豪の町，交通の要所で，暮らしやすい街。

　これらを入れ替えても文としては成り立つのであるが，話者がそれぞれの情報をどのように認めているか，それがまったくかわるであろう。この場合は，話者が生まれて暮らす街であるから，体験的にも知っているし，また，それは話者一人のことではない。そのような態度を付加して文章を制御している訳である。

3.6　現　　実

　「現実」が副詞化する場合，上記の「事実」と類似する。次のような例は「事実」と置き換え可能である。先行する情報を補強する情報を付加するタイプである。

　　(39)　きっと，その会社のいろんな部分，その職種が本当に自分に合ったものなのか，自分のやりたい事なのか，とかが見えてくるのが3年くらいなのかな。親にも，「とにかく，3年はやった方がいいよ!!」ってよく言われたけど。<u>現実</u>，3年経たないと退職金もらえないし，職歴にならないとかあるし……。
　　(40)　ぼくと教育実習を共にし，定時制高校の先生になった友人が超枯れてました。…………無理なら転職だ!!(<u>現実</u>，教育現場は複雑だからね……。)

ただし、「現実」を選択する場合、実際にあったこと、あるいは確認したことがらだけでなく、常識の類、想定される情報でもかまわない。(39)は制度として知っている訳であり、(40)は必ずしも教育現場を体験する必要はない。「事実」ならば観察者として知っている訳であるが、「現実」は必ずしもそうではない。

むしろ、(40)の場合、「友人が超枯れて」いるのは観察された情報であり、「教育現場は複雑」は一般論である。

また、補強とは逆に、先行する情報に反する情報を導くこともできる。

(41) Mちゃん、無事出産おめでとう！　今は、体力回復に努めて、退院までゆっくりしてね。(とは言え、現実、難しいかな……)
(42) 法律で男女雇用均等法が定められたことにより、女性の転職や求人は以前より楽に行なえるようになったのかと思われがちです。しかし現実、実情は女性の転職や求人は以前より楽に行なえるようになったとは言い切れません。

この場合、「実際」と類似し、置き換え可能である。ただし、「実際」とする場合には、それが自分の体験に基づくことが付加される。「現実」の場合には、その限定はない。(41)や(42)の場合には、必ずしも体験的真理ではなく、「難しいかな」「とは言い切れない」とあるように、未確認の段階でのものである。それが「ゆっくりして」「女性の転職や求人は以前より楽に行なえる」という楽観的な観測を裏切る実態に相当する。

(43) 私は携帯電話とゆーものを持っていない。……持っていない。現実、高校生の96％が携帯電話を所持しているらしい。僕、4％。

「現実」は「実際」のｂタイプに類似するが、先行する文脈なしに用いることは難しい。個々の現象や心境に対して、その本質を説明する一般論的な情報を導くとまとめられる(図5)。

　　　　　［先行情報］　　　［副詞］　　　［後続情報］
　　　　　個別の情報　　→　　現実　　→　話者の外にある一般的な真の情報
　　　　　　　　　　　　　　　図5

ちょうど,「事実」の論理構造の裏返しとなるだろう。そして,さらに注記するならば,話者の心理的な情報は導かない。「ほんと」が導くと不調和な情報であるから,話者に由来しない情報である。この点は「事実」と共通するが,「一般→個別」に対して,「個別→一般」という論理構造を持つ点で差違化が図られている。

3.7 真　　実

「真実」は,様態の副詞として用いられることもあるが[8],下記のように,真と判定される情報を導くことができる。その場合,一定の論理構造を見出すことができる。

(44) 今ここにこの天理を自覚した私は,何という恵まれた人間であろう。否,<u>真実</u>,至幸至福というべきである。したがって,ただこの上は無限の感謝をもってこの真理の中に安住するのみである。
(45) 確かに外国人犯罪やネット犯罪等凶悪犯罪が増加しているかもしれない。けれど,昔から痴情のもつれの犯罪や嫉妬,ねたみ,欲深い者たちにより犯罪はたくさんあったのだ。<u>真実</u>,日本はもともと安全ではなかった。

「現実」とは逆に「実在する現象」に対して,解釈された「一般論」を導くが,「事実」とは異なり,一般論に適合する情報をあげるものではない。むしろ,先行する情報より,より正確・端的な情報を導くものである。

(46) 山ほどの書類を整理するだけで,腰が痛くなったり,毎日,終電で帰らなければならない日々はホッと一息つくことさえ許されなく思えるものです。<u>真実</u>,部屋は寝るだけの用途しか持たないものとなりました。

(46)では,先行する情報は「部屋は寝るところ」という一般論があると想定されるが,その通りであり,それ以上の「寝るだけの」ところとなったことを「真実」が導く。すなわち,先行する一般論よりも,さらに適切な一般論であることを,これによって付加するものである(図6)。

```
          [先行情報]      [副詞]      [後続情報]
           一般論    →    真実   →   より正しい一般論
                          図6
```

4. 真の情報を導く副詞のシステム

　以上の分析から，「真の情報」を取り扱うモダリティ副詞は，図7のように，関連性をつけることができる。
　真の情報の質としては，次の4点の項目がある。

① 話者の心内の情報か，否か。
② 話者が体験した情報か，否か。
③ 自分に属する情報か，否か。
④ 相手にとって未知か，既知か。

　①〜③は，話者にとっての情報の質を問題とし，④は相手から見た情報の質である。これに即して，副詞の選択が図られているとまとめることができる。

```
          [先行情報]       [副詞]      [後続情報]
                          実は   →   相手にとって未知の    真の情報
                                              |
          偽の情報   →    本当は →   相手にとって未知の    真の情報

                          ほんと →   話者の心内にある      真の情報
                                              |
          一般論    →    実際   →   話者が体験した        真の情報
           |
          一般論    →    事実   →   一般論に合致する心外の  真の情報
           |
          一般論    →    真実   →   より正しい一般論的     真の情報
                                              |
          個別の情報→    現実   →   話者の外にある一般論的  真の情報
                                  図7
```

また，論理構造としては，次の3点の項目がある。なお，相手に対して話者が占有する情報(実は，ほんと)の場合には，これは問われない。

① 偽の情報に対する真の情報であるか，否か。
② 一般論に対する現象であるか，現象に対する一般論であるか。
③ 一般論同士の真の度合い。

③が問題となるのは，「真実」の場合だけであるが，後述のように，新たな表現がここに登場する可能性がある。
　なお，これらの使用には，それぞれの視点が導入される文脈が必要である。例えば，一般論を語る文脈というのは，それなりに改まったものになるであろうし，相手にとっての情報の質が問題となるには，それを意識する対人的な文脈となるであろう。そのため，必ずしも，すべての語彙が必要となる訳でもなく，場のありようによって選択される傾向が強く見えるだろう。
　そして，情報が「真」であることを意識するのは，「真実」で見られたように程度の問題があるであろうし，体験的な知についても実感の程度も想定できるであろう。つまり，このようなシステムは，柔軟に変更可能なように成り立っていると考えられるのである。事実，近年いくつかの副詞が登場しつつあり，その機能についても見ておきたい。

5. 新たな副詞の形成

5.1　まじ

　「まじ」は，ここ10数年ほどの間に広まった，いわゆる若者ことばである。「ほんと」と同様に用法は広い(まじで・まじに・まじだ…)。これが，独立的に使用される場合，「ほんと」と同様に，真の情報を導く副詞となっていると見られる。

　⑷7　今日は，いつもの後輩と，寿司を食いにいった。いろいろ高い寿司を食いアサリ，1貫400円の大トロまで……。まじ，すごい口の中でとろけておいしかったんだけど，あの1口が400円とは……
　⑷8　2曲目と言う事もあり，1曲目よりは，大分遊びと言うか，シャウ

トする様な激しいフレーズを入れて吹く部分が,「新生ペッパー」らしい所です。まじ,所々,「コルトレーン」がアルトで演奏している様に思えるぐらい,激しい演奏なんですよ。

(47)では自分の中にある感覚が実在することを導く。また,(48)では,現象に対する評価の文を導いているが,「思える」「激しい」という感覚的・心理的な情報を導く。導く文の傾向は「ほんと」に近く,これに置換することが可能である。

「ほんと」という語形がありながら,「まじ」が台頭してきたのはなぜか。心理的な実感・情報の確実性を強く感じることを表明するものであろう。

⑷⁹ 内定式に遅刻。今日,内定式に遅刻しました。まじ,13：30からと思っていて,さぁそろそろ準備しようかなって考えていると……おいおいおい。10時からって書いてあるよ!!!　今,9時5分……
⑸⁰ 体重計って65キロ以上表示されないんじゃないかと思ってたくらいだったから超ショック。マジ,人に「そのパワースーツ脱げよ〜」とか言ってる場合じゃない。しっかりオレにもチョバムアーマー装備してんじゃん。

(49)のように,疑いを持たない心的態度を卓立し,同様に,(50)真剣に危惧される事態を認識したことを表明する。「ほんと」の表現性に,強い実感を加えるものと評価できる。

なお,意志・勧誘などの文を導くことができる点も確認しておきたい。これらは,時制的には未来であり,情報の質としては真偽未確認である。

⑸¹ やべー！　バイトなくなったせいで,暇になっちったよ　まじ,身体休めよっと。さすがに二日連続オールはキツいわ〜(泣)
⑸² ZeppSendai公演。因みに12／2の公演へ行きたいなんて大胆行動考えてます。何かいろんな都合上ラバッパーでは無いので。チケットぴあでゲット予定。マジ,誰か取れてる人,取れたら一緒に行きませんか？

おそらく,「まじ」においては,実感の強さにポイントがあり,その分情報

の質(真であること)に対する規制はゆるいと考えられる。ただし，現在，変化しつつある単語でもあるため，機能的にもまだ安定しているとはいえない。

ただし，これは「ほんと」(24)～(26)と同様に心内の実感を取り立てているとも解釈できるところであり，それに置き換えても不自然ではない。とするならば，「ほんと」に類似して対立するものとして確立しつつあるとも評価できるであろう。心内の実感をポイントとして次のようにまとめられる(図8)。

　　　　［先行情報］　　［副詞］　　　［後続情報］
　　　　　　　　　　　　まじ　→　話者の心内にある強く実感する
　　　　　　　　　　　　　　　　　真の情報
　　　　　　　　　　　　　　図8

5.2　リ　ア　ル

現在，進行中なのが「リアル」の副詞化である。「チョー」と同様に接頭辞化する事例(リアル私・リアル迷子・リアルどらえもん……)もあるし，「リアル・な／に／だ」と形容動詞的用法が一般的である。これについては，若者自ら認識しているところであり，2007年の調査では次のような記事があった。

　(53)　リアル愛しい。リアル疲労だわ。。最近周りで，(そう，ほんとに私の周りのごく一部で)「リアル～～」ってゆうフレーズが流行ってます；　MAKO的に１番ウケたのは，サークルの２年の男の先輩が，来年度の結構重要な役職に就いた１年の男の子(同輩)に対して，「うわ……リアル不安……」つったの(笑)しかもぼそっと(爆)ちょっとマジツボった。。　てゆうかほんとリアル疲労～～～＞＜
　(54)　ここ最近，やたらに「リアル」と連発するようになりました。使用例としては「リアルすげぇ?!」てな感じです。

命題内のものか，話者の心的態度か，その用法の揺らぎがあることが明らかに確認できるものであるが，実例として，「ほんと」「まじ」と機能的に類似する用法も出現している。

(55) てか雨やば・リアル死ぬかと思ったぜ・
(56) 「あ〜あ，もうバイトうっぜえー。チョーうぜえ」
「ってずっと言ってんな」
「リアルやめようと思うんだ」
(2007年5月12日中央大学多摩キャンパス)

「まじ」と同様に心理的実感を表出するものと考えられるが，現在の心境を端的にとりあげるようである。特に(56)の場合，疑う相手に対して，「君が推論するような偽(あるいは，実体のないもの)ではなく真(心理的に実感するもの)である」と主張するもののように理解できる。

(57) 「あれ，来てたの？　電話かけたのに……」
「あのさ，あたし，リアル，ケータイ忘れてんじゃん！」
「うちに〜？」
「うん，普通に忘れた」
(2008年9月22日　中央大学多摩キャンパス)
(58) 母様が　昼ドラ見ながら　男を語り始めた　面白かったー　痛かったー　ははは　恋愛に依存するな　だって〜　リアル私に言ったの？

(57)は自分がケータイを忘れたことを想定していなかったことを付加するであろう。とすると，相手の自分の心理についての理解を織り込んだ論理構造を持ち始めているとも考えられる。(58)は10代の用例と思しいのであるが，真偽判定の疑問文が出てきている。「うそ！」「信じられない！」に通ずる，状況に対する疑いを伴うものではないだろうか(図9)。

［先行情報］　　［副詞］　　［後続情報］
(偽の情報)　→　リアル　→　話者の心内にある，強く実感する
　　　　　　　　　　　　　　真の情報
図9

なお，「まじ」と異なり，用例を検索しても「文」を導く事例が明らかに少ない。図9のように，論理性を獲得して真の情報を導く副詞に編入される可能

性もあるが，心理的動作・感情形容詞・感覚形容詞にかかる段階にとどまる可能性もあるところである。

5.3 「まじ」「リアル」のシステムへの組み込み

このような語法的変化は，一見してランダムにも見えるが，図8，図9を既成の副詞群と比較してみると，関連性を有することがわかる。1.2節で見た新型の「全然」もあわせて組み込むと，図10のようになる。

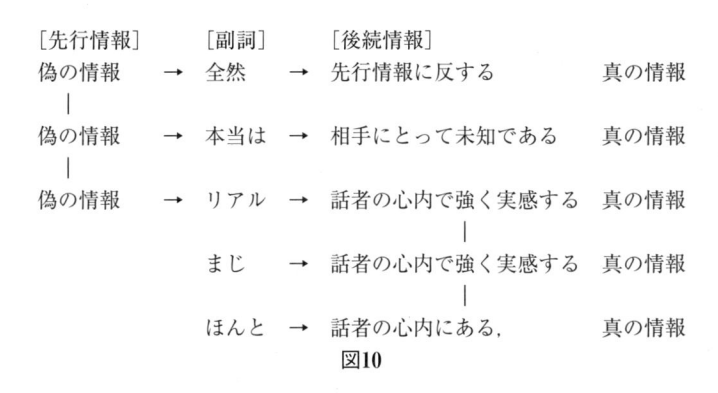

```
［先行情報］       ［副詞］      ［後続情報］
偽の情報     →   全然    →   先行情報に反する          真の情報
  |
偽の情報     →   本当は  →   相手にとって未知である    真の情報
  |
偽の情報     →   リアル  →   話者の心内で強く実感する  真の情報
                          |
                 まじ    →   話者の心内で強く実感する  真の情報
                          |
                 ほんと  →   話者の心内にある，        真の情報
```
図10

両者とも，話者の情報に対する実感の度合いが「ほんと」を使うよりも強められている訳であり，会話の中での強調を確保する要素として用いられてきている。

これに関連するものとしては，最近「ガチ」が台頭中のように観察される。

(59) 前回のブログのタイトルに対して知人から「ラストウィークって，先週っていう意味じゃん！　バッカじゃね !?」っていうタレコミがありました！　<u>ガチ</u>その通り！

これは「ガチンコ（真剣勝負）」に由来する単語であるが，情報がまさに適合している状況を表示する用法にも拡張してきている。ただし，これも接頭辞用法，形容動詞用法[9]が主流で今後の展開は流動的である。しかし，ある情報に対して，まさに真であると評価することが可能となれば，論理構造の獲得に至る可能性を持つ。

そして、「リアル」に観察できたように論理構造を獲得することで、「まじ」他との棲み分けが図られるかもしれない。ことに、図10では、先行する偽の情報に対して、真の情報を表出する場合に「全然」「リアル」という用語が登場しつつあることが見てとれる。論理的な副詞の導入という、現代語における変化の一端が投影されているものと理解できるだろう。

6. おわりに

以上、話者が「真の情報」であることを表示する副詞を考察してきたが、図8、図10にまとめたように、語彙の充実と共に、体系化が図られつつあることが観察できたであろう。ここでは、文法化した場合の機能を確認したのであるが、個々の単語の語彙的な意味から、これらの文法的な機能を発揮するに至る意味の転成の問題が残っている。特に、「ほんと」「実際」「まじ」「リアル」のように話者の体験・実感を表すものは、動作の様態にもかかりうるわけで、2節で見たような副詞の機能の多様性、意味的には多義性の問題をはらんでいる。

本稿における、真の情報に与える評価と、論理構造の特徴から、内包する意義素についてアプローチすることとなるが、語彙的な問題としてみると、人がいかにして真偽を判定し、どのようなものを真と認識しているか、その名詞的言語化のありよう、という問題に立ち至ることになるであろう。本稿では、個々の単語の文法化していない場合についての語彙分析を行なっていないので、これらは今後の課題となる。

なお、5節で見た通り、現在においても、この領域の言語表現は新しい形が生まれ、システムに変容をうながしつつある。特に、話者自身と相手との情報の関係、そして、文脈の中での情報の価値が繊細に表現し分けられる方向に変容しつつあることが認められた。まさに、日本語における文法システムの変化の進行態を確認できる時期に遭遇している訳である。

注

* 本稿は、中央大学人文科学研究所「言語の理解と産出」第3回公開研究会(2007年10月20日)「モダリティ副詞の形成」での発表に加筆・訂正を加えたものである。

1) SSA は "a speaker's subjective attitude" の略で森本(1994)による。氏はこれ

を「話し手の主観を表す副詞」とまとめる。本稿ではその一部「真の情報」に関する部分をとりあつかうものであるが，そのような機能を担う副詞をモダリティ副詞と呼ぶ。
2) 市村(2004)などがあるが，構文論と談話論の境界にあたり，体系的分類はまだ十分ではない。
3) 古代日本語では，モーダルな意味を有する助詞(副助詞・係助詞)・助動詞が充実しているが，現代日本語にはほとんど残らない。逆に現代語が持つような副詞の体系は古代語では未発達である。
4) 明治期の用例には肯定にかかる「全然」は頻繁に見られる。これが「否定」に固定されたのは20世紀前半の50年間くらいである。なお，現在の肯定タイプと明治期の肯定タイプは，意味的には類似するが，論理的な機能が異なるので，歴史的に逆行する変化が生じている訳ではない。
5) 以下，藤原(2005)に基づく。
6) 秋田(2005)においても，意味論的考察は異なるが，コミュニケーション論的には同様の結果が得られている。
7) 用例は主として，web上で公開されているデータである。調査は主として2007年に行ない，2010年まで継続している。検索サイトは
　　Google: http://www.google.co.jp/
　　goo ブログ検索: http://blog.goo.ne.jp/
を利用した。ただし，用例の掲載については，個人的な情報が多々あることに鑑み，URLは除いた。引用に際して一部表記を改めた。なお，公人として発表されているものについては一部，その出典を記載する。また，話しことばの事例として私が採集した記録も用いたが，その場合には日付と場所を記録した。
8) 真実—「真実〜心理的動作」は様態の副詞として分けた。これらは下記のように，条件節内にも現れ，主体の動作様態をとりたてる。
　(i) 「人はね，景麒」王は宰輔に言う。「真実，相手に感謝し，心から尊敬の念を感じたときには，自然と頭が下がるものだ。」(小野不由美著『風の万里 黎明の空(下)十二国記』)
　(ii) 実際，後ちに，積極的に疎外したのは僕の方だ。然し，僕に云はせれば，その前があるのだ。君はその事に知らん顔をして，「判断もつかず」といつてゐる。そして，真実，君が「判断もつかず」と思つてゐるなら，乱暴な言葉で気の毒だが，それこそ，「臭い者，身知らず」だと僕には思はれるのだ。(志賀直哉『蝕まれた友情』)
9) 主として「ネタじゃないです，ガチです」のように，真剣にやっていることを表現するものであり動作主体の態度を表現するが，そこから，話者の表出態度にも

移行中である。

参考文献

秋田恵美子（2005）「現代日本語の「ちょっと」について」『創価大学別科紀要』第17号 72-89．創価大学
藤原浩史（2005）「副詞「ちょっと」の意味構造」『国文目白』第44号 68-78．日本女子大学
市村美和子（2004）「モダリティ副詞「やはり」の情報制御機能について」『国文目白』第43号 1-10．日本女子大学
国立国語研究所（2004）『分類語彙表—増補改訂版』大日本図書印刷
渡辺実（2001a）『国語意味論』塙書房
渡辺実（2001b）『さすが日本語』筑摩書店
飛田良文・浅田秀子（1994）『現代副詞用法辞典』東京堂出版
森本順子（1994）『話し手の主観を表す副詞について』くろしお出版
中道真木男（1991）「副詞の用法分類—基準と実例—」『日本語教育指導参考書—副詞の意味と用法』国立国語研究所 pp. 109-180.
渡辺実編（1983）『副用語の研究』明治書院
中右実（1980）「文副詞の比較」国広哲弥編『日英語比較講座 第2巻 文法』大修館書店 pp. 157-219.

日本語の発話末韻律の産出と知覚*

林　明　子
西沼行博
谷部弘子

1. はじめに

　本稿では「文法記述」の一環として，日本語の発話末の韻律(プロソディ)を取り上げ，聞き手にさまざまな情報を提供する韻律的特徴を産出と知覚の両面から記述する。韻律的特徴が日常のコミュニケーションの中で果たす役割は大きい。たとえば，杉藤(1992: 16)は末尾の音調をぐんと低くさげた「すきよう」とゆっくりとソフトに調音された「きらい」という2つの発話をあげている。そして，それらが発せられる際の韻律的特徴が，字義通りの解釈を妨げ，当該発話の意味の大方を伝達する役割を果たすことを指摘している。日本語のイントネーションは「文法的機能」を持ち，統語上，多義的な文の意味を決定する役割も果たす(例：きのう買った本を読んだ)。そうした機能については，すでに多くの研究が行なわれており，日本語学習者を対象とした実験などもなされている。イントネーションは場面や心理，社会的要因によっても変動する。特に発話末には，話し手の意図や態度のほかに，心理的状態，社会階層，話し手と聞き手の関係なども映し出されるとされる(郡2006)。

　イントネーションに関する実証研究として，産出面では，たとえばCampbell (2006)があげられる。Campbell (2006)は自然談話のデータに基づき，日本語母語話者(女性)の基本周波数が「対話者」「丁寧さ」「発話行為」の3要因と有意に関係があること，基本周波数は子どもを除く家族との会話でもっとも低くなることを報告している。また，知覚の側面からの例としては，昇地ほか(2007)がフランス語母語話者と日本語母語話者を対象に，日本語の発話態度をどう認識するかの実験を行なっている。その結果，韻律的特徴によって表現されるさまざまな発話態度は，言語文化を共有する母語話者の間では共通の認識が存在するが，異文化環境や非母語環境では，異なった

発話態度として認識される可能性があること，特に，文化的側面の強い発話態度(例：「恐縮」「ぞんざい」)は，学習者の日本語の運用能力が向上しても，母語の知覚パターンの干渉が強く残り，認識のずれが生じていることを指摘している。

会話分析の中で，文化的に定着し経験的に理解可能な記号で，相手にある行為がどう解釈されるべきかを示すシグナルを contextualization cues（コンテクスト化の合図）という(Gumperz 1982)。前述の実証研究の結果は，韻律もその役割を担っていることを示すものといえよう。ところが，語音の特徴を文字として表記した時点で，韻律が提供するさまざまな情報は記述から捨象され，意識に上らなくなる。会話の中で話者が無意識のうちに反応しているにもかかわらず，特にその情緒的・社会的機能については個人差もあって，体系的に記述されてこなかった。

そこで，筆者らは若年層に的を絞り，産出・知覚の両側面から実験に基づく実証研究を行なった。概要は，次の通りである。

① 産出面では，日本語の母語話者が発話する際に観察される韻律的特徴を，男女差という社会的要因から分析する。
② 知覚に関しては，日本語母語話者，中国人日本語学習者，ドイツ人日本語学習者が日本語の発話の韻律的特徴を聞き取るにあたって，母語の音声習慣が知覚に与える影響を明らかにする。

本稿では，韻律的特徴のうち発話末のイントネーションに注目する。発話末には韻律情報が集中しやすく，特に日本語の場合，アクセント核に伴う最終拍直前の高低がイントネーションの形状に強く関与する。イントネーションには，上昇・下降・平板などというピッチ感覚を生む基本周波数(F0)，音圧・持続時間の変動といった音響パラメータ，音域・音色・表現機能などが関係する(西沼・代田 2007: 55-57)。その中で基本周波数の変動と最終音節の持続時間長に焦点を当て，①イントネーションの構成要素である上昇下降の知覚(以下，「高さ」と記載)と，②リズム感覚を構成する要素である音節長の判断(以下，「長さ」と記載)という視点から，産出と知覚の両面について実施した実験データに基づき論を進める。そして若年層の3つのグループ，すなわち日本語母語話者，中国人日本語学習者，ドイツ人日本語学習者の知覚の傾向を明らかにすると共に，実験によって得た客観的なデータをもと

に，社会音声学の立場から言語教育の現状に対する問題提起を試みる。

2. 社会音声学と言語教育の立場から見た本稿の位置づけ

　二階堂ほか(2006: 231-232)によれば，社会音声学(Sociophonetics)は，音響音声学の手法に基づく分析を行ない，音声の記号的意味の習得に加えて，認知メカニズムをも解明しようとする方法論である。従来の音韻論的視点に留まらず，知覚の多様性やその社会的評価も研究対象に含み，変異の習得やその指標性の獲得などとの関係から変異をとらえる。社会音声学のアプローチによる研究成果として，たとえばFoulkes (2006)は，音声のバリエーションが人格などの発話者の背景を判断するのに用いられているとするGiles & Powesland (1975)の報告や，音声刺激を与えて /s/ か /ʃ/ かを判定させた時，実験時に男女どちらの顔を見せるかによって判定に違いが生じたというStrand (1999)の実験結果などを紹介している。本稿では，発話末の韻律知覚の多様性を，音響音声学の手法に基づき記述するところまでが中心的なテーマとなる。将来的には，その社会的評価についての調査も予定しているが，知覚の傾向自体がまだ十分に明らかにされていないため，物理的な音声の測定とその知覚の実態把握が当該分野における研究の大前提と考える。「みんなこう聞いているはず」といった思い込みに立脚する議論が，多くをもたらすとは思えないからである。

　研究成果の教育への還元という視点も重要である。言語教育の中でも，どのような社会的文脈でどのような表現を用いるのかが強く意識されるようになっている。たとえば，本稿で取り上げることばの男女差という要因も，言語形式と意味という狭い範囲ではなく，社会との関わりや言語使用者の自己実現における言語表現のバリエーションという視点から取り上げられるようになった。日本語の場合，表現形式に顕著な男女差が見られるとされ，男女差に関する研究は通時的にも共時的にも広く行なわれてきた。近年では特に，現実に人々がどのように話しているかという実態の把握が進んでいる。その結果，いわゆる「女ことば・男ことば」の規範とのずれや世代差，女性専用形式の一部衰退傾向や男女差の縮小傾向などが明らかになってきた。発話意図との関連や，3.1, 3.2節で紹介する韻律的特徴の差異など，新たな差異にも目が向けられてきている。学習者の背景や学習目的の多様化が進み，さまざまな角度からスピーチ・スタイルのバリエーションを提示することが必要

になっている今日，研究の焦点は音声も含め，誰が誰に対してどのような形式を使うのかという実態の把握，そしてそれはなぜかという要因を探ることに移行している。

3. 音声表出実験に基づく産出面からのアプローチ

3.1 実験の概要と観察データの分析

　まず，母語話者の産出の側面から日本語の発話末の韻律的特徴と社会的要因の1つである男女差について考える。普通体会話の文末の表現形式については，近年，若年層を中心とする「ことばの中性化」(小林 1993)がいわれ，「大変だね／大変ね」のような差異を絶対的な男女差として取り上げることはなくなった。若年層の男女110名(男性46，女性64)を対象として実施した質問紙および会話の録音調査においても，男性と女性が使用する表現形式について有意差は見られなかった。そこで，男女とも同一の表現形式を使用している場合，音声表出に異なる傾向や男女差は観察されないのかを明らかにするために，都内の大学で学ぶ若年層の日本語母語話者42名(男性20，女性22)の協力を得て音声表出実験を行なった。概要は以下の通りである(Nishinuma et al. 2006および林明子ほか 2007)。

　場面1【理由説明：理由を述べて誘いを断る】，場面2【事情説明：体の不調を指摘され，不調の箇所あるいは原因を説明する】の2つの場面について，それぞれのモデル会話を示し，2人1組で役割交代しながら読んでもらった。モデル会話は，若年層の男女が実際に作成した会話(谷部 2000による)から，表現としては男女差の見られないものを選んで使用した。疑問符・長音記号など発音に関する情報を含む表記については削除し，1場面につき2例，合計4例を実験協力者に示した。使用したモデル会話は[資料]に示す通りである。理由あるいは事情を述べる発話には下線を施してある。その発話末の2音節の「高さ」(基本周波数の変動)と「長さ」(持続時間の制御)を取り上げて記述・考察を行なった。

[資料] 音声表出実験に使用したモデル会話

場面1 【理由説明】のモデル
例1）
A：今，時間ある。ちょっとカフェで話そうよ。
B：ごめん。これから授業だから。
A：そっか。じゃあ，今晩，電話するね。
B：うん，わかった。本当ごめんね。じゃあ，今夜また。

例2）
A：今ひま。コーヒー飲みに行かない。
B：ごめん，今レポートで大変なんだ。
A：あ，そうか。
B：うん，ごめん，じゃあ。

場面2 【事情説明】のモデル
例1）
A：なんか顔色悪いよ。疲れてんじゃない。
B：うん。今週ずっとレポートとか卒論の準備であんまり寝てないんだ。
A：もう，家（うち）帰ってねたら。
B：うん。そうしよっかな。ありがとう。じゃあね。

例2）
A：疲れてない。
B：うん，最近ねてなくて。
A：くまできちゃってるよ。かえってねたら。
B：そうするわ。ありがとう。

(林明子ほか 2007: 40)

録音にあたっては，協力者の便宜のため防音環境の整った部屋を2ヶ所用意した。録音場所の条件により，一方では備え付けのマイク（Sony ECM-909A）とDAT（Sony TCD-D100）を使用した。もう一方では，ICレコーダー（Olympus ボイストレック DS-20），片耳式ヘッドセットマイクロフォン付

き(Plantronics Audio 50)により録音を行なった。2ヶ所とも，サンプリングレート44kHz，16ビット精度のステレオ録音で音声信号を取り入れた。分析の元データとなる基本周波数は，各場面で例ごとに，次のように視覚化することができる(図1参照)。図1では，場面1例2の「(大変)なんだ」の分析対象区間を示している。

男性，場面1，例2　(大変)なんだ　　　女性，場面1，例2　(大変)なんだ

林明子ほか　2007: 34

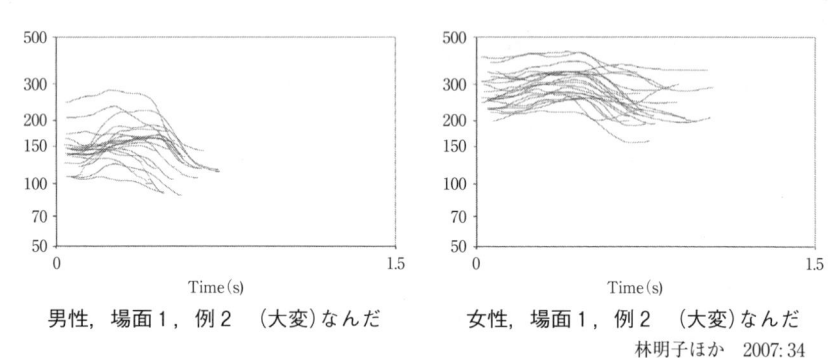

図1　分析対象区間の基本周波数曲線

　ここで留意しなければならないのは，図1に示したデータはあくまでも機械が測定した音響パラメータであるという点である。音声とその認知を扱う研究では，音響データがどのように知覚されているかを考慮する必要がある。物理的には変化していても，人間の耳はそれをすべて聞き取っているわけではないので，物理的な数値のみを云々しても音声刺激として意味がない。そこで，言語音を刺激とした周波数変化検知限(Rossi 1971)を参考に，離散的な実験値を Gompertz 関数で補間して，データ範囲をカバーする検知限(Nishinuma 1979)を求めた。周波数変化の勾配値がこの検知限を超えれば，上昇または下降した音として聞こえると推定でき，超えなければ，変化は感知されず平坦な点的な音にしか聞こえないと判定できる。また，音節の長さに関しては，先行研究(Klatt & Cooper 1975, Bochner et al. 1988, Nishinuma 1984 & 1990)に照らし合わせて，2音を比較した時に長さの差を感じるか否かを示す持続時間長弁別限を考慮した。加えて，男性・女性に固有な声の高さを中和するため，Hz で測定した基本周波数を，符号付の cent に変換[1]した。

　以上を踏まえ，観察データである男性話者20名，女性話者22名の合計168

個の発話の音の「高さ」と「長さ」について，実験要因を「男女」「場面」「例」として，それぞれ2水準で分散分析を行なった。その結果，「高さ」では，「男女」と「場面」で有意差が認められた。交互作用は「男女」×「場面」のみが有意だった。「長さ」については，最終前音節長を分母，最終音節長を分子とする比が従属変数である。持続時間長比は双峰分布を示したため，対数変換して正規分布化してから，統計分析を行なったところ，「男女」で有意差が確認された。

　2音節のイントネーション末の落差について，男性の平均値が1音半であったのに対し，女性は平均で半音の下降で場面別に異なっていた。男性が，単純なステップダウンや下降調が多かったのに対し，女性は連続的な下降か平板を好む傾向があったことによる。また，女性は男性に比べて長音化の度合いが極めて大きい。男性話者では，先行音節に対して最終音節の長音化が量的に少ない(【場面1】：1.2,【場面2】：1.4,平均29%)。一方，女性話者では，【場面1】で1.6,【場面2】で1.9と平均して約80%の増となっていた。ちなみに男性の長音化率29%というのは，2母音，2子音の長さの違いがわかる量である。それに対して，女性に見られたほぼ2倍の長さの差は，短母音対長母音，単子音対重子音などの音韻上で見られる大きな違いに相当する。

3.2　観察データを踏まえた推定知覚と知見

　次に，観察データから意味ある知見を抽出するため，ピッチおよび長さの弁別について前述の「高さ」と「長さ」の検知限に照らし合わせて得た推定知覚カテゴリーを図2および図3に示す。

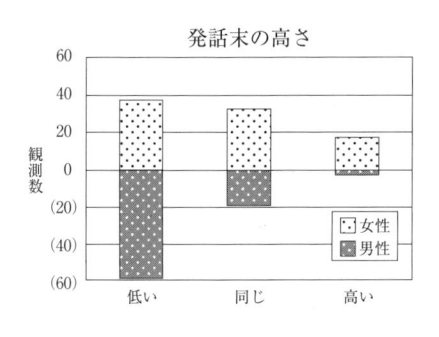

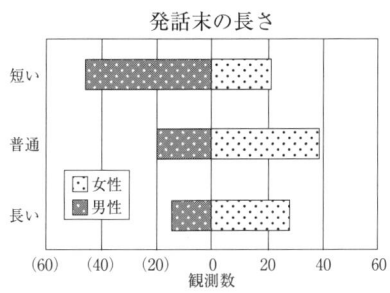

林明子ほか　2007: 36-37

図2　最終2音節間のピッチ差における推定知覚カテゴリー

図3　最終音節持続時間長の推定知覚カテゴリー

図2は，2音節間の基本周波数差検知限(ピッチ差検知限)を適用して得た判定から，発話末音節を　①　最終母音が「低い」（＝ピッチ差値がマイナスで閾値を超える），②　2母音は「同じ」高さ（＝閾値に満たない），③　最終母音が「高い」（＝正のピッチ差値が閾値を超える）という3カテゴリーに分類したものである．男性は発話末が「低い」が明らかに優勢だが，女性は「同じ」と「高い」を合わせた割合が「低い」を上回っている．

　図3は，持続時間長弁別限を考慮して，2音節の持続時間長比から最終音節について推定される3つのカテゴリー，①「短い」（＝同じ長さ，前の音と差のない長さの音節），②「普通」（＝長いまたはやや長い，先行の音節と比較して，閾値を超えて長い音節），③「長い」（＝極端に長い，意図的に長く制御していると思われる長さの音節）に分類したものである．この区分はそれぞれ時間比が，0.3未満，0.3以上2.0未満，2.0以上の数値的基準に対応している．図3から男性は「短い」が優勢，女性は主に先行の音節と比較して長い(図3の「普通」)，もしくは極端に長い(図3の「長い」)という聴覚印象を与えることがわかる．

　ピッチ変化の知覚は持続時間の長短に大きく依存する．持続時間が長い方がピッチの動きをよく生成し，聞き手もそれを聞きとりやすい．図4を見てみよう．女性は，音を引き伸ばした発話が男性に比べて有意に多い．通常，発話末は多少長めで自然下降により下降線をたどるのが一般的であるから，

林明子ほか　2007: 37

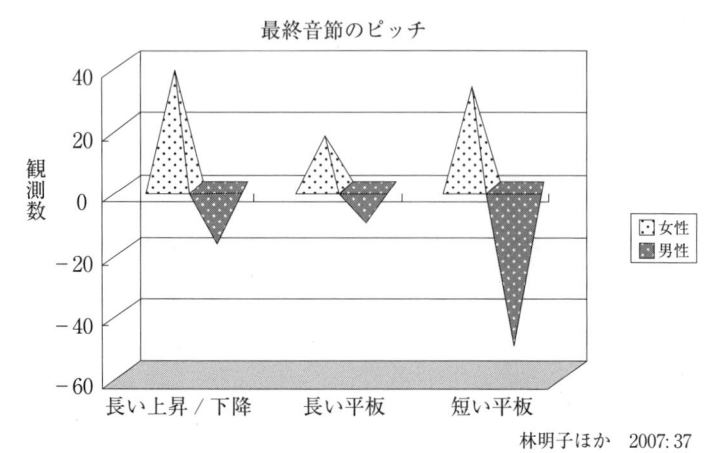

図4　最終音節における推定知覚ピッチパターン

女性の極端に長く下降しない発話末(すなわち，長い上昇か長い平板で終わる発話)は，意図的であり有標的なものと思われる。それに対し，男性の場合，ピッチ変化があっても持続時間が短すぎるために，聴覚印象としては平板に聞こえるケースが多い。発話末は音圧が漸次減衰するため，耳にはピッチ変化や長さが知覚しにくいという典型的なケースである。

以上，紹介してきた実験結果からは，同一の表現形式を使用していてもその韻律的特徴には男女差が見られること，そして，それは単調な下降イントネーションと乏しい持続時間制御を特徴とする男性の発話スタイルと，女性の変化に富む韻律の違いに起因していることが明らかになった。誘いを断る【場面1】に比して心理的負担の少ない【場面2】において，男女差が特に顕著に見られたが，相手の心配に応えて体の不調を訴えるという場面設定から「わかってもらいたい」という女性の気持ちが韻律的特徴に現れたためと考えられる。内省や聴取実験を踏まえた先行研究(鈴木 1999，犬飼 2001など)でも，ピッチ変動や持続時間が丁寧さや男性的／女性的といった判断に影響を与えることが指摘されてきたが，その傾向が音声表出実験によって確認できたことになる。実験結果は，女性話者が男性話者より場面に応じて相手への働きかけを意識した言語行動をとっている様子を反映するものであり，韻律的特徴が，無意識のうちにも社会的要因としての男女差を表す手段として機能していることを示唆している。

4. 聴取実験に基づく受容面からのアプローチ

4.1 産出の前提としての知覚

前節でも述べてきたように，人間の耳は機械が測定した音響パラメータをすべて聞き取っているわけではない。ところが長い間，語学教育は「正しい」音声情報を与えれば学習者は「正しく」生成するという暗黙の了解のもとで進められてきた。その背後には，学習者の聴覚処理系と大脳の言語処理系は，あたかもマイクロフォンで取り入れた外界の音がそのまま録音されるのと同様に機能するという思い込みがある。そのため学習者は，しばしば母語話者の「正しい」発音を何度もよく聞いて，モデルにならって「正しく」発音することを求められる。しかしながら，学習者が母語話者と同じようにその音声を聞いているというのは幻想にすぎない。学習者の耳も脳も白紙の状態ではなく，母語の音韻体系が効率よく処理されるように形成されたシステムを，外

国語学習にも副次的に利用している。そのため知覚や認知に「偏向」や「歪み」が生じ、「中間言語」(Selinker 1972)、「誤りの体系」(Guberina 1965)という形で言及される。すでに聞き取りの段階で、人は母語の音韻規則や韻律的特徴に縛られているのである。

　Matthews (2006) は、① 物理的な音声、② 音声を音韻情報として言語的に処理した結果としての"input"、③ "input" の中で実際に学習者が習得に利用できる "intake" に分けている。そして、第2言語習得にあたっては、母語の音韻規則がフィルターとなって "input" と "intake" に不均衡が生じ、"input" ＞ "intake" の状態となること、英語学習者を対象とした実験結果によれば、母語干渉は分節音レベルの知覚においても韻律レベルの知覚でも観察されたことを報告している。

　ところで日本語の語アクセントについては、すでに学習者の母語によって、同一のアクセントでも聞き取りの様相が異なることが明らかにされている(Ayusawa & Nishinuma 1997ほか)。世界23の地域と日本国内5地域で実施された「東京語アクセント聞き取りテスト」の結果に基づき、鮎澤(2003)は母語によって東京語アクセントの知覚に異なる傾向が見られたと述べている。学習者は、ピッチパターンが母語のものと似ているものについては正しく聞く傾向があり、知覚の転移(Broselow et al. 1987)が認められたという。なお、正答率は学習者の日本語学習歴には関係なく、個人差が大きい(鮎澤 2003: 53)。

　図5～図7は、東京語の母語話者および日本語学習者のうち、北京語またはドイツ語を母語とする協力者から得た結果(鮎澤 1998、西沼ほか 1995、Ayusawa & Nishinuma 1997, Nishinuma & Piterman 1997)を、数値に基づき新しくグラフに作成し直したものである。グラフのa1～a4およびa0はアクセント核の位置を表す。

　図6、7から明らかなように、北京語母語話者とドイツ語母語話者では、北京語母語話者の方が全体的に正答率が高い。平板型(a0)の正答率が高いのは両言語に共通するが、平板型に続いて北京語ではアクセント核が4モーラ目(a4)、1モーラ目(a1)の順で50％を超えている。ドイツ語では4モーラ目(a4)、2モーラ目(a2)の順で続くが、平板型以外50％以上の正答率を示す型はない。欧州7言語の中では、ドイツ語(林良子ほか 1997)、スウェーデン語(Nagano-Madsen & Ayusawa 2002)を母語とする日本語学習者が、4拍目の有核アクセントを比較的よく聞き取っていた。因みに母語に関しては、自

「東京語アクセント聞き取りテスト」
Tokyo subjects

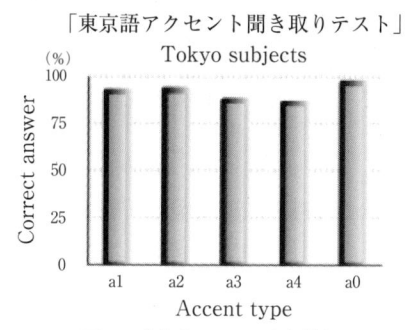

図5 「東京語母語話者」結果

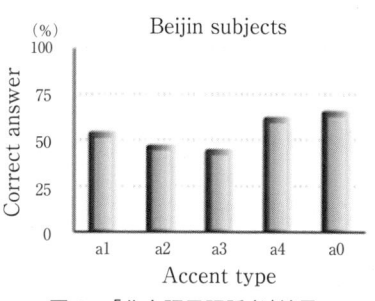

Beijin subjects

図6 「北京語母語話者」結果

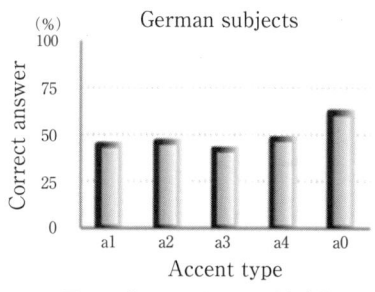

German subjects

図7 「ドイツ語母語話者」結果

然音声刺激を用いた音響心理実験で正答の目安が8割強という経験則がある。したがって，図5に見るように，それを超える東京語母語話者のみずからの使用方言に対する正解率はきわめて良好といえる。ここで繰り返して強調したいのは，我々の知覚は音声の物理的変化と完全に一致してはいないという事実を忘れてはならないこと，加えて，物理的に同一の基本周波数変化が母語ごとに異なって知覚されることが実験によって検証されたということの2点である。

近年，日本語教育においてもプロソディに注目した教材や指導法が提唱されるようになってきたが，母語別のイントネーションやリズムの知覚については，まだ明らかにされていない部分が多い。たとえば，江田ほか(2009)は，イントネーションの「区切り」に着目して統語上の多義文を実験材料として取り上げたところ，日本語学習者の韻律情報に対する意識が予想以上に高かったという実験結果を得ている。それに基づき，発話の理解を助けるスト

ラテジーとして韻律的特徴を日本語教育に応用することを提案しているが，母語別の聴覚実験は行なわれていない。産出の指導に先立ち，まず母語ごとの知覚の傾向を明らかにすることは，研究の急務である。

4.2 聴取実験の概要

日本語の発話末の韻律的特徴の聴取実験は，若年層の日本語母語話者，中国人日本語学習者，ドイツ人日本語学習者を対象として実施した。物理的に同一の音声であっても，協力者の背景となる母語によってその知覚は一様でないことが，4.1節で紹介した語アクセントの聞き取りテストの結果からも予想される。実験の目的は，発話末の韻律知覚の実態把握であり，その多様性を音響音声学の手法と統計処理に基づき記述することである。実験協力者は，以下の3グループであった。

① 日本語母語話者45名（都内在住の学部生および大学院生：男性15，女性30）
② 中国人日本語学習者77名（北京在住の日本語を専攻する学部生および大学院生：男性12，女性65）
③ ドイツ人日本語学習者45名（トリア在住の日本語を専攻する学部生および大学院生：男性13，女性32）

以下，日本語母語話者のグループを[JN]，中国語話者である中国人日本語学習者のグループを[CN]，ドイツ語話者であるドイツ人日本語学習者のグループを[GN]とする。聴取実験は，次の2つの独立したタスクから成る。

① 同一刺激に対して，「高さ」の判定を求める
② 同一刺激に対して，「長さ」の判定を求める

タスクの指示は，それぞれ「最終音節が上昇するか／下降するか」，「最終音節が短いか／長いか」である。協力者は個々にコンピュータのキーボード上の入力キーで回答した。作業は，日本・中国・ドイツとも，協力者が在籍する大学内の教室または研究室内で行なった。Psy Scope X B 51をマッキントッシュ上に立ち上げ，ステレオヘッドフォン（Pioneer MONITOR 8, SONY MDR-XD300）を通して音声刺激を流した。所要時間は，1タスク（160

個の刺激聴取)約15分(音声刺激約1秒強，回答時間を含む刺激間インターバルは3秒)[2]，合計30分である。

実験に用いた音声刺激は，前章で言及した音声資料の一部である。具体的には，「授業だから」「大変なんだ」「寝てないんだ」「寝てなくて」という4発話について，それぞれ10人の異なる女性話者による音声刺激を用意した。これらの刺激をランダムに4回繰り返し提示した。したがって，実験プランは，タスク(2)×発話(4)×音声(10)×反復(4)で，各協力者の回答数は320となる。なお，各タスクに先立ち，それぞれ音声片10個の練習用刺激を提示した。音声刺激として女性の発話を用いたのは，産出にあたって，男性が場面に関係なく下降パターンを主としたのに対し，女性は下降に加え上昇か平板も用いていたこと，持続時間制御についても女性の発話末に長音化が見られ，場面による使い分けが観察されたことによる(3節参照)。

実験終了後には，データ整理のため，生育地，外国語学習歴，楽器演奏経験の有無などを問うフェイス・シートの回答も依頼した。フェイス・シートの自由記述欄には，母語話者が，韻律的特徴のバリエーションから受ける印象に言及したコメントもあった。記述内容から，プロソディに発話態度や発話者の属性などの情報を読み取っている様子が見受けられる。一方，学習者側にそれに気づいた協力者はいなかった。実験結果を踏まえた今後の社会的評価に関する調査の参考となる貴重な情報である。

4.3 中国人日本語学習者[CN]の場合

4.3.1 協力者(中国)の日本語学習背景

[CN]はすべて北京市内の大学の日本語科に所属し，日本語を専攻する学部生および大学院生である。学部生の場合，原則として入学後ゼロから日本語を学び始める。また，同大学には日本人留学生が例年多数在籍しており，日本語母語話者との交流機会は少なくない。

同大学では，初級段階の主教材として『総合日語』[3]を使用している。『総合日語』は日本在住の日本人教師と中国在住の中国人教師の共同執筆によるもので，日本語を学ぶ中国人学生と中国語を学びに中国に留学に来ている日本人学生を主人公にストーリーを展開させている。会話本文では，日本人学生同士の会話や家族内の会話場面で普通体を使用している。また，主教材を扱う科目のほかに「視聴説(見る・聞く・話す)」という聴解・会話に特化した

科目も開設されている。韻律指導としては、語のアクセントの指導を主として、「行く↑(疑問)／行く↓(肯定)」といった発話末のイントネーションの相違にも留意しているが、指導に十分な時間がかけられない、とのことである。

　授業外の日本語環境としては、在北京の日本人との接触のほか、インターネットを介した日本のポップカルチャーへの接触があげられる。日本のアニメやドラマ、歌への関心は中国人学習者に限らないが、従来の「スピーチコンテスト」に加えて、北京市内の主要大学の代表者が参加し「アニメアフレコ大会」が開かれるなど、関心の高さがうかがわれる。

4.3.2　分析対象

　実験には77名の中国人学習者[CN]の協力を得た。[CN]は、北京在住の広義の「中国語話者」である。ここでいう「中国語」とは北方方言を基盤とする標準中国語(中国語では「普通话」)を指し、学習環境において標準中国語を使用している。

　一般に中国語は7大方言区に分けることができ、各方言区はそれぞれ特有の音声的特徴を有している。[CN]をさらに「生育地」別に見ると、北方方言区グループがもっとも多く54名、次いで閩方言区グループが16名であった。2つのグループの実験データをそれぞれ[CN1][CN2]として、分散分析を行なったところ、[CN1]と[CN2]とでは、「高さ」の判定に有意差が見られた。一方、「長さ」の判定では差は見られなかった。[CN]と[JN]の実験結果とその比較については、すでに谷部ほか(2010)で明らかにした通りである。そこで本稿では、以下、特に北方方言区を「生育地」とする54名([CN1])を分析対象とする。

4.3.3　聴取実験結果の分散分析([JN]と[CN1])

　聴取実験の結果についてタスク(「高さ」と「長さ」)別に分散分析を行なった。独立変数は、言語要因(中国語北方方言および日本語)　2水準、発話要因(音声刺激の発話の種類)　4水準とした。従属変数は判定回答(2整数値)である。分散分析の結果は表1の通りである。

　最終音節が上昇したか下降したかという「高さ」の判定については、言語要因、発話要因共に判定値に有意差が認められた。言語と発話の交互作用についても、有意差が認められた。「長さ」の判定においても、言語要因、発話要

因共に判定値に有意差が認められたが，言語と発話の交互作用については差が見られなかった。

表1　分散分析の結果

独立変数＼従属変数	「高さ」の知覚	「長さ」の知覚
主効果		
言　　語	＊＊＊	＊＊
発話の種類	＊＊＊	＊＊＊
交互作用		
言語×発話の種類	＊＊＊	

＊＊　$p<0.01$　＊＊＊　$p<0.001$

日本語母語話者[JN]と中国人日本語学習者[CN1]との知覚の相違は次のようにまとめられる。

① 日本語母語話者[JN]と中国人日本語学習者[CN1]とでは，「高さ」変化の知覚に有意な差が見られた。
② 「長さ」の知覚においては，判定値で有意な差が認められた。

閩方言区グループなどを含む[CN]全体と[JN]の比較を見た谷部ほか(2010)では，「長さ」の知覚に差が認められず，この点において上記(2)は異なる結果となった。ただし，「長さ」の判定に要した反応時間については，[CN][CN1]ともに[JN]との差は有意であった。反応時間については，4.5節で詳述する。

4.3.4　知覚の傾向（[JN]と[CN1]）

それでは実際にどのような音声刺激に対して中国人日本語学習者([CN1])と日本語母語話者の判定に差が生じるのであろうか。ここでは，差が顕著に現れた「高さ」の知覚について例をあげ，考察する。図8は，発話3を例に，母語により発話末韻律の知覚に大きな差が見られた刺激と，差が見られなかった刺激例の判定率を示したものである。横軸に刺激番号を，縦軸

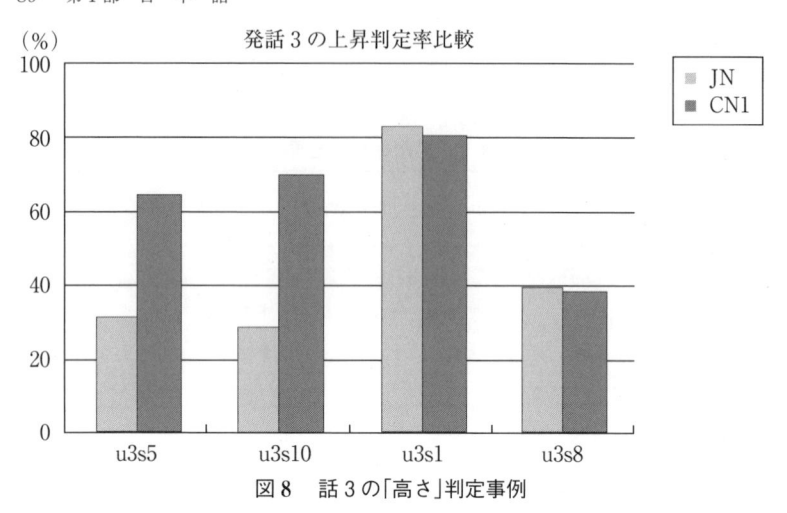

(%) 発話3の上昇判定率比較

図8　話3の「高さ」判定事例

に上昇判定率を示している。

　音声刺激 u3s1, u3s8 では，[JN]も[CN1]も「上昇」判定はほぼ同率である。一方，音声刺激 u3s5では[JN]の上昇判定率31％に対して，[CN1]は65％，u3s10では JN の29％に対して CN1は71％と，[CN1]の「上昇」判定は[JN]のそれを大きく上回っている（図8参照）。物理量としては同一の音声刺激を聞いても，[JN]と[CN1]とでは同じようには聞いていないということである。

　実際にどのような音の物理量の変化に対して，これらの判定がなされたのか。判定差のあった音声刺激 u3s10と判定差のなかった音声刺激 u3s1の基本周波数を見てみたい。図9および図10は，それぞれ下段部の曲線が基本周波数の変化を示している[4]。

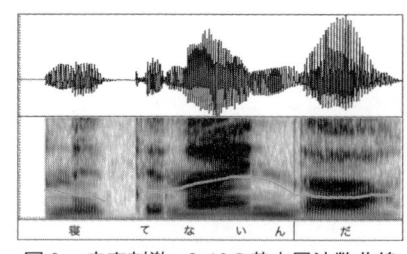

図9　音声刺激 u3s10の基本周波数曲線 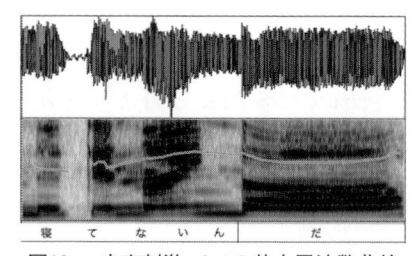　　図10　音声刺激 u3s1の基本周波数曲線

音声刺激 u3s10 は，全体的にピッチレンジが低く，発話末は下降してから最後に短くわずかに上昇している(図9参照)。[JN]の「上昇」判定率が[CN1]に比べ低いのは，最後の短い上昇を聞き取っていない可能性が高い。それに対し，音声刺激 u3s1 は，全体的にピッチレンジが高く，かつ発話末が長く上昇しており(図10参照)，[JN]も[CN1]もほぼ同様の反応を示している。

ヒトが音の変化を聞き取るにあたっては，基本周波数の変化が15％以上(約1音半)で初めて知覚し得るという聴覚実験報告がある(Rossi 1971)。つまり，1母音の中での上昇・下降の検出で，基本周波数検知限を示す曲線上において母音持続時間が250ミリ秒の長さの時点で(たとえば句末の母音末)，上昇や下降の高さの勾配が15％あれば，実験室内でなら被験者の4人中3人は変化を聞くと推定される。音声刺激 u3s10 の基本周波数の変化は6.5％と検知限以下であり，それにもかかわらず[CN1]は「下降」「上昇」を聞き取っている，ということになる。

声調言語を母語とする中国人学習者の耳は，言語音の周波数変化を知覚する機能が日本語母語話者よりも鋭敏であることが推測される。本実験刺激のような終わり方をする音声形式が協力者の中国語に存在し，かつ上昇する声調の出現確率が高いとするならば，このような鋭敏な峻別も十分予想される。その場合，母語習得の過程で行なわれる言語訓練の成果を日本語の聞き取りにも適用した「母語の転移」である可能性もある(谷部ほか 2010)。

4.4　ドイツ人日本語学習者[GN]の場合

4.4.1　協力者（ドイツ）の日本語学習背景

ドイツの場合，アビトゥア(高等学校の卒業試験)で外国語として日本語を選択することができるが，一般的には，大学入学後に日本語を学び始める。今回，協力を得た[GN]はすべてトリア市内の大学で日本語を学ぶ学生である。普段から日本人留学生のタンデム・パートナー[5]を持っており，同大学には，短期間集中的に日本の協定校から学生を受け入れて実施する「夏休みタンデムコース」などの企画もあるため，日本人留学生との交流の機会は少なくない。近年，日本のポップカルチャーに対する関心が高いが，同大学も例外ではなく，学生が組織するマンガやドラマのサークルや研究会もある。加えて日本学科が文化・メディア学部に属することもあり，文学や演劇と並んで，メディア学や社会学的なアプローチからのドラマ分析を積極的に行

なっている。そして卒業論文や修士論文の題材としても，ポップカルチャーが頻繁に取り上げられている。以上の理由から，日頃から学生たちはアニメやドラマなどを通して，日本語の普通体会話を耳にする機会は多い。

　協力者の学年によって異なるが，専門外国語としての日本語の授業では，*Grundstudium Japanisch I, II*[6]，『みんなの日本語』[7]が使われていた。また副教材は，『げんき』[8]など他の日本語教科書以外にも，ニュースなど多方面のソースから作成しているとのことだった。全学対象のクラスでは『げんき』を主要教材として使用していた(林明子 2009: 15)。

4.4.2　聴取実験結果の分散分析([JN]と[GN])

　前述の手順で実施した聴取実験の結果について，まず物理量の変化である基本周波数変化と持続時間長を，ドイツ人日本語学習者([GN])がどのように「高さ」あるいは「長さ」として知覚するかを，日本語母語話者([JN])との比較を通して明らかにする。手順としては，まずデータの統計処理の結果に基づいて言語ごとの傾向を探り，続いて母語からの干渉が見られる具体例を示す。

　Hayashi et al. (2010)では，「高さ」と「長さ」の知覚に関して，[GN]と[JN]の実験結果に統計的に有意な差があるのか否かを，分散分析を用いて明らかにした。独立変数は，言語要因(ドイツ語および日本語) 2水準，発話要因(音声刺激の発話の種類) 4水準とした。従属変数は判定回答(2整数値)である。その結果，「高さ」についても「長さ」についてもすべての要因で有意差が認められた。交互作用についても有意であった(表2参照)。

表2　分散分析の結果([GN]と[JN])

独立変数＼従属変数	「高さ」の知覚	「長さ」の知覚
主効果		
言　　語	＊＊＊＊＊	＊＊＊＊＊
発話の種類	＊＊＊	＊＊＊＊＊
交互作用		
言語×発話の種類	＊＊＊＊＊	＊＊＊＊＊

＊＊＊ $P<0.001$　＊＊＊＊＊ $P<0.0001$

分散分析の結果は、次のようにまとめられる。

① 同一の物理量変化に対する［GN］の知覚は，［JN］とは異なっていた。
② ①の結果は，「高さ」と「長さ」の両者に当てはまるものであった。
③ 発話の種類のすべてについて「知覚の違い」が認められた。

それでは，「高さ」と「長さ」の知覚に関して，ドイツ語母語話者と日本語母語話者の間には具体的にどのような傾向の違いが見られたのか，例を示しながら次節で述べることにする。

4.4.3 知覚の傾向（［JN］と［GN］）

［GN］には最終音節を「上昇」と聞く傾向があり，その傾向は4発話すべてに見られた。「上昇」という回答数は，全刺激の平均で日本語母語話者の回答より8％多かった。

図11, 12は，「高さ」の聴覚実験に使用した160の音声刺激のうち，発話2「大変なんだ」および発話3「寝てないんだ」から一例を示したものである。図中の曲線は基本周波数(F0)が時間の経過と共にどう変化したかを示したもので，これを手がかりに耳は音の高さを抽出して聞く。

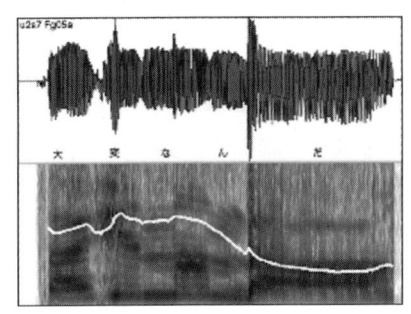

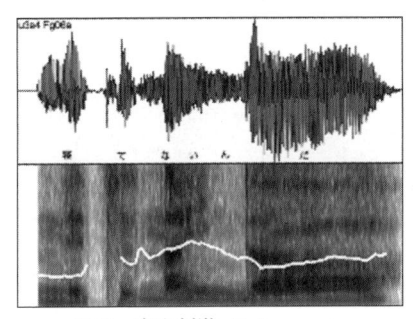

図11　音声刺激 u2s7　　　　図12　音声刺激 u3s4
　　　発話2「大変なんだ」　　　　　　発話3「寝てないんだ」

図11, 12 で示した物理的刺激を聞いて，発話末の「高さ」をどのように知覚したかを示したのが，図13, 14である。図13では，発話末が「上昇」すると回答した日本人17％に対してドイツ人の回答は46％であった。図14では日本人

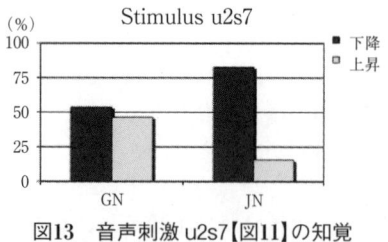

図13　音声刺激 u2s7【図11】の知覚

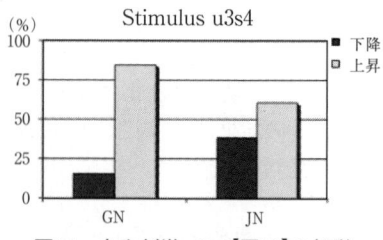

図14　音声刺激 u3s4【図12】の知覚

の約60％，ドイツ人では85％に上る協力者が，「上昇」と聞いていた。

次に，「長さ」の知覚においては，発話1～3で[GN]は[JN]に比べて「短い」と聞いており，全体で平均4.4％の差があった。判定が逆転した発話4についても，[JN]より0.2％少なかったに過ぎない。

具体例を見てみよう。図16は「長さ」を判定する160の刺激文中の一例で，音声刺激 u3s9発話3「寝てないんだ」（図15）に対する回答である。[JN]の回答は一様でなく，約半数が「短い」，残り半数が「長い」と答えている。同じ発話を[GN]の3分の2が「長い」と聞いていた（図16）。

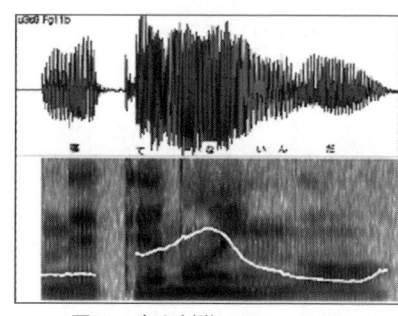

図15　音声刺激 u3s9
発話3「寝てないんだ」

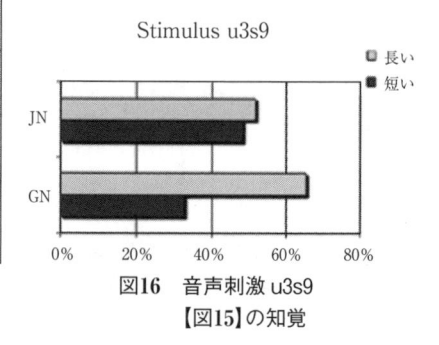

図16　音声刺激 u3s9
【図15】の知覚

一方，音声刺激 u2s3発話2（図17）に対する反応を見ると，ドイツ人学習者と日本人の回答数が逆になっている。約60％の日本語母語話者が発話末を「短い」，40％が「長い」と聞いていたのに対して，40％近いドイツ人が「短い」，60％強が「長い」と知覚した（図18）。

人間にとって2つの音の長さを区別するのは難しい。母語習得にあたって

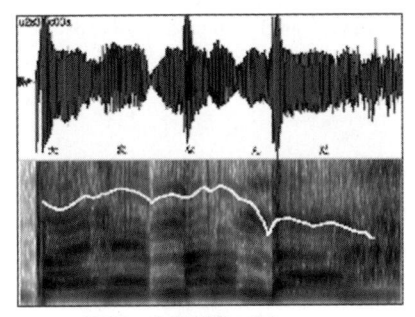

図17　音声刺激 u2s3
発話2「大変なんだ」

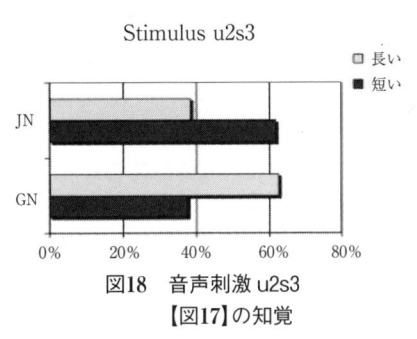

図18　音声刺激 u2s3
【図17】の知覚

鍛えられている日本語母語話者であっても隣接音との差が30％以上なければ，違いを検知できない。話速が速くなるに従い，長短差の知覚には，いっそう大きな持続時間差が必要になり（西沼 2005: 32），かつ騒音がついてまわる日常の音声では，実験室内で測定する閾値の2〜3倍になる（Mertens 2004）。

　ドイツ語にも，音声的には確かに長母音と短母音が存在するが，日本語のように音韻体系の中で意味の弁別を担うものではない。ドイツ語が基本的に閉音節であることも考慮する必要がある。その上，ドイツ語には長さや個々の構成素を犠牲にしてリズム体系を保つという傾向がある（Kohler 1995: 177）。以上の理由から，「ドイツ語の耳」は音の「長さ」に特に注意を払わないことが推測される。両言語の体系の違いが「長さ」のバリエーションの知覚にあたって，回答に影響を与えたと考えられる。

　発話末の「高さ」と「長さ」の判定結果を合わせて見ると，[GN]は長い上昇と判定する割合が高かった。図19と図20は発話4「寝てなくて」の聴取実験

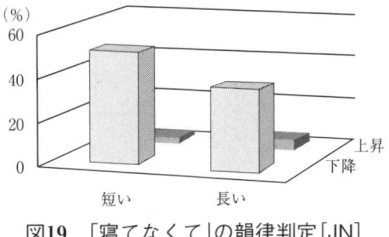

図19　「寝てなくて」の韻律判定 [JN]

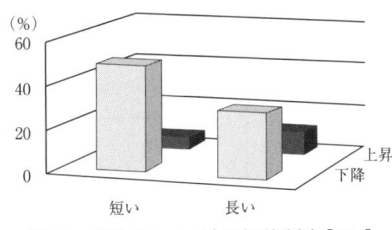

図20　「寝てなくて」の韻律判定 [GN]

の結果である。どちらも「短い」「下降」の占める割合がもっとも高い例であるが，その中で「長い」「上昇」について見ると，[JN]の数値が5％に留まっているのに対し，[GN]は13％となっていた。

4.5　中国人日本語学習者[CN1]，ドイツ人日本語学習者[GN]と日本語母語話者[JN]の実験結果の比較と考察

　前節まで，中国人日本語学習者[CN1]とドイツ人日本語学習者[GN]について，同一の手法で実施した聴取実験の結果を日本語母語話者[JN]と比較しながら論じてきた。それらを踏まえながら，本節では3つのグループの発話末韻律の実験結果を扱い，母語とする言語ごとの発話末韻律の知覚の傾向について，総合的に考察する。

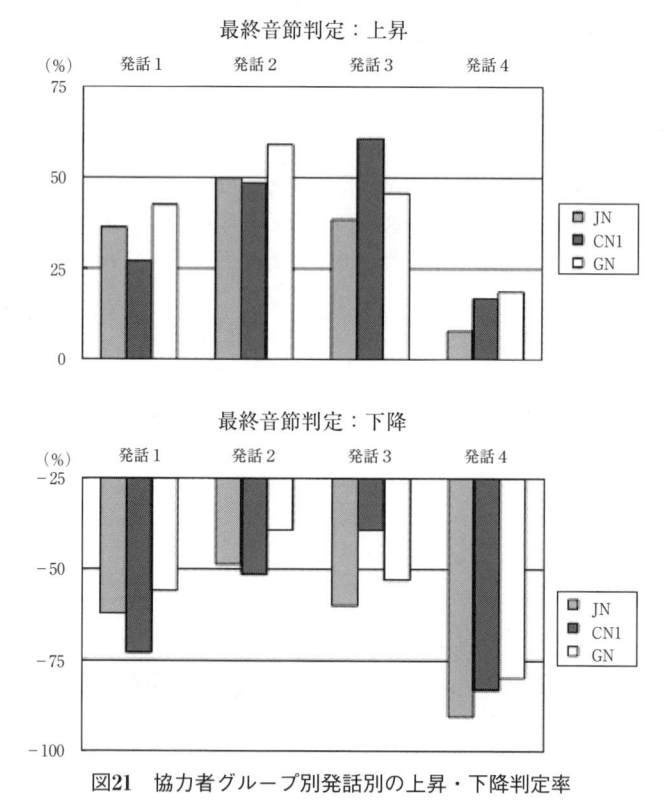

図21　協力者グループ別発話別の上昇・下降判定率

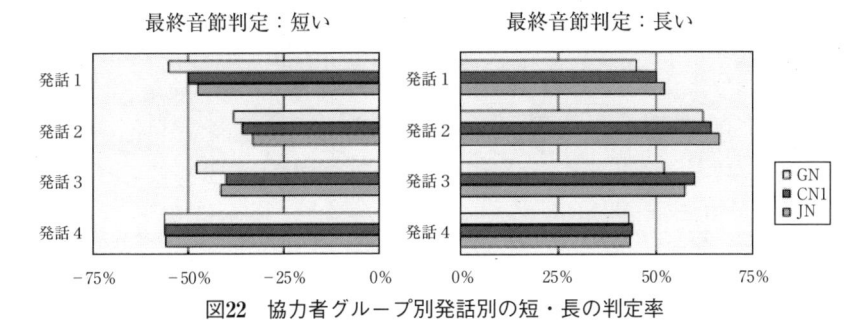

図22 協力者グループ別発話別の短・長の判定率

　協力者グループ別に各発話の上昇・下降判定率および短・長の判定率をグラフに示すと図21, 図22のようになる。
　まず「高さ」の知覚について，言語要因（日本語，中国語北方方言，ドイツ語）3水準，発話要因（音声刺激の発話の種類）4水準を独立変数，判定回答（2整数値）を従属変数として分散分析を行なったところ，言語間に有意差が認められた（$F_{(1,22928)}=6.046, P<0.002$）。2言語間の比較においても，すべての組み合わせで有意差が認められた。また，「長さ」の知覚について同様の分析を行なったところ，やはり3言語間で有意差（$F_{(2,22929)}=104.898, P<0.47^{-45}$）が観察され，2言語間の比較においても，すべての組み合わせで有意差が認められた。
　次の図23〜図28は，発話3「寝てないんだ」および発話4「寝てなくて」の「高さ」と「長さ」の判定結果を合わせて，言語別にグラフにしたものである。背景に持つ母語によって日本語の発話の韻律知覚が異なる様子が，視覚的にも見て取れる。
　実験結果から明らかなように，日本語の発話末の韻律的特徴の知覚には，母語ごとに異なる傾向が見られた。その結果は，前述の東京語アクセントの知覚同様，母語からの「知覚の転移」を示唆している。今回，聴取実験の判定対象とした韻律的特徴は，統語上，意味の弁別に用いられるものではない。また，本実験では，基本周波数の変化に加えて，語彙的意味の弁別に関与しない持続時間長についても調査している。つまり音韻的な知識の影響を受けにくいタスクであったにもかかわらず，与えられた同一の物理量の変化を聞き取るにあたり，協力者グループは異なる知覚パターンを示したことになる。

88　第1部　日本語

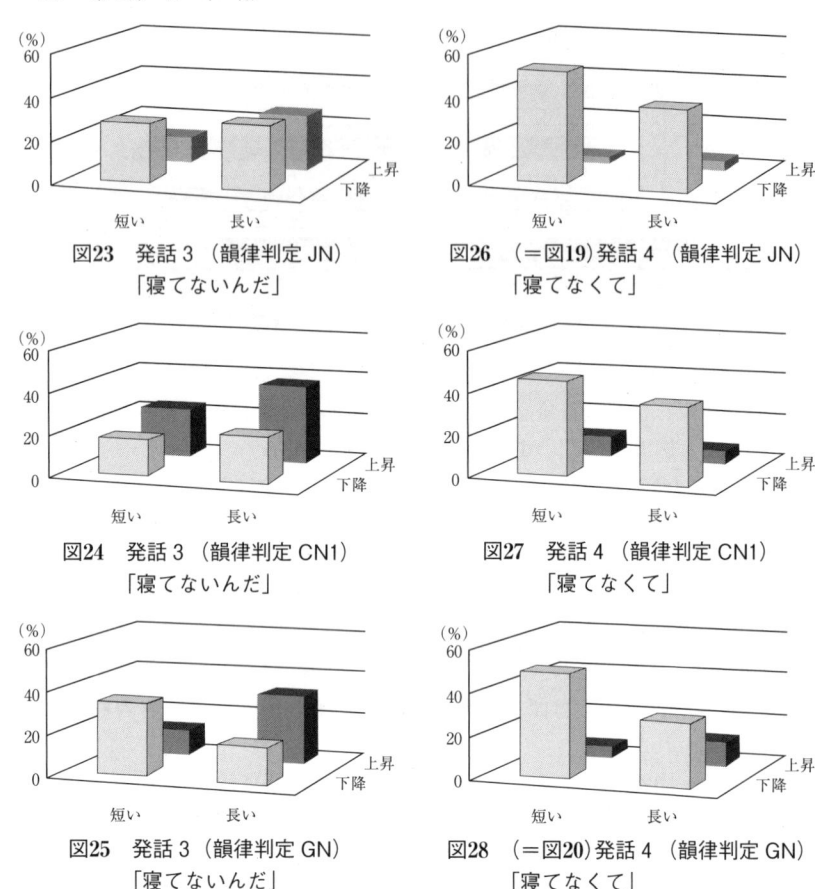

図23　発話3（韻律判定 JN）
　　　「寝てないんだ」

図26　（＝図19）発話4（韻律判定 JN）
　　　「寝てなくて」

図24　発話3（韻律判定 CN1）
　　　「寝てないんだ」

図27　発話4（韻律判定 CN1）
　　　「寝てなくて」

図25　発話3（韻律判定 GN）
　　　「寝てないんだ」

図28　（＝図20）発話4（韻律判定 GN）
　　　「寝てなくて」

　ところで，本実験では回答時の反応時間についても測定した。「高さ」の判定に要した時間は，平均で[JN]2421ミリ秒，[CN1]2416ミリ秒，[GN]2476ミリ秒であった。分散分析の結果[9]，3言語間の差はきわめて有意（$F_{(1,22785)}=134.629$，$P<1.073^{-58}$）であることが明らかになった。次に，2言語をペアにして反応時間を比較した結果では，[GN]の回答に要する時間が長く，[GN]と[JN]の間および[GN]と[CN1]の間に有意な差が観察された。一方，[JN]［CN1]には，反応時間に有意な差は認められなかった。「長さ」判定に要した反応時間の平均は，[JN]2381ミリ秒，[CN1]2422ミリ秒，[GN]2433

ミリ秒で,「高さ」同様, 3言語間で極めて有意($F_{(2.26097)}$=62.195, P＜1.13^{-27})であった。ただし, 2言語間の比較では[JN]と[CN1]間, [JN]と[GN]間の差は有意であったが, [GN]と[CN1]間の差は有意ではなかった。

「長さ」の判定においては, 日本語を母語としない学習者間, すなわち[CN1]対[GN]間には, 知覚の傾向の差はあっても反応時間に有意差は見られなかった。全体的に学習者は反応が遅れ気味のようで, 母語話者と比べて反応時間が長いのは当然予想される結果ではある。しかし「高さ」の判定にあたり, [CN1]と[JN]の反応時間に差がなかったことに加え, 有意とはいえないものの, 中国人学習者の方が反応時間が短かったことは特筆に値する。4.3節で紹介した実験結果同様, 中国人学習者の知覚が言語音の周波数変化に関して鋭敏である可能性を示唆している。

5. おわりに

本稿では, 韻律的特徴のうち, 発話末の「高さ」と「長さ」を取り上げ, 産出と知覚の両側面から考察してきた。その結果は次の2点にまとめられる。

(1) 産出面では,【理由説明】と【事情説明】の場面で, 日本語の若年層母語話者の発話に用いられた韻律的特徴には, 男女差が確認された。
(2) 知覚については, 同一の音声刺激に対して, 母語(日本語, 中国語北方方言, ドイツ語)によって「高さ」と「長さ」の判定に異なる傾向が見られた。

(1)の結果は, 発話末の韻律的特徴が発話態度とも, また発話者の属性とも深く関わることを意味している。実験には, 表現形式の上で男女差のないモデル会話を使用したことを思い起こされたい。たとえ無意識であっても, 母語話者は確実に韻律を使い分けているのである。

(2)は, 私たちの耳が, 母語習得の過程で, 自分の母語に重要な特徴に的確に反応するためのいわば「精密機器」として訓練されていることを示している。物理量である基本周波数変化と持続時間長を「高さ」と「長さ」という心理量として知覚するにあたっては,「知覚の転移」が生じる様子が観察された。これは, 前述の東京方言のアクセントに関する大規模調査から得られた結果を支持するものであった。

日々の教室活動では，限られた時間内に文法や語彙を扱うことが優先され，いきおい「発音が少々不正確でも，意味が通じればいい」と，韻律の細かい指導は省かれがちになる。ところが，そこに教師と学習者の認識のずれが存在する。戸田(2009: 48)によれば，日本語学習者1216人を対象にアンケート調査を行なった結果，学習者が日常のコミュニケーションの中で日本語母語話者に理解されない経験をしばしばしていること，そして，その原因は自分たちの発音にあると考えていることが明らかになった。また，松崎(2009: 49)も，学習者は具体的にどこが問題かがわからないので困惑していると報告している。仮に授業でほめられても，実際には自分の発音のどこが良くてどこが悪いのか気づくことができないのである。こうした学習者の反応は，学習者が実際に音声形態をどのように知覚しているかを考慮しないまま，音声指導を行なうことの限界を示す好例ともいえよう。

　コミュニケーション能力の育成が重視されてきて以来，音声指導も語単位の指導から文単位，そして談話・文章単位へと，指導の範囲を広げつつある。音声指導教材も多く開発されるようになった。とはいえ，言語教育の現場では，とかく学習者の産出面に指導が偏りがちである。「実際に音声を耳にできるから，指導する側にとって適否を評価しやすい」ということが背景にあると思われる。特に「教師と学習者で母語が異なる場合には，双方の知覚は必ずしも一致しない」という事実に対する認識の不足ゆえに，学習者が何をどのように聞いているか，まして，聞き取った音声情報をどのような意味につなげているかについては，ほとんど着目されてこなかったといってもよい。本稿で扱った一連の具体的な実験結果からその一端が明らかになったように，学習者の母語によって韻律知覚の傾向が異なるという事実を教師が把握しておくことは，産出が困難なことの背景を知る意味でも重要である。

　それでは，韻律的特徴の母語別の知覚の傾向を明らかにしたとして，その成果を実際にはどのように教育現場に生かすことができるだろうか。たとえば「行く」という1語文であれば，現実の発話場面で韻律情報を付加することで，命令・質問・意志などのモダリティ的意味を言い分けたり，聞き分けたりすることができる。こうした伝達意図と韻律情報との対応関係は比較的明瞭であるだけに，指導へもつなげやすい。一方，本稿で扱った実験では，協力者に韻律の音声面の形状だけを判断することを求めたが，音声には必然的に話者の心的態度に関わる情報がついてまわる。後者と物理量との対応はとらえにくく，学習者にその様相を記述的に示して指導することは難しい。し

かも，統語的な意味にも関わらないため，指導の必然性は薄いと考える向きもあろう。しかし，実験終了後のフェイス・シートには，「声の高さや，質によって同じセリフなのに全然違った印象を受けて，日本語って面白いなと改めて感じました」「普段，何気なく耳にしていることをしっかり聞いてみると，自分の中で聞き分けていたことに改めて気づきました。こんなにも印象が違うことに驚き，自分の話し方が少し気になります」といった日本語母語話者の記述が見られた。そして，「同じ言葉でも語尾の長さや上下（筆者注：「上昇下降」）でまったく違う印象でした。語尾が長いと，『だらしない，疲れている』といったマイナスイメージにつながりやすかった。語尾が短いと『元気』『急いでいる』と，また違った印象」というように，発話末の韻律的特徴の変異から，発話者の心理や態度を聞き取っている様子がうかがわれた。さらに，「自分に投げかけられている言葉だったり，同意を求められている言葉だったり，疑問文のように聞こえたり，秋葉原の店員さんがお客さんに話しているみたいだったり，1人でつぶやいているような言葉，文末の長さを答える方では，やけに短いとすごくせかせか急いでいるような印象，まのびするような長い文末だとなんかアニメ（少女マンガ的な）の台詞（声優さんがよんだ）みたいな印象を受けました」という具体的な記述もあった。以上のコメントに見るように，ごく短い発話の限られた韻律情報から，社会的意味の指標を感じ取ることができる。学習者もまた，母語であれば同様の処理を行なっていることが予想されるが，日本語に関しては，母語の音韻的特徴の意味付けとの違い，そして何よりそれに先立つ韻律情報の知覚の違いから，日本語母語話者との間にずれが生じる可能性があることは否めない。

　普通体会話は韻律が情報を担う割合が高い。国内に限らず，海外においても現在の学習者はさまざまなメディアを通して現実の日本語発話に接触する機会が増えている。そうした学習環境の変化を考えれば，アニメのキャラクターなども音声変異の社会性を強調したものであることに留意する必要がある。国際交流基金関西国際センターでは「アニメ・マンガの日本語」という日本語学習サイトを開設している（http://www.anime-manga.jp/）。「アニメ・マンガのキャラクターやジャンルによる日本語のバリエーションへの理解が深まり，自身のキャラクター，多様な相手や場面に応じた自然で適切な日本語コミュニケーションに役立てられます」と謳っており，バリエーションの提示として大変興味深い試みである。ただ，ステレオタイプの再生産につながることも考えられるので，バリエーションの提示にあたっては，表現形式

や音声面からも，また社会的な要因との関連からも，学習者がガイドラインとして参考にできるような教育的配慮が必要かもしれない。

　音声指導のあり方について，小河原(2005: 56)は「音声だけを教える，正しい発音に導くことだけが音声教育ではない。最終目標は日本語による現実場面での音声コミュニケーション能力である。たとえ教室の中であってもつねに現実のコミュニケーションを視野に入れた練習や活動を工夫すべきである」と述べている。その出発点として，まず，無意識にではなく意識的に聞くという「聞き方」の変換が求められる。ヴェルボトナール法などの従来の教授法も「知覚」面に注目して今一度とらえ直し，活用することができよう。母語話者の知覚とずれが生じやすいパターンについては，たとえば，音声ソフトを用いて学習者の意識の覚醒を喚起することができるであろう。具体的な操作としては，上昇や下降の対比を誇張したり，アクセント核の下降をずらしたりして，イントネーションの曲線表示を学習者が知覚しやすいようにするなどが考えられる。

　ピッチの変動にもまして重要なのはリズムで，日本語学習者がしばしば苦手とする特殊拍がこの側面の代表格である。また，学習言語の母音や子音を母語の母音や子音で代用すると，拍の長さが微妙に狂い，いわゆる「外国語訛り」の印象を与えたりする。それも，リズムのなすところである。さらに上級者の場合は，ポーズの取り方を含むリズム構造全体に注意を向けることが学習の進歩につながる。しかし音の長さの制御は音の高低の制御以上に困難であるというヒトに固有の特質に加えて，直感的に把握できるような定式化が難しいという二重の問題がある。長短のアイコンや教師のジェスチャーが，長短ではなく，強弱の対比と誤解されることもある。

　物理的に聞き取りにくい条件が重なった場合でも，母語話者は，母語習得過程での膨大な量のインプットによって韻律的特徴のパターンを学んでいるために，それに基づいて適切なパターンを推測して聞き取る。一方，学習者の場合は，学習言語のピッチ変動やリズム構造に関して，母語とは異なるパターンを知覚する訓練から始めなければならない。方法が教師(音声，ジェスチャー)であろうと，支援ソフトであろうと，学習者の意識が注意すべき韻律の特徴に向くことがカギである。聞き取りのポイントを意識化させ，そこから徐々に母語話者の聞き方に接近していくような学習方法は，やがて，学習者それぞれが自分自身にふさわしいスピーチ・スタイルを獲得していくことにつながっていく。音声指導にあたっては，① 母語の音韻体系から干

渉を受けながらも，どんな点に留意して聞くと日本語の韻律的特徴に気づけるかといった「聞き方」指導の工夫，② 聞き取った韻律的特徴に基づいて，話者の心的態度をどう理解するかといった発話の意味付け，そして，③ 学習者自身が選択する韻律の産出へとつながるような一連の流れを考える時期にきているのではないか。

　いずれにしても，まずは韻律的特徴が持つ情報と，それらが発話態度に与える影響についてのこれまでの認識の不十分さを改め，知覚のレベルでは input ≠ intake であることを常に意識しながら，学習者が体系的に「聞き方」を学べるような情報の量を増やすことが不可欠である。そのためにも，教材開発に先立つ基礎資料として ①「母語別の知覚パターン」など音声形態がどのように知覚されるか，② 聞き取った音声形態がどのように意味理解に結びつくか，といったレベルでのさらなる解明が大前提となる。

注

* 　本研究で紹介した実験およびそれに先立つ資料収集等の調査は，次の助成を受けて実施した。平成17年度東京学芸大学重点研究費「ジェンダーによる日本語文末表現と音声的特徴のバリエーションに関する研究」（研究代表者　谷部弘子），日本学術振興会科学研究費補助金基盤研究(C)18520401「若年層の用いる文末表現形式と音声的特徴にみるバリエーションとその教育的応用」（研究代表者　谷部弘子），2006～2007年度中央大学特定課題研究費「若年層の用いる発話末の表現形式と音声的特徴」（助成対象者　林明子），日本学術振興会科学研究費補助金基盤研究(C)21520527「外国人学習者の日本語発話末韻律の知覚および意味認知の実験的観察と教育への応用」（研究代表者　谷部弘子）。

1) 　隣接する 2 音程の間隔を200等分したもので，オクターブが異なる音域でも同一の音程間隔は同一の値になるように考案された変換法。
2) 　3 秒経過した後でキーを押してもデータにはならず，タイムアウトで反応時間も測定できない。3 秒以前に回答すれば，次の刺激に進むので，その分タスクは早く終わる。
3) 　総主編・彭广陆・守屋三千代・审订・孙宗光・阪田雪子『综合日语　基礎編，第 1 冊，第 2 冊』北京大学出版社，2004, 2005年。
4) 　音声の視覚化には，Boersma & Weenink, Praat (vs. 5. 1. 17, 2009), University of Amsterdam を使用した。
5) 　タンデムとは 2 人乗り自転車のことで，転じて授業外に学生同士で行なう交換授業を指す。

6) Katsuki-Pestemer, N. *Grundstudium Japanisch 1, II*. Rheinbreitbach: Dürr und Kessler, 1991, 2004², 2006².
7) スリーエーネットワーク『みんなの日本語初級 I, II 本冊』スリーエーネットワーク, 1998年。
8) 坂野永理・大野裕・坂根庸子・品川恭子・渡嘉敷恭子『初級 日本語 げんき I』The Japan Times, 1999年。
9) 従属変数は, 測定された反応時間を対数変換した数値。

参考文献

Ayusawa, Takako and Y. Nishinuma (1997) "How Do Non-native Speakers Perceive Japanese Pitch Accent? Results from 10 Language Groups." *Travaux de l'Institut de Phonétique d'Aix* 17: 185-199.

Bochner, Joseph, K. B. H. Snell and D. J. MacKenzie (1988) "Duration Discrimination of Speech and Tonal Complex Stimuli by Normal Hearing and Hearing-impaired Listeners." *Journal of the Acoustical Society of America* 84 (2): 493-500.

Boersma, Paul and D. Weenink (2009) *Praat* (vs. 5. 1. 17. 2009). University of Amsterdam.

Broselow, Ellen, R. R. Hurtig and C. Ringen (1987) "The Perception of Second Language Prosody." G. Ioup and S. H. Weinberger (eds.) *Interlanguage Phonology: The Acquisition of a Second Language Sound System*. Cambridge, Mass.: Newbury House Publishers, pp. 350-361.

Campbell, Nick (2006) "On the Structure of Spoken Language." R. Hoffmann and H. Mixdorff (eds.) *Studientexte zur Sprachkommunikation. Bd. 40, Speech Prosody.3rd International Conference*. Dresden: TDUpress, p. 15 & CD-ROM (SPS1-6).

Foulkes, Paul (2006) "Sociophonetics." K. Brown (ed.) *Encyclopedia of Language and Linguistics 2nd ed*. Amsterdam: Elsevier Press, pp. 495-499.

Giles, Howard and P. F. Powesland (1975) *Speech Style and Social Evaluation*. New York: Academic Press.

Gumperz, John, J. (1982) *Discourse Strategies*. Cambridge: Cambridge University Press.

Guberina, Petar (1965) «La méthode audio-visuelle structuro-globale», *Revue de Phonétique Appliquée* 1: 35-64.

Hayashi, Akiko, Y. Nishinuma und H. Yabe (2010) „Perzeption der prosodischen

Varianten am Ende von japanischen Äußerungen: Dargestellt anhand einer in Deutschland vorgenommenen Untersuchung unter Japanischlernenden." The Institute of Cultural Science, Chuo University (ed.) *Journal of the Institute of Cultural Science*. 69: 105-118.

Klatt, Denis H. and W. E. Cooper (1975) "Perception of Segment Duration in Sentence Contexts". A. Cohen and S. G. Nooteboom (eds.), *Structure and Process in Speech Perception*. New York, Berlin: Springer-Verlag, pp. 69-89.

Kohler, Klaus J. (1995^2) *Einführung in die Phonetik des Deutschen. 2., neubearbeitete Auflage*. Berlin: Erich Schmidt Verlag.

Matthews, John (2006) "Filterd Input and Obscured Full Access in Phonological Acquisition." *Second Language* 5: 29-57.

Mertens, Piet (2004) «Un outil pour la transcription de la prosodie dans les corpus oraux». *Traitement Automatique des langues* 45 (2): 109-130.

Nagano-Madsen, Yasuko, and T. Ayusawa (2002) "Analysis of the Perceptual Patterns of Japanese Word Accent by Swedish Learners." Dept. of Oriental and African Languages, Göteborg University, *Africa & Asia* 2: 187-195.

Nishinuma, Yukihiro (1979) *Un modèle d'analyse automatique de la prosodie*. Editions du CNRS.

Nishinuma, Yukihiro (1984) "Prediction of Phoneme Duration by a Distinctive Feature Matrix," *Journal of Phonetics* 12: 169-173.

Nishinuma, Yukihiro (1990) "Perception of Syllable Duration in Short English and French Sentences." *Journal of the Acoustical Society of America* 87, Suppl. 1, S72.

Nishinuma, Yukihiro, A. Hayashi and H. Yabe (2006) "Utterance Final Forms in Dialogues of Young Japanese. A Syntactic and Prosodic Analysis." R. Hoffmann and H. Mixdorff (eds.) *Studientexte zur Sprachkommunikation. Bd. 40, Speech Prosody.3rd International Conference*. Dresden: TDUpress, p. 59 & CD-ROM (PS4-15).

Nishinuma, Yukihiro and M. Piterman (1997) "A Statistical Survey on the Perceptual Data of the Tokyo Accent by Foreign Learners." *Phonetic Society of Japan Annual Meeting* 97：59-64.

Rossi, Mario (1971) «Le seuil de glissando ou seuil de perception des variations tonales pour les sons de la parole», *Phonetica* 23: 1-33.

Selinker, Larry (1972) "Interlanguage." *IRAL (International Review of Applied Linguistics in Language Teaching)* 10: 209-232.

Strand, Elizabeth A. (1999) "Uncovering the Role of Gender Stereotypes in Speech Perception." *Journal of Language and Social Psychology* 18 (1): 86-99.
鮎澤孝子（1998）「日本語学習者にとっての東京語アクセント」『言語』第27巻 第1号 70-75. 大修館書店
鮎澤孝子（2003）「外国人学習者の日本語アクセント・イントネーション習得」『音声研究』第7巻 第2号 47-58. 日本音声学会
犬飼隆（2001）「低く短く付く終助詞「ね」」音声文法研究会編『文法と音声Ⅲ』くろしお出版 pp. 17-29.
江田早苗・内藤由香・平野絵理香（2009）「学習者によるイントネーション知覚と意味理解のストラテジー―音声教育への応用と提言―」『日本語教育』第143号 48-59. 日本語教育学会
小河原義朗（2005）「音声教育法」日本語教育学会編『新版 日本語教育事典』大修館書店 pp. 56-57.
郡史郎（2006）「日本語の「口調」にはどんな種類があるか」『音声研究』第10巻 第3号 52-68. 日本音声学会
小林美恵子（1993）「世代と女性語―若い世代のことばの「中性化」について―」『日本語学』第12巻 第6号 181-192. 明治書院
昇地崇明, V. Aubergé, A. Rilliard（2007）「発話態度の文化的特性と「偽の友達」―日仏語の対照研究を通して―」定延利之・中川正之編『音声文法の対照』くろしお出版 pp. 55-78.
杉藤美代子（1992）「プロソディーとは何か」『言語』第21巻 第9号 16-21. 大修館書店
鈴木千寿（1999）「文末表現のイントネーションと男女差」『ことば』第20号 75-94. 現代日本語研究会
戸田貴子（2009）「日本語教育における学習者音声の研究と音声教育実践」『日本語教育』第142号 47-57. 日本語教育学会
二階堂整・高野照司・太田一郎・朝日祥之・松田謙次郎（2006）「新しい音声バリエーションの研究―日本における社会音声学の確立をめざして―」『社会言語科学会 第18回大会発表論文集』pp. 231-239.
西沼行博（2005）「音声の知覚」日本語教育学会編『新版 日本語教育事典』大修館書店 pp. 32-33.
西沼行博・鮎澤孝子・李明姫（1995）「外国人日本語学習者による東京語アクセントの聴き取り―フランス人, 中国人, 韓国人データの考察―」『日語日文學研究』第27号 229-239. 韓國日語日文學會
西沼行博・代田智恵子（2007）「フランス語のイントネーションとその周辺」『音声研

究』第11巻 第2号 55-64. 日本音声学会
林明子 (2009)「日本語の韻律的特徴と知覚―ドイツ人日本語学習者へのリズム・イントネーション教育を視野に―」『紀要 言語・文学・文化』第104号(通巻225号) 1-32. 中央大学文学部
林明子・西沼行博・谷部弘子 (2007)「若年層男女にみる発話末の表現形式と韻律―説明場面における普通体会話の場合―」『社会言語科学』第9巻 第2号 30-40. 社会言語科学会
林良子・鮎澤孝子・西沼行博 (1997)「ドイツ語母語話者による日本語アクセントの知覚について」*Collection of Abstracts of Papers Presented at the Conference of EAJS (European Association for Japanese Studies)*. p. 2/11.
松崎寛 (2009)「音声教育における教師と学習者の内省―韻律指導の実践をもとに―」『日本語教育』第142号 25-35. 日本語教育学会
谷部弘子 (2000)「話し言葉における男女差としてみた「んだ」」『日本と中国ことばの梯―佐治圭三教授古稀記念論文集―』くろしお出版 pp. 187-196.
谷部弘子・西沼行博・林明子 (2010)「中国人日本語学習者にみる発話末韻律の知覚―イントネーションとリズムの聴取実験―」『東京学芸大学紀要 総合教育科学系II』第61集 279-288. 東京学芸大学

第2部　中　国　語

広西三江六甲語の連体修飾構造

工藤早恵

1. はじめに

　三江侗族自治県は，広西壮族自治区の北端に位置し，漢族，侗族，壮族，苗族，瑤族等の多くの民族が居住している。地域の共通語は西南官話の系統である桂柳語で，その他に六甲語，土拐語，侗語，壮語，苗語，瑶語などが話されている。本稿で扱う六甲語は，漢語方言の一種だといわれており，唐末か北宋の頃に，福建から広東，柳州を経由して今の三江県に移って来たとされる六甲人を話者とする[1]。先行研究では，六甲語に客家語や閩南語，粤語の痕跡を見ることができるという指摘もされているが[2]，六甲人についても六甲語についても，詳細は未だ明らかではない。
　本稿では，六甲語の連体修飾構造の中で，名詞，形容詞，疑問代詞，動詞（動詞句），介詞句が連体修飾語になる構造について，2009年8月に三江県で行なった調査の結果を報告する。なお，連体修飾構造の中で，次頁の（表1）にあげた数量句と指示代詞を含む統語構造については，工藤(2009)においてすでに詳述したので本稿では扱わないことにする[3]。
　本調査のインフォーマントは，三江県の県城から約4キロ離れた周坪郷黄牌村に住む六甲人女性の呉秋雲さん(50歳)である。生まれてから現在までずっとこの村に住み，最終学歴は高級中学卒業で，小学校から高級中学まで普通話を学んだ。日常生活の中で使用する言語は，会話をする相手の使用言語によって使い分けており，六甲人と話す時には六甲語を用いて話し，三江に住む他の言語の話者とはこの地域の共通語である桂柳語を用いて話し，桂柳語を理解しない話者とは中国語の共通語である標準中国語を用いて話している。
　本稿では例文の表記は，国際音声字母(IPA)と漢字を併記し，さらに略号と日本語によるグロスおよび文の日本語訳を記した。漢字表記は，六甲語を記す時に本字が不明の場合には"□"で表す。また，例の中で，語や文として成立しないものには，文頭に"*"を記すことにする[4]。

表1　数量句と指示代詞を含む統語構造

	汎用量詞[5]	専用量詞
数詞＋量詞＋名詞	iɐt⁵⁵ kou⁴¹ piŋ¹¹ko³³ 一　 个　 苹果 一　 CL　 林檎 （一つの林檎）	iɐt⁵⁵ pɐn³³ ɕy⁵³ 一　 本　 書 一　 CL　 本 （一冊の本）
(/ko³³/＋)数詞＋量詞 ＋名詞＋指示代詞[6]	iɐt⁵⁵ kou⁴¹ piŋ¹¹ko³³ li³³ 一　 个　 苹果　□ 一　 CL　 林檎　この （この一つの林檎） ko³³ iɐt⁵⁵ kou⁴¹ piŋ¹¹ko³³ li³³ /ko³³/一　 个　 苹果　□ 　　　一　 CL　 林檎　この （この一つの林檎）	iɐt⁵⁵ pɐn³³ ɕy⁵³ li³³ 一　 本　 書　□ 一　 CL　 本　この （この一冊の本） ko³³ iɐt⁵⁵ pɐn³³ ɕy⁵³ li³³ /ko³³/一　 本　 書　□ 　　　一　 CL　 本　この （この一冊の本）
(/ko³³/＋)量詞＋ 名詞＋指示代詞	kou⁴¹ piŋ¹¹ko³³ li³³ 个　 苹果　□ CL　 林檎　この （この一つの林檎　この林檎） ※/ko³³/の形は成立しない。	pɐn³³ ɕy⁵³ li³³ 本　 書　□ CL　 本　この （この一冊の本　この本） ko³³ pɐn³³ ɕy⁵³ li³³ /ko³³/本　 書　□ 　　　CL　 本　この （この一冊の本　この本）
量詞＋名詞	kou⁴¹ piŋ¹¹ko³³ 个　 苹果 CL　 林檎 （一つの林檎　この林檎）	pɐn³³ ɕy⁵³ 本　 書 CL　 本 （一冊の本　この本）
(/ko³³/＋)名詞 ＋指示代詞	piŋ¹¹ko³³ li³³ 苹果　□ 林檎　この （この林檎） ko³³ piŋ¹¹ko³³ li³³ /ko³³/苹果　□ 　　　林檎　この （この林檎）	ɕy⁵³ li³³ 書　□ 本　この （この本） ko³³ ɕy⁵³ li³³ /ko³³/書　□ 　　　本　この （この本）

2. 統語構造の4つの種類

　六甲語では，連体修飾語と名詞の統語構造として，a)連体修飾語＋名詞，b)連体修飾語＋汎用量詞"个"または専用量詞＋名詞，c)連体修飾語＋/ko^{33}/＋名詞，d)連体修飾語＋"的"＋名詞の4種類がある。

　a)　連体修飾語＋名詞
　接続成分を介在せずに，連体修飾語と名詞が直結する統語構造である。この統語構造は，被修飾語の名詞が複数であっても単数であっても用いることができる。

(1)　ŋo^{35}　　ȵie^{33}
　　　□　　　□
　　　3PL　　母
　　（私たちの母）

(2)　ne^{35}　　tsi^{11}liu^{22}
　　　□　　　資料
　　　2PL　　資料
　　（あなたたちの資料）

　b)　連体修飾語＋汎用量詞"个"または専用量詞＋名詞
　連体修飾語と名詞の間に汎用量詞の"个"か専用量詞を介在させる構造である。介在する量詞は，被修飾語の名詞の形状や性質に応じて選択される。またこの構造では，被修飾語の名詞が単数の場合にのみ用いることができる。

(3)　ta^{53}　　kou^{41}　piŋ^{11}ko^{33}
　　　他　　　个　　　苹果
　　　3SG　　CL　　林檎
　　（彼の林檎）

(4)　ŋu^{35}　　pɛn^{33}　çy^{53}
　　　我　　　本　　　书
　　　1SG　　CL　　本

(私の本)

(5) *ŋu³⁵　tɕi⁵³　pɐt⁵⁵　tu²²　tsai²²　tai³⁴³　ɕiaŋ²²
　　我　　枝　　笔　　都　　在　　台　　上。
　　1SG　CL　　ペン　皆　　ある　机　　上
　　(私のペンは皆机の上にある。)

c) 連体修飾語＋/ko³³/＋名詞

連体修飾語と名詞の間に，/ko³³/という語を介在させる構造である。この形式は，名詞の数を意識しない場合に用いるようで，被修飾語の名詞が単数でも複数でも用いることができる。また，名詞の形状や性質にもかかわらずに用いることができる。例えば，(6)や(7)における被修飾語の名詞は単数でも複数でも構わない。さらに両者の形状や性質は異なっているが，どちらも/ko³³/を介在する構造を用いることができる。

(6) tʰa⁵³　ɕiaŋ¹¹ŋ³⁵　tsy³³　ko³³　ka¹¹si⁵³
　　他　　上午　　　□　　/ko³³/　□西
　　3SG　午前中　　買う　　　　品物
　　(彼が午前中に買った品物)

(7) ni³⁵　xaŋ³³　ŋu³⁵　ko³³　tɕiu⁴¹pʰin⁴¹　xou³³　xou³³kʰuɐn⁴¹
　　你　　□　　　我　　/ko³³/　照片　　　　好　　好看。
　　2SG　くれる　1SG　　　　　写真　　　とても　きれい
　　(あなたがくれた写真はとても綺麗だ。)

d) 連体修飾語＋"的"＋名詞

連体修飾語と名詞の間に"的"が介在する統語構造である。インフォーマントの話によると，この構造は元々六甲語には無く，近年になってから桂柳語の影響を受けて，若者を中心に日常的に用いるようになったという。50代になったばかりのインフォーマントは，"的"が桂柳語由来の語であることを認識しながら，状況に依って用いたり用いなかったりする。また，年配者はまったく用いていないそうである[7]。

(8)　tʰa⁵³　　ti³³　　naŋ¹¹ik²³
　　 他　　　的　　　能力
　　 3SG　　REL　　能力
　　（彼の能力）

(9)　siu³³li³⁵　foŋ¹¹ɔːn⁴¹　ti³³　tɕɔŋ¹¹ai⁴¹　nøi⁴¹jɔŋ³⁴³
　　 小李　　　方案　　　　的　　重要　　　内容
　　 李さん　　草案　　　　REL　重要な　　内容
　　（李さんの草案の重要な内容）

3. それぞれの連体修飾語に用いられる統語構造

　六甲語では，名詞，形容詞，疑問代詞，動詞(動詞句)，介詞句が連体修飾語になる時に，どの構造の場合にもa)〜d)の4種類すべてを用いることができるという訳ではない。以下，それぞれの修飾語において，a)〜d)のどの構造を用いることができるのか，その概要を述べる。

3.1　連体修飾語が名詞の場合
　連体修飾語が名詞である場合は，次の3つの統語構造を用いることができる[8]。

　　a)　連体修飾語＋名詞
　　b)　連体修飾語＋汎用量詞"个"または専用量詞＋名詞
　　d)　連体修飾語＋"的"＋名詞

　a)　連体修飾語＋名詞
　この構造は，日常的にもっとも多く用いられる。以下，被修飾語の名詞が① 親族，社会的人間関係，所属団体，② 所有物，③ 身体部位，④ 情報・人格・能力に関するものである場合，⑤ 時間詞・場所詞(場所化した名詞)が連体修飾語になる場合および ⑥ 離合詞を用いた句における状況について紹介する。

　① 親族，社会的人間関係，所属団体
　被修飾語が親族，社会的人間関係，所属団体を表す名詞である時に，標準

中国語では，連体修飾語が一般名詞の場合は連体修飾と被修飾語の間に構造助詞の"的"を用いる必要があるが，連体修飾語が代名詞の場合は連体修飾と被修飾語の間に構造助詞の"的"を省略し，連体修飾語と名詞が直接に結びつくことができる。これに対して六甲語は，連体修飾語が(10)～(15)のように代名詞であっても，(16)や(17)のように一般名詞であっても，連体修飾語と名詞が直接結びつくことができる。

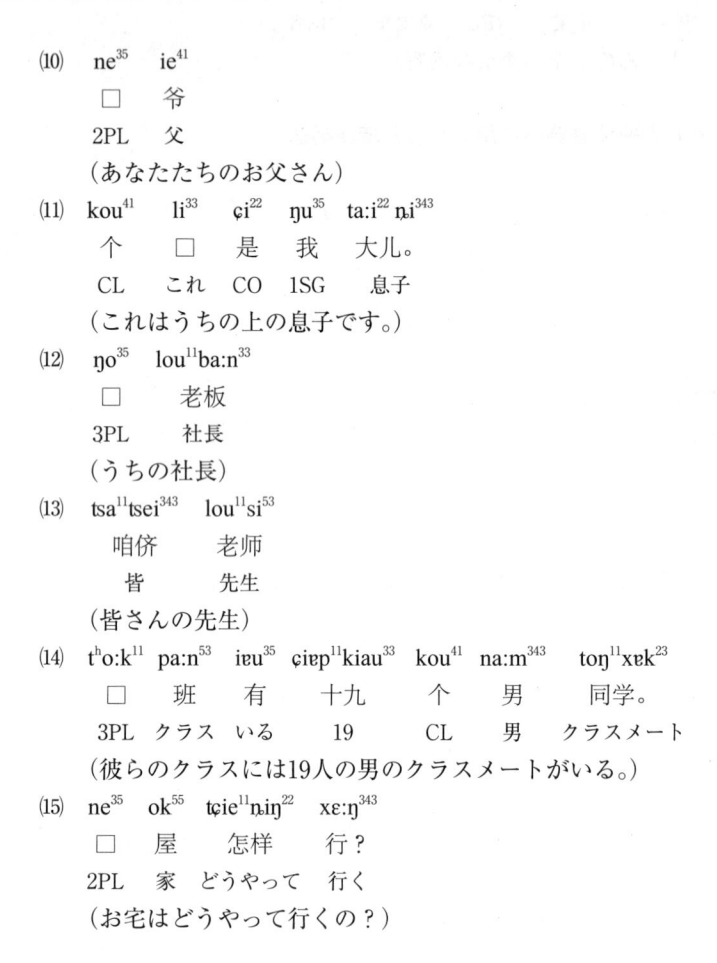

(10) ne^{35}　ie^{41}
　　　□　　爺
　　　2PL　父
　　（あなたたちのお父さん）

(11) kou^{41}　li^{33}　çi^{22}　ŋu^{35}　ta:i^{22}　n.i^{343}
　　　个　　□　　是　　我　　大儿。
　　　CL　これ　CO　1SG　息子
　　（これはうちの上の息子です。）

(12) ŋo^{35}　lou^{11}ba:n^{33}
　　　□　　老板
　　　3PL　社長
　　（うちの社長）

(13) tsa^{11}tsei^{343}　lou^{11}si^{53}
　　　咱侪　　　老师
　　　皆　　　　先生
　　（皆さんの先生）

(14) tʰo:k^{11}　pa:n^{53}　ieu^{35}　çiɐp^{11}kiau^{33}　kou^{41}　na:m^{343}　toŋ^{11}xɐk^{23}
　　　□　　班　　有　　十九　　个　　男　　同学。
　　　3PL　クラス　いる　19　　CL　男　クラスメート
　　（彼らのクラスには19人の男のクラスメートがいる。）

(15) ne^{35}　ok^{55}　tçie^{11}n.iŋ^{22}　xɛ:ŋ^{343}
　　　□　　屋　　怎样　　　行？
　　　2PL　家　どうやって　行く
　　（お宅はどうやって行くの？）

(16) siu³³woŋ³⁴³　xɐk¹¹xa:u⁴¹
　　小王　　　学校
　　王さん　　学校
　　（王さんの学校）

(17) tʰa⁵³　ɕi²²　siu³³li³⁵　lou¹¹si⁵³
　　他　　是　　小李　　　老师。
　　3SG　CO　李さん　　先生
　　（彼は李さんの先生です。）

② 所有物
　被修飾語が所有物を表す名詞である場合に，標準中国語では，連体修飾語と名詞の間にふつうは構造助詞の"的"を介在させる必要があるが，六甲語では，連体修飾語と名詞が直接に結びつくことができる。

(18) ni³⁵　ɕy⁵³
　　你　　书
　　2SG　本
　　（あなたの本）

(19) ts¹¹tsei³⁴³　tɕʰie⁵³
　　咱侪　　　　车
　　皆　　　　　車
　　（皆の車）

(20) ko³³　li³³　ɕi²²　ŋu³⁵　tɕia³⁴³
　/ko³³/　□　是　　我　　茶。
　　　　　これ　CO　1SG　お茶
　　（これは私のお茶です。）

(21) tʰa⁵³　i¹¹ɕiaŋ³⁴³　n̩iou³⁵　tsai²²　kuei⁴¹,　tsai²²　i¹¹ɕiaŋ³⁴³ki⁵³
　　他　　衣裳　　　　□　　　在　　　柜，　　在　　　洗裳机。
　　3SG　服　　　　　NEG　　ある　　箪笥　　ある　　洗濯機。
　　（彼の服は箪笥にはありません，洗濯機にあります。）

(22) ni³⁵　pɐt⁵⁵　tu²²　tsai²²　tai³⁴³　ɕiaŋ²²
　　你　　笔　　都　　在　　　台　　上。
　　2SG　ペン　皆　　ある　　机　　上

(あなたのペンは皆机の上にある。)

(23) ko³³ li³³ ɕi²² tɕiaŋ⁵³ sin¹¹ɕiŋ⁵³ mou²²
　　　/ko³³/ □　 是　 张　 先生　 帽。
　　　　　　これ CO 張　 先生　 帽子

(これは張先生の帽子です。)

(24) sin⁴¹ woŋ³⁴³ tɕʰie⁵³ kai¹¹kʰy⁴¹ la⁵³
　　　姓　 王　　 车　 开去　　 了。
　　　　　 王さん 車　 走り去る ASP

(王さんの車は走り去った。)

③　身体部位

　被修飾語が身体部位を表す名詞である場合に，標準中国語では，連体修飾語と名詞の間に構造助詞の"的"を介在させるのが普通であるが，六甲語では，連体修飾語と名詞が直接に結びつくことができる。

(25) ŋu³⁵ pɐt²³
　　　我　 鼻
　　　1SG 鼻

(私の鼻)

(26) ŋu³⁵ tou¹¹fa:t³³
　　　我　 头发
　　　1SG 髪の毛

(私の髪の毛)

(27) tʰoŋ¹¹ŋo³⁵ kiɐk⁵⁵
　　　□□　　 脚
　　　他の人　 足

(他の人の足)

(28) ŋu³⁵ tɐk⁵⁵tʰiŋ⁵³ ni³⁵ ɕin¹¹yɐm⁵³
　　　我　 得听　　 你　 声音。
　　　1SG 聞こえる 2SG 声

(私はあなたの声が聞こえた。)

(29)　siu³³woŋ³⁴³　tou¹¹fa:t³³
　　　小王　　　头发
　　　王さん　　髪の毛
　　（王さんの髪の毛）

(30)　siu³³li³⁵　ɕin¹¹yɐm⁵³
　　　小李　　声音
　　　李さん　　声
　　（李さんの声）

④　被修飾語が情報・人格・能力に関する名詞

　被修飾語が情報・人格・能力に関する名詞である場合に，標準中国語はふつう連体修飾語と名詞の間に構造助詞の"的"を介在させる必要があるが，六甲語では連体修飾語と名詞が直接結びつくことができる。

(31)　ni³⁵　tiu¹¹kin⁴¹
　　　你　　条件
　　　2SG　条件
　　（あなたの条件）

(32)　tʰa⁵³　miŋ¹¹tsi²²
　　　他　　名字
　　　3SG　名前
　　（彼の名前）

(33)　ŋu³⁵　li¹¹kai³³　ni³⁵　lɐp¹¹tɕiaŋ³³
　　　我　　理解　　　你　　立场。
　　　1SG　理解する　2SG　立場
　　（私はあなたの立場を理解する。）

(34)　ni³⁵　ti¹¹tɕi³³　tsai²²　na⁴¹
　　　你　　地址　　在　　□？
　　　2SG　住所　　ある　どこ
　　（あなたの住所はどこですか？）

(35)　ni³⁵　ɕi³³xun⁵³　tʰa⁵³　siŋ⁴¹kɛ:k³³　ȵiou³⁵
　　　你　　喜欢　　　他　　性格　　　□？
　　　2SG　好き　　　3SG　性格　　　NEG

(あなたは彼の性格が好きですか？)

(36) ŋu³⁵　toŋ¹¹i⁴¹　tʰa⁵³　kʰuɐn⁴¹fɔːp³³
　　 我　 同意　　他　　看法。
　　 1SG　賛成する　3SG　　見方
　　(私は彼の見方に賛成する。)

(37) siu³³li³⁵　miŋ¹¹tsi²²
　　 小李　　　名字
　　 李さん　　名前
　　(李さんの名前)

(38) ŋu³⁵　li¹¹kai³³　siu³³li³⁵　lɐp¹¹tɕiaŋ³³
　　 我　 理解　　　小李　　　立場。
　　 1SG　理解する　李さん　　立場
　　(私は李さんの立場を理解する。)

(39) siu³³li³⁵　tiu¹¹kin⁴¹　ɕi²²　mɔːŋ⁴¹
　　 小李　　　条件　　　是　　么？
　　 李さん　　条件　　　CO　　何
　　(李さんの条件は何ですか？)

(40) ŋu³⁵　n̠iou³⁵　tʰiŋ⁵³　siu³³woŋ³⁴³　kʰyn⁴¹kou⁴¹
　　 我　　□　　 听　　　小王　　　　劝告。
　　 1SG　NEG　 聞く　　王さん　　　忠告
　　(私は王さんの忠告を聞かない。)

(41) ko³³　li³³　tu²²　ɕi²²　kin¹¹tɕia³⁴³　tɕik⁵⁵iɐm²²
　　/ko³³/　□　 都　　是　　警察　　　　責任。
　　　　　 これ　すべて　CO　警察　　　 責任
　　(これはすべて警察の責任です。)

⑤　時間詞・場所詞(場所化した名詞)の連体修飾語

　時間詞・場所詞(場所化した名詞)が名詞を修飾する場合に，標準中国語ではふつうは連体修飾語と名詞の間に構造助詞の"的"を用いる必要があるが，六甲語では時間詞や場所詞(場所化した名詞)が直接名詞と結びつくことができる。

広西三江六甲語の連体修飾構造　*111*

(42)　xa²² kou⁴¹　n̠yt²³　pi³³saːi⁴¹
　　　下　個　　月　　比賽
　　　来月　　　　　試合
　　（来月の試合）

(43)　ŋu³⁵　n̠iou³⁵　ɕiaŋ²²　ɕaiŋ²²ŋ³⁵　kʰo⁴¹
　　　我　　□　　　上　　　上午　　　课。
　　　1SG　NEG　　出る　　午前　　　授業
　　（私は午前の授業に出ない。）

(44)　ɕiaŋ¹¹min³³　n̠iɐn³⁴³
　　　上面　　　　人
　　　上　　　　　人
　　（上の人）

(45)　tu³⁴³li³³　fəŋ¹¹kiŋ³³
　　　途□　　　风景
　　　ここ　　　風景
　　（ここの風景）

(46)　mak³⁵　tøi⁵³　xak⁵⁵paːn³³　ɕiaŋ²²　tsi²²
　　　□　　　□　　　黑板　　　　上　　　字。
　　　するな　消す　黒板　　　　上　　　字
　　（黒板の字を消さないで。）

(47)　ko⁴¹kʰy⁴¹　si²²　mak³⁵　taːn³⁴³
　　　过去　　　事　　□　　　谈。
　　　過去　　　事　　するな　話す
　　（過去の事を話すな。）

⑥　離合詞を用いた句

　離合詞を用いた句では，標準中国語は"別生孩子的气""我帮他的忙"のような場合に"的"を介在させるが，六甲語では何も介在させずに次のようにいう。

(48)　mak³⁵　ɕiŋ⁵³　n̠iŋ¹¹ŋo³³　kʰi⁴¹
　　　□　　　生　　儿□　　　气。
　　　するな　起こす　子供　　怒り
　　（子供を叱るな。）

(49) ŋu³⁵　poŋ⁵³　tʰa⁵³　mɔŋ³⁴³
　　 我　　 帮　　 他　　 忙。
　　 1SG　 手伝う　3SG　 忙しい
　　（私は彼を手伝う。）

b)　連体修飾語＋汎用量詞"个"または専用量詞＋名詞

連体修飾語と名詞の間に汎用量詞の"个"またはそれぞれの名詞に適した専用量詞を介在させるこの構造は，被修飾語の名詞の個数が1つであることを明示したい場合に使用する。(56)のように被修飾語が親族名称の場合にはふつうは使用されず，また(57)〜(59)の様に各人が1つずつしか所有していない「誕生日」や「胃」「鼻」および数えるのに適さない「能力」や「性格」「態度」のような名詞が被修飾語の場合にも使用されない。

(50)　tʰa⁵³　kou⁴¹　piŋ¹¹ko³³
　　　 他　　 个　　 苹果
　　　 3SG　 CL　　 林檎
　　（彼の林檎）

(51)　ŋu³⁵　fɐn³³　ku³³pʰiu⁴¹
　　　 我　　 份　　 股票
　　　 1SG　 CL　　 株券
　　（私の株券）

(52)　ne³⁵　ta:i¹¹xɐk²³　kou⁴¹　lou¹¹si⁵³
　　　 你　　 大学　　　 个　　 老师
　　　 2SG　 大学　　　 CL　　 先生
　　（あなたの大学の先生）

(53)　ni³⁵　tɕi⁵³　pɐt⁵⁵　ki³³tou⁴⁴　tsin³⁴³
　　　 你　　 枝　　 笔　　 几多　　 钱？
　　　 2SG　 CL　　 ペン　 いくつ　 お金
　　（あなたのペンはいくらですか？）

(54)　tʰa⁵³　kin²²　i¹¹ɕiaŋ⁴³　ȵiou³⁵　tsai²²　kuei⁴¹,　tsai²²　i¹¹ɕiaŋ³⁴³ki³⁵
　　　 他　　 件　　 衣裳　　 □　　 在　　 柜,　 在　　 洗裳机。
　　　 3SG　 CL　　 服　　　 NEG　 ある　 箪笥　 ある　 洗濯機
　　（彼の服は箪笥にはありません，洗濯機の中にあります。）

(55) siu³³li³⁵   tɕiaŋ³³   piu³³iɐm⁴⁴   xou³³   tɕʰiŋ¹¹kɔŋ⁵³
　　小李　　場　　　表演　　　好　　　成功。
　　李さん　CL　　演技　とても　成功する
　　(李さんの演技はとてもうまくできた。)

(56) ＊ȵio¹¹　kou⁴¹　ie⁴¹
　　□　　　个　　　爷
　　2SG　　CL　　お父さん
　　(あなたたちのお父さん)

(57) ＊ni³⁵　ɕi³³xun⁵³　tʰa⁵³　kou⁴¹　siŋ⁴¹kɛ:k³³　ȵiou³⁵
　　你　　喜欢　　　他　　　个　　　性格　　　　□?
　　2SG　好き　　　3SG　　CL　　性格　　　　NEG
　　(あなたは彼の性格が好きですか?)

(58) ＊tʰa⁵³　kou⁴¹　tʰa:i⁴¹tu²²　ȵiou³⁵　xou³³
　　他　　　个　　　態度　　　　□　　　好。
　　3SG　　CL　　態度　　　　NEG　　良い
　　(彼の態度は良くない。)

(59) ＊tʰa⁵³　kou⁴¹　naŋ¹¹lik²³　pi³³　ni³⁵　ta:i²²
　　他　　　个　　　能力　　　　比　　　你　　　大。
　　3SG　　CL　　能力　　　　より　2SG　大きい
　　(彼の能力はあなたより大きい。)

　なお,文脈や場面から被修飾語の名詞が明らかな場合は,「連体修飾語＋量詞」の形式で表すことができる。また,「連体修飾語＋量詞」が,主語であったり一般の動詞の目的語になっている時には,(60)や(61)のように量詞はそれぞれの名詞の性格や形状に応じたものを使うが,(62)～(65)のように"是"の後で目的語になった場合には,名詞の性格や形状および単数・複数にかかわらず"个"を用い,(66)のように専用量詞を用いることはない。

(60) ni³⁵　kin²²,　ŋu³⁵　kin²²　tu²²　tsei¹¹tsyn³⁴³　la³³
　　你　　件,　　我　　　件　　　都　　齐全　　　　　了。
　　2SG　CL　　1SG　CL　　皆　　揃う　　　　　ASP
　　(私のもあなたのも皆揃いました。)

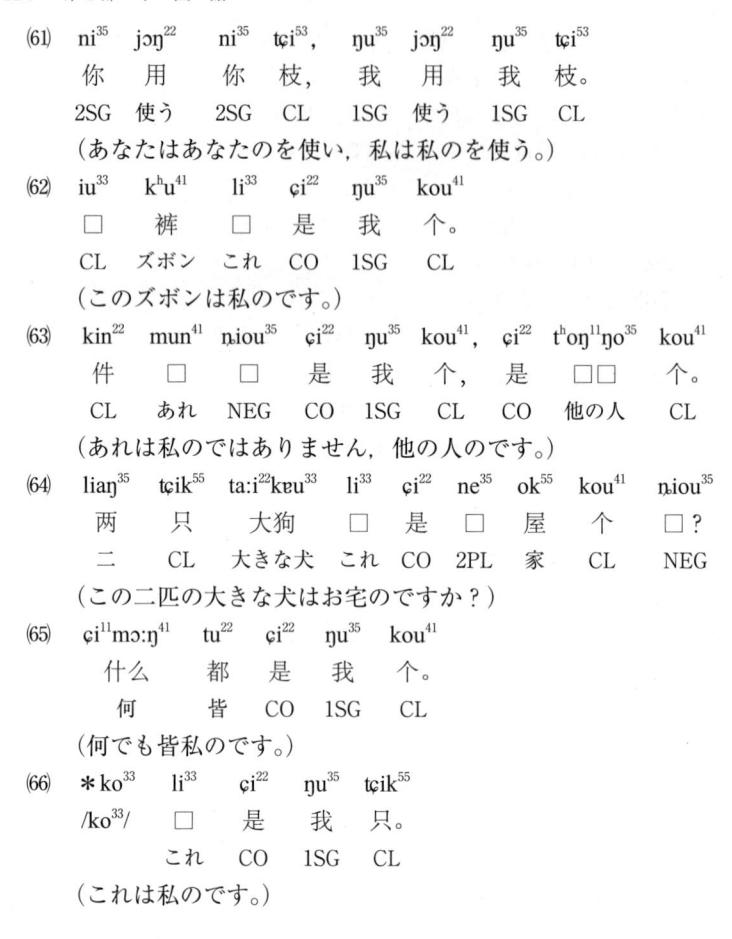

(61) ni³⁵　jɔŋ²²　ni³⁵　tɕi⁵³, ŋu³⁵　jɔŋ²²　ŋu³⁵　tɕi⁵³
你　　用　　你　　枝，　　我　　用　　我　　枝。
2SG　使う　2SG　CL　1SG　使う　1SG　CL
(あなたはあなたのを使い，私は私のを使う。)

(62) iu³³　kʰu⁴¹　li³³　ɕi²²　ŋu³⁵　kou⁴¹
□　　褲　　□　　是　　我　　个。
CL　ズボン　これ　CO　1SG　CL
(このズボンは私のです。)

(63) kin²²　mun⁴¹　n.iou³⁵　ɕi²²　ŋu³⁵　kou⁴¹, ɕi²²　tʰoŋ¹¹ŋo³⁵　kou⁴¹
件　　□　　□　　是　　我　　个，　是　　□□　　个。
CL　あれ　NEG　CO　1SG　CL　CO　他の人　CL
(あれは私のではありません，他の人のです。)

(64) liaŋ³⁵　tɕik⁵⁵　ta:i²²kɐu³³　li³³　ɕi²²　ne³⁵　ok⁵⁵　kou⁴¹　n.iou³⁵
兩　　只　　大狗　　□　　是　　□　　屋　　个　　□？
二　　CL　大きな犬　これ　CO　2PL　家　CL　NEG
(この二匹の大きな犬はお宅のですか？)

(65) ɕi¹¹mɔ:ŋ⁴¹　tu²²　ɕi²²　ŋu³⁵　kou⁴¹
什麼　　都　　是　　我　　个。
何　　皆　　CO　1SG　CL
(何でも皆私のです。)

(66) *ko³³　li³³　ɕi²²　ŋu³⁵　tɕik⁵⁵
/ko³³/　□　　是　　我　　只。
　　　これ　CO　1SG　CL
(これは私のです。)

d)　連体修飾語＋"的"＋名詞

連体修飾語と名詞の間に"的"を用いるこの形式は，桂柳語の影響を受けて，近年になってから若者層を中心に使用され始めている。ただ，(73)〜(76)のように名詞が一音節の場合にはふつうは使用されないようである。

(67)　ŋu³⁵　ti³³　tin²²nou³³
　　　我　　的　　電脳
　　　1SG　REL　パソコン

（私のパソコン）

(68) ŋo³⁵　n̪ie³³　ti³³　tɕʰie⁵³　wai²²　la³³
　　 我　　 □　　 的　　 车　　　坏　　 了。
　　 1PL　 母　 REL　 車　　 壊れる　ASP
（私の母の車が壊れた。）

(69) tʰa⁵³　ti³³　tou¹¹　fa:t³³
　　 他　　 的　　 头发
　　 3SG　 REL　 髪の毛
（彼の髪の毛）

(70) tʰa⁵³　ti³³　tɕi⁴¹ɕok²³　tɕie¹¹ n̪iŋ²²
　　 他　　 的　　 技术　　　 □□？
　　 3SG　 REL　 技術　　　 どのような
（彼の技術はどうですか？）

(71) siu³³li³⁵　ti³³　tin¹¹wo²²　ɕi²²　ki³³tou⁵³
　　 小李　　 的　　 电话　　　是　　 几多？
　　 李さん　REL　 電話　　　CO　　 いくつ
（李さんの電話はいくつですか？）

(72) ni³⁵　tɐk³³tɕi³⁵　tai¹¹xɐk¹¹ɕiŋ⁴³　ti³³　siu³³li³⁵　n̪iou³⁵
　　 你　　 得知　　　大学生　　　　 的　　 小李　　　□？
　　 2SG　 知る　　　大学生　　　　REL　 李さん　　 NEG
（あなたは大学生の李さんを知っていますか？）

(73) ʔŋu³⁵　ti³³　ɕy⁵³
　　 我　　 的　　 书
　　 1SG　 REL　 本
（私の本）

(74) ʔni³⁵　ti³³　sɐm⁵³
　　 你　　 的　　 心
　　 2PL　 REL　 心
（あなたの心）

(75) ʔtʰa⁵³　ti³³　siŋ⁴¹
　　 他　　 的　　 姓
　　 3SG　 REL　 姓
（彼の姓）

(76) ʔŋu³⁵   ti³³   pɐt²³
　　 我   的   鼻
　　 1SG   REL   鼻
　　（私の鼻）

3.2　連体修飾語が形容詞句の場合

連体修飾語が形容詞句である場合は，次の３つの構造を用いることができる。

a)　連体修飾語＋名詞
b)　連体修飾語＋汎用量詞"个"または専用量詞＋名詞
d)　連体修飾語＋"的"＋名詞

a)　連体修飾語＋名詞

標準中国語では，連体修飾語が単音節の形容詞である場合や二音節形容詞と後の名詞の組み合わせが固定的である時は，"的"を介在させずに名詞と直接結びつくが，それ以外の場合はふつうは"的"を介在させる必要がある。一方六甲語では，形容詞と名詞が任意の組み合わせであっても，「副詞＋形容詞」の形容詞句が連体修飾語であっても，間に何も介在させない構造を用いるのがふつうである。

(77) nei⁴¹   ma:t¹¹
　　 □   袜
　　 小さい　靴下
　　（小さい靴下）

(78) hɐu⁴¹   ɕy⁵³
　　 厚   书
　　 厚い　本
　　（厚い本）

(79) ŋu³⁵   ȵiou³⁵   ɕi³³xun⁵³   ȵit²³   tʰinʰkʰi⁴¹
　　 我   □   喜欢   热   天气。
　　 1SG   NEG   好き   暑い   天気
　　（私は暑い天気は好きでない。）

(80) sɐn¹¹sin⁵³　kʰoŋ¹¹kʰi⁴¹
　　 新鮮　　　空气
　　 新鮮な　　空気
　　（新鮮な空気）

(81) ɕiŋ⁴¹fok⁵⁵　siŋ¹¹uot²³
　　 幸福　　　生活
　　 幸福な　　生活
　　（幸福な生活）

(82) pu³³tʰoŋ⁵³　lao¹¹toŋ²²ȵiɐn³⁴³
　　 普通　　　劳动人
　　 普通の　　労働者
　　（普通の労働者）

(83) tʰai⁴¹　nei⁴¹　ȵy³⁴³　ȵiou³⁵　xou³³kʰik⁵⁵
　　 太　　 □　　 鱼　　 □　　 好吃。
　　 すぎる　小さい　魚　　NEG　美味しい
　　（小さすぎる魚は美味しくない。）

(84) lou¹¹lou³⁵ɕiɐt¹¹ɕiɐt²³　tʰai⁴¹tu²²
　　 老老实实　　　　　　 态度
　　 真面目な　　　　　　 態度
　　（真面目な態度）

(85) xou³³ ta:i²² xou³³ ta:i²²　ɕia⁵³mok²³　xou³³　køi⁴¹
　　 好 大 好 大　　　　　　 杉木　　　　好　　 贵。
　　 とても大きなとても大きな　杉の木　　とても　高い
　　（とても大きな杉の木は値段が高い。）

b) 連体修飾語＋汎用量詞"个"または専用量詞＋名詞

「形容詞＋量詞＋名詞」から成るこの構造は，広東語などでは形容詞が"小"，"大"，"満"の場合に用いることができるといわれているが[9]，六甲語でも同じ形容詞でこの構造を用いることができる。なお，他にも同じ構造を取ることができる形容詞が存在する可能性もあるが，これについては今後さらに調査する必要がある[10]。

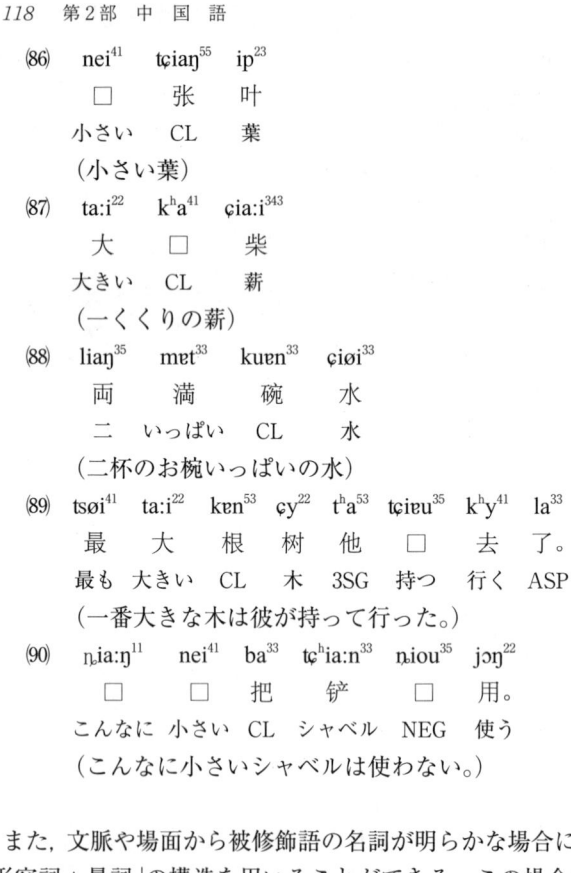

(86) nei⁴¹ tɕiaŋ⁵⁵ ip²³
　　□　　張　　叶
　　小さい　CL　葉
　　(小さい葉)

(87) ta:i²² kʰa⁴¹ ɕia:i³⁴³
　　大　　□　　柴
　　大きい　CL　薪
　　(一くくりの薪)

(88) liaŋ³⁵ mɐt³³ kuɐn³³ ɕiøi³³
　　兩　　満　　碗　　水
　　二　いっぱい　CL　水
　　(二杯のお椀いっぱいの水)

(89) tsøi⁴¹ ta:i²² kɐn⁵³ ɕy²² tʰa⁵³ tɕiɐu³⁵ kʰy⁴¹ la³³
　　最　大　根　树　他　□　去　了。
　　最も　大きい　CL　木　3SG　持つ　行く　ASP
　　(一番大きな木は彼が持って行った。)

(90) ȵia:ŋ¹¹ nei⁴¹ ba³³ tɕʰia:n³³ ȵiou³⁵ jɔŋ²²
　　□　　□　　把　铲　　□　　用。
　　こんなに　小さい　CL　シャベル　NEG　使う
　　(こんなに小さいシャベルは使わない。)

また，文脈や場面から被修飾語の名詞が明らかな場合には，名詞を省略して「形容詞＋量詞」の構造を用いることができる。この場合に，(91)のように専用量詞を用いる場合もあるが，目的語の位置にある時は，(92)～(95)のように名詞の性格や形状および単数・複数に限らず"个"を用いるのがふつうである。

(91) tɕiŋ⁴¹ kʰua:i⁴¹ ȵiou³⁵ xou³³
　　整　　块　　□　　好。
　　全部　CL　NEG　良い
　　(まるごとは良くない。)

(92) ŋu³⁵ ai⁴¹ iɐt⁵⁵ kɐn⁵³ tɕiaŋ¹¹tɕiaŋ³⁴³ kou⁴¹
　　我　要　一　根　　长长　　个。
　　1SG　欲しい　一　CL　長い　CL

（私は長いのが欲しい。）

(93) ŋu³⁵ tɕik⁵⁵ pøi⁵³ ɕi²² xɔŋ³⁴³ kou⁴¹
　　我　　只　　杯　　是　　红　　个。
　　1SG　CL　コップ　CO　赤い　CL
（私のコップは赤いのです。）

(94) ni³⁵ kʰik⁵⁵ n̻it²³ kou⁴¹ xua:n¹¹ɕi²² lian³⁴³ kou⁴¹
　　你　　吃　　热　　个，　　还是　　　凉　　个？
　　2SG　飲む　熱い　CL　　それとも　冷たい　CL
（あなたは熱いのを飲む？　冷たいのを飲む？）

(95) ŋu³⁵ ɕi³³xun⁵³ pɛ:k³³pɛ:k³³ nɐn²²nɐn²² kou⁴¹
　　我　　喜欢　　　白白　　　嫩嫩　　　个。
　　1SG　好き　　　白い　　　柔らかい　CL
（私は肌が白くきめ細かいのが好きだ。）

d)　連体修飾語＋"的"＋名詞

上記の連体修飾語が名詞の場合と同様に，若者は桂柳語の影響を受けて，形容詞と名詞の間に"的"を介在させた構造を用いる傾向が強くなっている。

(96) tʰa⁵³ ɕi²² kou⁴¹ n̻iɐn²² tɕiɐn⁵³ ti³³ xɐk¹¹ɕiŋ⁵³
　　他　　是　　个　　　认真　　　的　　学生。
　　3PL　CO　CL　　真面目　　REL　学生
（彼は真面目な学生です。）

(97) iɐt⁵⁵ kuɐn⁴¹ ti³³ piu¹¹in²²
　　　一贯　　　的　　表现
　　一貫した　REL　態度
（一貫した態度）

(98) lik¹¹lai³⁴³ ti³³ sik³³kuɐn⁴¹
　　　历来　　　的　　习惯
　　　従来　　　REL　習慣
（従来の習慣）

(99) n̻iou³⁵ ɕi¹¹mɔ:ŋ⁴¹ lɛ:ŋ³⁵ ti³³ ɕi¹¹xɐu²²
　　　□　　什么　　　冷　　的　　时候
　　NEG　何　　　寒い　REL　時

(あまり寒くない時)

3.3 連体修飾語が疑問代詞の場合

連体修飾語が疑問代詞の場合には，次の3種類の構造が現れる。

a) 連体修飾語＋名詞
b) 連体修飾語＋汎用量詞"个"または専用量詞＋名詞
c) 連体修飾語＋／ko33／＋名詞

a) 連体修飾語＋名詞

疑問代詞の中で，"什么"(何の，どんな)，"几多"(どのくらい多くの)"几长"(どのくらい長くの)"哪"(ど)は何も介在させずに名詞と直接結びつくことができる。

(100) ɕi¹¹mɔ:ŋ⁴¹ ɕi¹¹xɐu²² ŋo³⁵ naŋ¹¹kɐu⁴¹ kʰy⁴¹ ly¹¹iɐu³⁴³
　　　什么　　　时候　　　我　　能够　　　去　　旅游？
　　　何　　　　時　　　1PL　できる　　行く　旅行
　　(いつ私たちは旅行に行くことができるんだろうか？)

(101) ni³⁵ tok²³ ko⁴¹ tʰa⁵³ ɕi¹¹mɔ:ŋ⁴¹ tsɔ:k³³pʰin³³
　　　你　　读　　过　　他　　什么　　　　作品？
　　　2SG　読む　ASP　3SG　何　　　　　作品
　　(あなたは彼のどんな作品を読んだことがありますか？)

(102) ki³³tou⁵³ ȵiɐn³⁴³ tɕʰia:m¹¹ka⁵³
　　　几多　　　人　　　参加？
　　　どのくらい　人　　参加する
　　(どのくらいの人が参加しますか？)

(103) ni³⁵ xɐk¹¹sik⁵⁵ ki³³tɕiaŋ³⁴³ ɕi¹¹ka:n⁵³
　　　你　　学习　　　几长　　　　时间？
　　　2SG　勉強する　どのくらい　時間
　　(あなたは何時間勉強するの？)

(104) ko³³ li³³ ɕi²² ȵie³³ i¹¹kin⁴¹
　　　/ko³³/　□　　是　　哪　　意见？
　　　　　　これ　CO　誰　　意見

（これは誰の意見ですか？）

b)　連体修飾語＋汎用量詞"个"または専用量詞＋名詞

"哪"（どの）は，(105)～(107)のように名詞との間に量詞を介在させることもできる。量詞を介在させる場合は，答えとなる名詞が単数であることを意識している。また，(108)や(109)のように"几"（いくつ）は，被修飾語の性質や形状に応じた量詞を介在させる必要がある。

(105)　ȵie³³　kou⁴¹　ȵiɐn³⁴³
　　　　哪　　 个　　 人
　　　　どの　 CL　　人
　　（どの人　誰）

(106)　ni³⁵　ɕi³³xun⁵³　ȵie³³　kou⁴¹　pa:u¹¹tsi³³
　　　　你　　喜欢　　　哪　　 个　　 包子？
　　　　2SG　好き　　　どの　 CL　　パオズ
　　（あなたはどのパオズが好きですか？）

(107)　ȵie³³　pɐn³³　tsi¹¹tim³³　ɕi²²　ni³⁵　kou⁴¹
　　　　哪　　 本　　 字典　　　是　　你　　个？
　　　　どの　 CL　　字典　　　CO　 2SG　 CL
　　（どの字典があなたのですか？）

(108)　ki³³　kou⁴¹　ȵiɐn³⁴³　lai³⁴³
　　　　几　　个　　 人　　　 来？
　　　　いくつ CL　 人　　　 来る
　　（何人来ますか？）

(109)　ni³⁵　ai⁴¹　ki³³　tɕi⁵³　pɐt⁵⁵
　　　　你　　要　　几　　枝　　 笔？
　　　　2SG　欲しい いくつ CL　 ペン
　　（あなたは何本ペンが欲しいですか？）

c)　連体修飾語＋/ko³³/＋名詞

"哪"（どの）は，被修飾語の名詞との間に /ko³³/ を介在することができる。"哪"＋/ko³³/で「どの人」，「誰」という意味になり，答えとなる「誰か」が単数か複数かわからない時，または単数か複数かを問題にしない時に用いる。

(110)　　ko³³　li³³　ɕi²²　n̠ie³³　ko³³　ɕy⁵³
　　　　　/ko³³/　□　是　哪　/ko³³/　书？
　　　　　これ　　CO　　誰　　　　本
　　（これは誰の本ですか？）

　また，文脈や場面から名詞が何なのかが明らかな場合は，被修飾語を省略して「疑問詞＋量詞」の構造を用いることができる。

(111)　　ni³⁵　kʰik⁵⁵　n̠ie³³　kʰuai⁴¹
　　　　　你　　吃　　　哪　　　块？
　　　　　2SG　食べる　どれ　　CL
　　（あなたはどれを食べますか？）

3.4　連体修飾語が動詞(動詞句)の場合

連体修飾語が動詞(動詞句)である場合は，4種類すべての統語構造を用いることができる。

　　a)　連体修飾語＋名詞
　　b)　連体修飾語＋汎用量詞"个"または専用量詞＋名詞
　　c)　連体修飾語＋/ko33/＋名詞
　　d)　連体修飾語＋"的"＋名詞

a)　連体修飾語＋名詞

　標準中国語では，連体修飾語が動詞(動詞句)の時には，連体修飾語と名詞の間に構造助詞の"的"を介在させることが必要であるが，六甲語では意味の理解に支障が生じない文においては，間に何も介在させずに連体修飾語と名詞を直結することができる。

(112)　　tɕiam⁴¹sei³³　n̠ien³⁴³　xou³³　tou⁵³
　　　　　□□　　　　人　　　好　　多。
　　　　　泳ぐ　　　　人　　　とても　多い。
　　（泳ぐ人は多い。）

(113)　tʰa⁵³　kaŋ³³　wo²²　ŋu³⁵　ȵiou³⁵　tʰiŋ⁵³　tsʰiŋ¹¹tsʰu³³
　　　他　　讲　　话　　我　　□　　　听　　　清楚。
　　　3SG　話す　話　1SG　NEG　聞く　はっきり
　　　（彼が話した話は私ははっきり聞こえなかった。）

(114)　ni³⁵　lai³⁴³　pɐt⁵⁵　tu²²　tsai²²　tu³⁴³li³³
　　　你　　□　　笔　　都　　在　　途□。
　　　2SG　失くす　ペン　皆　ある　ここ
　　　（あなたが失くしたペンは皆ここにある。）

(115)　kʰai⁵³　woŋ³⁵　køi⁴¹lam³⁴³　fo¹¹tɕʰie⁵³　i¹¹kiŋ⁵³　tɕʰiɐt³³faːt³³　lou³³
　　　开　　　往　　　桂林　　　　火车　　　已经　　　出发　　　　了。
　　　運転する　〜へ　桂林　　　　汽車　　　もう　　　出発　　　　ASP
　　　（桂林に行く汽車はもう出発した。）

(116)　ŋu³⁵　iɐu³⁵　tsʰy³³　pɐn³³　ɕy⁵³　li³³　tsin³⁴³
　　　我　　有　　□　　本　　书　　□　　钱。
　　　1SG　持つ　買う　CL　本　　この　お金
　　　（私はこの本を買うお金を持っている。）

(117)　ŋu³⁵　tek⁵⁵tʰiŋ⁵³　ta⁵³　kʰik⁵⁵ȵiɐt²³　tɕʰiɐt³³faːt³³　siu¹¹sik⁵⁵
　　　我　　得听　　　　他　　□日　　　　出发　　　　　消息。
　　　1SG　聞く　　　　3SG　明日　　　　出発する　　　知らせ
　　　（私は明日彼が出発するという知らせを聞いた。）

b)　連体修飾語＋汎用量詞"个"または専用量詞＋名詞
　被修飾語の名詞の個数が1つであることを明示したい場合には，「連体修飾語＋汎用量詞"个"または専用量詞＋名詞」の構造を使用する。

(118)　ŋu³⁵　iɐu³⁵　tɕʰyn⁵⁵　kin⁴¹　i¹¹ɕiaŋ³⁴³
　　　我　　有　　穿　　　件　　衣裳。
　　　1SG　持つ　着る　　CL　　服
　　　（私は着る服がある。）

(119)　tʰa⁵³　kaŋ³³　ky⁴¹　wo²²　ŋu³⁵　ȵiou³⁵　tʰiŋ⁵³　tsʰiŋ¹¹tsʰu³³
　　　他　　讲　　句　　话　　我　　□　　　听　　　清楚。
　　　3SG　話す　CL　話　　1SG　NEG　　聞く　　はっきり
　　　（彼が話した話は私ははっきり聞こえなかった。）

(120) ŋu³⁵ tsʰy tɕiaŋ⁵⁵ tin²²iŋ³³ pʰiu⁴¹ lai³⁴³ la³³
　　　我　　□　　張　　電影　　票　　□　　了。
　　　1SG　買う　CL　映画　チケット　失くす　ASP
　　　(私が買った映画のチケットが無くなった。)

(121) ni³⁵ xaŋ³³ ŋu³⁵ tɕiaŋ⁵³ tɕiu⁴¹pʰin⁴¹ xou³³ xou³³kʰuɐn⁴¹
　　　你　　□　　我　　張　　　照片　　好　　好看。
　　　2SG　くれる　1SG　CL　写真　とても　きれい
　　　(あなたがくれた写真はとても綺麗だ。)

(122) tʰa⁵³ tɕio³³ tɕik⁵⁵ ȵy³⁴³ xou³³ ta:i²²
　　　他　　抓　　只　　魚　　好　　大。
　　　3SG　獲る　CL　魚　とても　大きい。
　　　(彼が獲った魚はとても大きい。)

(123) tʰa⁵⁵ ȵim¹¹kiɐu⁵³ kou⁴¹ mɐn¹¹tei³⁴³ ɕi²² ɕi¹¹mɔ:ŋ⁴¹
　　　他　　研究　　　個　　問題　　　是　　何？
　　　3SG　研究する　CL　問題　　　CO　何
　　　(彼が研究している問題は何ですか？)

(124) xa¹¹sin⁵³ ta³³ tɕiu¹¹fu⁵³ kou⁴¹ ȵiɐn³⁴³ ɕi¹¹ ȵie³³
　　　下先　　　打　招呼　　　個　　人　　　是　　哪？
　　　さきほど　挨拶する　　CL　人　　　CO　誰
　　　(さきほど挨拶した人は誰？)

文脈や場面から名詞が明らかな場合は、名詞を省略して「動詞(動詞句)＋量詞」の構造を用いることができる。なお、「動詞(動詞句)＋量詞」が"是"の目的語になる場合は、(127)～(129)のように名詞の性格や形状および単数・複数にかかわらず量詞は"个"を用いる。

(125) kʰy⁴¹ kʰai¹¹wøi²² kou⁴¹ tu²² kʰy⁴¹ la³³
　　　去　　開会　　　　個　　都　　去　　了。
　　　行く　会議　　　　CL　皆　　行く　ASP
　　　(会議に出る人は皆行きました。)

(126) xɐk¹¹ɕiŋ⁵³ kʰuɐn⁴¹ ɕy⁵³ kou⁴¹ kʰuɐn⁴¹ ɕy⁵³, sø³³ tsi²² kou⁴¹ sø³³ tsi²²
　　　学生　　　看　　　　書　　個　　看　　　書，　写　字　　個　　写　字。
　　　学生　　　読む　　　本　　CL　読む　　本，　書く　字　　CL　書く　字

(学生は，本を読む者は本を読み，字を書く者は字を書く。)

(127) poŋ⁵³ sɛn⁴¹ li³³ ɕi²² tʰa⁵³ ki⁴¹ lai³⁴³ kou⁴¹
　　　帮　　信　　□　　是　　他　　寄　　来　　个。
　　　多くの　手紙　この　CO　1SG　送る　来る　CL
　　　(これらの手紙は彼が送ってきたものです。)

(128) pɐn³³ çy⁵³ li³³ ɕi²² tse⁴¹ lai³⁴³ kou⁴¹
　　　本　　书　　□　　是　　借　　来　　个。
　　　CL　本　これ　CO　借りる　来る　CL
　　　(この本は借りて来たものです。)

(129) tɕik⁵⁵ pøi⁵³ li³³ ɕi²² kʰik⁵⁵ iɐk²³ kou⁴¹
　　　只　　杯　　□　　是　　吃　　药　　个。
　　　CL　コップ　これ　CO　飲む　薬　CL
　　　(このコップは薬を飲むものです。)

c)　連体修飾語＋/ko³³/＋名詞

/ko³³/を用いたこの構造は，被修飾語の名詞は単数でも複数でも良い。名詞の表す個数について意識していない場合に用いる。また名詞の形状や性質にもかかわらずに用いることができる。次にあげた例では，意味や構造を明確にするために，「連体修飾語＋名詞」の統語構造ではなく，間に/ko³³/を介在させた構造を用いる方が良いという。

(130) ka:u⁵³ ni³⁵ tɕioŋ¹¹ wɐn³⁴³ ko³³ ȵiɐn³⁴³ ɕi²² ȵie³³
　　　教　　你　　中文　　　　/ko³³/　　人　　是　　哪？
　　　教える　2SG　中国語　　　　　　　人　　CO　　誰
　　　(あなたに中国語を教える人は誰ですか？)

(131) ŋu³⁵ ka:u⁵³ ko³³ xɐk¹¹ɕiŋ⁵³ kou³³ɕi²² tɕʰiŋ¹¹tsik⁵⁵ xou³³ xou³³
　　　我　　教　　/ko³³/　学生　　　考试　　　成绩　　好　　好。
　　　1SG　教える　　　　学生　　　試験　　　成績　　とても　良い
　　　(私が教えた学生は試験の成績がとても良い。)

(132) ŋu³⁵ tsø³³ kʰy⁴¹ pɐk³³kiŋ⁵³ ko³³ fi¹¹kei⁵³
　　　我　　坐　　去　　北京　　/ko³³/　飞机。
　　　1SG　乗る　行く　北京　　　　　　飛行機
　　　(私は北京に行く飛行機に乗る。)

(133) pu³³n̠iet²³ lai³⁴³ ko³³   n̠iɐn³⁴³ ɕi²² n̠ie³³
　　 □日　　来　/ko³³/　 人　 是　 哪？
　　 昨日　 来る　　　　人　 CO　誰
　　（昨日来た人は誰？）

(134) ni³⁵ tsʰy³³ ko³³ tsi¹¹tim³³ ɕi²² tɕoŋ¹¹wɐn³⁴³ xua:n¹¹ ɕi²² iŋ¹¹ wɐn³⁴³
　　 你　 □　 /ko³³/　字典　是　　中文　　還是　　英文？
　　 2SG 買う　　　　辞典　CO　 中国語　それとも　英語
　　（あなたの辞典は中国語ですか，英語ですか？）

(135) ni³⁵ lai³⁴³ ko³³ pet⁵⁵ tu²² tsai²² tu³⁵ li³³
　　 你　 □　 /ko³³/　筆　都　在　□□。
　　 2SG 失くす　　　ペン　皆　ある　ここ
　　（あなたが失くしたペンは皆ここにある。）

(136) ko³³ li³³ ɕi²² ŋu³⁵ tsai²² n̠iet²³ pɐn³³ tsʰy³³ ko³³ ka¹¹si⁵³
　　 /ko³³/ □　是　 我　 在　　日本　　□　 /ko³³/ □西
　　　　　 これ CO 1SG　で　　日本　　買う　　　　品物
　　（これは私が日本で買った品物だ。）

(137) tʰa⁵³ kaŋ³³ ko³³ foŋ¹¹fɔ:p³³ kʰo³³i³³ ɕi¹¹kʰuɐn⁴¹
　　 他　　 講　 /ko³³/　方法　　可以　　試看。
　　 3SG　言う　　　　　方法　構わない　試してみる
　　（彼が言った方法は試してみて良い。）

d)　連体修飾語+"的"+名詞
　上で言及した名詞や形容詞が連体修飾語の場合と同様に，"的"を介在するこの構造は若者層を中心に用いられている。

(138) kʰik³³n̠iet²³ n̠iou³⁵ kʰy⁴¹ ti³³ n̠iɐn³⁴³ tou⁵³ n̠iou³⁵
　　 □日　　□　 去　　的　　人　　 多　　□？
　　 明日　 NEG 行く　REL　 人　　 多い　NEG
　　（明日行かない人は多いですか？）

(139) ai⁴¹ioŋ²² ti³³ ɕi¹¹ka:n⁵³ ɕi²² ki³³tɕiaŋ³⁴³
　　 要用　　 的　　時間　　　是　　 幾長？
　　 必要な　REL　 時間　　　CO　　どのくらい長い
　　（必要な時間はどのくらいですか？）

(140)　ni³⁵　kʰy⁴¹　møi³³kuk⁵⁵　ti³³　kiŋ¹¹lik²³　xaŋ³³　ŋu³⁵　tʰiŋ⁵³
　　　你　去　美国　的　経历　□　我　听．
　　　2SG　行く　アメリカ　REL　経験　〜に　1SG　聞く
　　　（あなたがアメリカに行った経験を私に聞かせて．）

3.5 介詞句

連体修飾語が介詞句の場合には，次の2種類の構造が現れる．

　a)　連体修飾語＋名詞
　d)　連体修飾語＋"的"＋名詞

(4)　連体修飾語＋名詞

　介詞句と被修飾語の名詞の間に何も介在させないこの構造は，六甲語で以前から用いられて来たと言う．

(141)　tøi⁴¹　mɐn¹¹tei³⁴³　kʰuɐn⁴¹fɔːp³³
　　　対　問題　看法
　　　対する　問題　見方
　　　（問題に対する見方．）

(142)　iɐu¹¹kuaːn⁵³　wɐn³⁴³xɐk²³　tɕi¹¹ɕik⁵⁵
　　　有关　文学　知识
　　　関する　文学　知識
　　　（文学に関する知識．）

　d)　連体修飾語＋"的"＋名詞

　上で述べた他の品詞の場合と同様に，介詞句と被修飾語の名詞の間に"的"を介在するこの構造は，近年になってから若者層を中心に用いられている．

(143)　tøi⁴¹　ȵiɐt²³pɐn³³　ti³³　iɐn⁴¹siaŋ⁴¹
　　　対　日本　的　印象
　　　対する　日本　REL　印象
　　　（日本に対する印象．）

(144) tøi⁴¹ mɐn¹¹tei³⁴³ ti³³ kʰuɐn⁴¹fɔːp³³
　　　 対　　 问题　　　 的　　 看法
　　　 対する 問題　　　 REL　 見方
　　（問題に対する見方）

4. おわりに

　以上，六甲語の連体修飾の統語構造についての調査結果を報告した。これまで述べた統語構造についてまとめると表2のようになる。○は，その統語構造が存在することを表し，空欄はその統語構造の存在が確認されていないことを表している。

　現地で収集した例文には限りもあり，本稿で行ない得たのは大まかな分析に過ぎない。今後さらに例文を集めて分析を重ねることにより，詳細を明らかにする必要がある。

表2　六甲語の連体修飾の統語構造

修飾語	名詞と直結	"个"・専用量詞を介在	/ko³³/を介在	"的"を介在
名詞	○	○[1]		○
形容詞(句)	○	○[2]		○
疑問代詞	○[3]	○[4]	○[5]	
動詞(句)	○	○	○	○
介詞(句)	○			○

(注) 1) 親族名称や人が1つずつしか所有していないものおよび数えるに適さない名詞は除く。
　　 2) "小"，"大"，"満"で成立する。
　　 3) "什么" "几多" "几长" "哪"で成立する。
　　 4) "几" "哪"で成立する。
　　 5) "哪"で成立する。

注

1) 『三江縣誌』: 37。
2) 陈瑾(1988: 61)。

3) なお統語構造にさらに人称代名詞を伴う場合は，「人称代名詞＋数詞＋量詞＋名詞」，「人称代名詞＋(ko^{33}＋)数詞＋量詞＋名詞＋指示代詞」のように，人称代名詞が前置する。
4) 例文の略号は以下のとおりである。1：一人称，2：二人称，3：三人称，SG：単数，PL：複数，CL：類別詞，NEG：否定詞，REL：関係詞（構造助詞），CO：コピュラ，ASP：アスペクト標識。
5) 六甲語の量詞(類別詞)の概要については，工藤2006: 328頁ですでに調査結果を報告している。これによると，六甲語の汎用量詞は"个"で，人や多くのモノについて広く用いることができる。
6) "□/ko^{33}/"という語を表す場合だけは表記の便宜上，/ko^{33}/のように音だけを記す。またこの語の意味や機能については，工藤早恵(2009)で考察したが，詳細は未だ不明であるため，本稿では/ko^{33}/には略号もグロスも付けないことにする。
7) 桂柳語の影響を受けて近年若者層を中心に用いるようになった語には，他にも助詞の"吗/ma^{33}/（老年層は"□/ɲiou^{35}/"）や量詞の"头/tɐu^{343}/" "匹/pi^{343}/"（老年層は"只/tɕik^{55}/"）などがある。
8) 「連体修飾語＋/ko^{33}/＋名詞」は，インフォーマントは日常的には使用しないので，ここでは取り上げない。ただ，この形式は用いても誤りという訳ではなく，他の話し手の中には用いる人もいるということである。
9) 黎纬杰(1988: 73)。
10) 付言すると，広東語等では形容詞が"大""小"の場合には，述語を「(副詞＋)形容詞＋量詞」の形にすることができるが，六甲語では "好"もこの形を用いることができる。

   ɕioŋ^{53} xa:i^{343} li^{33} xou^{33} ta:i^{22} ɕioŋ^{53}
   双 鞋 □ 好 大 双。
   CL 靴 これ とても 大きい CL
   （この靴は大きい。）

   tɕik^{55} ny^{343} li^{33} xou^{33} nei^{41} tɕik^{55}
   只 魚 □ 好 □ 只。
   CL 魚 これ とても 小さい CL
   （この魚は小さい。）

   tɕik^{55} kei^{41} li^{33} xou^{33} xou^{33} tɕik^{55}
   只 鶏 □ 好 好 只。
   CL 鶏 これ とても 可愛い CL
   （この鶏は可愛い。）

参考文献

〔Chen, jin〕陈瑾编（1988）『广西三江侗族自治县方言志』广西三江侗族自治县县志办公室

〔Endo, Masashiro〕远藤雅裕（2005）「广西三江六甲话的老年层音系与语法例子简介」『開篇』24: 258-271. 好文出版

〔Hou, Jingrong〕侯井榕（2003）「从语言探讨三江六甲人的族源」『广西民族研究』: 1-111.

〔Kudo, Sae〕工藤早恵（2006）「广西三江六甲话的量词简介」『開篇』25: 323-333. 好文出版

〔Kudo, Sae〕工藤早恵（2009）「中国広西三江六甲話の指示代詞と量詞の統語的特徴について」『開篇』28: 99-111. 好文出版

〔Li, weijie〕黎纬杰（1988）「广州话量词举例」『方言』1988(1): 516-530.

〔Lü, shuxiang〕吕叔湘主编（1980）『现代汉语八百词』商务印书馆

〔Matthews, Stephen Yip, Virginia〕スティーブン・マシューズ，ヴァージニア・イップ，千島英一，片岡新訳（2002）『広東語文法』東方書店

〔Miki, Natsuka〕三木夏華（2005）「中国広西三江方言の文法について」『鹿大史学』第52号 19-341.

〔Peng, Xiaochuan〕彭小川（2006）「广州话含复数量意义的结构助词"哟"」『方言』2006(2): 112-118.

〔Sanjiang dongzuzizhixian difangzhi bianjiweiyuanhui bangongshi〕三江侗族自治县地方志编辑委员会办公室 2002『三江縣誌』

〔Takashi, Weya〕植屋高史，竹越美奈子（2005）「广西三江六甲话的中年层音系简介」『開篇』24: 280-292. 好文出版

〔Wei, Yujuan〕韦玉娟（2006）「三江六甲话的代词」『桂林师范高等专科学校学报』第20卷第3期总第67期: 1-4.

〔Wei, Yujuan〕韦玉娟（2007）「六甲话的词缀和重叠形式」『广西教育学院学报』2007年05期: 123-125.

〔Yoshshikawa, Masayuki〕吉川雅之（2006）『香港粤語 基礎文法Ⅰ』白帝社

〔Zeng, xiaoyu Niu, Shunxin〕曾晓渝，牛顺心（2006）「广西三江六甲话的两字组连读变调」『東ユーラシア言語研究』: 20-31.

〔Zeng, xiaoyu〕曾晓渝，牛顺心（2005）「广西黄牌村六甲话音系」『桂林师范高等专科学校学报』第19卷第4期总第64期: 1-11.

台湾海陸客家語の補語*

遠藤 雅裕

1. はじめに

　本稿は，台湾海陸客家語の補語について，初歩的な記述および考察を試みたものである。補語とは，漢語(中国語)系言語(Sinitic languages)[1]の文成分の1つである。主として動詞や形容詞からなり，述語動詞の直後に位置し，その述語動詞が指示する事態の結果や状態を表す。本稿では，海陸客家語の動補構造について，指示する事態との間で類像性(iconisity)の高い形式を選択する傾向があること，補語の独立性が標準中国語のそれと比べて高いことを指摘する。

　客家語は中国南部・台湾および東南アジアに分布している漢語系言語の1つである。やや古い数字であるが，客家語の全話者人口は約3500万人と推定されている(李荣 1989)。

　本稿で対象とする海陸客家語は，台湾に分布している客家語の1つである。現在，台湾では漢語系およびオーストロネシア系の言語が使用されている。おもな漢語系言語は，閩南語(ホーロー語)と客家語，そして標準中国語である。行政院客家委員会による2008年の調査では，自己のアイデンティティを客家にのみ認める(單一自我認定)住民は310.8万人で，台湾全人口の13.5％を占める[2]。この数字を単純に解釈すれば，台湾では10人に1人強が客家語話者ということになる。

　海陸客家語のほか，台湾には四県・饒平・詔安・東勢(大埔)などの客家語が存在する(羅肇錦 2007)[3]。話者がもっとも多いのは四県客家語で，台湾客家の半分以上を占める。広東省の梅県客家語の系統に属するこの言語は，主として北部の苗栗および南部の屏東・高雄などの各県で使用されている。海陸客家語は話者人口において四県に次ぐ[4]。海陸客家は広東省東部の海豊・陸豊両県を中心とした地域から渡台しており，「海陸」という名称はそれに由来する(羅肇錦 2000: 227)。現在は，台湾北部の新竹・桃園の両県を中心に居住している。このほか，近年，海陸客家語と四県客家語が接触する桃

園・苗栗などで，これらが融合した「四海話」と呼ばれる客家語が形成されている(羅肇錦 2000: 234)。

本稿で考察する海陸客家語のデータは，実地調査および文献調査で得られたものであり，前者の割合が高い。実地調査は，新竹県新埔の海陸客家語を対象に，音韻・語彙・文法にわたる記述調査を2005年5月より同県竹北市で行なっており，現在(2010年8月)も継続中である[5]。調査方法は，基本的に標準中国語を媒介言語にし，標準中国語の調査項目をインフォーマントに海陸客家語に翻訳してもらうか，筆者が海陸客家語で作文をしたものをインフォーマントに判定してもらう形で行なっている。また，文献資料は，『一日一句客家話─客家老古人言』(略称『一』)，および『海陸客語短篇故事第三集』(略称『詹』)[6]を利用した。前者は会話集，後者は物語集であり，それぞれ会話体と散文体のテキストを含んでいる。

本稿の例文については，国際音声字母(IPA)と漢字を併記し，それに日本語によるグロス，および文全体の日本語訳を直訳に近い形で加えた。漢字表記については，本字が明らかでない場合「□」で示し，訓読字や仮借字は極力使わないように努めた。文献資料からの例文も，これにならって表記を統一している。

2. 補語の定義

上述したように，補語とは，漢語系言語の文法記述で使用される用語で，述語である動詞あるいは形容詞に後接し，前項の述語が表わす動作行為の結果や状態を指示する成分を指す(朱徳煕 1982，刘月华等 2001)。

補語の細部の定義およびその分類については，研究者間で異同がある。たとえば，朱徳煕(1982)は，標準中国語について，主として述詞性(predicative)の成分を補語としている。そして「動詞─補語」構造(動補構造)を，形式に基づいて，VC型である粘着型動補構造(粘合式述补结构)とVXC型の統語型動補構造(组合式述补结构)[7]に大別する。前者には結果補語・方向補語および「到」が，後者には可能補語・状態補語が含まれる。また，程度補語には，VC型とVXC型の二種類を認めている。刘月华等(2001)は，補語の成分として述詞性成分が典型的であることを指摘しながらも，そのカテゴリーを広げ，数量詞などの体詞性(substantive)成分や前置詞句も，それぞれ数量補語あるいは前置詞句補語(介词短语补语)として認めている。

標準中国語以外の漢語系言語の文法記述においても，この枠組みが適用されている。たとえば，張洪年(2007)は，香港粤語について，述詞性の成分を補語とし，それを結果補語・方向補語など，9つに分類している。楊秀芳(1991)は，台湾閩南語の補語について，結果補語・方向補語・係属補語の3つをあげている。これらのうち，係属補語は体詞性の成分を含むものである[8]。羅肇錦(1988)は台湾の四県客家語について，やはり述詞性成分を補語とし，それを結果補語・状態補語・強化補語・方向補語・可能補語・程度補語の6つに分類している。また，江敏華(2007)は，台湾の東勢客家語の補語を，結果補語・方向補語・状態補語・可能補語・程度補語の5つに分類している。

本稿では，作業仮説として，主として朱徳煕(1982)の分類に依拠し，述詞性成分が主要構成要素の補語，すなわち，標準中国語の結果補語・方向補語・可能補語・状態補語・程度補語などに相当する成分を含む動補構造を対象とする。

3. 結果補語

結果補語(結果補語, resultative complement)は，述語動詞が表す動作行為の結果を示す文成分である。結果補語には，「ʃit^{5}識」(わかる)・「tsʰin^{53} tsʰu^{35}清楚」(明確だ)などのより自由な形式である動詞あるいは形容詞から，より拘束的でアスペクト的機能を持つ「tʰet^{5}掉」・「to^{35}倒」までが含まれる。ここでは，後者のような結果補語を「動相補語」(phase complement)[9]と称することにする。

海陸客家語の結果補語構造(VCr)を標準中国語のそれと比較した場合，述語動詞(V)と結果補語(Cr)の構造的一体性が相対的に低いことが指摘できる[10]。

以下，一般的な結果補語および動相補語の順で例をあげつつ，それを確認してみたい。

3.1 一般的な結果補語

結果補語として用いることができるものは，標準中国語と同じく，動詞や形容詞など述詞性句である。例文(1)〜(4)は，それぞれ「sot^5□」(終わる)・「tsʰin^{53} tsʰu^{35}清楚」(明確だ)・「tsui^{21}醉」(酒に酔う)・「to^{35}倒」(倒れる)が結果補語となっている。

(1) tʰai³³   ʒok⁵   ka⁵³   ʒit⁵⁻³²   ha³³   tsʰiu³³   ʃit³²   sot⁵   le⁵³
　　大約　　加　　一下　　　就　　　食　　□　　了。
　　だいたい　さらに　すこし　すぐ　食べる　終わる　ASP
　　(もう少ししたら食べ終わります。)

(2) ʒiu⁵³   ʒi²¹ ken²¹,   toŋ⁵³ mien²¹   koŋ³⁵⁻³³   tsʰin⁵³ tsʰu³⁵
　　有　　　意見，　　　當面　　　　講　　　　清楚。
　　ある　　意見　　　じかに　　　言う　　明確だ
　　(意見があれば，直接はっきり言ってください。)

(3) tʃoŋ⁵³ sam⁵³   ʃit³²   tsui²¹   le⁵³
　　張三　　　　食　　　醉　　　了。
　　<人名>　　飲む　酔う　ASP
　　(張三は飲んで酔っぱらった。)

(4) ki⁵⁵   toi⁵³   to³⁵⁻³³   kia³³   tsʰɨ²¹
　　佢　　□　　倒　　　□　　次。
　　3SG　つまずく　倒れる　いくつか　回
　　(彼[11]は何度も転んだ。)

結果補語の意味関係(語義指向，semantic orientation)は以下の3通りである(刘月华等 2001: 536-539)。

a. 被動作主(場所・道具を含む)
b. 動作主
c. 述語動詞

上掲例文の結果補語の意味関係について述べれば，例文(1)はc類(「ʃit³²食」—「sot⁵□」)，例文(2)はa類(「ʒi²¹ ken²¹意見」—「tsʰin⁵³ tsʰu³⁵清楚」)，例文(3)，(4)はb類(「tʃoŋ⁵³ sam⁵³張三」(人名)—「tsui²¹醉」/「ki⁵⁵佢」—「to³⁵倒」)である。

VCr構造の被動作主(O)はVCrに後置することが可能である(例文(5)〜(7)の下線部はO)[12]。

(5) ki⁵⁵ tsʰut⁵⁻³² tsʰiaŋ³³ tsok³² gə⁵⁵, tep³² tʰet⁵ ʒit⁵⁻³² tʃak⁵
　　 佢　　□　　淨　　桌仔，　　□　　掉　　一　　隻
　　 彼　　ふく　清潔だ　机　　　捨てる　T　　一　　CL
　　ʒan⁵³ kʰok³² gə⁵⁵　　lau⁵³　ʒit³² teu⁵³ ə⁵⁵　sui²¹ tʃi³⁵
　　 煙□仔　　　　□　　　一□仔　　　　碎紙。
　　 灰皿　　　　と　　　少し　　　　　紙くず
　　（彼は机を拭き，灰皿と紙くずを捨てた。）

(6) ŋai⁵⁵　sia³⁵⁻³³　m̩⁵⁵ tʃʰok³²　　toŋ⁵³ to⁵³ sɨ³³
　　 我　　寫　　　唔著　　　　當多字。
　　 1SG　書く　まちがいだ　とても多い 字
　　（私は多くの字を書きまちがえた。）

(7) ki⁵⁵　tseu³⁵⁻³³　lan³³　tʰet⁵　kai⁵⁵　hai⁵⁵
　　 佢　　走　　　爛　　掉　　□　　鞋。
　　 3SG　はしる　ぼろぼろ　T　　あの　くつ
　　（彼ははしってあの靴をだめにした。）

結果補語の意味関係は，いずれも a 類（「tsok³² gə⁵⁵桌仔」―「tsʰiaŋ³³淨」／「toŋ⁵³ to⁵³ sɨ³³當多字」―「m̩⁵⁵ tʃʰok³²唔著」／「kai⁵⁵ hai⁵⁵□鞋」―「lan³³爛」）である。贅言を弄すれば，たとえば例文(5)「ki⁵⁵ tsʰut⁵⁻³² tsʰiaŋ³³ tsok³² gə⁵⁵佢□淨桌仔」の意味は，「ki⁵⁵佢」（彼）が「tsʰut⁵□」（ふく）して，その結果「tsok³² gə⁵⁵桌仔」（机）が「tsʰiaŋ³³淨」（清潔だ）になったということである。

3.2　動相補語

動相補語とは結果補語に含まれるが，述語動詞にならない拘束的な形態素で，アスペクト的意味を表すものである。海陸客家語の動相補語には，「tʰet⁵掉」と「to³⁵倒」がある[13]。これらは単独で述語にならないほかは，他の結果補語とほぼ同様の統語論的特徴を共有している。以下，それぞれの特徴を紹介しよう。

3.2.1　「tʰet⁵掉」

「tʰet⁵掉」は，動作行為が完全に行なわれたことを示す完結相標識（completive aspect marker）である（遠藤 2010a, b）[14]。例文(8)では，「tʰet⁵掉」は「ʃit³² 食」（食べる）という動作を終えたことを表している。

(8)　ki^{55}　　ʃit^{32}　　t^{h}et$^{5\text{-}32}$　　lioŋ^{35}　　von^{35}　　pan$^{35\text{-}33}$　t^{h}iau^{55}
　　　佢　　食　　掉　　　　兩　　　碗　　　　粄條。
　　　3SG　食べる　T　　　　二　　　CL　　　ライスヌードル
　（彼はライスヌードルを二杯食べた。）

「t^{h}et^{5}掉」については，以下の3つの統語論的特徴をあげることができる。

① 述語動詞直後に置かれる。（例文(8)）
② 可能補語構造を形成。（例文(9)）
③ 「否定詞「m̩^{55}唔」＋V」・VCr・可能補語構造（V{得／唔}C）などに後置が可能。

これらのうち，①②は他の結果補語と共通する特徴である。

(9)　lia^{55}　k^{h}en^{33}　sɿ^{33} ts^{h}in^{55}　ŋai^{55}　tso^{21}　m̩^{55}　t^{h}et^5
　　　□　　件　　事情　　　　我　　做　　唔　　掉。
　　　これ　CL　こと　　　　1SG　やる　ない　T
　（この事柄は，私はやりおおせない。）

　上記の特徴③は「t^{h}et^{5}掉」のみの特徴である（例文(10)～(12)）。「t^{h}et^{5}掉」はVCrの外側に位置することが可能なのだ。この形式的特徴は標準中国語の「了」に平行しており，そのため「t^{h}et^{5}掉」は，より機能語に近いアスペクト的な成分になっていると判断できる。語義については，完結相というアスペクト的語義だけでなく，「消失」・「終了」といった内容語的なものまでを包括している。

(10)　ki^{55}　sia$^{35\text{-}33}$　fai^{33}　t^{h}et^5　sam^{53}　tʃoŋ^{53}　tʃi^{35}
　　　佢　　寫　　　壞　　掉　　三　　　張　　　紙。
　　　3SG　書く　　悪い　T　　三　　　CL　　　紙
　（彼は紙三枚を書いてだめにした。）
(11)　m̩^{55}　kien^{21}　t^{h}et^5
　　　唔　　見　　　掉。
　　　NEG　見える　T

(見えなくなった)

(12) kin³⁵⁻³³ tʃoŋ⁵³ to²¹ voi³³ si³⁵, ʃoi³³ ʒa³⁵⁻³³ ʃoi³³ m̩⁵⁵ tet⁵⁻³² tʰet⁵.
    緊張　　到　會　死，　睡　也　睡　唔　得　掉。
    緊張する DO1 VOI 死ぬ 寝るも 寝る NEG できる T
(非常に緊張して眠るに眠れなくなってしまった。)(『一』:10)

3.2.2 「to³⁵倒」

「to³⁵倒」は主として目標に到達していること，動作行為が実現していることを表す動相補語である。拘束的であり，一種の結果相標識(resultative aspect marker)であるともいえる。他の結果補語と同様，以下の2つの統語論的特徴がある。

① 述語動詞直後に置かれる。(例文(13)〜(17))
② 可能補語構造を形成。(例文(18)，(19))

(13) tak³² tʃak⁵ tʃʰuŋ²¹ tsi³⁵ tʰuŋ⁵³ pʰaŋ⁵⁵ ta³⁵⁻³³ to³⁵⁻³³ pa²¹ le⁵³
    逐　　隻　　銃子　　　通□　　打　倒　靶　了。
    各　　CL　 銃弾　　　みな　うつ DO₂ 的 ASP
(弾はみな的に当たった。)

(14) kʰep⁵⁻³² to³⁵⁻³³ ʒit⁴² tʃak⁵ ʃam⁵⁵ mə⁵⁵
    □　　　倒　　　一　　隻　　蟬仔。
    網でとる DO₂　　一　　CL　　セミ
(網でセミを一匹つかまえた。)

(15) ŋai⁵⁵ kʰon²¹ to³⁵ ŋi⁵⁵, toŋ⁵³ fon⁵³ hi³⁵
    我　　看　　倒　你，　當　歡喜。
    1SG　見る　DO₂ 2SG とても うれしい
(あなたにお会いしてとてもうれしい。)

(16) ʃiu³³ to³⁵⁻³³ toŋ⁵³ tʰai³³ kai²¹ tsʰiuk⁵⁻³² kit⁵
    受　　倒　　　當　　大　　個　　刺激。
    受ける DO₂　とても 大きい REL　刺激
(大きな刺激を受けた。)

(17) ʃit³² lat³² tsiau⁵³ ə⁵⁵ kaŋ³⁵⁻³³ to³⁵
　　 食　　辣椒仔　　　哽　　倒。
　　 食べる　トウガラシ　むせる　DO₂
　　（からしを食べてむせてしまった）

(18) tsuk⁵⁻³² tet⁵⁻³² to³⁵⁻³³ kai⁵⁵ tʃak⁵ kuai³⁵⁻³³ ə⁵⁵
　　 捉　　　得　　　倒　　□　　隻　　□仔。
　　 捕らえる　できる　DO₂　その　CL　カエル
　　（そのカエルを捕まえることができる。）＝表7，7b

(19) ʒan³⁵⁻³³ ʃui³⁵ kiu²¹ m⁵⁵ to³⁵ kʰiun⁵³ fo³⁵
　　 遠　　　水　　救　　唔　倒　近　　火。
　　 遠い　　水　すくう　NEG　DO₂　近い　火
　　（遠くの親戚より近くの他人。）

　上掲例文から，「to³⁵倒」の語義は空間的到達からアスペクト的な機能にまでにわたることが看取できよう[15]。たとえば，例文(13)は弾を「撃って」(打)的に「達する」（倒）ことである。例文(15)は，述語動詞(kʰon²¹看)が表す内容が空間的移動ではなくなる。さらに例文(16)は抽象的な目的語をとるようになる。そして，例文(17)に見られるように，述語動詞が自動詞になり，到達点でもある目的語がなくなると，「to³⁵倒」そのものは動作行為の実現というアスペクト的語義がさらに明確になる。また，さらに状態補語標識(第6節参照)に拡張していると考えられる。

　しかし，アスペクト的語義を持っているとはいえ，「tʰet⁵掉」のようにVCr構造の外側に位置することはない。また，「tʰet⁵掉」は「ʃuk³²熟」(火が通っている)・「ʃau⁵³燒」(熱い)など状態を表す形容詞などと結びつく一方，「to³⁵倒」にはその傾向がない。よって，「to³⁵倒」の適用範囲は「tʰet⁵掉」ほど広くはなく，文法化も「tʰet⁵掉」ほど進んでいないと判断できる。

3.3　VCr構造の一体性

　海陸客家語のVCr構造の構造的一体性は標準中国語ほど高くはない。標準中国語のVCr構造は，その間に「得／不」を挿入して可能補語構造を形成できるのみで，その他の成分は挿入できない。このVCr構造について，石村(2008: 11)は「各要素の独立性が強く，単語としての結束力は弱いが，フレーズよりは緊密な結合体」であると指摘する[16]。一方，海陸客家語ではそ

れよりもさらに多くの成分が挿入可能であり，動詞連続の枠組であつかった方がよいとも思われる[17]。挿入可能な成分には，現在のところ以下の4つが見つかってる(可能補語については第5節を参照)。

① 述語動詞の目的語
② 否定詞「mo^{55}無」，「maŋ^{55}□」
③ 未然を表す「voi^{33}會」およびその否定形式「m^{55} voi^{33}唔會」
④ 「a^{33}啊」

3.3.1 目的語の挿入

まず目的語については，VCrO という標準中国語と同一の語順のほか，以下のように VOCr という語順をとる場合もある(例文(20)，(21))[18]。

(20) tʃoŋ^{53} sam^{53}　ʃit^{32}　tsiu$^{35\text{-}33}$　tsui^{21}　le^{53}
　　　張三　　　　食　　酒　　　醉　　　了。
　　　<人名>　　飲む　酒　　　酔う　ASP
　　(張三はお酒を飲んで酔っ払った。)

(21) lia^{55}　p^{h}ien^{53}　vun^{55}　tʃoŋ^{53}　ŋai^{55}　sia$^{35\text{-}33}$　toŋ^{53} to^{53} sɨ^{33}　ts^{h}o^{21}
　　　這　　篇　　　　文章　　　我　　寫　　　　當 多 字　　　　錯。
　　　この　CL　　　文章　　　1SG　書く　　　とても多い字　まちがいだ
　　(この文章では，私は多くの字を書きまちがえた。)[19]

例文(20)では「tsiu^{35}酒」(O)が「ʃit^{32}食」(V)と「tsui^{21}醉」(Cr)の間に，例文(21)では「toŋ^{53} to^{53} sɨ^{33}當多字」(O)が「sia^{35}寫」(V)と「ts^{h}o^{21}錯」(Cr)の間に入っている。

例文(5)，(6)と比べると，例文(20)，(21)の語順は，事態との間により高い類像性を認めることができる。たとえば，例文(20)全体が指示する事態では，「酒を飲む」という事態は「酔う」という事態に先行するが，語順もこの順番である。

VOCr は，結果補語の意味関係が a 類と b 類であるものに限られている。しかし，このような意味関係にあるものが，必ずしもすべてこのような語順になるとは限らない。たとえば，a 類の例文(5)を，「ki^{55} ts^{h}ut$^{5\text{-}32}$ tsok^{32} gə^{55} ts^{h}iaŋ^{33}佢□桌仔淨」のように，VOCr の語順に変換することは不可能である。

3.3.2 否定詞「mo^{55}無」

次に，VCr構造の否定形式について，検討してみよう。海陸客家語には，「無VCr」（VCrしていない）・「V無Cr」（VCrしていない）の2通りの否定形式がある（例文(22)，(23)，および表1参照）。一方，標準中国語は，可能補語の場合をのぞいて，VとCrの間に否定詞「沒」などが入りこむことは

表1　VCrと否定詞「mo^{55}無」

	VCr	無VCr	V無Cr
1a	食飽	mo^{55} ʃit^{32} pau^{35} 無食飽	ʃit^{32} mo^{55} pau^{35} 食無飽
		食べておなかがいっぱいになっていない	
1b	看清楚	mo^{55} k^{h}on^{21} ts^{h}in^{53} ts^{h}u^{35} 無看清楚	k^{h}on^{21} mo^{55} ts^{h}in^{53} ts^{h}u^{35} 看無清楚
		はっきり見えていない	
1c	學會	mo^{55} hok^{32} voi^{33} 無學會	hok^{32} mo^{55} voi^{33} 學無會
		学んで身につけていない	
1d	騎走	mo^{55} k^{h}i^{55} tseu^{35} 無騎走	—
		乗っていっていない	
1e	食掉	mo^{55} ʃit^{32} t^{h}et^{5} 無食掉	ʃit^{32} mo^{55} t^{h}et^{5} 食無掉
		食べ終えていない	
1f	走掉	mo^{55} tseu$^{35\text{-}33}$ t^{h}et^{5} 無走掉	—
		走っていってしまっていない	
1g	捉倒	mo^{55} tsuk$^{5\text{-}32}$ to^{35} 無捉倒	tsuk$^{5\text{-}32}$ mo^{55} to^{35} 捉無倒
		つかまえていない	
1h	看倒	mo^{55} k^{h}on^{21} to^{35} 無看倒	—
		見えていない	

ない。VCr を否定する場合は否定詞「沒」を VCr に前置する。たとえば，例文(22)に相当する文は「沒＋掃(V)＋乾淨(Cr)。」となる。

(22) tʰi³³ nai⁵⁵　mo⁵⁵　so²¹　tsʰiaŋ³³
　　　地泥　　無　　掃　　淨。
　　　ゆか　　NEG　はく　きれい
　　（ゆかをきれいに掃除していない。）

(23) tʰi³³ nai⁵⁵　so²¹　mo⁵⁵　tsʰiaŋ³³
　　　地泥　　掃　　無　　淨。
　　　ゆか　　はく　NEG　きれい
　　（ゆかをきれいに掃除していない。）

「V 無 Cr」は「無 VCr」とほぼ同義である[20]。しかし，表１に見られるように，いかなる場合も交換が可能という訳ではない。なお，「無」の位置には「maŋ⁵⁵□」（まだ……していない）の挿入も可能である。

3.3.3 「voi³³會／m̩⁵⁵ voi³³唔會」

　未然の助動詞「voi³³會」およびその否定形式「m̩⁵⁵ voi³³唔會」も挿入が可能で，「V 會 Cr」（V すれば Cr になる），「V 唔會 Cr」（どう V しても Cr にならない）というフレーズを形成する[21]。なお，表２に示したように，「會／唔會」には使用制限があり，特に肯定形式の「V 會 Cr」はかなり制限される。

(24) ki⁵⁵　ʃit³²　m̩⁵⁵　voi³³　tsui²¹
　　　佢　　食　　唔　　會　　醉。
　　　3SG　飲む　NEG　VOI　酔う
　　（彼はどんなに飲んでも酔うことはない。）

「無」や「會／唔會」などの成分を V と Cr の間に挿入できるか否かについては，VCr の一体性が関係しよう。特に，Cr が機能語的である場合，V に対する依存度が高まり，それとともに VCr 全体の一体性も高まることが考えられる。標準中国語で，V と拘束的なアスペクト助詞「了」「著」「過」の間に別の成分を挿入することが不可能であるように，海陸客家語でも，Cr が拘束的な動相補語「tʰet⁵掉」や「to³⁵倒」である時，挿入が不可能になることが多

表2　VCrと「voi³³會／m̩⁵⁵ voi³³唔會」

	VCr	V 會 Cr	V 唔會 Cr
2a	食飽	ʃit³² voi³³ pau³⁵ 食會飽 食べておなかがいっぱいになる	ʃit³² m̩⁵⁵ voi³³ pau³⁵ 食唔會飽 どう食べてもおなかがいっぱいにならない
2b	看清楚	―	kʰon²¹ m̩⁵⁵ voi³³ tsʰin⁵³ tsʰu³⁵ 看唔會清楚 どう見てもはっきりしない
2c	學會	―	hok³² m̩⁵⁵ voi³³ voi³³ 學唔會會 どう学んでも身につかない
2d	騎走	kʰi⁵⁵ voi³³ tseu³⁵ 騎會走 乗っていくだろう	kʰi⁵⁵ m̩⁵⁵ voi³³ tseu³⁵ 騎唔會走 乗っていかないだろう
2e	食掉	ʃit³² voi³³ tʰet⁵ 食會掉 食べ終えるだろう	ʃit³² m̩⁵⁵ voi³³ tʰet⁵ 食唔會掉 どう食べても食べ終わらないだろう
2f	走掉	―	―
2g	捉倒	―	tsuk⁵⁻³² m̩⁵⁵ voi³³ to³⁵ 捉唔會倒 どうしてもつかまらない
2h	看倒	―	―

い。たとえば，表1の1eと1fについては，1fには否定形式「V 無 Cr」がない。これは，前項動詞との関係から1fの「掉」の方がより拘束的な機能語であると判断されるからであろう。同様の傾向は，1gと1hの「倒」や，「會／唔會」の例（表2，2e，2fおよび2g，2h）にもうかがえる。換言すれば，Crがより内容語的であり自由な形態素であれば，「無」や「會／唔會」は挿入可能ということになる。

3.3.4 「a³³啊」

4つ目は,「a³³啊」の挿入である。これによって形成される「V啊Cr」という句は,「VCrするとすぐに」という意味である(宋彩仙 2008: 49)。このような形式は,標準中国語には見られない。

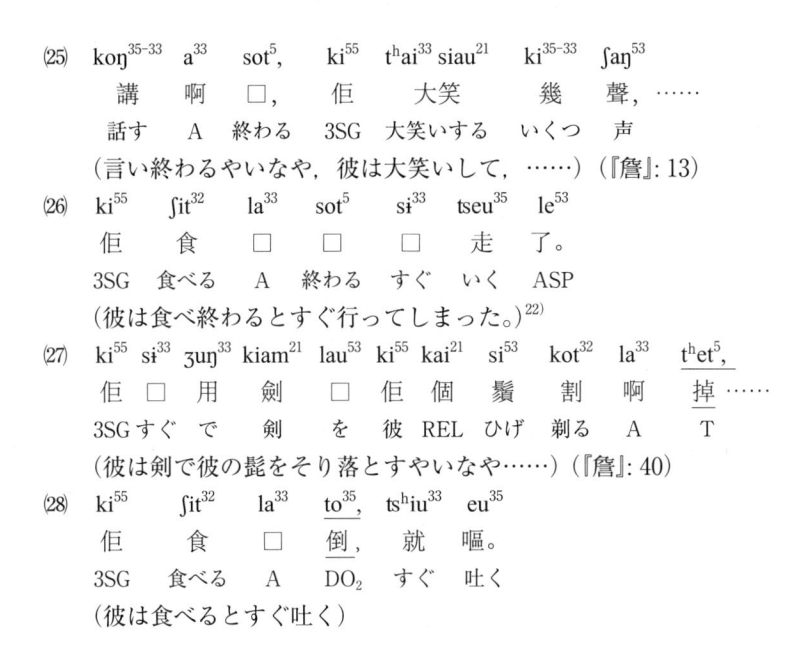

(25) koŋ³⁵⁻³³ a³³ sot⁵, ki⁵⁵ tʰai³³ siau²¹ ki³⁵⁻³³ ʃaŋ⁵³
　　 講　　　啊　　□,　　佢　　大笑　　　　幾　　聲, ……
　　 話す　　A　　終わる　3SG　大笑いする　いくつ　声
　　 (言い終わるやいなや,彼は大笑いして,……)(『詹』: 13)

(26) ki⁵⁵ ʃit³² la³³ sot⁵ sɨ³³ tseu³⁵ le⁵³
　　 佢　　食　　□　　□　　□　　走　　了。
　　 3SG　食べる　A　　終わる　すぐ　いく　ASP
　　 (彼は食べ終わるとすぐ行ってしまった。)²²⁾

(27) ki⁵⁵ sɨ³³ ʒuŋ³³ kiam²¹ lau⁵³ ki⁵⁵ kai²¹ sɨ³³ kot³² la³³ tʰet⁵,
　　 佢　　□　　用　　劍　　□　　佢　　個　　鬚　　割　　啊　　掉 ……
　　 3SGすぐ　で　　劍　　を　　彼　　REL　ひげ　剃る　A　　T
　　 (彼は剣で彼の髭をそり落とすやいなや……)(『詹』: 40)

(28) ki⁵⁵ ʃit³² la³³ to³⁵, tsʰiu³³ eu³⁵
　　 佢　　食　　□　　倒,　　就　　嘔。
　　 3SG　食べる　A　　DO₂　すぐ　吐く
　　 (彼は食べるとすぐ吐く)

3.4 VCr構造を選択しない場合

標準中国語ではVCr構造で表現するものについて,海陸客家語ではVCr構造を選択しない場合がある。

標準中国語には,非他動的な成分で構成されながら,使役義を持つVCr構造がある。たとえば,「他笑疼了肚子」(彼は笑っておなかが痛くなった)の述語動詞「笑」(笑う)は自動詞,「疼」(痛い)は形容詞であり,本来はそれぞれ被動作主をとらないが,VCr構造にするとそれが可能になる。海陸客家語にもこれと並行する形式は見られる(例文(7))。しかし,これとは異なった形式も存在する。すなわち,「V到OCr」(状態補語構造)および「□ (lau⁵³) OVCr」(処置文)という形式である。以下の例文は,それぞれ「他哭

紅了眼睛。」(例文(29)),「他笑疼了肚子。」(例文(30)),「他跑破了鞋」(例文(31)),「胖子坐塌了椅子。」(例文(32))に相当する表現である。

(29) ki^{55} kiau^{21} to^{21} muk^{32} tʃu^{53} fuŋ^{55} fuŋ^{55}
   佢   叫   到   目珠   紅紅。
   3SG   泣く   DO1   目   真赤だ
   (彼は泣いて目を真っ赤にした。)

(30) ki^{55} siau^{21} to^{21} tu$^{35-33}$ ʃi^{35} tʰuŋ^{21}
   佢   笑   到   肚屎   痛。
   3SG   笑う   DO1   腹   痛い
   (彼は笑っておなかが痛くなった。)

(31) ki^{55} tseu$^{35-33}$ to^{21} hai^{55} lan^{33} tʰet^{5}
   佢   走   到   鞋   爛   掉。
   3SG   はしる DO1   くつ ほろほろ T
   (彼ははしって靴をだめにした。)＝例文(7)

(32) tʰai^{33} kʰeu^{53} e^{21} lau^{53} ten^{21} nə^{55} tsʰo^{53} lap^{32} tʰet^{5}
   大□□   □   凳仔   坐   □   掉。
   ふとっちょ を   こしかけ すわる 壊れる T
   (ふとっちょがこしかけにすわって壊してしまった。)

　例文(29)〜(31)は,「to^{21}到」を用いた状態補語構造(第6節参照),例文(32)は処置文である。状態補語構造を,例文(29)を例に,やや詳しく分析すれば,次のようにいえよう。まず,「彼が笑う」(佢笑)という事態Aと「おなかが痛くなる」(肚屎痛)という事態Bがあり,この2つの事態AとBの間には因果関係がある。つまり,「笑った結果おなかが痛くなった」ということである。標準中国語では,これをVCr構造「他笑疼了肚子」で包括的に表現できるが,海陸客家語では事態の因果関係の順序に沿い,「笑」して「肚屎痛」という状態に「到」(いたる)という,事態との類像性が高い分析的な表現を選択しているのである。

　このように,VCr構造ではない形式を選択しているのは,VCr構造の適用範囲が,標準中国語(あるいは北京語)ほど広くはないためであろう。

4. 方向補語

　方向補語(趨向補語, directional complement)は方向動詞からなり, 述語動詞が表す動作行為の方向や経路を示す文成分である。

4.1 方向動詞

　方向動詞には, 直示的な「loi^{55}來」「hi^{21}去」(表3, Ⅱ, CdⅡと略称), および主として経路を示す「ʃoŋ^{53}上」「ha^{53}下」「lok^{32}落」「ŋip^{32}入」「tʃʰut^{5}出」「ko^{21}過」「tʃon^{35}轉」「hi^{35}起」など(表3, Ⅰ, CdⅠと略称)がある[23]。CdⅠ・CdⅡと述語動詞との組み合わせには,「V+{CdⅠ/CdⅡ}」および「V+CdⅠ+CdⅡ」という標準中国語と同様の形式がある(表3参照)。

表3　方向動詞

Ⅰ＼Ⅱ	ʃoŋ^{53} 上 あがる	ha^{53} 下 くだる	lok^{32} 落 くだる/はいる	ŋip^{32} 入 はいる	tʃʰut^{5} 出 でる	ko^{21} 過 すぎる	tʃon^{35} 轉 もどる	hi^{35} 起 おきる
loi^{55} 來 くる	上來	下來	落來	入來	出來	過來	轉來	起來
hi^{21} 去 ゆく	上去	下去	落去	入去	出去	過去	轉去	－

(33)　kʰiam^{21}　ko^{21}　hi^{21}
　　　□　　　　過　　去。
　　　またぐ　すぎる　ゆく
　　　(またいでゆく)

(34)　kʰi^{53}　　hi^{35}　　loi^{55}
　　　企　　　起　　　來。
　　　立つ　おきる　くる
　　　(立ち上がる。)

(35)　ʃui^{35}　　liu^{55}　　tʃʰut^{5}　　loi^{55}
　　　水　　　流　　　出　　　來。
　　　水　　流れる　でる　　くる

(水が流れ出てくる。)

(36) k^{h}et^{32}　ʃoŋ^{53}　hi^{21}　tsak^{32}　ŋiu^{55}　ŋan^{35}
　　　□　　上　　去　　摘　　牛眼。
　　　よじ登る　あがる　ゆく　とる　リュウガン
(登っていってリュウガンをとる。)

(37) t^{h}uŋ^{55}　kai^{55}　lioŋ^{35}　tʃoŋ^{53}　tsok$^{5-32}$　gə^{55}　pan^{53}　tʃon^{35} loi^{55}
　　　同　　□　　兩　　張　　桌仔　　　搬　　轉　　來。
　　　を　　あの　二　　CL　　机　　　運ぶ　もどる くる
(あの二つの机を運んでもどしてきなさい。)

なお、表3のⅠ+Ⅱの方向動詞句は，そのままでも述語になる。しかし，「hi^{35} loi^{55}起來」のみは，そのままでは述語にはならない。「起き上がる」という場合は，「hoŋ^{21} hi^{35} loi^{55}□起來」といわねばならないのである。「hoŋ^{21} □」は「上体を起こす」ことを指示する。さらに，この句は述語動詞に後接し「V+hoŋ^{21} hi^{35} loi^{55}□起來」という動補構造を形成する(例文(38), (39))。いずれも「上体を起こす」という動作(グロスではHONG)が付随している。

(38) ki^{55} tsʰo^{53}　tʰi^{33} nai^{55} ha^{53}　tsʰo^{53}　nen^{35},　m̩^{55} hen$^{35-33}$　kʰi^{53}　hoŋ^{21} hi^{35} loi^{55}
　　　佢　坐　　　地泥下　　　坐　　□,　　唔肯　　　　企　　□ 起 來。
　　　3SG に　　地面　　　　座る　ASP　しようとしない 立つ　HONG おきる 来
(彼は地面に座りこんで，立ちあがろうとしない。)

(39) ki^{55}　pʰi^{55} pʰa^{55} kʰit^{32} kʰiet^{32},　kʰat^{32} ŋai^{35} ə^{55}　tsʰo^{53}　hoŋ^{21} hi^{35} loi^{55},　……
　　　佢　　疲爬極蹶,　　　　　　　□□仔　　　　坐　　□ 起 來, ……(『詹』:51)
　　　3SG　懸命にもがく　　　どうにか　　座る　HONG おきる 来
(彼は懸命にもがいて，どうにか起き上がって座ると，……)

方向補語は，動作行為の空間的移動を示すだけでなく，アスペクト的領域などにも拡張して用いられる。例文(40)「ha^{53} hi^{21}下去」は継続を，例文(41)「tʃon^{35} hi^{21}轉去」は再起を，例文(42)「hi^{35} loi^{55}起來」は開始を示している。

(40) ŋai^{55} teu^{53} sa^{55}　tso^{21}　ha^{53}　hi^{21}
　　　我□儕　　　　　　做　　下　　去。
　　　1PL　　　　　　　する　くだる ゆく

（私たちはやり続ける。）

(41)　ki^{55}　tʃaŋ^{21}　kai^{33}　sam^{53}　ŋit^{5}　ʒan^{53},　kin^{53} pu^{53} ŋit^{5}　ʒiu^{55}　ʃit^{32}　tʃon^{35} hi^{21} le^{53}
　　　 佢　　 正　　 戒　　 三　　 日　　 煙,　　今晡日　　 又　　 食　　 轉 去 了。
　　　3SG　やっと　断つ　 三　　日　　たばこ　今日　　　また　吸う　もどるゆくASP
（彼は禁煙して三日になるのに，今日また吸いだした。）

(42)　tʰien^{33} hi^{21}　laŋ^{53}　hi^{35}　loi^{55}　le^{53},　oi^{21}　to^{53}　tʃok$^{5-32}$　ʒit^{32}　liaŋ^{53}　sam^{53}
　　　 天氣　　　　冷　　 起　 來　　 了,　 愛　 多　 著　　 一　　領　　衫。
　　　 天気　　　 寒い　おきる くる　ASP　必要だ 多い 着る　　一　　CL　服
（天気が寒くなってきたから，一枚多く服を着なくてはいけない。）

4.2　VCd構造の一体性

次にVCd構造の一体性の程度，およびこれらと目的語(O)[24]の位置関係について考察をしてみたい。

VとCdの間には，結果補語と同様，以下のような成分の挿入が可能である。

① 述語動詞の目的語
② 否定詞「mo^{55}無」，「maŋ^{55}□」
③ 未然を表す「voi^{33}會」およびその否定形式「m̩^{55} voi^{33}唔會」
④ 「a^{33}啊」

4.2.1　目的語

述語動詞と方向補語および目的語の語順は，(a)「V+O+CdI+CdII」（例文(43)～(45)），(b)「V+CdI+O+CdII」（例文(46)，(47)），(c)「V+CdI+CdII+O」（例文(48)，(49)）の3通りである（下線部分はO）[25]。

(43)　kʰet^{32}　ʃoŋ^{53}　pʰaŋ^{55} taŋ^{35}　na^{53}　sien^{53} tsʰo$^{35-33}$ kon^{53}　ha^{53}　loi^{55}　tʃu^{35}
　　　 □　　 上　　　棚頂　　　拿　　 仙草乾　　　　下　　 來　　煮
　　　よじ登る あがる　屋根裏部屋　取る　 干した仙草　　くだる くる　煮る
（屋根裏部屋によじ登って干した仙草を取って降りてきて煮る。）

(44)　ʒan^{53} ʃi^{35}　na^{53}　kai^{55}　kʰok^{32} gɔ^{55}　lok^{32}　hi^{21}
　　　 煙屎　　　拿　　 □　　　□仔　　　 落　　 去。
　　　吸い殻　　取る　　あの　入れ物　　　はいる　行く

(吸い殻をあの入れ物にいれる。)

(45) ŋai⁵⁵　liaŋ⁵³　tsʰien⁵⁵　tʃon³⁵　loi⁵⁵
　　 我　　領　　　錢　　　轉　　　來。
　　 1SG　受け取る　金　　　もどる　くる
　　 (私はお金を受け取ってもどってきた。)²⁶⁾

(46) na⁵³　tʃʰut⁵　ʒit⁵⁻³²　pun³⁵　ʃu⁵³　loi⁵⁵
　　 拿　　出　　　一　　　本　　　書　　來。
　　 取る　だす　　一　　　CL　　 本　　くる
　　 (本を一冊取り出した。)

(47) tseu³⁵⁻³³　{lok³²/ŋip³²}　kau²¹ ʃit³²　hi²¹
　　 走　　　　{落 / 入}　　　　教室　　　　去。
　　 走る　　　はいる　　　　　教室　　　　いく
　　 (教室に駆け込んでいった。)

(48) ʃoŋ⁵³　hi²¹　kʰam²¹ taŋ³⁵
　　 上　　　去　　坎頂。
　　 あがる　いく　岸
　　 (岸に上がって行く。)

(49) kia⁵⁵　ma⁵⁵ma⁵³　voi³³　tʃun³⁵⁻³³　pʰi³³　teu⁵³　ʃit³²　le²¹　ten³⁵⁻³³
　　 㧯　　　媽媽　　　會　　　準備　　　　□　　　食　　　□　　等
　　 3SGgen　母親　　　VOI　　準備する　　CLₚₗ　食べる　PRTₙₒₘ　待つ
　　 (彼のお母さんは食べる物を準備して彼が家にもどってくるのを
　　 ki⁵⁵　tʃon³⁵　loi⁵⁵　vok³²ha⁵³
　　 佢　　　轉　　　來　　　屋下。
　　 3SG　もどる　くる　　家
　　 待っているだろう。)(『一』: 26)

　例文(46)については，語順(c)「拿出來一本書」は不可である。一方，例文(48)，(49)のOは場所(「kʰam²¹ taŋ³⁵坎頂」「vok³²ha⁵³屋下」)であり，また語順は(c)である。このことから，Oがモノである場合，語順(c)は採らないといえるだろう。

4.2.2 否定詞「mo⁵⁵無」

　CdがVの方向のみを指示，あるいはアスペクト的意味を持っている場

合，つまり Cd の意味関係が述語動詞(c 類)である場合，「無 VCd」のみが可能で，「V 無 Cd」は不可能である(表 4，4 a，b，d)。一方，4 c の「買轉來」(買ってもどってくる)は，Cd「轉來」の意味関係が動作主(b 類)である。また「買」と「轉來」は連続する個別の動作行為である。ゆえに「無」の挿入が可能になると考えられる。また，「無」の位置によって，意味にも相違が生じている。この意味の相違は，「無」のスコープの相違を反映したものである。

表 4　VCd と否定詞「mo^{55}無」

		無 VCd	V 無 Cd
4a	騎去	mo^{55} k^{h}i^{55} hi^{21} 無騎去	—
		乗っていっていない	
4b	行落來	mo^{55} haŋ^{55} lok^{32} loi^{55} 無行落來	—
		歩いて入っていっていない	
4c	買轉來	mo^{55} mai^{53} tʃon^{35} loi^{55} 無買轉來	mai^{53} mo^{55} tʃon^{35} loi^{55} 買無轉來
		買わずにもどってきた	買いにいったままもどってきていない
4d	寫下去	mo^{55} sia$^{35\text{-}33}$ ha^{53} hi^{21} 無寫下去	—
		書き続けていない	

また VCr 構造と同じく，「無」の位置には「maŋ^{55}□」(まだ……していない)の挿入も可能である。

4.2.3　「voi^{33}會／m̩^{55} voi^{33}唔會」

未然の助動詞「voi^{33}會」およびその否定形式「m̩^{55} voi^{33}唔會」も挿入が可能であるが，制限がある(表 5)。5 c の「買轉來」のように，挿入によって V と Cd が個別の動作行為とみなされ得る場合のみ，挿入が可能である。

150　第2部　中国語

表5　VCd と「voi³³會／m̩⁵⁵ voi³³唔會」

		V 會 Cd	V 唔會 Cd
5a	騎去	kʰi⁵⁵ voi³³ hi²¹ 騎會去 乗っていくだろう	kʰi⁵⁵ m̩⁵⁵ voi³³ hi²¹ 騎唔會去 乗っていくことはない
5b	行落來	—	—
5c	買轉來	mai⁵³ voi³³ tʃon³⁵ loi⁵⁵ 買會轉來 買いにいってきたようだ(買ったか否か不明)	mai⁵³ m̩⁵⁵ voi³³ tʃon³⁵ loi⁵⁵ 買唔會轉來 買いにいったままもどってこないだろう
5d	寫下去	—	—

4.2.4 「a³³啊」

「V 啊 Cd」（VCd するとすぐに）は結果補語の場合と同様に可能である。

(50)　ki⁵⁵　voi⁵³　tʃaŋ²¹　kon³⁵⁻³³　a³³　tʃʰut⁵⁻³²　loi⁵⁵,　kia⁵⁵
　　　佢　　話　　正　　　講　　　啊　出　　　來,　　□
　　　彼　　話　やっと　話す　　A　でる　　くる　　3SG_gen
　　　（彼が話をやっとしだすやいなや, 彼の姉はすぐに
　　　tse⁵⁵　ma⁵³　ʃoŋ³³　pʰuk⁵⁻³²　tsʰien⁵⁵　hi²¹,……
　　　姉　　馬上　　　覆　　　　前　　　　去,……
　　　姉　　すぐ　　　はう　　　前　　　　行く
　　　はって行き……）（『詹』：11）

4.3　「lok³²落」

方向動詞のうち,「lok³²落」には,「くだる」(下方向への移動)と「はいる」(囲まれた内部への移動)という語義があり, それぞれ「ha⁵³下」(くだる)および「ŋip³²入」(はいる)と重っている(例文(48),(51))。

(51)　ʃu³³　taŋ³⁵　tiet⁵⁻³²　|ha⁵³ / lok³²|　ki³⁵⁻³³　tʃak⁵　lien⁵⁵ vu²¹
　　　樹　　頂　　　跌　　　|下 / 落|　　　幾　　　隻　　　蓮霧。
　　　木　　上　　落ちる　　くだる　　　いくつ　CL　　レンブ
　　　（木の上からレンブが数個落ちた。）

台湾の東勢客家語では，方向動詞「ʃioŋ⁵上」・「ha⁵下」は文章語の影響を受けており，一般的には非空間的あるいは抽象的移動を指示する(江敏華 2007: 238)。一方，海陸客家語の「ʃoŋ⁵³上」には，このような語義特徴はない。また「ha⁵³下」は，空間的移動から非空間的・抽象的移動，さらには継続というアスペクト的領域までをカバーしている(例文(52))[27]。これに対し「lok³²落」は空間的移動に限定されている。

(52) ŋioŋ²¹ ki⁵⁵ koŋ³⁵⁻³³ ha⁵³ hi²¹, m⁵⁵ ho³⁵⁻³³ tsap⁵⁻³² tʃoi²¹
　　 讓　 佢　 講　　 下　 去， 唔好　　 插嘴。
　　 させる 3SG 話す くだる いく いけない 口をはさむ
　　 (彼に話を続けさせて，口をはさんではいけない。)

また「lok³²落」と「ŋip³²入」との関係であるが，例文(48)や(53)のように，両者は互換できるものの，「ŋip³²入」の使用頻度は低いという回答がインフォーマントからなされている。

(53) {lok³² / ŋip³²} ʃaŋ⁵⁵ tu³⁵
　　 {落 / 入}　　 城肚。
　　 はいる　　　 城内
　　 (城内にはいる。)

東勢客家語では，「lok⁸落」は「くだる」という語義のみであり，「はいる」はもっぱら「ŋip⁸入」が担っている(江敏華 2007: 238)。また連城客家語でも，「はいる」に相当するのは「ŋʔ⁵入」である(項夢冰 1997)。東勢客家語や連城客家語のケースを考慮しつつ，通時的側面について考察すれば，次のようにいえるであろう。「はいる」については，「ŋip³²入」がまず使用された。その後，「くだる」義を持つ「lok³²落」が拡張して「はいる」義を持つようになる。つまり「はいる」については「lok³²落」と「ŋip³²入」が競合することになる。そして，現在「ŋip³²入」は「lok³²落」との競争に敗れつつある。「lok³²落」のこのような意味拡張をもたらした原因については不明である。あるいは「ha⁵³下」の意味拡張と関係があるかもしれない。いずれにせよ，これについても，さらなる調査および考察が必要である。

5. 可能補語

　可能補語(可能補語，能性補語，potential complement)構造とは，VCrあるいはVCd構造が指示する事態について，その可能・不可能を表す形式である。標準中国語では「V{得/不}C」(VCでき{る/ない})であるが，海陸客家語では「V{tet⁵得/m̩⁵⁵唔}C」となる。なお，ここでは，「V tet⁵得」(Vできる)／「V m̩⁵⁵ tet⁵唔得」(Vできない)もあわせて考察することにする。

5.1　V{得/唔}C

　Cは結果補語および方向補語である。つまり，VCrおよびVCdという動補構造の述語動詞と補語の間に「tet⁵得」を挿入すると可能を，「m̩⁵⁵唔」を挿入すると不可能を表す。

(54)　ŋai⁵⁵　na⁵³　tet⁵⁻³²　tʰin⁵³ tʰuŋ⁵³，　ki⁵⁵　na⁵³　m̩⁵⁵　tʰin⁵³ tʰuŋ⁵³
　　　我　　拿　　得　　　□動，　　　佢　　拿　　唔　　□動。
　　　1SG　持つ　できる　動く　　　　3SG　持つ　NEG　動く
　　　(私は(重くても)持てるが，彼は(重くて)持てない。)

(55)　ki⁵⁵　tʃʰut⁵⁻³²　m̩⁵⁵　loi⁵⁵
　　　佢　　出　　　　唔　　來。
　　　3SG　でる　　　NEG　くる
　　　(彼は出てこられない。)

　注意を要するのは，目的語(O)が存在する場合である。この場合の語順を，呉福祥(2003)に基づいて整理すると，表6のようになる。

表6　可能補語構造における目的語の位置

	肯　定		否　定
甲 a	V 得 OC	甲 n	VO 唔 C
乙 a	VO 得 C	乙 n	—
丙 a	V 得 CO	丙 n	V 唔 CO

表6は通時的状況を反映している。「唔」を「不」に置きかえて表記すると，まず，甲類(V 得 OC／VO 不 C)は10世紀前半(唐末五代)には成立している。乙類(VO 得 C／V 不 OC)は甲類からの類推で発生した。また，丙類(V 得 CO／V 不 CO)は北方漢語起源で，10世紀後半〜14世紀(宋元代)に登場している(呉福祥 2003: 251)。

海陸客家語の上記三類型は，使用頻度が異なっている。まず，乙類はあまり用いられない。また，丙類は甲類よりも使用頻度が高い。つまり，使用頻度の高さについては，高い順に丙類・甲類・乙類となる。

まず，乙類については，否定形式「V 不 OC」(乙 n)が存在していない(表6)。海陸客家語以外では，徽語休寧方言(呉福祥 2003)・東勢客家語(江敏華 2007)に乙 n が存在しない。また，肯定形式(乙 a)については，使用頻度が低く，さらに適用範囲が甲・丙類より狭い(表7)。乙 a の成立条件はなお明らかではないが，少なくとも，補語成分の相異(7a〜7f，8a〜8f が結果補語，7g〜7k，8g〜8k が方向補語)は関与していないようである。また目的語の相異も大きな条件ではないようだ[28]。

乙類の使用頻度の低さは，文献資料からも裏付けられる。今回対象とした文献資料には，乙 b ばかりか乙 a も見えていない(表9)。この結果から，乙類は書面では用いられない可能性も考えられる[29]。いずれにせよ，乙 a は適用範囲に制限があり，かつその使用頻度も低いと結論付けられる。

次に，丙類と甲類の使用頻度について検討しよう。表9からうかがえるように，肯定形については大差ないものの，否定形については，丙類の使用頻度は甲類よりも明らかに高い。また，疑問文では甲 a (V 得 OC)は選択されない。たとえば，「食事がのどを通るか？(吃得下飯嗎？)」については，V と C が一体化した形式「V 得 C」のみが可能である(例文(56)，(57))。

(56) ʃit^{32}　tet$^{5-32}$　lok^{32}　pʰon^{33}　mo^{55}
　　　食　　得　　落　　飯　　無？
　　　たべる　できる　くだる　ごはん　NEG

(57) pʰon^{33}　ʃit^{32}　tet$^{5-32}$　lok^{32}　mo^{55}
　　　飯　　食　　得　　落　　無？
　　　ごはん　たべる　できる　くだる　NEG

最後に，これら三類型の成立過程を考察してみたい。呉福祥(2003)によれ

154 第2部 中 国 語

表7 可能補語と目的語：肯定形

	標準中国語	甲 a(V 得 OC)	乙 a(VO 得 C)	丙 a(V 得 CO)
7a	拉得動它 それを引い て動かせる	lo^{53} tet$^{5\text{-}32}$ ki^{55} t^{h}in^{53} t^{h}uŋ^{53} 拉得佢□動	lo^{53} ki^{55} tet$^{5\text{-}32}$ t^{h}in^{53} t^{h}uŋ^{53} 拉佢得□動	lo^{53} tet$^{5\text{-}32}$ t^{h}in^{53} t^{h}uŋ^{53} ki^{55} 拉得□動佢
7b	抓得住那隻 青蛙 そのカエル を捕まえる ことができ る	tsuk$^{5\text{-}32}$ tet$^{5\text{-}32}$ kai^{55} tʃak^5 kuai$^{35\text{-}33}$ ɜ^{55} to^{35} 捉得□隻□仔倒	tsuk$^{5\text{-}32}$ kai^{55} tʃak^5 kuai$^{35\text{-}33}$ ɜ^{55} tet$^{5\text{-}32}$ to^{35} 捉□隻□仔得倒	tsuk$^{5\text{-}32}$ tet$^{5\text{-}32}$ to$^{35\text{-}33}$ kai^{55} tʃak^5 kuai$^{35\text{-}33}$ ɜ^{55} 捉得倒□隻□仔
7c	騙得了他 彼をだまし おおせる	p^{h}ien^{21} tet$^{5\text{-}32}$ ki^{55} to^{35} 騙得佢倒	p^{h}ien^{21} ki^{55} tet$^{5\text{-}32}$ to^{35} 騙佢得倒	p^{h}ien^{21} tet$^{5\text{-}32}$ to$^{35\text{-}33}$ ki^{55} 騙得倒佢
7d	考得上大學 大学に合格 できる	k^{h}au$^{35\text{-}33}$ tet$^{5\text{-}32}$ t^{h}ai^{33} hok^{32} to^{35} 考得大學倒	—	k^{h}au$^{35\text{-}33}$ tet$^{5\text{-}32}$ to$^{35\text{-}33}$ t^{h}ai^{33} hok^{32} 考得倒大學
7e	洗得乾淨衣 服[30] 服をきれい に洗える	se$^{35\text{-}33}$ tet$^{5\text{-}32}$ sam^{53} fu^{21} ts^{h}iaŋ^{33} 洗得衫褲淨	—	se$^{35\text{-}33}$ tet$^{5\text{-}32}$ ts^{h}iaŋ^{33} sam^{53} fu^{21} 洗得淨衫褲
7f	看得懂英文 英語を読ん で理解でき る	k^{h}on^{21} tet$^{5\text{-}32}$ ʒin^{53} vun^{55} ʃit^5 看得英文識	—	k^{h}on^{21} tet$^{5\text{-}32}$ ʃit$^{5\text{-}32}$ ʒin^{53} vun^{55} 看得識英文
7g	吃得下飯 食事がのど を通る	ʃit^{32} tet$^{5\text{-}32}$ p^{h}on^{33} lok^{32} 食得飯落	ʃit^{32} p^{h}on^{33} tet$^{5\text{-}32}$ lok^{32} 食飯得落	ʃit^{32} tet$^{5\text{-}32}$ lok^{32} p^{h}on^{33} 食得落飯
7h	認得出他 彼を認識で きる	ŋin^{33} tet$^{5\text{-}32}$ ki^{55} tʃ^{h}ut^5 認得佢出	ŋin^{33} ki^{55} tet$^{5\text{-}32}$ tʃ^{h}ut^5 認佢得出	ŋin^{33} tet$^{5\text{-}32}$ tʃ^{h}ut$^{5\text{-}32}$ ki^{55} 認得出佢
7i	打得過他 彼に打ち勝 てる	ta$^{35\text{-}33}$ tet$^{5\text{-}32}$ ki^{55} ko^{21} 打得佢過	ta$^{35\text{-}33}$ ki^{55} tet$^{5\text{-}32}$ ko^{21} 打佢得過[31]	ta$^{35\text{-}33}$ tet$^{5\text{-}32}$ ko^{21} ki^{55} 打得過佢
7j	對得起春嬌 春嬌に申し 訳が立つ	tui^{21} tet$^{5\text{-}32}$ tʃ^{h}un^{53} kiau^{53} hi^{35} 對得春嬌起	—	tui^{21} tet$^{5\text{-}32}$ hi$^{35\text{-}33}$ tʃ^{h}un^{53} kiau^{53} 對得起春嬌
7k	負得起責任 責任を負え る	fu^{21} tet$^{5\text{-}32}$ tsit$^{5\text{-}32}$ ʒim^{33} hi^{35} 負得責任起	—	fu^{21} tet$^{5\text{-}32}$ hi$^{35\text{-}33}$ tsit$^{5\text{-}32}$ ʒim^{33} 負得起責任

表8　可能補語と目的語：否定形

	標準中国語	甲 n（VO 唔 C）	丙 n（V 唔 CO）
8a	拉不動它 それを引いて動かす ことができない	lo^{53} ki^{55} m̩^{55} t^{h}in^{53} t^{h}uŋ^{53} 拉佢唔□動	lo^{53} m̩^{55} t^{h}in^{53} t^{h}uŋ^{53} ki^{55} 拉唔□動佢
8b	抓不住那隻青蛙 そのカエルを捕まえ ることができない	tsuk$^{5-32}$ kai^{55} tʃak^5 kuai$^{35-33}$ ə^{55} m̩^{55} to^{35} 捉□隻□仔唔倒	tsuk$^{5-32}$ m̩^{55} to$^{35-33}$ kai^{55} tʃak^5 kuai$^{35-33}$ ə^{55} 捉唔倒□隻□仔
8c	騙不了他 彼をだましおおせない	p^{h}ien^{21} ki^{55} m̩^{55} to^{35} 騙佢唔倒	p^{h}ien^{21} m̩^{55} to$^{35-33}$ ki^{55} 騙唔倒佢
8d	考不上大學 大学に合格できない	k^{h}au$^{35-33}$ t^{h}ai^{33} hok^{32} m̩^{55} to^{35} 考大學唔倒	k^{h}au$^{35-33}$ m̩^{55} to$^{35-33}$ t^{h}ai^{33} hok^{32} 考唔倒大學
8e	洗不乾淨衣服 服をきれいに洗えない	se$^{35-33}$ sam^{53} fu^{21} m̩^{55} tsʰian^{33} 洗衫褲唔淨	—
8f	看不懂英文 英語を読んで理解で きない	k^{h}on^{21} ʒin^{53} vun^{55} m̩^{55} ʃit^5 看英文唔識	k^{h}on^{21} m̩^{55} ʃit$^{5-32}$ ʒin^{53} vun^{55} 看唔識英文
8g	吃不下飯 食事がのどを通らない	ʃit^{32} p^{h}on^{33} m̩^{55} lok^{32} 食飯唔落	ʃit^{32} m̩^{55} lok^{32} p^{h}on^{33} 食唔落飯
8h	認不出他 彼を認識できない	ŋin^{33} ki^{55} m̩^{55} tʃʰut^5 認佢唔出	ŋin^{33} m̩^{55} tʃʰut$^{5-32}$ ki^{55} 認唔出佢
8i	打不過他 彼に打ち勝てない	ta$^{35-33}$ ki^{55} m̩^{55} ko^{21} 打佢唔過	ta$^{35-33}$ m̩^{55} ko^{21} ki^{55} 打唔過佢
8j	對不起春嬌 春嬌に申し訳ない	tui^{21} tʃʰun^{53} kiau^{53} m̩^{55} hi^{35} 對春嬌唔起	tui^{21} m^{55} hi$^{35-33}$ tʃʰun^{53} kiau^{53} 對唔起春嬌
8k	負不起責任 責任を負えない	fu^{21} tsit$^{5-32}$ ʒim^{33} m̩^{55} hi^{35} 負責任唔起	fu^{21} m̩^{55} hi$^{35-33}$ tsit$^{5-32}$ ʒim^{33} 負唔起責任

表9　文献資料に見える目的語をともなった可能補語構造の使用数[32]

文献	甲 a V 得 OC	乙 a VO 得 C	丙 a V 得 CO	甲 n VO 唔 C	丙 n V 唔 CO
一	0	0	0	1	7
詹	6	0	7	3	19
計	6	0	7	4	26

ば，甲類(V得OC／VO唔C)は10世紀前半(唐末五代)には成立していた最も古い形式である。乙類(VO得C)は，甲類の体系としての非対称性を解消するために，類推により出現した[33]。これにより，「VO得C／VO唔C」という対称的な体系が生まれることになる。一方，丙類(V得CO／V唔CO)は北方漢語(官話)起源で，10世紀後半～14世紀(宋元代)に出現し，官話の影響下，海陸客家語にも取り入れられることになったのではないだろうか。換言すれば，海陸客家語では古い形式である甲類が優勢であったが，体系の非対称性を解消しようという動機により乙aが派生した。しかし，乙aが十分に安定する前に官話系の丙類の影響が強まり，今日に至っていると考えることができよう。

5.2 V得/V唔得

海陸客家語には，可能補語のもう1つの形式として「V得」(Vできる)・「V唔得」(Vできない)がある。

(58) ŋai^{55} ʃit^{32} tet^{5} ʃoi^{33} tet^{5}, mo^{55} li^{53} ʒiu^{55} m̩^{55} pʰui^{55} hi^{35} loi^{55}
　　我　食　得　睡　得，　無　理由　唔　肥　起　來。
　　1SG 食べる できる 寝る できる, NEG 理由 NEG 太っている おきる くる
　　(私は食べることも眠ることもできるので，太らない理由がない。)

(59) lia^{55} tʃak^{5} li^{55} ə^{55} maŋ^{55} siuk^{5} ʃit^{32} m̩^{55} tet^{5}
　　□　隻　梨仔　□　□　食　唔　得。
　　この CL ナシ NEG 熟れる 食べる NEG できる
　　(このナシはまだ熟れていないので，食べることができない。)

(60) kin$^{35-33}$ tʃoŋ^{53} to^{21} voi^{33} si^{35}, ʃoi^{33} ʒa$^{35-33}$ ʃoi^{33} m̩^{55} tet$^{5-32}$ tʰet^{5}.
　　緊張　到　會　死，睡　也　睡　唔　得　掉。
　　緊張する DO₁ VOI 死ぬ 寝る も 寝る NEG できる T
　　(非常に緊張して眠るに眠れなくなってしまった。)(『一』) = 例文(12)

(61) ki^{55} toŋ^{53} mo^{55} han^{55}, loi^{55} m̩^{55} tet^{5}
　　佢　當　無閒，　來　唔　得。
　　3SG とても 忙しい くる NEG できる
　　(彼はとても忙しいので，こられない。)

目的語との関係では，表10に示した組み合わせとなる。

表10 「V得」と目的語の位置関係

肯定 教室に入れる	VO 得 ki^{55} lok^{32} kau^{21} ʃit^{5} tet^{5} 佢落教室得。	V 得 O ki^{55} lok^{32} tet$^{5\text{-}32}$ kau^{21} ʃit^{5} 佢落得教室。
否定 教室に入れない	VO 唔得 ki^{55} lok^{32} kau^{21} ʃit^{5} m̩^{55} tet^{5} 佢落教室唔得。	V 唔得 O ki^{55} lok^{32} m̩^{55} tet$^{5\text{-}32}$ kau^{21} ʃit^{5} 佢落唔得教室。

ただし，「V得O」あるいは「V唔得O」という形式を採らない場合もある。このような場合は，目的語を前置して主題化し，「OV得」「OV唔得」とする（例文(63)，(64)）。

(62) kuan^{53}　mun^{55}　m̩^{55}　tet^{5}
　　　關　　　門　　　唔　　　得。
　　　しめる　ドア　　NEG　　できる
　　　（ドアを閉めることができない。）

(63) mun^{55}　kuan^{53}　tet^{5}
　　　門　　　關　　　得。
　　　ドア　　しめる　できる
　　　（ドアを閉めることができる。）

(64) mun^{55}　kuan^{53}　m̩^{55}　tet^{5}
　　　門　　　關　　　唔　　得。
　　　ドア　　しめる　NEG　できる
　　　（ドアを閉めることができない。）

なお，VO構造の動詞「tʰeu^{33} hi^{21} □氣」（呼吸する）も表10に示したような可能補語構造を形成する[34]。この2つの否定形式は意味が異なっている。「tʰeu^{33} hi^{21} m̩^{55} tet^{5}透氣唔得」は呼吸するすべがまったくないことを指す（例文(65)）。一方，「tʰeu^{33} m̩^{55} tet^{5} hi^{21}透唔得氣」はなんとか呼吸はできるが，息切れなどで正常な呼吸ができないことを指す。

(65)　kui⁵³　　kien⁵³　　ŋiuŋ⁵⁵ ŋiuŋ⁵⁵,　　tʰeu³³ hi²¹　　m̩⁵⁵　　tet⁵
　　　規　　　間　　　□□,　　　　□氣　　　唔　　　得。
　　　全て　　CL　　めちゃくちゃだ　　呼吸する　　NEG　　できる
　　　（部屋中ほこりで，息ができない。）

「V 得／V 唔得」の可能補語構造が語彙化したものに「tso²¹ tet⁵做得」（さしつかえない）・「tso²¹ m̩⁵⁵ tet⁵做唔得」（できない・してはいけない）がある。文字通りの意味は「することができる」「することができない」である。標準中国語の助動詞「可以」とほぼ並行し，述語動詞に前置する。

(66)　　tso²¹ tet⁵　　　hi²¹　　mo⁵⁵
　　　　做得　　　　　去　　　無？
　　　　かまわない　　行く　　NEG
　　　　（行ってもかまいませんか？）
　　　　　　tso²¹ tet⁵　　　　／　　　tso²¹ m̩⁵⁵ tet⁵
　　　　　　做得。　　　　　／　　　做唔得。
　　　　　　（かまいません。）　／　　（だめです。）

6. 状態補語

　ここでは，状態補語（狀態補語，manner complement）を，述語動詞が指示する動作行為そのものの状態やその行為によって到達した状況を述べるものと定義する。標準中国語の状態補語構造は「V 得 Cm」であるが，これに対応する海陸客家語の形式は，次の3通りである。なお，状態補語を導く標識は，標準中国語などに見られる「得」ではなく，「to²¹到」あるいは「to³⁵倒」である[35]。

①　標識「to²¹到」を用いるもの――V 到 Cm
②　標識「to³⁵倒」を用いるもの――V 倒 Cm
③　標識を用いないもの――――――VØCm[36]

　たとえば「他唱歌唱得很好」（彼は歌を歌うのがとても上手だ）に対応する文は以下の3通りである。

(67) ki⁵⁵   tʃʰoŋ²¹   ko⁵³ ə⁵⁵   tʃʰoŋ²¹   to²¹   tsʰin³³   ho³⁵
    佢   唱   歌仔   唱   到   盡   好。
    3SG   歌う   歌   歌う   DO₁   たいへん よい
(68) ki⁵⁵   tʃʰoŋ²¹   ko⁵³ ə⁵⁵   tʃʰoŋ²¹   to³⁵/³⁵⁻³³   tsʰin³³   ho³⁵
    佢   唱   歌仔   唱   倒   盡   好。
    3SG   歌う   歌   歌う   DO₂   たいへん よい
(69) ki⁵⁵   tʃʰoŋ²¹   ko⁵³ ə⁵⁵   tʃʰoŋ²¹   tsʰin³³   ho³⁵
    佢   唱   歌仔   唱   盡   好。
    3SG   歌う   歌   歌う   たいへん よい

例文(67)～(69)は完全に同義という訳ではない。以下，これらの相異に留意しながら考察を進めることにする。

6.1　各標識の機能

Lamarre (2001a,b) は漢語系言語における標準中国語の「V 得 C」に相当する VXC 型の動補構造を分析するにあたり，以下のような枠組みを設定している。

[1] 可能(potential)：看得完。(読み終えられる)／看不完。(読み終えられない)
[2] 状態(manner)
    a. 断言：飛得高。(高く飛んでいる)
    b. 描写：飛得很高。(高く飛んでいる)
[3] 到達の程度(extent)：吵得人家睡不著。(騒々しくて眠れない)

[1]は「VC できる／できない」という意味を表す可能補語構造である(第5節参照)。[2]は Cm が形容詞句であり，V の状態・内容を説明するものである。「断言」「描写」の区別は朱德熙(1982)による。「断言」は Cm が副詞などの修飾を受けない裸の形容詞であり，意味的には静的で，量的概念を含まない。「描写」は，Cm が程度副詞の修飾を受けた形容詞あるいは状態形容詞などであり，意味的には動的で，量の概念を含む。[3]は，Cm が V の結果状態や到達した程度を表す。これには，VXC 型の程度補語(後述)も含めてもよいと考える。本稿ではこれらを，それぞれ[1]可能，[2a]状態 M

(断言)，［2b］状態M(描写)，［3］状態Eと称し，海陸客家語の状態補語構造を分析する枠組みとして利用することにする。

この枠組みにしたがって，上述の3種の形式を検討すると，次のように結論づけられる(表11)。すなわち，「到」は主として状態Eおよび状態M(描写)，「倒」は状態M(断言)および状態M(描写)の標識となる。つまり，状態M(描写)については，「到」と「倒」は交換可能である。また，「到」を状態M(断言)に，「倒」を状態Eに用いることはできない。一方，無標識は状態M(描写)の，Cが修飾成分を伴う形容詞句である場合に限られる。つまり，Cmが連用修飾成分を伴った形容詞句からなる状態M(描写)についてのみ，例文(67)～(69)に見られるような3種の形式で表現できるのである。

表11　VXC型動補構造の標識X

可能	状態M(断言)	状態M(描写)	状態E
得	倒	倒	
		到	到
		無標識	

以下，それぞれの形式について，さらに検討してみよう。

6.2　状態補語標識「to²¹到」

「to²¹到」は，本来「(ある地点に)到達する」という意味の動詞である(例文(70))。また述語動詞の後置成分として終点(goal)を導く機能がある。例文(71)，(72)が空間的終点を，(73)は時間的終点を，(74)は抽象的終点を示している。これらはいずれも「V 到 NP」という形式である。

(70)　ŋai⁵⁵　　he²¹　　tsʰien⁵⁵　ŋit⁵　　to²¹　　pet⁵⁻³² kin⁵³
　　　我　　　係　　　前日　　　　　到　　　北京。
　　　1SG　　である　おととい　　着く　　北京
　　　(私はおととい北京に着いたのだ。)

(71)　ŋiu⁵⁵　piau⁵³　to²¹　　tsʰoi²¹ ʒan⁵⁵
　　　牛　　　□　　　到　　　菜園。
　　　ウシ　　はしる　着く　　畑

(ウシが畑にはしっていった。)

(72) ŋi⁵⁵ lau⁵³ ki⁵⁵ suŋ²¹ to²¹ ʒi⁵³ ʒan²¹
    你 □   佢 送   到   醫院。
    2SG を 3SG 送る DO₁ 病院
    (彼を病院に送ってゆきなさい。)

(73) tʰai³³ ʃui³⁵ lok³² to²¹ pan²¹ ʒa³³ tʃan²¹ tʰin⁵⁵
    大水   落   到   半夜   正   停。
    大雨   降る   DO₁ 夜半   やっと やむ
    (大雨は夜半まで降ってやっとやんだ。)

(74) si³³ tsʰin⁵⁵ ʒi⁵⁵ kin⁵³ fat⁵⁻³² tʃan³⁵ to²¹ fui⁵³ ʃoŋ⁵⁵ ŋiam⁵⁵ tʃʰuŋ³³
    事情   已經   發展   到   非常   嚴重
    こと   すでに   発展する   DO₁   非常に   きびしい
    kai²¹ tʰi³³ pʰu³³
    個   地步。
    REL   状況
    (事態はすでに非常に厳しい状況になった。)

「V 到 NP」の体詞性句(NP)が述詞性句(VP)に置き換えられると,「V 到 VP」は「V 到 Cm」という状態補語構造に再分析される。この構造は「V して Cm という状態に至る」ということである。Cm は動詞句・形容詞句であり,状態 M (描写)・状態 E のタイプである。例文(75)は Cm が程度副詞を伴う形容詞,(76)は形容詞の重ね型である。また(77)は比較文で,「pi³⁵⁻³³ ŋai⁵⁵比我」(私より)と「ha²¹□」(さらに)は,共に形容詞「liu⁵⁵ liak³²流□」にかかる連用修飾成分として機能している。(78),(79)は動詞句の例である。

(75) ki⁵⁵ kai²¹ ʃiu³⁵ tshin³³ kʰiau³⁵, fa³³ to²¹ ton⁵³ ho³⁵⁻³³ kʰon²¹
    佢   個   手   盡   巧,   畫   到   當   好看。
    3SG REL   手   とても   器用だ 描く DO₁ とても 見ばえがよい
    (彼の手は器用で,絵がとても上手だ。)

(76) ʒit⁵⁻³² sioŋ⁵³ kai⁵³ lon³⁵ tsak⁵⁻³² to²¹ lan³³ lan³³
    一   箱   雞卵   □   到   爛爛。
    一   CL   鶏卵   圧す   DO₁ ぐちゃぐちゃ
    (たまご一箱が圧されてぐちゃぐちゃになった。)

(77) ki^{55} koŋ$^{35\text{-}33}$ hak^5 voi^{53} koŋ$^{35\text{-}33}$ to^{21} pi$^{35\text{-}33}$ ŋai^{55} ha^{21} liu^{55} liak^{32}
　　　佢　　講　　　客話　　　講　　　到　　比　我　□　流□。
　　　3SG　話す　客家語　話す　DO$_1$　より　1SG　さらに　流暢だ
　　（彼は私より流暢に客家語を話す。）

(78) ki^{55} sia$^{35\text{-}33}$ si^{33} sia$^{35\text{-}33}$ to^{21} ʒan^{55} pit$^{5\text{-}32}$ sim^{53} lui^{55} tʰet^5 le^{53}
　　　佢　　寫　　字　　寫　　到　　　鉛筆芯　　　擂　掉　了。
　　　3SG　書く　字　書く　DO$_1$　鉛筆の芯　　こする　T　ASP
　　（彼は鉛筆がちびるほど字を書いた。）

(79) ki^{55} mo^{55} han^{55} to^{21} lien^{55} ʃit^{32} pʰon^{33} lə^{33} mo^{55} ʃi^{55} kien^{53}
　　　佢　　無閒　　到　　連　食　飯　　□　　無　時間。
　　　3SG　忙しい　DO$_1$　さえ　食べる　ご飯　も　NEG　時間
　　（彼は忙しくて食事をする時間さえもない。）

上掲の例文から看取できるように，「to^{21}到」は状態補語標識になっても，終点を導く機能を維持している。前出の例文(67)の場合も，歌を歌って最終的に到達した点が「tsʰin^{33} ho^{35}盡好」(たいへんよい)という状況であることを表している。

6.3　状態補語標識「to^{35}倒」

第3節では，「to^{35}倒」は動作行為が実現していることを表す動相補語であることを指摘した。この場合は，述語動詞のOは体詞性句(NP)で，「V倒NP」と形式化できる(例文(13)～(16))。この体詞性句が，形容詞句からなる述詞性句(VP)に置換されると，「V倒VP」となり，これが状態補語構造「V倒Cm」に再分析される。この場合，Cmは状態M(断言／描写)である。「V倒Cm」は「Vした結果Cmという状態を実現している」と解釈できよう。なお，Cmは動詞句ではない。例文(80)，(81)はCmが裸の形容詞で状態M(断言)，(82)は形容詞の重ね型，(83)は程度副詞を伴う形容詞で，共に状態M(描写)である。(84)はCmが比較文である。

(80) sia$^{35\text{-}33}$ to$^{35\text{-}33}$ ho^{35}
　　　寫　　　倒　　　好。
　　　書く　　DO$_2$　よい
　　（よく書いてある。）

(81) ki⁵⁵ ta³⁵⁻³³ to³⁵⁻³³/³⁵ ho³⁵, ŋai⁵⁵ ta³⁵⁻³³ to³⁵ m⁵⁵ ho³⁵
　　 佢　 打　　倒　　　　好，　我　　打　　倒　唔　好。
　　 3SG　うつ　DO₂　　　　よい　1SG　うつ　DO₂　NEG　よい
　　（彼は球技をするのが上手で，わたしは上手ではない。）

(82) kʰon²¹ to³⁵/³⁵⁻³³ tsʰin⁵³ tsʰin⁵³ tsʰu³⁵⁻³³ tsʰu³⁵
　　 看　　　倒　　　　清　　清　　楚　　楚。
　　 見る　　DO₂　　　　はっきりしている
　　（はっきり見えている。）

(83) ki⁵⁵ kai²¹ ʃiu³⁵ tshin³³ kʰiau³⁵, fa³³ to³⁵⁻³³ toŋ⁵³ ho³⁵⁻³³ kʰon²¹
　　 佢　個　手　盡　　巧，　 畫　倒　　當　　好看。
　　 3SG　REL　手　とても　器用だ　描く　DO₂　とても　見栄えがよい
　　（彼の手は器用で，絵がとても上手だ。）

(84) ki⁵⁵ koŋ³⁵⁻³³ hak⁵ voi⁵³ koŋ³⁵⁻³³ to³⁵ pi³⁵⁻³³ ŋai⁵⁵ ha²¹ liu⁵⁵ liak³²
　　 佢　 講　　客話　　講　　　倒　比　　我　□　流□。
　　 3SG　話す　客家語　話す　　DO₂　より　1SG　さらに　流暢だ
　　（彼は私より流暢に客家語を話す。）

　海陸客家語の上声(35調)は，他の音節が後続する時，多くの場合，陽去(33調)に交替する。しかし，例文(82), (84)に示したように，状態補語標識「to³⁵倒」は必ずしも声調交替を起こすとは限らない。これは，「to³⁵倒」の後に音韻的・意味的な切れ目が入ってもよいことを示しているものと思われる。

6.4 無標識

　上述の標識「to²¹到」や「to³⁵倒」を用いない形式「VØCm」では，Cm は連用修飾成分を伴う形容詞句である状態 M（描写）に限られる。「tsʰin³³盡」（たいへん）（例文(85)）・「toŋ⁵³當」（とても）（例文(86)）・「ha²¹□」（さらに）（例文(87)）・「fui⁵³ ʃoŋ⁵⁵非常」（非常に）・「an⁵³□」（こんなに）などの程度副詞，もしくは否定詞「m⁵⁵唔」（例文(88)）などの修飾を受ける形容詞である。Cm が比較文である場合（例文(89)）も無標識が可能となる。一方，Cm が形容詞の重ね型である場合は標識が必要である。

(85) sia³⁵⁻³³ tsʰin³³ ho³⁵
　　寫　　盡　　好。
　　書く　とても　よい
　　(とてもよく書いてある。)

(86) se³⁵⁻³³ toŋ⁵³ tsʰiaŋ³³
　　洗　　當　　淨。
　　洗う　とても　きれい
　　(洗い方がきれいだ。)

(87) ki⁵⁵ ʃit³² pʰon³³ ʃit³² ha²¹ kiak⁵
　　佢　食　飯　食　□　遽。
　　3SG　食べる　ご飯　食べる　さらに　はやい
　　(彼はご飯を食べるのがはやい。)

(88) se³⁵⁻³³ m̩⁵⁵ tsʰiaŋ³³
　　洗　　唔　　淨。
　　洗う　NEG　きれい
　　(洗い方がきれいでない)

(89) ki⁵⁵ koŋ³⁵⁻³³ hak⁵ voi⁵³ koŋ³⁵⁻³³ pi³⁵⁻³³ ŋai⁵⁵ ha²¹ liu⁵⁵ liak³²
　　佢　講　客話　講　比　我　□　流□。
　　3SG　話す　客家語　話す　より　1SG　さらに　流暢だ
　　(彼は私より流暢に客家語を話す。)

諾否疑問文(例文(90))や選択疑問文(例文(91))でも無標識の場合がある。しかし,例文(92)に示したように,標識が必要な例もある。つまり無標識か否かについては,インフォーマントに判断のゆれがある。一方,疑問詞疑問文は標識が必要である(例文(93))。

(90) ki⁵⁵ koŋ³⁵⁻³³ kiak⁵ mo⁵⁵
　　佢　講　遽　無?
　　3SG　話す　はやい　NEG
　　(彼は話すのがはやいか?)

(91) ki⁵⁵ koŋ³⁵⁻³³ kiak⁵ ʒa³⁵⁻³³ m̩⁵⁵ kiak⁵
　　佢　講　遽　也　唔　遽?
　　3SG　話す　はやい　または　NEG　はやい

(彼は話すのがはやいか？)

(92) ki⁵⁵　tʃʰoŋ²¹　ko⁵³ ə⁵⁵　tʃʰoŋ²¹　{to²¹/to³⁵/³⁵⁻³³}　ho³⁵　mo⁵⁵
　　 佢　　唱　　歌仔　　唱　　{到 / 倒}　　好　　無？
　　 3SG　歌う　歌　　歌う　　{DO₁/DO₂}　　よい　NEG
(彼は歌を歌うのは上手か？)

(93) ki⁵⁵　tʃʰoŋ²¹　ko⁵³ ə⁵⁵　tʃʰoŋ²¹　{to²¹/to³⁵/³⁵⁻³³}　ȵioŋ³³ pan⁵³
　　 佢　　唱　　歌仔　　唱　　{到 / 倒}　　□般？
　　 3SG　歌う　歌　　歌う　　{DO₁/DO₂}　　どうか
(彼は歌を歌うのはどのようか？)

なお，無標識の状態補語構造は，海陸客家語のみに特徴的というわけではない。閩南語や標準中国語にも見ることができる。たとえば，湯廷池(1999)を参考にすると，閩南語の場合も海陸客家語と同様に Cm が状態 M（描写）の場合，状態補語標識は必要ない。標準中国語については，朱德煕(1982: 138-139)によると，無標識の条件は，① 補語が「太＋形容詞」，② 補語が「形容詞＋一點兒」，③ 補語が熟語的な動目構造の３つである。

7. 程度補語

程度補語とは述語が指示する事態の程度を表す成分である。形式には，補語が述語に直に接する VC 型と，述語との間にほかの成分を介在させる VXC 型の２種類がある。

7.1 ＶＣ型

VC 型には，結果補語や方向補語も含まれる。しかし，程度補語の場合，すべてそこから直接派生してきたとはみなせないものも含む(例文(96))。

(94)　nan³³　　si³⁵　　hi²¹
　　　難　　　死　　　去。
　　　難しい　死ぬ　　ゆく
　　 (ひどく難しい。)

(95) t^heu^{55} na^{55} voi^{33} t^hun^{21} si^{35-33} $ŋin^{55}$
　　 頭□　　　 會　　 痛　　　死　　 人。
　　 頭　　　　 VOI　 痛い　死ぬ　人
　　（頭がひどく痛い。）

(96) voi^{33} $ŋiet^{32}$ $p^hoŋ^{21} fuŋ^{53}$
　　 會　 熱　　 膨風。
　　 VOI　暑い　ふくらます
　　（ひどく暑い。）

7.2 ＶＸＣ型

Xは「to^{21}到」である[37]。この「to^{21}到」は状態補語標識でもある（第6節参照）。Cの「$koŋ^{35-33}$ m̩^{55} tet^{5}講唔得」（例文(97)）は「言えない」,「voi^{33} tʃun^{53}會□」（例文(98)）は「ふるえてしまう」,「voi^{33} si^{35}會死」（例文(99)）は「死んでしまう」というのが文字通りの意味である。

(97) ho^{35-33}　 to^{21}　 $koŋ^{35-33}$　 $m̩^{55}$　 tet^5.
　　 好　　　 到　　 講　　　　 唔　　 得。
　　 よい　　 DO₁　 言う　　　 NEG　できる
　　（ことばにならないほどよい。）

(98) iau^{53}　　 to^{21}　 voi^{33}　 $tʃun^{53}$
　　 枵[38]　　 到　　 會　　　□。
　　 空腹だ　 DO₁　 VOI　　 ふるえる
　　（おなかがすいてたまらない。）

(99) $mo^{55} han^{55}$　 to^{21}　 voi^{33}　 si^{35}
　　 無閒　　　　 到　　 會　　 死。
　　 忙しい　　　 DO₁　 VOI　 死ぬ
　　（死ぬほど忙しい。）

ほかに,「$mo^{55} kat^{32} sat^5$無□□」「|ham^{21}/hem^{53}| $m̩^{55}$ kam^{35} 喊唔敢」「put^{5-32} tet^{5-32} $liau^{35}$不得了」などが,「to^{21}到」と共に程度補語になる。これらは,いずれも原義から離れ, 前項の述語動詞が到達した程度を表している。

8. おわりに

　以上，海陸客家語の補語について整理を行ない，初歩的考察を若干加えた。この作業から，海陸客家語の動補構造の特徴として次の2点を指摘できる。

① 動補構造は事態との間で比較的高い類像性を持つ。
② VC型動補構造の一体性は相対的に低い。

　今回は，漢語系言語の文法分析で広く用いられている補語という枠組みを援用したが，動詞連続構造という枠組みから，再検討する必要性も感じる。一方，VC型の補語は，動相補語に見られるように，アスペクトとも関係してくる。海陸客家語の動補構造が，動詞連続と「V＋アスペクト標識」という形式の間でどのような位置を占めるのか，あるいは孤立語全体の中でどのような位置づけになるのかも明らかにしなければならないだろう。
　今後は，今回の作業をもとに，動詞連続全体を視野に入れて，さらなる考察を行ないたいと考える。

注

＊　本稿は日本学術振興会科学研究費補助金（平成21年度基盤研究C一般，課題番号：21520449）による研究成果の一部である。
1) 一般には「中国語方言（漢語方言）」と呼ばれる。ところで，方言であるか否かは，「そのことばの話し手の置かれた政治状況と願望によって決定される」（田中1981: 9）のであって，言語そのものの特性だけによるのではない。当然のことであるが，「方言」という呼称が政治的に妥当でないこともある。たとえば，オランダ語をドイツ語の方言とする見解があるが，それはオランダ語母語話者からの反発を招く場合がある（『言語学大辞典』第1巻, p. 1081）。同様の問題は中国語圏にも存在する。本稿では，言語分類に対する政治的介入を極力回避する目的で，「中国語方言」ではなく，「漢語系言語（Sinitic languages)」という呼称を用いることにする。なお，管見では，Sinitic languagesという呼称の使用は，Chappell（1992）が最初である。
2)「行政院客家委員會委託研究報告 97年度全國客家人口基礎資料調査研究」
（http://www.hakka.gov.tw/ct.asp?xItem=43944&CtNode=1894&mp=1869&p

168　第2部　中国語

　　　s=）による。また，客家以外のアイデンティティをもあわせ持つ人々（多重自我認定）を加えた場合の人口は427.6万人（全人口の18.6%）になる。
3) 鐘榮富（2004）は，これに卓蘭と永定を加えている。
4) 陳運棟（2007: 25）は，台湾に入植した客家人のうち，今日の海陸客家の祖となる広東省恵州府の出身者が4分の1を占めるとしている。また，潘家懿（2000）によれば，台湾全体の客家語話者300万弱のうち，四県客家語は230万～240万人，海陸客家語は42万である。つまり，海陸客家語話者は台湾客家全体の7分の1以下ということになる。
5) 本調査のインフォーマントは一貫して詹智川氏に依頼している。詹氏は元小学校教諭で，1939年新竹県新埔鎮生まれ，現在も同地在住であり，海陸客家語を第一言語としている。詹氏は，現在に至るまで無償で調査に協力してくださっている。詹氏の無私のご協力に対して，ここに改めて心からの謝意を表する次第である。
6) 本書の編著者である詹益雲氏から，本書の電子データを無償にていただくことができた。ここに記して感謝の意としたい。
7) Vは述語動詞，Cは補語，Xは任意の標識を指す。なお，朱徳熙（1982）による分類の日本語訳は杉村等訳（1995）による。
8) 楊秀芳（1991）の「係属補語」は「A是B」のBに相当する。英語の補語を台湾閩南語の分析にそのまま利用したものであろう。
9) 張洪年（2007）は香港粤語の動相補語を「状態補語」と称し，述語動詞の特別な状態を示すとする。
10) 本稿の略号は以下の通り。
　　　1: 第一人称，2: 第二人称，3: 第三人称，3SGgen: 第三人称単数所有格，ASP: アスペクト標識，C: 補語（complement），Cd: 方向補語（directional complement），Cm: 状態補語（manner complement），Cr: 結果補語（resultative complement），CL: 類別詞（量詞），NEG: 否定詞，NP: 名詞句，O: 目的語，PL: 複数，PRTnom: 名詞化接辞，REL: 関係詞（構造助詞），SG: 単数，V: 動詞。また海陸客家語の機能語について，以下の略号を設定する。A: VとCの間に挿入される「a^{33}啊」，DO_1:「to^{21}到」，DO_2:「to^{35}倒」，T:「$t^h et^5$掉」，VOI: 未然（irrealis）を表す助動詞「voi^{33}會」。
11) 漢語系言語では，人称に性の区別がない。さらに第三人称には有生（animate）・無生（inanimate）の区別もない。よって海陸客家語の「ki^{55}佢」は，「彼」あるいは「彼女」，もしくは「それ」などに相当する。本稿では「ki^{55}佢」が人を指す場合は，便宜的にすべて「彼」と訳すことにする。
12) 被動作主を主題化して，OVCrという語順をとることもある。たとえば，「$ŋai^{55}$

toŋ⁵³ to⁵³ si³³ sia³⁵⁻³³ m̩⁵⁵ tʃʰok³²我當多字寫唔著。」（私は多くの字を書きまちがえた。）がそうだ。主題化が義務的である場合もある。たとえば，「あの子供は勉強をやり終えた（那孩子做完了功課）」は，「kai⁵⁵ tʃak⁵ se²¹ ŋin⁵⁵ nə⁵⁵ kuŋ⁵³ kʰo²¹ tso²¹ ho³⁵ le⁵³□細人仔功課做好了。」のように，「kuŋ⁵³ kʰo²¹功課」（勉強）は動補構造「tso²¹ ho³⁵做好」（やり終える）に前置され，その後に置くことはできない。

13) これらの動相補語については，本字が不明のため，暫定的にそれぞれ「掉」および「倒」を当てる。「tʰet⁵」については，楊時逢（1957）は「掉」を採用しているが，台湾の出版物では「忒」が一般的である。また，「to³⁵倒」については，台湾では「著」で表記されることもある。「倒」が仮借字であるのに対し，「著」は訓読字といえる。

14) アスペクトの定義は Bybee, Perkins & Pagliuca (1994: 318) にひとまず従っておく。完結相は to do something thoroughly and to completion（事態が完遂されること），後述の結果相は action in the past produces a state that persist into the present（過去の動作行為により現在まで持続する状態が出現すること）。

15) 「to³⁵倒」には「倒れる」という語義もある。「m̩⁵⁵ ho³⁵⁻³³ liu²¹ to³⁵ o³³唔好□倒□。」（滑って転ばないように）の「倒」がこれである。しかし，ここであつかう「倒」とは，意味的関連性を証明できないため，暫時，同音異義語としてあつかうことにする。

16) Li and Thonpson (1981: 54-58) は，標準中国語の VCr 構造をより強い結合体である複合語（compound）とみなし，結果複合動詞（resultative verb compound）と称している。また，朱德熙（1982: 126）も，機能的に1つの動詞に相当すると指摘している。つまり，1つの単位とみなせるほど，その一体性は高いのである。

17) 動詞連続とは「複数の動詞が，時に間に補語をはさみながら連続する構造である」（峰岸 2006: 191）。

18) 標準中国語では，いずれも VCrO の語順で，「張三喝醉了酒。」「這篇文章我寫錯了很多字。」となる。

19) 「tsʰo²¹錯」は「m̩⁵⁵ tʃʰok³²唔著」と同義であるが，使用頻度は「m̩⁵⁵ tʃʰok³²唔著」の方が高い。

20) 「無 VCr」と「V 無 Cr」について，鍾榮富（2004: 339）は，南部四県客家語の例をあげながら，ほぼ同義であると指摘している。また，海陸客家語についても，インフォーマントは，ほぼ同義であるとする。しかし，形式の相異は意味に反映するはずである。一般的に，否定成分のスコープは，その後に続く部分になる（Li and Thompson 1981: 340）。特に，「動詞連続の中では，否定詞の位置は打ち消しのスコープとなる動詞の直前に置かれるのが原則である」（峰岸 2006:

201)。よって，海陸客家語の「無VCr」では，「無」はVあるいはVCr全体を否定していることになる。一方，「V無Cr」ではCrのみを否定することになり，「VしてもCrにはなっていない」という意味になる。

21)「V唔會C」については，可能補語構造の否定形式としてあつかうべきかもしれない。これに似た形式は広東省の大埔客家語にも見られる。肯定は「V得會C」，否定は「V唔得會C」で，たとえば「賣得會shang」（売り切ることができる)，および「賣唔得會shang」（どうしても売り切ることができない）という（何耿鏞1993: 67)。何耿鏞（1993)はこの形式を「V得C」「V唔得C」と共に可能補語に分類している。また，閩南語にも類似の形式がある。湯廷池（1999: 16)は，閩南語の可能補語の未実現の形式として，「V會C」（肯定)と「VbēC」（否定）をあげている。「bē」は「bô 無 + ē/ōe 會」に由来するから，「VbēC」は「V無會C」であり，海陸客家語の「V唔會C」と並行する。いずれにせよ，海陸客家語の「V唔會C」については更なる調査が必要である。

22)「la^{33}」は「a^{33}」の異形態（allomorph)である。この現象は次のような規則として表現することができる。a → la/-t_。構造助詞「e^{21}」にも同様の現象がある。

23) このほか，「to^{21}到」などを方向補語成分とみなしてもよいであろうが，意味や文法機能がほかの方向動詞とやや異なるために，ここではあつかわないことにする（「to^{21}到」については6.2節を参照)。

24)「目的語」は被動作主および場所などを含む。

25) このほか，目的語を主題化し，「O+V+CdI+CdII」という語順にする場合も多い。

26) この文全体は已然（realis)と解釈されるが，「tsʰien^{55} liaŋ^{53} tʃon^{35} loi^{55}錢領轉來。」と「tsʰien^{55}錢」(O)を主題化すると未然（irrealis)と解釈される。

27) インフォーマントは，標準中国語の「下去」を海陸客家語に翻訳する際，それが空間的移動を指示する場合は，「下去」「落去」の2通りに，抽象的領域の移動を指示する場合は，「下去」にすることが多い。

28) 語順の選択には，目的語（O)の定・不定が関与していることが考えられる。Oが代詞（ki^{55}佢)である場合（7a, 7c)，あるいは指示詞（kai^{55}□)がついている名詞句（7b)は定である。この場合は，甲～丙類のいずれの形式でもかまわない。一方，裸の名詞は不定である（7d, 7e, 7f, 7k)。この場合は，乙aの語順をとらない傾向があるようだ。

29) Lamarre（1996, 1997)は乙型を破格型と呼ぶ。この型は，Lamarre（1996)が調査した客家語版聖書（20世紀初めの香港に近い客家語を反映している可能性)・1937年出版の客家語会話書（広東省梅県客家語を反映)および広東省の大埔客家語には現れていない。

30) インフォーマントによれば，この標準中国語の例は「衣服」を主題化し，「衣服洗得乾淨」とした方が，より自然とのことであった。
31) 「打佢得過」の適格性については，インフォーマントの判断にゆれがある。
32) 調査では，O は名詞句に限定している。
33) 劉承慧（2002）によれば，「VO 得 C」（乙 a）は「V 得 OC」（甲 a）よりも古く，南北朝期に出現している。しかし，「VO 得 C」は，出現当初は可能ではなく因果関係を表していたこと，また，漢語系言語で乙類は甲類と共に存在し，その逆はない，すなわち，甲類を前提に存在していること（呉福祥 2003）を考慮すれば，海陸客家語でも，乙類が甲類よりも古い形式であるとはいえないであろう。
34) 「t^heu^{33} hi^{21}□氣」は「V 得 O」のような形式が可能であることから，離合動詞であるといえる。
35) Lai（2002）は注で，北部四県客家語の状態補語標識が２種類であることに言及している。しかし，残念ながら，実際の分析では，このことは考慮していない。海陸客家語の状況から類推すれば，北部四県客家語にも２種類の標識が存在する可能性がある。
36) 「Ø」は無標識を表す。
37) 江敏華（2007: 256-257）は，東勢客家語の程度補語（VC 型・VXC 型）について，VC 型のみを認めている。一方，VXC 型を認めず，それを借用であると推測している。その根拠は，状態補語標識の「到」の声調が，原調である去声から陰平に交替している一方，VXC 型程度補語構造では去声のままであることだ。しかし，海陸客家語の状況から推測すれば，VXC 型の程度補語は借用ではなく，東勢客家語内部で発展した可能性も排除できない。前述したように，海陸客家語では，陰去の「到」がそのまま状態補語および程度補語の標識になっている。たとえば，東勢客家語「V to^5 voi^5 si^3 V 到會死」あるいは海陸客家語「V to^{21} voi^{33} si^{35} V 到會死」では，「到」が去声（海陸客家語は陰去）であり，C の部分「會死」は未然の助動詞「會」と自動詞「死」からなる述詞性成分で，形式的には状態補語 E のタイプである。この「會死」は本来の意味を表すのではなく，「（死んでしまうのと同程度に）ひどい」という程度を表しているのである。
38) 「iau^{53}桍」は閩南語からの借用語である（陳聖欣 2009: 68）。

文 献 資 料

劉楨文工作室（2000）『一日一句客家話－客家老古人言』台北: 台北市政府民政局
詹益雲編（2008）『海陸客語短篇故事第三集』新竹: 新竹縣海陸客家語文協會

参考文献

Bybee, Joan, R. Perkins & W. Pagliuca (1994) *The Evolution of Grammar. Tense, Aspect, and Modality in the Languages of the World*. Chicago: The University of Chicago Press.

Chappell, Hilary (1992) "Towards a typology of aspect in Sinitic languages." *Chinese Languages and Linguistics* 1: 67-106.

[Chen, Shen-hsin] 陳聖欣 (2009)『臺灣客家話中的閩南語借詞』(國立中央大學客家語文研究所碩士論文)

[Cheung, H. Samuel] 張洪年 (2007)『香港粵語語法的研究(増訂版)』香港：中文大學出版社

[Chiang, Min-hua] 江敏華 (2007)「東勢客語的動補結構初探」*Journal of Chinese Linguistics*. 35-2: 225-266.

[Chung, Raung-fu] 鍾榮富(2004)『台灣客家語音導論』台北：五南圖書出版股份有限公司

[Endo, Masahiro] 遠藤雅裕 (2010a)「台湾海陸客家語のアスペクト体系」『現代中国文化の光芒』(中央大学人文科学研究所研究叢書49): pp.25-64.

[Endo, Masahiro] 遠藤雅裕 (2010b)「台湾海陸客語的完整體」『臺灣語文研究』5-1: 37-52. 臺灣語文學會

[He, Gengyong] 何耿鏞 (1993)『客家方言语法研究』厦门：厦门大学出版社

[Ishimura, Hiroshi] 石村広 (2008)『中国語の結果構文に関する研究―VR構文の意味構造とヴォイス―』(東北大学大学院博士論文)

Lai, Huei-ling (2002) The Grammaticalization of the Verb DO in Hakka. *Journal of Chinese Linguistics*. 30-2: 370-391.

Lamarre, Christine (1996)「可能補語考 (II)：客家語資料の場合（上）」『女子大文学国文篇』47: 47-60.

Lamarre, Christine (1997)「可能補語考 (II)：客家語資料の場合（下）」『女子大文学国文篇』48: 1-17.

[Lamarre, Christine] 柯理思 (2001a)「从普通话里跟"得"有关的几个格式去探讨方言类型学」『语言研究』2001-3: 7-18.

[Lamarre, Christine] クリスティーン・ラマール (2001b)「中国語における文法化―方言文法のすすめ」『言語態の問い（シリーズ言語態(1)）』(中山圭一・石田英敬編): 155-174. 東京大学出版会

Lamarre, Christine (2001c) "Verb-Complement Constructions in Chinese Dialects: Types and Markers." In *Sinitic Grammar: synchronic and diachronic perspectives*. ed. Hilary Chappell. Oxford University Press: 85-120.

Lamarre, Christine（2002）「助詞への道―漢語の"了", "得", "倒"の諸機能をめぐって」『認知言語学Ⅱ　カテゴリー化（シリーズ言語3）』（大堀壽夫編）: 185-215. 東京大学出版会
Li, Charles and S.A. Thompson（1981）*Mandarin Chinese: A Functional Reference Grammar.* University of California Press.
[Li, Rong] 李荣（1989）「汉语方言分区」『方言』1989-4 : 241-259.
[Li Xiaohua] 李小华（2007）「永定客家方言助词"倒"及"倒"字溯源」『语言科学』6-6 : 92-99.
[Lin, Ying-chin] 林英津（1993）「客語上聲「到」的語法功能探源」『中央研究院歷史語言研究所集刊』63-4 : 831-866.
[Liu, Cheng-hui] 劉承慧（2002）『漢語動補結構歷史發展』台北 : 翰蘆圖書出版有限公司
[Liu Yuehua] 刘月华等（2001）『实用现代汉语语法（增订本）』北京 : 商务印书馆
[Lo Soe-gim] 羅肇錦（1988）『客語語法』台北 : 臺灣學生書局
[Lo Soe-gim] 羅肇錦（2000）『臺灣客家族群史―語言篇』南投 : 臺灣省文獻委員會
[Lo Soe-gim] 羅肇錦（2007）「語言文化篇」『臺灣客家研究概論』（徐正光主編），台北 : 行政院客家委員會・臺灣客家研究學會
[Minegishi, Makoto] 峰岸真琴（2006）「動詞連続と言語理論の諸前提」『東ユーラシア言語研究』第1集　東京 : 好文出版
[Pan, Jia-yi] 潘家懿（2000）「海陆丰客家话与台湾"海陆客"」『汕头大学学报（人文科学版）』16-2 : 86-93.
[Tanaka, Katsuhiko] 田中克彦（1981）『ことばと国家』東京 : 岩波書店
[Tang, Ting-chi] 湯廷池（1999）『閩南語語法研究試論』台北 : 臺灣學生書局
[Song, Tsai-shien] 宋彩仙（2008）『客家話體標記的研究』（國立中央大學客家語文研究所碩士論文）
[Wu, Fuxiang] 吴福祥（2001）「南方方言几个状态补语标记的来源㈠」『方言』2001-4 : 344-354.
[Wu, Fuxiang] 吴福祥（2002a）「南方方言几个状态补语标记的来源㈡」『方言』2002-4 : 24-34.
[Wu, Fuxiang] 吳福祥（2002b）「南方方言裡虛詞"到（倒）"的用法及其來源」『中國語文研究』2002-2 : 28-46.
[Wu, Fuxiang] 吴福祥（2003）「南方方言能性补语结构"V得／不C"带宾语的语序类型」『方言』2003-3 : 243-254.
[Xiang, Mengbing] 项梦冰（1997）『连城客家话语法研究』北京 : 语文出版社
Yue-Hashimoto, Anne（1993）Comparative *Chinese Dialectal Grammar: Handbook*

    for Investigators. Paris: Ecole des Hautes Etudes en Sciences Socials.
[Yang, Hsiu-fang] 楊秀芳（1991）『臺灣閩南語語法稿』台北：大安出版社
[Yang, Shi-feng] 楊時逢（1957）『臺灣桃園客家方言』（中央研究院歷史語言研究所單刊甲種之二十二）台北：中央研究院
[Zhu, Dexi] 朱德熙（1982）『语法讲义』北京：商务印书馆（杉村博文・木村秀樹訳1995．『文法講義―朱德熙教授の中国語文法要説』東京：白帝社）

第3部　英　　　語

与格構文交替における統語的制約の再検証

大羽　良

1. はじめに

　与格構文と二重目的語構文が意味的に対応しながら書き換えられる現象を与格構文交替と呼ぶ。この交替がどんな条件のもとで可能なのかという疑問は古くから現在まで研究され，さまざまな理論が提案されている(Green 1974; Oehrle 1976など)。与格構文交替の生産性・限定性を説明するために，Pinker(1989)，Goldberg(1995)，Pinker(2008)では，意味制約について論じられており，Bresnan et al.(2007)およびBresnan et al.(2008)では，さらに統語的制約を加えることが必要であると主張された。しかし，統語的制約については，統語的特徴が与格構文交替のどの部分について制約を与えるのかなど，いくつかの疑問点が残っている。

　本稿では，統語解析済みコーパスから，3パターン以上の構文をとる5つの動詞について，項として現れる名詞句の統語的特徴を計量し，名詞句の定性(Definiteness)は，構文の選択ではなく，構文内の項として現れる名詞句の配列についての制約であることを論じる。そして，項として現れる名詞句とその名詞句の定性との関係は，Bresnan et al.(2008)で用いられた確率的最適性理論(Stochastic Optimality Theory)を拡張することで，説明可能であることを論ずる。

　本稿の構成は以下の通りである。第2節では，与格構文交替の特徴について紹介する。第3節では，先行研究の紹介として，与格構文交替を意味制約から説明したPinker(1989)，Goldberg(1995)，Pinker(2008)と，統語的制約の必要性を主張したBresnan et al.(2007)，Theijssen(2008)，久野・高見(2001)，Bresnan et al.(2008)を紹介し，そして，それらの問題点を提示する。第4節では，その問題点を解決するために使用される3パターン以上の構文をとる5つの動詞を紹介し，コーパスデータを調査する目的を示す。第5節では，具体的な調査方法を紹介する。第6節では，調査の結果を示す。第7節では，結果を分析し問題点の解決を提示すると共に，確率的最適性理

論を用いて，与格構文交替を新たに解決された点から再考察する。第8節はまとめと今後の課題である。

2. 与格構文交替とは

2.1 与格構文と二重目的語構文の交替

与格構文交替は，2種類の構文(与格構文(1)／二重目的語構文(2))が意味的に対応しながら交替する現象である。

(1) They gave their life and blood to the company.
(2) They gave the company their life and blood.

二重目的語構文では，前置詞を伴わない「むき出し」の目的語を2つとる。本稿では一般的な言語理論にしたがって，動詞の直後に現れる目的語((2)における the company)を「第1目的語」と呼び，続く目的語((2)における their life and blood)を「第2目的語」と呼ぶ。与格構文の動詞句は，動詞の目的語と前置詞の目的語から成る。与格構文は to 前置詞を伴う場合と，for 前置詞を伴う場合があるが，本稿では to 前置詞を伴う与格構文のみを扱う。

与格構文交替を示す動詞は3つの項をとる。能動文での主語にあたる位置を占める項は Agent(動作主)と呼ばれる意味を持つ。そして与格構文の動詞の目的語，もしくは二重目的語構文の第2目的語にあたる位置を占める項は Theme(主題)と呼ばれる意味を持ち，与格構文の前置詞の目的語，もしくは二重目的語の第1目的語にあたる位置を占める項は Recipient(受容者)[1]と呼ばれる意味を持つ。この点から見れば，与格構文交替は Theme と Recipient の位置を交替することであり，2つの構文の間には，意味の違いは「ほとんど」ないといってよい。

2.2 与格構文交替の生産性と限定性

与格構文交替を示す動詞は数多く存在する。さらに，新しく造られた動詞でも，与格構文交替を示す場合がある。例えば，Pinker(2008)では，1980年代後半以降，fax や e-mail という動詞が新しく使用されるようになったが，現れると程なくして，(3)，(4)のような二重目的語構文が使用されても，母語話者は不自然に感じなかったと報告されている。

(3) Can you fax me the menu?
(4) I'll e-mail him the directions.

　また，実際には存在しない動詞を使用した与格構文が提示されると，その動詞を用いた二重目的語構文を発話する場合があることも指摘されている。例えば，Gropen et al.(1989)では，子どもに，norp という架空の動詞に「何かをゴンドラに乗せて運ぶ」という意味であることを示して "norp the pig to the giraffe" という構文を与えると，"noap him the horse" という二重目的語構文を発話したと報告されている。また，Marantz(1984)では，shin という新しい動詞に「向こうずねを蹴る」という意味を与えると，母語話者は "Joe shinned his teammate the ball." という文を抵抗なく用いたと報告されている。
　今見たように，与格構文交替は生産性豊かな現象であるが，交替が限定的な場合も存在する[2]。与格構文をとるすべての動詞が，二重目的語構文に書換え可能ではない。例えば(5)〜(7)のa文はすべて文法的であるが，対応する二重目的語構文であるb文は非文である。

(5) a. Goldie drove her car to him.
　　 b. *Goldie drove him her car.
(6) a. Arnie lifted the box to him.
　　 b. *Arnie lifted him the box.
(7) a. Zach muttered the news to him.
　　 b. *Zach muttered him the news.

　一方で，次の例文のように，二重目的語構文しかとれない動詞群も存在する。

(8) a. The IRS fined me a thousand dollars.
　　 b. *The IRS fined a thousand dollars to me.
(9) a. It cost me five dollars.
　　 b. *It cost five dollars to me.

　(5)〜(9)では，a文とb文の間に大きな意味の違いは生じないはずである

が，今見たように，ある動詞群では与格構文交替が許されない。

また，一般的に与格構文交替可能と考えられる動詞であっても，構文内に現れる項(の意味)によって，与格構文交替が許されない場合がある。例えば，(10)のように，動詞 BRING の第1目的語の位置に，"the boarder"「寮生」という名詞句が現れる場合は，与格構文から二重目的語構文への交替は可能である。しかし，(11)のように，"the border"「国境」の場合，二重目的語構文への交替は不可能になる。

(10) a. She brought a package to the boarder.
    b. She brought the boarder a package.
(11) a. She brought a package to the border.
    b. *She brought the border a package.

このように，与格構文交替は，豊かな生産性を持ちつつも，ある条件によっては，交替が制限される場合がある。

2.3 与格構文交替についての判断の違い

ある動詞が与格構文交替可能であるかどうかの判断は，母語話者の間で違いがあるといわれている。それは，PUSH や LOWER のような日常的に使用される動詞にも見られる。例えば，Pinker(1989)では，(12)を非文とみなしているが，Bresnan et al.(2008)では，インターネット上で発見した(13)や(14)の文を紹介し，多くの母語話者はこれらを不自然に感じることはないだろうという。

(12) *I carried/pushed/lowered John the box.
(13) As Player A **pushed him the chips**, all hell broke loose at the table.
(14) Therefore, when he got to purgotory, Buddha **lowered him the silver thread of a spider** as his last chance for salvation.

しかし，このような文の頻度はきわめて低い。例えば，本研究で使用した Wall Street Journal コーパスでは，6137例の CARRY の中で，二重目的語構文はわずか2例だった(15)，(16)。

(15) A rival proposal for a pipeline that would **carry North Slope natural gas** through Canada is sponsored by Alaskan Northwest Natural Gas Transportation Co., a unit of Williams Cos., Tulsa, Okla.
(16) They are the ones who will **carry it the last one cent or the last 10 cents**.

上記のように，与格構文交替は，交替の制限が話者によって左右したり，一方の構文がきわめて低頻度で出現する場合もある。

2.4 まとめ

与格構文交替は，一面ではきわめて生産的な規則であり，この交替を認める動詞は多数観察される。一方で，この交替はいくつかの制約が存在し，限定的な側面も見られる。動詞によっては，与格構文か二重目的語構文のどちらかしかとることができない場合があるだけでなく，項として現れる名詞句によってもどちらかの構文が適切でないとみなされる場合もある。以上を踏まえると，与格構文交替についての疑問は以下の3つにまとめられる。

1. 与格構文と二重目的語構文のどちらかが選択される原因は何か。
2. 与格構文と二重目的語構文でも与格構文交替が可能な場合とどちらかの構文しかとれない場合の違いとは何か。
3. 1および2を子どもはどのように獲得するのか。

本稿では，1と2に焦点を当てる。次節では，まず与格構文交替の意味制約と統語的制約について提案した先行研究を概観する。

3. 先行研究

ここでは最初に，与格構文交替の生産的側面と限定的側面について，Green(1974)，Oehrle(1976)の研究を踏まえて意味制約を提案したPinker (1989)，Pinker(2008)，Goldberg(1995)を見る。次に意味制約に加え，統語的制約を提案したBresnan et al.(2007)，Theijssen(2008)，久野・髙見(2001)，Bresnan et al.(2008)をそれぞれ概観する。

3.1 意味制約

　PinkerとGoldbergは，理論的基盤がそれぞれ語彙意味論・構文文法と異なる。よって，彼らの主張は，意味制約が動詞から派生するものか，構文自体が持つ制約なのかという点では違いが存在するものの，意味制約の内容については，ほぼ同じ提案をしている。彼らは，Green(1974)やOehrle(1976)の分析を踏まえ，与格構文と二重目的語構文は細部で意味が異なるという。つまり，与格構文には，ThemeをRecipientに「移動させる」という意味を含意するのに対し，二重目的語構文には，ThemeをRecipientに「所有させる」という意味を含意する[3]。よって，与格構文交替が可能になるためには，二重目的語構文が含意する「所有関係(possession)の変化」という意味が必要となる。一般的には，あるモノをあるヒトに移動すれば，そのモノはそのヒトが所有することになるので，与格構文と二重目的語構文は交替可能となる。例えば，(17)では，ジョンがボールをメアリの方へ移動させた結果，メアリはそのボールを所有することになると考えられるので，どちらの構文でも適切となる。

(17) a. John threw the ball to Mary.
　　 b. John threw Mary the ball.

　伝達を表す動詞については，メタファーとして，「概念」を「モノ」，「知る」ことを「所有すること」，「伝達する」ことを「移動する」こととして捉えると，与格構文交替が可能であることが説明できる。例えば，(4)で使用された動詞e-mailは，Themeによって示される概念(the directions)が，Recipient(him)に伝達されることで，結果，彼がその概念を知ることになるので二重目的語構文が可能となる。よって，動詞e-mailは与格構文交替可能な動詞とみなされる。この所有関係の変化についてのメタファーが，広く用いられることにより，与格構文交替の生産性が説明可能となる。

　一方，所有関係の変化が発生しても，「モノの移動」が生じない状況も考えられる。PinkerやGoldbergの説明では，この場合，二重目的語構文は可能だが，対応する与格構文は適切でないと予測する。(18)では，主語の人物(Charie)が何らかの理由でRecipient(Jim)に「頭痛」を「引き起こして与えた」のであり，「頭痛」を「移動させた」訳ではない。よって，彼らの予測通り，与格構文(18b)は適切でない。

(18) a. Charie gave Jim a headache.
b. ??Charie gave a headache to Jim.

　(18)の例とは逆に，「移動」は発生するが，それによる「所有関係の変化」が生じない場合も考えられる。例えば，与格構文の前置詞の目的語が生物でなければ，移動の結果，Themeで表される意味内容を所有することは不可能である[4]。この場合は，与格構文は可能であるが，二重目的語構文は適切でないと予測される。実際，(19b)は，動詞の第1目的語(the mail box)が無生物であり，Recipientとみなされないために，二重目的語構文は適切とはみなされない。この意味制約によって(10)および(11)に見られた文法性の違いも同様に説明できる。

(19) a. John took the letter to the mail box.
b. *John took the mail box the letter.

　前節では，与格構文もしくは二重目的語構文しかとらない動詞群が存在することを見た。Pinker(1989)，Pinker(2008)，Goldberg(1995)では，これらも「所有関係の変化」という意味制約によって説明可能であるとする。彼らは，動詞の持つ意味が，単なる「移動」しか表さず，「所有関係の変化」を認識することが困難な場合，その動詞は二重目的語をとることができないとする。例えば，THROW, TOSS, KICK等の動詞群が与格構文交替可能なのに対し，CARRY, PUSH, LOWER等の動詞群は二重目的語構文を(少なくともPinkerの判断によると)とらないのは，後者の動詞群は，Agentと移動物(Theme)が一緒になって連続的に動く事態(continuous motion)を表し，その「連続的な移動の部分に意味的な重点をおくために，その結果として品物が相手の所有物になるということまでは伝えにくい」(影山 2001: 134)ためであるとされる[5]。一方でTHROW等の動詞群は，物体に力を瞬間的に加えて物体を動かす事態(instantaneous motion)を表す動詞であり，それらは物体の所有関係の変化を含意するので二重目的語構文が選択可能であるとする。例文(5)と(6)は，動詞が「連続的な移動の部分に意味的な重点をおく」ために，二重目的語構文は不適切になる。(7)もまた，「話し方や声の出し方を特定すること」に意味的な重点を置くので，メタファーとしての「所有関係の変化」を表しにくく，二重目的語構文が不適切になるのである。

例文(8)および(9)が, 与格構文を許さないのは, (8)と(9)の意味に実際に物の移動が含まれていないからである。一方, 二重目的語構文が適切となるのは, メタファーとしての「所有関係の変化」として, 「利益を得たり, 被害を被ったり」する関係を表す動詞が用いられているためである。

このようにPinker(1989), Pinker(2008), Goldberg(1995)では, 「所有関係の変化」という意味制約によって, 与格構文交替の生産性と限定性の両者が説明できるとした。

3.2 統語的制約

3.2.1 Bresnan et al.(2007) and Theijssen(2008)

Bresnan et al.(2007)は, Pinkerを含めた言語学者が今まで一般的に用いてきた話者の直観から得られるデータではなく, web上から得たデータやコーパスを用いることで, PinkerやGoldbergが提案した意味制約だけでは, 与格構文交替すべてを説明できないことを示した。彼らはまず, Pinkerらが直観をもとにしたデータについて, webからのデータによって反例を示した。PinkerやGoldbergは, 前節で見たように, CARRYやDRAGはそれらが持つ意味によって, 二重目的語構文をとることができないと主張したが, web上には, 二重目的語構文をとるCARRYやDRAGがいくつか発見されたという(20), (21)。

(20) Karen spoke with Gretchen about the procedure for registering a complaint, and **hand-carried her a form**, but Gretchen never completed it.

(21) Shinbo explained while Sumomo **dragged him a can of beer** and opened it for him, ...

また前節の(18b)では適切ではないとした "give a headache to X" という与格構文も, web上では数例見つかったと報告している(22)。

(22) From the heads, offal and the accumulation of fishy, slimy matter, a tench or smell is diffused over the ship that would **give a headache to the most athletic constitution**.

現在のweb上には，母語話者以外の発信者が多数存在することを踏まえると，web上で見つかる例がすべて適切な文であると断定はできないが，Bresnan et al.(2007)では，これらの文は多くの母語話者にとって自然であろうという。彼らは，このような母語話者でも気づかない低頻度のデータを示すことで，Pinkerらの提案した意味制約だけでは，与格構文交替という現象をすべて説明できないと主張した。
　Bresnan et al.(2007)において，彼らは，意味制約だけでなく，他のさまざまな要因も複合的に動詞の構文決定に影響を及ぼしていると考え，動詞の意味タイプ(5種類)，項の名詞句の長さ，談話接触可能性(discourse accessibility)，項の代名詞化(pronominality)，項の名詞句の定性(definiteness)，項の名詞句の人称と数(person and number)，Recipientの生物性(animacy)，Themeの具体性(concreteness)，前発話との構造的並行性(structure parallelism)を要因と仮定し，構文との関係を調べた。
　Bresnan et al.(2007)では，Switch board corpus(300万語の電話上の会話コーパス)から2360の与格構文交替に関連するデータを取り出した[6]。データから上記の要因を抽出し，多変量解析のロジスティック回帰(logistic regression)を用いて分析した結果，名詞句の代名詞化，Recipientの生物性，Themeの定性が，構文決定に比較的大きな役割を果たしていた。最終的に94%の確率で与格構文もしくは二重目的語構文のどちらが選択されるかを予測できたという。
　Theijssen(2008)では，Bresnan et al.(2007)と同一の分析法が用いられている。異なる点は，①Bresnan et al.(2007)で用いられた要因から，構文決定に貢献度の低い談話接触可能性と構造的並行性を削除したこと，②文の種類，語順，節内での機能という新たな要因を加えたこと，③Switch board corpusに加え，話し言葉と書き言葉を含むbalanced corpusであるICE-GB corpusを用いて分析を行なったことである。そして，ICE-GB corpusからは，919の与格構文と二重目的語構文を抽出した。
　結果は，Switch board corpusを用いた分析では，新たな要因を加えたにもかかわらず，Bresnan et al.(2007)と類似した要因が大きな影響を持った。一方ICE-GB corpusでは，与格構文を選択する要因として，Themeの代名詞化やRecipientの名詞句の不定性があげられた。

3.2.2　久野・高見(2001)

　久野・高見(2001)は，与格構文交替をすべて説明する試みではないが，その分析は統語的制約について，興味深い提案をしている。久野・高見(2001)では，与格構文と二重目的語構文は情報構造に違いがあるという。英語文では，旧情報から新情報へと配列されることが，一般的な情報構造であるとし，その語順に違反する語句の並びは，不自然さを生じさせるとみなす。よって，(23a)は自然に感じられるが，(23b)は適切な文脈が存在しない限り，不自然に感じられるという。

　(23)　a.　John gave the book to a girl.
　　　　b. ??John gave a girl the book.

しかし，(24)の場合は，a，b共に適格である。

　(24)　a.　John gave a book to the girl.
　　　　b.　John gave the girl a book.

　特に，(24a)は，情報構造が新情報から旧情報へと配列されているにもかかわらず，的確とみなされる。これについて，久野・高見は，与格構文と二重目的語構文では，前者が基本構文で，後者は「話し手がその基本形を情報の流れに合わせるために，意図的に語順を配列し直した」(久野・高見 2001: 104)構文であるとし，情報構造の配列に違反しても，基本構文の語順に従う場合は的確であるとする。一方，二重目的語構文は，話し手の意図として，第2目的語が第1目的語よりも新情報であることを表すための構文であるので，(24b)は適格であるが，(23b)は不自然であるとみなされる。
　久野・高見(2001)での主張で注意すべき点は，情報構造だけでなく，動詞にはそれぞれ基本構文が存在するという点である。基本構文にしたがわない場合，その構文は情報構造にしたがうとされるのである。

3.2.3　Bresnan et al.(2008)

　Bresnan et al.(2008)も，前節でのPinker等が提案した意味制約を仮定しながらも[7]，統語的制約も存在すると主張する。彼女らはまず，Switchboard corpusから，①与格構文交替を認める動詞のほとんどは，二重目的

語構文が与格構文より高頻度に現れる[8]こと，そして②二重目的語の第2目的語に代名詞が現れることが極めて稀であることを示した。彼女らの分析では，まず，①を説明するために，確率的最適性理論(Stochastic Optimality Theory)の枠組みを用いて，2つの統語的制約—HARMONY(PRON)制約(群)(代名詞と一般名詞句の prominence の比較によって，語の位置を規定する[9]，つまり，代名詞は，一般名詞句よりも，動詞に近接して現れなければならない)と FAITH(REC)制約(Recipient は，前置詞の目的語の位置以外に現れてはならない)—を仮定した。最適性理論では，HARMONY(PRON)制約と FAITH(REC)制約は，制約の強さによってランク付けされ，より強い制約に違反した構文の候補が排除される。しかし，確率的最適性理論のもとでは，この2つの制約は確率的にランクが変わるとする。図1は，HARMONY(PRON)制約と FAITH(REC)制約のランクの確率密度分布を示したものである。FAITH(REC)制約が HARMONY(PRON)制約より強い位置にランクする場合，与格構文が選択され，弱い位置にランクする場合は，二重目的語構文が選択される。この制約のランクが変化する確率が，構文の頻度と関係することになる(25)。

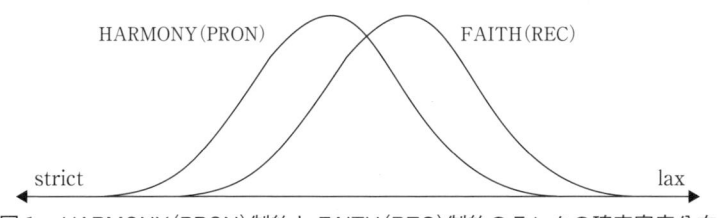

図1　HARMONY(PRON)制約と FAITH(REC)制約のランクの確率密度分布

(25)

	FAITH(REC)	HARMONY(PRON)
give them cheques	*!	
☞ give cheques to them		*

	HARMONY(PRON)	FAITH(REC)
☞ give them cheques		*
give cheques to them	*!	

Bresnan et al.(2008)では，HARMONY(PRON)制約(群)は，4つの下部制約から構成されているとする。これらの制約は，Definiteness Scale によって，図2のように階層化される。図で示されるようにもっとも弱い制約が，(*代名詞→一般名詞句)制約であり，他のHARMONY(PRON)制約は必ずそれよりも強くなければならない。

```
                    *一般名詞句→代名詞
                    ↙        ↘
     *一般名詞句→一般名詞句      *代名詞→代名詞
                    ↘        ↙
                    *代名詞→一般名詞句
```

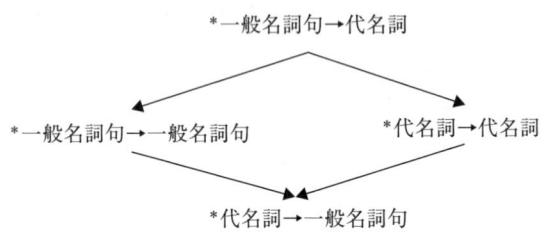

図2　HARMONY(PRON)制約群の下部制約の階層

上記の②を説明するのは，この(*代名詞→一般名詞句)制約である。この制約は，他のHARMONY(PRON)制約とは異なり，FAITH(REC)制約より，きわめて弱い制約であり，そのため，FAITH(REC)とランクが変わることが確率的に稀であるとする。図3は，FAITH(REC)制約と(*代名詞→一般名詞句)制約のランクの位置の確率密度分布を示したものであり，この2つの制約のランクは，FAITH(REC)制約≫(*代名詞→一般名詞句)制約として出現することが確率的に高くなる。これにより，二重目的語構文において，一般名詞句→代名詞の語順が現れることがきわめて稀であることも説明できるとする(26)。

図3　(*代名詞→一般名詞句)制約とFAITH(REC)制約のランクの確率密度分布

(26)

	FAITH(REC)	*代名詞→一般名詞
give Mary them	*!	
☞ give them to Mary		*

さらに，Bresnan et al.(2008)では，FAITH(REC)制約のランクが，動詞ごとに異なる可能性を論じている。前節で見た，二重目的語構文をほとんどとらない DRAG や LOWER などの動詞群は，HARMONY(PRON)制約群すべてが，図2の(*代名詞→一般名詞句)制約と同じように，FAITH(REC)制約に対して，ランクが変わる確率がきわめて低い程度に，ランクが低いと仮定すれば，その性質を説明可能になるという[10]。

3.3 まとめ

すべての先行研究では，二重目的語構文には，「所有関係の変化」という意味が含意されていなければならないという意味制約が仮定されている。さらに，Pinker(1989)，Pinker(2008)および Goldberg(1995)では，動詞の意味にも，「所有関係の変化」が含意される場合とされない場合があり，動詞が与格構文交替を認めるかどうかは，それが要因となると主張した。

Bresnan et al.(2007)と Theijssen(2008)は与格構文交替を認める動詞について，母語話者の判断の違いや，コーパスや web には少数の例外があることを示し，動詞の意味だけでなく，さまざまな統語的要因が，与格構文交替に関係していると主張した。コーパスを用いた分析の結果，おもに項として現れる名詞句の定性や代名詞化などの統語的特徴が，与格構文交替に関係しているとした。

久野・高見(2001)では，動詞の基本構文を仮定し，それに違反する構文は情報構造にしたがい，旧情報から新情報の順序になると主張する。

Bresnan et al.(2008)では，与格構文と二重目的語構文の2つの構文の出現頻度の違いと，二重目的語構文において，一般名詞句→代名詞の語順がきわめて稀であるデータを，確率的最適性理論から分析した。この分析では，名詞句の特徴から語順を決める制約と，Recipient の出現位置を決める制約の強さが確率的に変わることにより，選択される構文も変化するとした。また，Recipient の出現位置を決める制約は，動詞によってそれぞれ強さが異なる可能性を示唆した。

意味制約だけでは説明できない例文や，母語話者の判断の違いが，Bresnan et al.(2007)で指摘されて以来，Bresnan et al.(2007)，Theijssen (2008)，Bresnan et al.(2008)によって，項として現れる名詞句の特徴(定性・代名詞化)という統語的特徴も関係していると指摘され，統計・確率モデルによって分析されてきたのは，今見た通りである。しかし，Bresnan et al.(2007)とTheijssen(2008)では，統語的特徴が，構文を直接選択する要因とするモデルを考えているのに対し，Bresnan et al.(2008)では，代名詞化という名詞句の特徴は，「語順」にしか関係しないという制約であると仮定している。また前者は，名詞句の定性と代名詞化等の統語的特徴が，与格構文交替に関係していると主張するが，後者は代名詞化という統語的特徴しか取り上げていない。

また，久野・高見(2001)では，与格構文交替には，情報構造の制約が関係していると提案された。彼らのアプローチは，情報の新旧と名詞句の統語的特徴・語順を関係付けるものである。一方で，彼らの説明では，動詞の基本構文という条件—与格構文交替では，与格構文が基本構文である—を必要とする。しかし，Bresnan et al.(2008)で指摘されているように，一般的に与格構文交替を認める動詞では，二重目的語構文の方が頻度が高く，基本構文の仮定はアド・ホックであるといわざるを得ない。もし，久野・高見の提案が，他の理論によって，一貫性を持って言い換えることが可能であれば，理論的に望ましいだけでなく，久野・高見による情報構造についての主張が，その理論を支えることになる。

まとめると，統語的制約については以下のような問題点がある。

1. 項として現れる名詞句の統語的特徴(定性と代名詞化)は，何に対して影響を与えているか明確でない。
   (構文を直接選択するのか？　語順しか決定しないのか？)
2. 情報の新旧，もしくはそれを表す表現(名詞句の定性)は，項として現れる名詞句の順序とどの程度関係しているか明確でない。
3. 動詞の基本構文という基本概念が必要か？　それらは項の出現位置の制約という，より一般化された理論から説明可能か？
   (情報構造によるアプローチは確率的最適性理論から説明可能か？)

以下の節では，特に上記の1と2の問題を解決するため，新たなコーパス

から，いくつかの動詞の構文パターンを調査・分析する。また分析するにあたって，3の問題についても考察を行なう。

4. 3パターン以上の構文交替を認める動詞とその項の統語的特徴の関係

4.1 3パターン以上の構文交替を認める動詞

英語の動詞の中には，3パターン以上の構文をとる動詞が存在する。Quirk et al.(1985: 1210)によれば，PAY, PROVIDE, SERVE, TELL が3パターンの構文をとる。これらの中で PROVIDE 以外の動詞は，与格構文交替に関係する2つの構文パターンに加えて，前置詞 with もしくは about を伴う構文をとることができる。

(27) a. They paid stock options to managers.
 b. They paid managers stock options.
 c. They paid managers **with** stock options.
(28) a. Ellen told a story to Helen.
 b. Ellen told Helen a story.
 c. Ellen told Helen **about** a story.
(29) a. Tuscan serves milk, juice, and other dairy products to the northern New Jersey area.
 b. Tuscan serves the northern New Jersey area milk, juice, and other dairy products.
 c. Tuscan serves the northern New Jersey area **with** milk, juice, and other dairy products.

さらに多くの英和辞書には，FEED も，同様な構文パターンをとると記述されている。

(30) a. Texaco will move to feed other companies' oil to its sprawling refinery network.
 b. Texaco will move to feed its sprawling refinery network other companies' oil.
 c. Texaco will move to feed its sprawling refinery network **with**

other companies' oil.

　動詞 PROVIDE は，Levin (1993) によると，fulfilling alternation と呼ばれる交替を認める Verbs of Providing のグループに属する。一般的に，fulfilling alternation とは，(31) での PRESENT のように，前置詞 to を伴なう文と，前置詞 with を伴う文の交替をいう。しかし，PROVIDE は前置詞 for を伴う文と，前置詞 with を伴う文が交替する特異な動詞である(32)。

(31) a. Brown presented a plaque **to** Jones.
　　 b. Brown presented Jones **with** a plaque.
(32) a. They provide food **for** those children.
　　 b. They provide those children **with** food.

　さらに，最近のアメリカ英語では，PROVIDE は，fulfilling alternation だけでなく，与格構文交替に関係する与格構文と二重目的語構文をとる動詞として使用されている。ジーニアス英和大辞典では，(33)のような構文は文法的であるとされている[11]。

(33) a. They provide food to those children.
　　 b. They provide those children food.

　上記5つの動詞で TELL 以外の動詞は，Levin (1993) によると，Verbs of Change of Possession に分類される。さらに，このサブクラスの Give verbs に PAY, FEED が属し，Verbs of Providing に PROVIDE と SERVE が属す[12]。TELL は，Verbs of Communication に分類される。つまり，これら5つの動詞は，「所有関係の変化」を表す動詞か，あるいはそのメタファーとしての「情報の伝達」を表す動詞であり，与格構文交替の意味制約を満たす。上記の3パターン以上の構文をとる動詞を用いて，項として現れる名詞句の統語的特徴に注目し，与格構文交替の統語的制約を再考察する。

4.2　3パターン以上の構文と項として現れる名詞句の統語的特徴

　3.3節で提示した問題点の1.「名詞句の統語的特徴(定性・代名詞化)は，与格構文交替の構文選択に直接影響を与えるのか，もしくは語順に対する制

約に関係するのか」は，前述の動詞群を用いて調べることが可能になる。つまり，もし名詞句の統語的特徴が構文の選択に直接関係しているとすれば，3パターン以上の構文を選択する場合において，それぞれの構文で，項となる名詞句の統語的特徴の出現頻度は，他の構文と区別可能となる程度に，差が生じると考えられる。一方，名詞句の統語的特徴が，語順に制約を与えるものだとすれば，項として現れる名詞句の意味の順序が同一の構文では，名詞句の統語的特徴に大きな頻度の差は見られないが，項として現れる名詞句の意味の順序が異なる構文では，差が生じるはずである。これを検証するために，上記の5つの動詞について，それぞれの項として現れる名詞句の定性・不定性と代名詞の頻度を調べ，構文・語順との関係を計量的に分析する。

次に，問題点の2.「情報の新旧，もしくはそれを表す表現（名詞句の定性）は，項として現れる名詞句の順序と関係しているか」についても，上記の5つの動詞について，構文内で，項として現れる名詞句の順序と定性・不定性の出現頻度を調べることによって，その関係の有無を明らかにする。

5. 調査方法

今回の調査で用いたコーパスは，BLLIP 1987-1989 WSJ Corpus Release 1[13]である。このコーパスは，3年間の約2500の Wall Street Journal の記事（約3000万語）が，統計的手法を用いたソフトウェアによって自動的に Treebank スタイルに構文解析され，空範疇と文法機能タグが追加されたものである。

このコーパスから，動詞句を，検索ツール tgrep2[14]を用いて抜き出し，自作の Ruby スクリプトを用いて，動詞の各項の名詞句と，その統語的特徴を表すタグを抜き出し，集計した。集計したデータをデータベースに収め，自作の web アプリケーション[15]によって，動詞の原形から，構文パターンの集計データや動詞句の木構造を検索できるようにした。このアプリケーションを用いて，抽出したデータを目視でチェックした後，定性と代名詞をそれぞれ集計した。

構文パターンを検索するにあたって，検索対象から除外したものは，以下の通りである。① 動詞が受動態の場合，つまり，能動文では目的語であったものが，主語になった文は検索対象に含めなかった。② 動詞もしくは前

置詞の目的語として，主要部が名詞である名詞句に限定し，動名詞句や節は検索対象に含めなかった。③ 句動詞とみなされるものは検索の対象から外した。④ 重名詞句移動などで構文の語順が変化したものは，検索の対象から外した。また，代名詞に指示代名詞は含めなかった。

6. 結　果

以下，表1～表5は，5つの動詞 PAY, FEED, PROVIDE, SERVE, TELL がとるそれぞれの構文パターンについて，項として現れる名詞句の統語的特徴((不)定性・代名詞化)を，項の意味ごとに集計したものである。構文パターンの NP(T) は Theme の意味を持つ名詞句を表し，NP(R) は Recipient の意味を持つ名詞句を示す。構文内で現れる名詞句の語順は，以下，項の意味で表し，Theme, Recipient の順で現れる場合は T → R, Recipient, Theme で現れる場合は R → T と表記することとする。DEF は名詞句が定性であることを表し(代名詞句を含む)，INDEF は名詞句が不定性であることを示す。NP は一般名詞句を表し，PRO は代名詞を表す。

表1　PAY の構文パターンと項の名詞句の定性・代名詞化の頻度

構文パターン	語順	THEME			RECIPIENT		
PAY NP(T) to NP(R)	T → R	DEF		INDEF	DEF		INDEF
^	^	75		900	529		446
^	^	NP	PRO	^	NP	PRO	^
^	^	68	7	^	497	32	^
PAY NP(R) NP(T)	R → T	DEF		INDEF	DEF		INDEF
^	^	69		844	636		277
^	^	NP	PRO	^	NP	PRO	^
^	^	69	0	^	485	151	^
PAY NP(R) with NP(T)	^	DEF		INDEF	DEF		INDEF
^	^	0		9	6		3
^	^	NP	PRO	^	NP	PRO	^
^	^	0	0	^	3	3	^

表2 FEED の構文パターンと項の名詞句の定性・代名詞化の頻度

構文パターン	語順	THEME			RECIPIENT		
		DEF		INDEF	DEF		INDEF
FEED NP(T) to NP(R)	T→R	8		33	28		13
		NP	PRO		NP	PRO	
		4	4		27	1	
FEED NP(R) NP(T)	R→T	DEF		INDEF	DEF		INDEF
		6		11	13		4
		NP	PRO		NP	PRO	
		6	0		9	4	
FEED NP(R) with NP(T)		DEF		INDEF	DEF		INDEF
		1		1	2		0
		NP	PRO		NP	PRO	
		1	0		2	0	

表3 PROVIDE の構文パターンと項の名詞句の定性・代名詞化の頻度

構文パターン	語順	THEME			RECIPIENT		
		DEF		INDEF	DEF		INDEF
PROVIDE NP(T) to NP(R)	T→R	89		1450	720		819
		NP	PRO		NP	PRO	
		85	4		714	6	
PROVIDE NP(T) for NP(R)		DEF		INDEF	DEF		INDEF
		101		1396	635		862
		NP	PRO		NP	PRO	
		99	2		626	9	
PROVIDE NP(R) NP(T)	R→T	DEF		INDEF	DEF		INDEF
		23		125	103		45
		NP	PRO		NP	PRO	
		23	0		64	39	
PROVIDE NP(R) with NP(T)		DEF		INDEF	DEF		INDEF
		136		928	752		312
		NP	PRO		NP	PRO	
		136	0		531	221	

表4 SERVEの構文パターンと項の名詞句の定性・代名詞化の頻度

構文パターン	語順	THEME			RECIPIENT		
		DEF		INDEF	DEF		INDEF
SERVE NP(T)to NP(R)	T→R	4		14	9		9
		NP	PRO		NP	PRO	
		1	3		8	1	
SERVE NP(R)NP(T)	R→T	DEF		INDEF	DEF		INDEF
		1		7	7		1
		NP	PRO		NP	PRO	
		1	0		2	5	
SERVE NP(R)with NP(T)		DEF		INDEF	DEF		INDEF
		2		21	18		5
		NP	PRO		NP	PRO	
		2	0		14	4	

表5 TELLの構文パターンと項の名詞句の定性・代名詞化の頻度

構文パターン	語順	THEME			RECIPIENT		
		DEF		INDEF	DEF		INDEF
TELL NP(T)to NP(R)	T→R	24		6	21		9
		NP	PRO		NP	PRO	
		21	3		20	1	
TELL NP(R)NP(T)	R→T	DEF		INDEF	DEF		INDEF
		136		102	217		21
		NP	PRO		NP	PRO	
		136	0		33	184	
TELL NP(R)about NP(T)		DEF		INDEF	DEF		INDEF
		163		85	188		60
		NP	PRO		NP	PRO	
		138	25		82	106	

以下，項である名詞句の定性と構文・語順の関係，および代名詞の位置を出現頻度の関係から述べる。

6.1 項として現れる名詞句の定性と構文・語順

最初に，5つの動詞に対して，構文内で，項となる名詞句の意味の順序が同一であるペア，以下の6つについて，Theme と Recipient それぞれの，定名詞句と不定名詞句の出現頻度の傾向を見る。TELL 以外の5つのペアにおける定名詞句と不定名詞句の頻度の比の傾向は似通っている。イェーツの補正を用いたカイ2乗検定を行なったところ，TELL 以外の動詞 (34a)～(34e) では，唯一 PROVIDE の構文の (34c) のみ，Recipient に5％水準で有意差が認められたが，その他には有意差は見られなかった (統計値は (34) に記す)。

(34) a. PAY NP(R) NP(T) vs. PAY NP(R) with NP(T)
  Theme: $\chi^2(1, N=922)=0.05$, p = .83, Recipient: $\chi^2(1, N=922)=0.03$, p = .87
 b. FEED NP(R) NP(T) vs. FEED NP(R) with NP(T)
  Theme: $\chi^2(1, N=19)=0.05$, p = .71, Recipient: $\chi^2(1, N=19)=0.03$, p = .88
 c. PROVIDE NP(T) to NP(R) vs. PROVIDE NP(T) for NP(R)
  Theme: $\chi^2(1, N=3036)=1.04$, p = .30, Recipient: $\chi^2(1, N=3036)=5.68$, p = .02
 d. PROVIDE NP(R) NP(T) vs. PROVIDE NP(R) with NP(T)
  Theme: $\chi^2(1, N=1212)=0.64$, p = .42, Recipient: $\chi^2(1, N=1212)=0.03$, p = .86
 e. SERVE NP(R) NP(T) vs. SERVE NP(R) with NP(T)
  Theme: $\chi^2(1, N=31)=0.14$, p = .70, Recipient: $\chi^2(1, N=31)=0.00$, p = .96
 f. TELL NP(R) NP(T) vs. TELL NP(R) about NP(T)
  Theme: $\chi^2(1, N=486)=3.43$, p = .06, Recipient: $\chi^2(1, N=486)=19.57$, p = .00

TELL については，Theme, Recipient 共に，定名詞句と不定名詞句の出現頻度には有意と考えられる差が得られた (それぞれ p = .06, p = .00)。

次に，5つの動詞に対して，構文内で，項となる名詞句の意味の順序が逆になるペア (つまり T→R vs. R→T) について，Theme と Recipient それぞれの，定名詞句と不定名詞句の出現頻度の傾向を見る。Theme について，TELL と PROVIDE 以外の動詞で，定名詞句と不定名詞句の出現頻度に類似の傾向が見られる。しかし，Recipient では，TELL と FEED 以外の動詞で，定名詞句と不定名詞句の出現頻度に差があるように思われる。イェーツの補正を用いたカイ2乗検定を行なったところ，Theme では，TELL と PROVIDE で，定名詞句と不定名詞句の出現頻度には有意と考えられる差が得られた (それぞれ p = .07, p = .00)。一方，Recipient では，PAY, PROVIDE, SERVE

で，定名詞句と不定名詞句の出現頻度に有意と考えられる差が得られた(それぞれ p = .00, p = .00, p = .05)。統計値はそれぞれ以下(35)の通りである。

(35) a. PAY: Theme: $\chi^2(1, N=1897)=0.01$, p = .93, Recipient: $\chi^2(1, N=1897)=46.77$, p = .00
b. FEED: Theme: $\chi^2(1, N=60)=1.26$, p = .26, Recipient: $\chi^2(1, N=60)=0.30$, p = .58
c. PROVIDE: Theme: $\chi^2(1, N=4248)=53.16$, p = .00, Recipient: $\chi^2(1, N=4248)=232.01$, p = .00
d. SERVE: Theme: $\chi^2(1, N=49)=0.61$, p = .43, Recipient: $\chi^2(1, N=49)=3.70$, p = .05
e. TELL: Theme: $\chi^2(1, N=516)=3.37$, p = .07, Recipient: $\chi^2(1, N=516)=2.62$, p = .11

最後に，表6～表10は，5つの動詞の各構文それぞれにおいて，名詞句の定性についての語順の出現頻度を表したものである。

表6 PAY の構文パターンと項の名詞句の定性についての語順の出現頻度

構文パターン	語順	定名詞句→定名詞句	定名詞句→不定名詞句	不定名詞句→定名詞句	不定名詞句→不定名詞句	合計
PAY NP(T) to NP(R)	T→R	50 5.13%	25 2.56%	479 49.13%	421 43.18%	975 100.00%
PAY NP(R) NP(T)	R→T	47 5.15%	589 64.51%	22 2.41%	255 27.93%	913 100.00%
PAY NP(R) with NP(T)		0 0.00%	6 66.67%	0 0.00%	3 33.33%	9 100.00%

表7 FEED の構文パターンと項の名詞句の定性についての語順の出現頻度

構文パターン	語順	定名詞句→定名詞句	定名詞句→不定名詞句	不定名詞句→定名詞句	不定名詞句→不定名詞句	合計
FEED NP(T) to NP(R)	T→R	5 12.20%	3 7.32%	23 56.10%	10 24.39%	41 100.00%
FEED NP(R) NP(T)	R→T	5 29.41%	8 47.06%	1 5.88%	3 17.65%	17 100.00%
FEED NP(R) with NP(T)		1 50.00%	1 50.00%	0 0.00%	0 0.00%	2 100.00%

表8 PROVIDE の構文パターンと項の名詞句の定性についての語順の出現頻度

構文パターン	語順	定名詞句→定名詞句	定名詞句→不定名詞句	不定名詞句→定名詞句	不定名詞句→不定名詞句	合計
PROVIDE NP(T) to NP(R)	T→R	50 3.25%	39 2.53%	670 43.53%	780 50.68%	1539 100.00%
PROVIDE NP(T) for NP(R)	T→R	45 3.01%	56 3.74%	590 39.41%	806 53.84%	1497 100.00%
PROVIDE NP(R) NP(T)	R→T	19 12.84%	84 56.76%	4 2.70%	41 27.70%	148 100.00%
PROVIDE NP(R) with NP(T)	R→T	110 10.34%	642 60.34%	26 2.44%	286 26.88%	1064 100.00%

表9 SERVE の構文パターンと項の名詞句の定性についての語順の出現頻度

構文パターン	語順	定名詞句→定名詞句	定名詞句→不定名詞句	不定名詞句→定名詞句	不定名詞句→不定名詞句	合計
SERVE NP(T) to NP(R)	T→R	3 16.67%	1 5.56%	6 33.33%	8 44.44%	18 100.00%
SERVE NP(R) NP(T)	R→T	1 12.50%	6 75.00%	0 0.00%	1 12.50%	8 100.00%
SERVE NP(R) with NP(T)	R→T	2 8.70%	16 69.57%	0 0.00%	5 21.74%	23 100.00%

表10 TELL の構文パターンと項の名詞句の定性についての語順の出現頻度

構文パターン	語順	定名詞句→定名詞句	定名詞句→不定名詞句	不定名詞句→定名詞句	不定名詞句→不定名詞句	合計
TELL NP(T) to NP(R)	T→R	18 60.00%	6 20.00%	3 10.00%	3 10.00%	30 100.00%
TELL NP(R) NP(T)	R→T	122 51.26%	95 39.92%	14 5.88%	7 2.94%	238 100.00%
TELL NP(R) about NP(T)	R→T	130 52.42%	58 23.39%	33 13.31%	27 10.89%	248 100.00%

表に示されるように，TELL を除いた4つの動詞で，二重目的語構文において，項の名詞句の語順が，不定名詞句→定名詞句の場合の出現頻度は，他の語順と比較して，非常に低い（0％〜5.88％）。また，二重目的語構文と項の語順が同じで構文（例：PAY NP(R) NP(T) vs. PAY NP(R) with NP(T)）においてもまた，不定名詞句→定名詞句の場合の出現頻度は，極めて低い（0％〜2.44％）。

6.2 代名詞の出現位置

Bresnan et al.(2008)での指摘の通り，5つの動詞どれについても，二重目的語構文の第2目的語の位置に代名詞が現れた例はなかった。

7. 分　　析

7.1 定性と語順

最初に，3.3節での問題点1.「名詞句の特徴（定性・代名詞化）は，与格構文交替の構文選択に直接影響を与えるのか，もしくは語順に対する制約に関係するのか」について考察する。

前節の結果，「項の意味に関して，語順が同一な構文」間では，TELL を除いて，Theme と Recipient の両者で，名詞句の定性について，出現頻度に有意な差は見られなかった。また，「項の意味に関して，語順が逆になる（T→R vs. R→T）構文」間では，FEED を除いて，Theme もしくは Recipient のどちらかで，名詞句の定性について，出現頻度に有意な差が見られた。これが示唆するのは，基本的には，項として現れる名詞句の定性の出現頻度は，構文を直接選択するために使用されるのではなく，構文内の語順に関係しているということである。

しかし，例外も存在する。他の動詞とは異なり，TELL は，「項の意味の順序が同一な構文」間で，Theme と Recipient の両者で，名詞句の定性について，出現頻度に有意な差が認められた。これは，TELL は，他の動詞と異なり，二重目的語構文と項の意味の順序が同一な構文で使用される前置詞が about であること—他はすべて with である—と関係しているのかもしれない。これに関しては，本稿の範疇を超えるため，今後の研究に委ねることにしたい。

次に，問題点2.「情報の新旧，もしくはそれを表す表現（名詞句の定性）

は，項として現れる名詞句の順序と関係しているか」について考察する。名詞句の定性に対して，項となる名詞句の語順を見ると，TELL 以外の4つの動詞で，二重目的語構文で，不定名詞句→定名詞句の語順の頻度は極めて低かった。これは，久野・高見(2001)で示された例(23)，(24)と同様の結果である。しかし，(23b)で適切でないと考えられた例も，数％の割合で観察された。これは，久野・高見(2001)も指摘しているように，適切な文脈が設定されれば(23b)も適切と判断されるという制約が，名詞句の定性が語順に与える制約を無効にする可能性がわずかにあるということを示唆する。

また二重目的語構文だけでなく，二重目的語構文と，項となる名詞句の意味の順序が同一となる構文(例：PAY NP(R) NP(T) vs. PAY NP(R) with NP(T))でも，不定名詞句→定名詞句の語順の頻度が低いことがわかった。これは，項として現れる名詞句の定性の出現頻度は，構文内の語順に関係しているということをさらに示唆する。しかし，ここでも TELL は例外的である。表10において，名詞句の定性に対して，項となる名詞句の語順を見たとき，二重目的語構文は，不定名詞句→定名詞句の語順の出現頻度は低い(5.88％)ものの，項となる名詞句の語順が同一の構文(TELL NP about NP)での，不定名詞句→定名詞句の順序の出現頻度は，他の構文より割合が高くなっている(13.31％)。

次節では，本節で見た，項として現れる名詞句の定性が，構文の語順に対する制約を与えるという主張と，代名詞の出現位置への制約を説明したBresnan et al.(2008)の理論との統合した説明を試みる。

7.2 確率的最適性理論による形式化

本稿では，確率的最適性理論の枠組みで，代名詞の語順の制約を提案したBresnan et al.(2008)の理論の拡張によって，項として現れる名詞句の定性が，構文内の語順に対して制約を与える説明を試みる。しかし，コーパスから得られる数値から，具体的なモデルを構築することは本稿の範疇を超えるため，今後の研究に委ねることとし，理論の示唆に留める。

7.2.1 与格構文交替と名詞句の定性

Bresnan et al.(2008)では，Recipient の出現位置の制約である FAITH (REC)制約と，代名詞と一般名詞句の出現位置の制約である HARMONY (PRON)制約，そしてその下部制約である(*代名詞→一般名詞句)制約を仮

定した。

　ここでは，それらに加えてさらに，名詞句の定性によって出現位置が制約されるとする，HARMONY(DEF)制約(群)を仮定する。HARMONY(DEF)制約(群)は，(代名詞を含む)定名詞句と不定名詞句の語順に制約を与えるものである。この制約も，HARMONY(PRON)制約と同様，4つの下部制約から成り，Definiteness Scale に従い，図4で示される階層構造を持つ。最適性理論でのランクは必ずこの階層に従わなければならない。

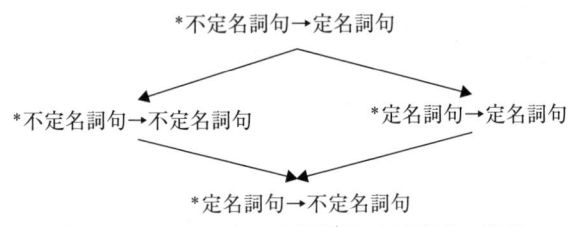

```
              *不定名詞句→定名詞句
             ↙                ↘
*不定名詞句→不定名詞句      *定名詞句→定名詞句
             ↘                ↙
              *定名詞句→不定名詞句
```
図4　HARMONY(DEF)制約群の下部制約の階層

　最適性理論によって定義される，この HARMONY(DEF)制約は，久野・高見(2001)の情報構造のアプローチと等価である。つまり，旧構造→新構造という情報の流れを，Definiteness Scale に従った名詞句の語順の制約として言い換えたものである。

　ここで，HARMONY(DEF)制約の中で，最上位の(*不定名詞句→定名詞句)制約は，FAITH(REC)制約とランクの位置が近く，一方，最下位の(*定名詞句→不定名詞句)制約は FAITH(REC)制約よりもはるかに弱いとする。図5は(*不定名詞句→定名詞句)制約，FAITH(REC)制約，(*定名詞句→不定名詞句)制約のランク位置の確率密度分布を表したものである。

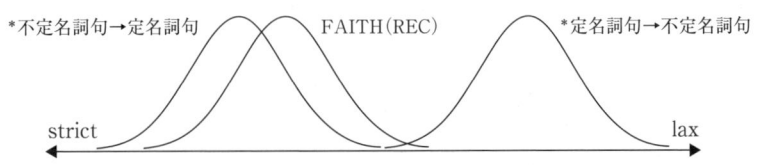

*不定名詞句→定名詞句　　　FAITH(REC)　　　*定名詞句→不定名詞句

strict　　　　　　　　　　　　　　　　　　　　　　lax

図5　(*不定名詞句→定名詞句)制約，FAITH(REC)制約，(*定名詞句→不定名詞句)制約のランクの確率密度分布

ランクは確率的に変動し，(*不定名詞句→定名詞句)制約≫FAITH(REC)制約≫(*定名詞句→不定名詞句)制約，もしくは，FAITH(REC)制約≫(*不定名詞句→定名詞句)制約≫(*定名詞句→不定名詞句)制約となる。

この時，久野・高見(2001)が提示した(23)，(24)(それぞれ(36)，(37)として再掲)では，正しく(36b)のみが排除される((38)，(39))。

(36) a. John gave the book to a girl.
　　 b. ??John gave a girl the book.
(37) a. John gave a book to the girl.
　　 b. John gave the girl a book.

(38)

	*不定名詞句→定名詞句	FAITH(REC)	*定名詞句→不定名詞句
☞ gave the book to a girl			*
gave a girl the book	*!	*	

	FAITH(REC)	*不定名詞句→定名詞句	*定名詞句→不定名詞句
☞ gave the book to a girl			*
gave a girl the book	*!	*	

(39)

	*不定名詞句→定名詞句	FAITH(REC)	*定名詞句→不定名詞句
gave a book to the girl	*!		
☞ gave the girl a book		*	*

	FAITH(REC)	*不定名詞句→定名詞句	*定名詞句→不定名詞句
☞ gave a book to the girl		*	
gave the girl a book	*!		*

(38)によって，二重目的語構文は，語順が不定名詞句→定名詞句の場合は，すべて排除される。しかし，6.1節の表6～表10で見た通り，稀ではあるが，二重目的語構文でも，そのような語順は出現する。例えば，(40)～(42)はすべて，今回の調査で使用したWall Street Journalコーパスから引用したものであるが，二重目的語構文において，語順が不定名詞句→定名詞句となる。

(40) They have pledged to begin cracking down on employers who don't **pay workers their wages**.
(41) Such data **provide statists and other meddlers the figures** with which to flesh out their plans.
(42) Michelle lies in front of a TV set, surrounded by **feeding syringes, suction machines, breathing monitors and tiny leg braces that prop up her floppy body**.

前節でも指摘した通り，久野・高見(2001)は，文脈によっては，二重目的語構文において，語順が不定名詞句→定名詞句であってもよいという。どのような文脈が，二重目的語構文でこのような語順を認めるのかは，本稿の範疇を超えるので扱わない。しかし仮に，「ある文脈に従う場合，できるだけ与格構文より二重目的語構文を選択せよ」という制約を CONTEXT 制約と仮定し，図6で示されるように，FAITH(REC) 制約の下にランクされると仮定する。この制約は，確率密度分布に従って，低い確率で，FAITH(REC) 制約や(*不定名詞句→定名詞句)制約とランクが入れ替わるとすると，二重目的語構文において，語順が不定名詞句→定名詞句となる場合の出現頻度が説明可能になる[16),17] (43)。

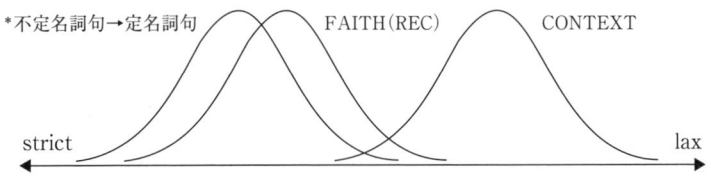

図6 (*不定名詞句→定名詞句)制約，FAITH(REC)制約，CONTEXT 制約のランクの確率密度分布

(43)

	*不定名詞句→定名詞句	FAITH(REC)	CONTEXT
pay workers their wages	*!	*	
☞ pay their wages to workers			*

	CONTEXT	*不定名詞句→定名詞句	FAITH(REC)
☞ pay workers their wages		*	*
pay their wages to workers	*!		

　ここでは，Bresnan et al.(2008)で提案された，代名詞の出現位置に対する制約の理論を拡張し，形式化を試みた．名詞句の定性は構文内の名詞句の語順への制約であるとの仮定のもと，久野・高見(2001)によって提示された例だけでなく，低頻度で現れる例外も説明することが可能となった．さらに，久野・高見(2001)でアド・ホックに仮定していた，各動詞についての「基本構文」という概念も必要としない．

7.2.2　TELL

　最後に，本稿で取り上げた5つの動詞の中で，異なる出現頻度を示したTELLを考察する．TELLは，表6～表10に示される通り，他の動詞と比較して，語順がT→RよりもR→Tの出現割合が非常に高いことが特徴である．これは，TELLが，語彙特有のFAITH(REC)制約を持つと仮定し（これをFAITH$_{TELL}$(REC)制約と呼ぶ），FAITH(REC)制約よりも，ランクが低く設定されているとすると，説明が可能である．(Bresnan et al. 2008: 19-20と本稿の3.2.3節を参照．) FAITH$_{TELL}$(REC)制約の確率密度分布は，FAITH(REC)制約や他の制約と比較すると，図7のようになると考えられる．

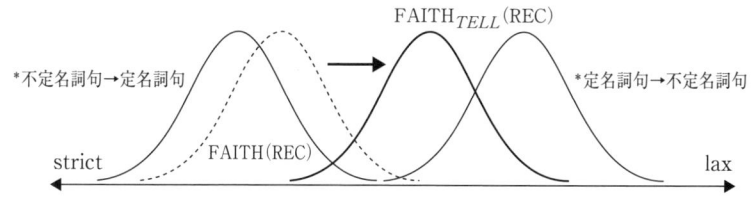

図7　(*不定名詞句→定名詞句)制約，FAITH(REC)制約，FAITH$_{TELL}$(REC)制約，(*定名詞句→不定名詞句)制約のランクの確率密度分布

　FAITH(REC)制約の破線は，TELLは，FAITH(REC)制約を使用せず，代わりにFAITH$_{TELL}$(REC)制約を使用することを示すものである．図7で

示される通り，(*不定名詞句→定名詞句)制約と FAITH$_{TELL}$(REC)制約は，高い確率で，(*不定名詞句→定名詞句)制約 ≫ FAITH$_{TELL}$(REC)制約というランクになり，結果，二重目的語構文(と，TELL NP about NP 構文)の出現頻度が多くなる。

さらに，高い確率でこのランクになるとすると，例えば(44)の3構文は，(45)で示されるように(44a)が排除され，(44b)，(44c)が選択される確率が高くなることが予想される。

(44) a. Let me tell a true story to you.
　　 b. Let me tell you a true story.
　　 c. Let me tell you about a true story.

(45)

	*不定名詞句→定名詞句	FAITH(REC)	*定名詞句→不定名詞句
(α) tell a true story to you	*!		
☞(β) tell you a true story tell you about a true story		*	*

事実，表6〜表10で，5つの動詞の中で，与格構文よりも二重目的語構文を好む SERVE と TELL について，語順 T→R(上記の α)と R→T(上記の β)での前者の割合は，全体の場合は SERVE: 36.7%，TELL: 5.8%であったが，Theme が不定名詞句かつ，Recipient が定名詞句の場合は，SERVE: 21.4%，TELL: 1.9%となった。比率の差の検定をカイ2乗検定を用いて行なったところ，SERVE には，5％水準で有意差が認められなかったが(χ^2(1, N=77)=1.39, p = .163)，TELL は，5％水準で有意差が認められた(χ^2(1, N=672)=1.97, p = .049)。これは予測通りの結果である。

他の動詞とは，項となる名詞句の定性に関して，出現頻度に差のある TELL も，動詞に特有の制約を仮定することで，確率的最適性理論の枠組みで説明可能になる。この方法を用いることで，各動詞の出現頻度から，それぞれの細かな語彙的差異を観察することが可能であるが，それは，本稿の範疇を超えるため，今後の研究の課題としたい。

8. おわりに

　本稿では，統語解析済みコーパスである WSJ コーパスを使用して，与格構文交替に関係する統語的特徴—項として現れる名詞句の定性—は，構文の選択に直接関わるものではなく，構文内の項として現れる名詞句の意味の順序についての制約であることを示した。また，この制約は，二重目的語構文の代名詞の出現位置についての制約を形式化した確率的最適性理論の枠組みを拡張することで，形式化できることを論じた。また，統語的制約は，久野・高見(2001)で主張された情報構造—語句の配列は，旧情報から新情報へと流れる—や Definiteness Scale をもとにしたものであることも示した。また本稿での形式化は，語順の制約に反する少数の例外や，TELL に見られた，語彙による特有の振る舞いを説明することが可能である。

　本稿では3パターン以上の構文をとる動詞について調査したが，項となる名詞句の意味の順序が同じになる構文については，その名詞句の定性が語順にしか影響を与えていないため，その違いを分析することができなかった。項となる名詞句の意味の順序が同一の構文間を区別可能にする意味制約や統語的制約については今後の研究の課題である。また，各動詞の出現頻度から，それぞれの細かな語彙的差異を観察することも，今後の研究の課題としたい。

注

1) 与格構文の前置詞の目的語を占める項は，一般的に，Goal(到着点)の意味を持つ。しかし与格構文交替が可能な場合，その項は生物であることを示す Recipient でなければならないとされている(Goldberg 1995)。本稿の(11)および(12)の議論を参照のこと。

2) 形態的・音韻的制約により，与格構文はとるけれども，二重目的語構文をとらない動詞群が存在する。しかし，本稿では，統語的制約のみについて論じるため，それらの制約については扱わない。形態的・音韻的制約については，Pinker (1989)，影山(2001)，児玉・野澤(2009)を参照。

3) Goldberg は，Theme から Recipient へ「実際に移送が成功すること」だと定義している。

4) 言い換えれば，前置詞の目的語は，Recipient ではなく，Goal の意味を持つと

いうことである。Goal の意味内容を持つ目的語は Theme を所有することを含意しない。
5) TAKE と BRING が連続的移動を表すにもかかわらず，二重目的語構文がとれるのは，「その語彙的意味の一部として着点を直示的(deictic)に定めている」ことで「所有関係の転移が語彙的に含意される」ためであるとしている(影山 2001: 134-135)。
6) 彼らは，与格構文と二重目的語構文をとる動詞をすべて合わせたデータを用いている。これは，多変量解析に必要なデータ数を確保するためだと考えられる。個々の動詞については，動詞の意味をランダム効果として扱うことによって，分析を行なっている。
7) Bresnan et al.(2008)では，車社会以前では，モノを運ぶ距離がそれほど長くなかったため，CARRY でも「所有関係の変化」を含意しやすく，そのため，二重目的語構文をとる例もあるという。彼女らは，次のような例をあげている。
　　(i) Aurie and Pearl went to Humboldt that afternoon. I went back to Mrs. Kate's to **carry her some mustard salad**.
　　(ii) Polly had been sick and Sara wanted to **carry her some food**.
8) さらに Bresnan et al.(2008)では，動詞 GIVE について，与格構文に対して二重目的語構文が出現する割合は，他の動詞と比較して有意に多かったとしている。
9) 名詞句の prominence は，Aissen(2003)によると，Definiteness Scale によって決まる。Aissen は，Definiteness Scale によって，Pronoun > Name > Definite > Indefinite Specific > NonSpecific の順で，prominence があるとする。語の位置は，動詞に隣接する場所を Core 位置，それ以外を NonCore 位置と呼ぶ。ここでの HARMONY(PRON)制約は，prominence のより高い代名詞が，できるだけ Core 位置に現れなければならないという制約である。Bresnan et al.(2008)では，具体的に語順の制約について述べてはいないが，上記の制約から，英語では動詞句内の語順についての制約と同じ主張となる。
10) また，注8)で見た，GIVE と他の与格構文交替を認める動詞との構文頻度の差を説明することも可能であるという。
11) この例に関しては，西前明氏に指摘していただいた。
12) Levin(1993)では，PROVIDE と SERVE は，Verbs of Fulfilling と呼ばれるグループにも属し，これらの動詞は二重目的語構文をとれないとしている。(cf. Goldberg 1985: 128)しかし，実際は，本論文の例文のように，この2つの動詞で二重目的語構文をとる例は，多数発見される。与格構文交替についての話者の判断に関しては2.3節を参照のこと。
13) http://www.ldc.upenn.edu/Catalog/CatalogEntry.jsp?catalogId=LDC2000T43

14) http://tedlab.mit.edu/~dr/Tgrep2/
15) http://roba.tamacc.chuo-u.ac.jp/vp
16) 図6での(*定名詞句→不定名詞句)制約の確率密度分布のグラフは,煩雑さを避けるために,省略する。
17) この説明は,二重目的語構文と名詞句の意味の語順が同一の構文において,不定名詞句→定名詞句の出現頻度の低さも,同様に説明可能になる。

参 考 文 献

Aissen, Judith.(2003)"Differential object making: Iconicity vs. economy." *Natural Language & Linguistic Theory* 21: 435-483.

Bresnan, Joan & Tatiana Nikitina(2008)"The Gradience of the Dative Alternation." in Uyechi, Linda & Lian-hee Wee(eds.), *Reality Exploration and Discovery: Pattern Interaction in Language and Life*. CSLI Publications.

Bresnan, Joan, Anna Cueni, Tatiana Nikitina & Harald Baayen (2007) "Predicting the Dative Alternation." in Bouma, Gerlof, Irene Kraemer & Joost Zwarts (eds.), *Cognitive Foundations of Interpretation*, Amsterdam: Royal Netherlands Academy of Science. 69-94.

Goldberg, Adele.(1995) *Constructions: A Construction Grammar Approach to Argument Structure*. Chicago: IL, University of Chicago Press.

Green, Georgea.(1974) *Semantics and Syntactic Regularity*. Bloomington: Indiana University Press.

Gropen, Jess, Steven Pinker, Michelle Hollander, Richard Goldberg & Ronald Wilson (1989) "The learnability and acquisition of the dative alternation." *Language*, 65: 203-257.

Marantz, Alec.(1984) *On the Nature of Grammatical Relations*, Cambridge, Mass, MIT Press.

Levin, Beth. (1993) *English Verb Classes and Alternations A Preliminary Investigation*, The University of Chicago Press.

Oehrle, Richard.(1976) *The Grammar of the English Dative Alternation*. Ph. D. thesis, MIT Department of Linguistics, Cambridge, MA.

Pinker, Steven(1989) *Learnability and Cognition: The Acquisition of Argument Structure*. Cambridge, Mass. MIT Press.

Pinker, Steven.(2008) *The Stuff of Thought: Language as a Window into Human Nature*. Penguin.

Quirk, Randolph, Sidney Greenbaum, Geoffrey Leech & Jan Svartvik(1985) *A Com-*

prehensive Grammar of the English Language. Longman.
Theijssen, Daphne. (2008) "Using the ICE-GB Corpus to Model the English Dative Alternation," *Online Proceedings of the Aston Postgraduate Conference on Corpus Linguistics*, Birmingham: Aston University.
影山太郎(編)(2001)『日英対象　動詞の意味と構文』大修館書店
久野暲・高見健一(2001)『謎解きの英文法　文の意味』くろしお出版
児玉一宏・野澤元(2009)『言語習得と用法基盤モデル―認知言語習得論のアプローチ―』(講座 認知言語学のフロンティア6)研究社

英語を母語とする子供の発話に見られる
動詞由来複合名詞に相当する構造*

若 林 茂 則

1. はじめに

人間の言語知識の特徴のうち,もっとも注目すべき点はその生産性である。母語話者は,それまでに聞いたことも見たこともない文を毎日使用している。その生産性は,単に新しい文を作り出すという面を持つだけではなく,同時に,何らかの制約を受けており,母語話者は,ある種の文が母語の文として適格ではないと判断することもできる。この生産性は,母語習得中の子供の言語使用にも見られる。すなわち,母語習得中の子供たちも,早い時期からそれまでに聞いたことがない文を産出するようになる。その産出を支えるシステムを記述し説明することが,言語習得研究の目標の1つである。

さらに,文の使用に見られる生産性と同様に,語の使用においても,子供たちは母語習得初期の段階から,実際には存在しない語を自分自身で作り出して使用する。これまでにも多くの研究が,句構造よりも小さな単位で観察される生産のシステムを記述説明しようとしてきた。本研究も,その試みの1つである。

本研究では,英語に見られる動詞由来名詞を主要部とする複合名詞(例 truck-driver;以下,動詞由来複合名詞とよぶ)がどのように習得されるか,また,その習得過程においてどのような誤りが観察されるかという点から,これまでに報告された母語習得データをもとに,なぜ,子供が大人の産出する複合語と異なる形を産出するかを論じる。

本研究の目標は2つある。1つは,英語を母語として習得中の子供が,動詞由来複合名詞に関する知識をどのように発展させていくかを明らかにすることである。英語においては,複合化(compounding)は非常に生産性が高く,複合語の構造は句構造と共通の部分もあれば異なる部分もある。したがって,複合語の仕組みの習得に関する研究は,句構造の仕組みの習得に関

する研究では明らかにできない部分に光を当てる可能性がある。もう1つは，母語習得に関する一般的な記述を行なうことである。本研究での議論を通して，「形態が統語に先んずる」(すなわち，大人と子供では統語知識が異なる)という考え方(Clark, Hecht and Mulford 1986)や，母語習得はインプットのみに依存して行なわれるという考え方(Nicoladis 2003; Nicoladis and Murphy 2004)が誤りであることを示し，「統語は形態に先んずる」あるいは「形態と統語は同時に習得される」という考え方が支持されることを示したい。

　本論文の構成は以下の通りである。まず，第2節では，動詞由来複合名詞に関する，大人の英語母語話者の文法知識を，分散形態論(Harley 2009)の枠組みで記述する。第3節では，Clark, Hecht and Mulford (1986)およびNicoladis and Murphy (2004)で示された母語習得中の子供に関するデータを紹介し，そこで見られた「動詞由来名詞に相当する形」を産出する言語知識はどのようなものかについて考察する。第4節では，前節での議論に基づいて動詞由来複合名詞の習得に関するデータが，母語習得の仕組みに関してどのような一般的示唆をもたらすかについて論じる。第5節では本研究の結論を述べる。

2. 大人の英語母語話者の文法における動詞由来複合名詞

　英語の複合名詞は非常に生産性が高い。ある行為を行なう人物(行為者)または道具を表す場合，例えば，紙(paper)を破る(rip)人は，paper-ripper, ネズミ(a mouse)を食べる(eat)人はmouse-eaterのように，動詞由来複合名詞によって表すことができる。

　ここで，Harley (2009)の提示した分散形態論による動詞由来複合名詞の記述を紹介する。この理論では，内容語は範疇素性を持つ投射と，意味内容を持つ投射の2つの投射からできる内部構造を持つ。意味内容を持つ主要部は「ルート範疇(root category)」とよばれ，$\sqrt{P}$のように表される。

　例としてtruck-driverの派生を見ていこう。まず，truckの意味内容($\sqrt{TRUCK}$)が範疇素性nと併合(merge)し，名詞の語(nP)が作られる。

(1)　　nP
　　　／＼
　　　n　√TRUCK
　　　｜　　｜
　　　ø　　truck

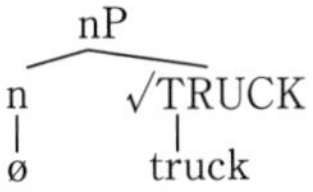

次に，√TRUCK が移動(move)して，n の主要部に編入(incorporate)される。

(2)　　　　　nP
　　　　　／＼
　　　　　n ← √TRUCK
　　　　／＼　　｜
　　√TRUCK　n　truck
　　　｜　　｜
　　truck　ø

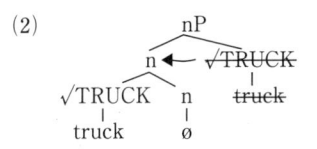

√DRIVE の意味・補部選択(semantic/complement selection)を満足させるため，この nP が，drive の意味内容(√DRIVE)と併合し，√P が投射(project)される。

(3)　　　　　√P
　　　　　／＼
　　√DRIVE　nP
　　　　　／＼
　　　　　n　√TRUCK
　　　　／＼　　｜
　　√TRUCK　n　truck
　　　｜　　｜
　　truck　ø

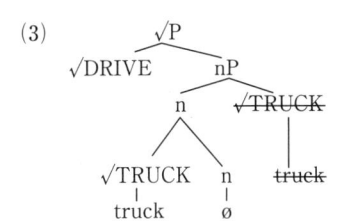

続いて，(2)と同様に，[_n √TRUCK n]が移動して，√DRIVE に編入される。

(4)　　　　　　　√P
　　　　　／￣￣￣＼
　　　　　√　　　　nP
　　　／＼　　　／＼
　　　n　√DRIVE　n　√TRUCK
　　／＼　　　　　｜　　｜
√TRUCK　n　　√TRUCK　n　truck
　｜　　｜　　　｜　　｜
truck　ø　　truck　ø

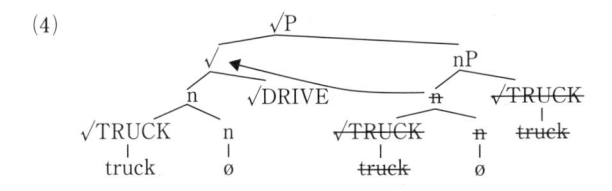

この編入の後，n⁰ の -er が √P と併合する。

(5)

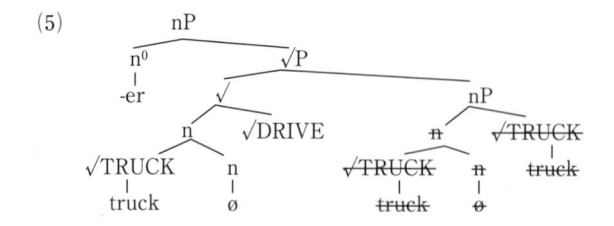

```
            nP
         /      \
        n⁰       √P
        |      /    \
       -er    √      nP
             / \    /  \
            n  √DRIVE n  √TRUCK
           / \        / \    |
      √TRUCK n   √TRUCK n   truck
        |    |    |     |
      truck  ø  truck   ø
```

最後に，√P全体が移動し，n⁰に編入され，複合化が終了する。

(6)

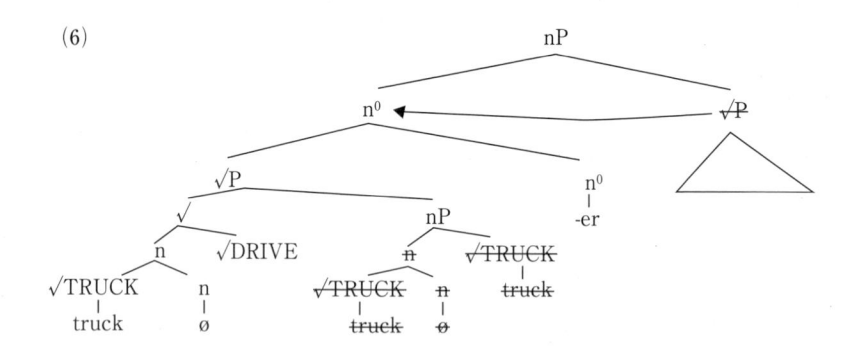

```
                    nP
              /           \
            n⁰  ←          √P
          /       \          △
        √P         n⁰
       /   \       |
      √    nP     -er
     / \   / \
    n  √DRIVE n  √TRUCK
   / \       / \    |
√TRUCK n √TRUCK n  truck
  |   |   |    |
truck ø truck  ø
```

 この後，nP は書き出され(spelled-out)，truck-driver という形で音にされる。

 ここで，この派生に見られる制約について考えたい。(5)でもっとも左側にある [ₙ√TRUCK n] は，√DRIVE に併合され複合名詞の内部に編入される。したがって，[ₙ√TRUCK n] は，単語よりも小さい構造でなければならない。単語は，範疇投射とルート投射によって構成され，内部に機能範疇を含むことはできないため，一般に機能範疇の「書き出し(spell-out)」と考えられる屈折形態素などは，複合名詞句内では現れない。例えば，複数形を示す-s は，機能範疇の書き出しであると考えられるので，複合名詞の内部に現れることはできない[1]。したがって，その単語で表される人物がいくらたくさんのトラックを運転していても，(7a)に示したような形は使うことができない。一方，不規則活用の複数形(例 mice)は，それ自体，単数形から独立した意味内容を持つと考えられる場合があり，その場合はルート範疇を構成し(例√MICE)，複合名詞の内部に編入することができる。結果として，例え

ば，(7b)は適格な形となる。

(7) a. *trucks-driver
    b. mice-eater

(7)で観察された不規則変化の複数名詞と規則変化の複数名詞の動詞由来複合名詞句内での違いを，Gordon (1985) および Kiparsky (1982)は，「レベル順序付け(level ordering)」という考え方で説明している。「レベル順序付け」によれば，複数形の規則活用は，複合化より後で行なわれるため，いったん複合化が起こるとその内部に組み込まれた要素は複数化できないと説明される。一方，複数形の不規則活用は，複合化より前に行なわれるため，不規則変化の場合，複数形の名詞でも複合名詞の中に現れることができる。

Gordon (1985) や Clahsen (1995)では，このレベル順序付けは，生得的に与えられたものであると考えられている。しかし，Lardiere (1995)や Murphy (2000)のいうように，この主張は，一般的にいって，大人の英語母語話者が(7b)のような形は産出しないという事実と矛盾する[2]。一方，(1)から(6)の図を使って示した複合名詞の派生に関する記述が正しいとすれば，(7)の2つの文の違いは，規則活用の複数形で表される意味内容と不規則活用の複数形で表される意味内容の違いという形で捉えられ，レベル順序付けは必要なくなる。したがって，Lardier (1995)の指摘するように，子供の文法がレベル順序付けに従うかどうかを議論することは意味がない。

本稿で示した議論が正しければ，不規則活用の複数形で，複合名詞の内部に現れることができるものは，「単数形の持つ意味内容を複数にしたもの」という意味だけを持つのではない。このような不規則複数形は，心的辞書において，おそらく単数形からは独立した語として記憶されていると考えることができる(Prasada and Pinker 1993；Ullman 1999)[3]。構成素の意味内容が，動詞由来複合名詞の内部にその構成素が現れるかどうかを決定するという議論が正しいことは，規則活用で複数となった名詞の中にも，動詞由来複合名詞の内部に出現可能なものがあり，そのような複数名詞は特別な意味を持っている(Gordon 1985)という事実からも支持される。例えば(8)では，medals で表された意味内容は複数であることが重要な意味を持っている。この場合，語用的な知識に基づいて，√MEDALS の存在が強要され，それによって(8)の medals-winner が適格なものとなっていると考えられる[4]。

(8) Carl Louis was not merely a medal-winner but a medals-winner at the Olympic.

さて，ここまで truck-driver のような英語の動詞由来複合名詞を分析してきた。母語習得において正しい構成素の並び(線的順序)と形を習得するためには，子供たちは，上に述べたような編入の方法と n^0 がどのような形で形態的に示されるかを習得しなければならない。次節では，母語習得中の子供の文法(以下,「子供の文法」とよぶ)における動詞由来複合名詞句の派生について論じる。

3. 子供の文法に見られる複合化

3.1 Clark, Hecht and Mulford(1986) および Nicoladis and Murphy(2004) の研究

英語の子供の文法でどのようにして動詞由来複合名詞が作られるかを調査した研究は数多くある。Clark, Hecht and Mulford (1986)はこの分野でもっとも初期に行なわれた研究であり，3歳0ヶ月から6歳11ヶ月の48人の子供たちを対象に，口頭産出誘引タスクを用いて複合名詞に関するデータを集めた。Clark らは，子供たちが産出した複合名詞のうち，2つの部分でできている複合名詞を分類して，子供たちの産出には，表1で示される発達パターンが見られると提案している[5]。

表1 2つの部分からなる複合名詞の使用に見られる発達パターン

		子供の産出例	成人の産出
段階1	V+N	wash-man, open-man	(N) washer, (N) opener
段階2	V+O	hug-kid, break-bottle	kid-hugger, bottle-breaker
	V-ing+O	moving-box, throwing-ball	box-mover, ball-thrower
	V-er+O	cutter-grass, puller-wagon	grass-cutter, wagon-puller
段階3	O+V-er	water-drinker, well-builder	water-drinker, well-builder

(Clark, Hecht and Mulford 1986: 21 Table 8)

Clark, Hecht and Mulford (1986: 14)によれば，動詞の原形に必要とされる接辞が付与されていない場合には，必ず，誤った語順，すなわちO+Vの

順(例 *ball-bounce*)が産出されることから，子供たちは，常に，まず接辞を習得し，その後，語順を習得する。また，表1で示した各「段階」において，子供たちが産出した「複合語」では(9)の操作が行なわれている。

(9) 段階1: もっとも右側にある名詞が，全体の範疇を決めている。(a)
段階2: V+Oという形は，句の標準的な(canonical)語順を持っている。(b)
段階3: 動詞由来複合名詞に，(b)が適用されず(a)が適用されるようになる。その結果 O+V の語順で複合語が作られる。

　Clark, Hecht and Mulford (1986)の説明は，一見，子供たちの発話を的確に記述説明しているように見える。しかし，Clarkらは，句と語の区別について，十分に精密な議論を提供しておらず，また，段階2において，子供たちが複合語を作成するために，なぜ句の語順を使用するようになるかを説明していない。実際，他の種類の複合語の使用に関する研究では，子供たちはかなり早い時期に，複合語内の線的順序を習得するという報告がある。例えば，Clark, Gelman and Lane (1985)は，名詞と名詞からなる複合名詞句において，2歳の子供でも，右側の名詞が複合名詞句の主要部となること(つまり，複合名詞句は，一番右側の名詞で表されるものの部分集合を指すこと)を理解していることを，実証的データに基づいて報告している。Clark, Gelman and Lane (1985)で研究された子供たちの年齢が3歳から6歳であったことを考慮すれば，Clark, Hecht and Mulford (1986)の研究対象となった子供たちが，複合語内の主要部の位置について理解できていないとは考え難い。

　Nicoladis and Murphy (2004)によれば，子供たちはインプットに基づく類似性によって複合名詞を作る。彼らは，先に見た Gordon (1985)のレベル順序付けが，子供の文法では働かないとしたうえで，表1の段階1および2で示された V-*ing*/-*er*/-*ø*+O の産出においては，子供たちの経験と熟達度が決定的な要因となっていると提案している(Nicoladis and Murphy 2004: 489)。"They might avoid plurals in OV-er compounds, but allow irregular plurals because by the time they have heard enough examples of compounds to avoid regular plurals inside compounds but not enough to avoid irregular plurals."(子供たちは OV-er の複合語の内部に[規則]複数形

は使用しないが,不規則複数形は使用する。これは,その時点までに,規則形を避ける[ことを習得する]ために十分なインプットを耳にしている一方で,不規則形を避ける[ことを習得する]ためのインプットは不十分だからである。若林訳)

　Nicoladis and Murphy (2004) の言うように経験と熟達度はいずれも重要な要素であるが,複合名詞における複数形使用の制約に関するインプットの役割については,彼らの考え方は的を射ていない。まず,論理的に考えて,規則複数形の使用の回避の習得において,インプットが重要な役割を果たすとは考えられない。母親言葉では,複合語内部に規則複数も不規則複数も含まれることはない (Murphy 2000) ため,子供は,インプットを頼りに不規則複数と規則複数の違いを区別することはあり得ない[6]。さらに,類似性に基づいて習得がなされるとすれば,なぜ,子供たちが限られた種類の誤った発話を産出するか,説明できない。例えば,複合名詞句内の語順を基に,類似した形である kid-hug や box-moving を,kid-hugger や box-mover の代わりに産出してもよいはずであるが,そのような発話は観察されていない。子供たちの発話に含まれる誤りの形式が一定であり,かつ一貫しているということは,そのような産出が規則に基づくものであるということを強く示唆しており[7],類似性に依拠する模倣であるとは考え難い。

　ここで,子供たちが成人母語話者とは異なる形を産出することについて,Clark, Hecht and Mulford (1986) が提示した説明について考えよう。Clark らによれば,子供たちは,まず段階1で,一番右の名詞要素が,複合語全体の範疇を決定し,段階2になると句構造に見られる標準的語順と同じ語順で V+O を産出するようになると述べている。この論理をそのまま採用する(ただし,3.2節参照)とすれば,V+O (e.g., *hug-kid*), V-ing+O (e.g., *moving-box*) and V-er+O (e.g., *cutter-grass*) などの基底構造は(10)のように表すことができる。

　(10)　[V-*ing*/-*er*/-*ø*] [$_{head}$ N]

段階3になると,子供たちは成人の文法とは異なる構造の産出をやめ,目標言語の構造を産出するようになる。

　Clark らの説明の問題点として,まず,先にも述べたように,なぜ子供たちが段階2で誤った構成素順序を採用するかが明らかにされていない点があ

げられる。次に，子供たちが段階2から段階3へ移行する理由が不明である。また，Clark らの議論に基づいて示した(10)の構造は，英語の文法として不適格であるだけでなく，一般的な自然言語の構造として不適格である。なぜなら，この分析によると主要部 N は先行する V-*ing/-er/-ø* の補部であり，主要部の方が補部の項となるからである。

　Clark, Hecht and Mulford (1986) は，"they take the head in such constructions to be the verb, just as it would be in the verb phrase."（子供達は動詞句と同様に，これらの構造においては動詞を主要部とみなしている。若林訳）(p. 22)といっているので，段階1と段階2は連続しているとは考えておらず，段階2では段階1とは異なり，子供は主要部を左側と捉えているという解釈も可能であろう。この考え方を採用すれば，問題となるのは，大人の母語話者が名詞句を使用する場面で，なぜ，子供が動詞句を使用するのかという点である。この問題について考えてみよう。

3.2　名詞か名詞句か

　3.2節と3.3節では Clark, Hecht and Mulford (1986) のいう段階2のような産出をする子供たちの言語知識について，分散形態論の枠組みで考えてみたい。

　まず，子供たちは，一般的に主要部と補部の位置関係では誤りを犯さない (Nicoladis 2003; Radford 1990) という観察に基づき，動詞由来複合名詞の習得においても，主要部と補部の位置関係においては誤りがないと考えるのが自然である。したがって，V-*ing/-er/-ø*+O（段階2）では，V および V-*ing/-er/-ø* が主要部となっており，「動詞由来複合名詞」は実際には名詞ではなく，(11)のような構造を持っていると考えることができる。

(11)　[$_{nP}$ [$_{n0}$ √V [$_{n0}$ -*ing/-er/-ø*]] [$_{\sqrt{P}}$ √V [$_{DP}$ N]]]

　[V-*ing/-er/-ø*+O] における O が DP であることを示す証拠が，Nicoladis and Murphy (2004) のデータに含まれている。Nicoladis and Murphy (2004) のデータでは，規則複数形は O+V-er の O には現れないが，V-*ing/-er/-ø*+O における O には現れている。Nicoladis and Murphy (2004) に基づくデータを表2に掲載する。

表2　複合語に含まれる規則複数形の頻度

	Oが規則複数である場合		Oが不規則複数である場合	
	O+V-er bell ringer	V-*ing*/-*er*/-*ø*+O *ring-bell*(s)	O+V-er *mice/mouse- hugger*	V-*ing*/-*er*/-*ø*+O *hug-mice/mouse*
単数形	105	17	5	1
複数形	0	23	14	18

(Nicoladis and Murphy 2004: 491, table 2に基づく)

　子供たちは、規則複数形を持つ語をO+V-erの語順のOの場所で105回使用したが、その形は常に単数形で複数形の使用はなかった。したがって、O+V-erのOは複合名詞(すなわちn^0)であり、このOには複数形が使用できないという制約が働いていると考えられる。一方、V-*ing*/-*er*/-*ø*+Oの語順のOの場所で同種の単語を使用した数は計40回だったが、そのうち、23回(57.5%)は複数形であった。したがって、V-*ing*/-*er*/-*ø*+Oは複合名詞ではなく、句であると考えられる。40回のうち、17回は単数形が使用されたが、単数形が使用された理由としては、複数形を表す文法形態素-sが脱落したためであると考えるのが妥当であろう。これは、不規則複数形の場合、19回のうち18回(95%)の割合で、複数形が使われていることからも明らかである。つまり、英語の母語習得では、不規則変化による活用形の方が規則変化(接辞付加)による活用形よりも早い段階で正用率が高くなることが知られている(Brown 1973)ことから、ここでの不規則複数形の使用率の高さは、子供たちが産出したV-*ing*/-*er*/-*ø*+Oの語順におけるOは、[plural]という素性を持ち、不規則形の場合はそれが正しい形で書き出されるが、規則形の場合は正しい形での書き出しが起こらず、複数形を表す形態素-sが脱落したと考えるのが自然である。

　また、Vに-ingが付いたり、あるいは、Vがそのままで用いられる時には、OVの順での産出は観察されなかった。つまり、O+Vという順で表されるのはVに-erが付与された時のみであり(Clark, Hecht and Mulford, 1986)、このことは、V-*ing*/-*er*/-*ø*+OにおけるVと、O+V-*er*におけるVを(その範疇という点から)区別しているという議論を支持することになる。この2種類のVならびにOが、実際に、子供の文法知識においてどのように区別されているかについて、次に考察する。

3.3 子どもの文法における「複合名詞に相当する形」

　主要部と補部の線的位置関係において，子供たちが誤りを犯すことがなかったとしても，子供たちの発話に，成人母語話者の発話には見られない「複合名詞に相当する形」が含まれていることは事実であり，なぜこのような産出が見られるのかについては考察が必要である。ここでは，子供たちがしばしばインプットに含まれる複合名詞とは異なる発話，すなわち，表1の段階1，2で観察されたような発話をするのはなぜかについて論じる。

　段階2で観察されたV+O（例 hug-kid），V-ing+O（例 moving-box），V-er+O（例 cutter-grass）の形は，成人英語話者は産出しない構造である。ここでは，子供の文法においてはこれらの産出の基底となっている構造は共通していると提案したい。Harley (2009)の考え方を採用し，ルート範疇が項を選択すると考えると，派生のある段階で，下のような構造が作られることになる。

(12)　　　　　√P
　　　　　／　　＼
　　　√HUG　　　DP
　　　　｜　　　△
　　　　hug　　kid(s)

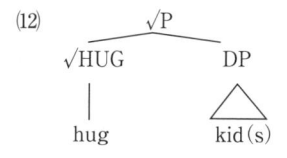

　これにn^0が併合し，√HUGが編入される。ここでDPのkid(s)は，句であり，すでに単語（あるいは句）の大きさを持っているので編入できない。n^0は，子供の言語知識（形態部門）においては，ø，-ing，-er のいずれかの形で書き出される。その結果，表1の段階2で観察された3つの「複合名詞に相当する形」が産出される。

(13)　　　　　　　　　nP
　　　　　　　／　　　　　　＼
　　　　　n^0　　　　　　　　√P
　　　／　　＼　　　　　　／　　＼
　√HUG　　n^0　　　　√HUG　　DP
　　｜　　　｜　　　　　　｜　　　△
　　hug　ø / -ing / -er　　hug　　kid(s)

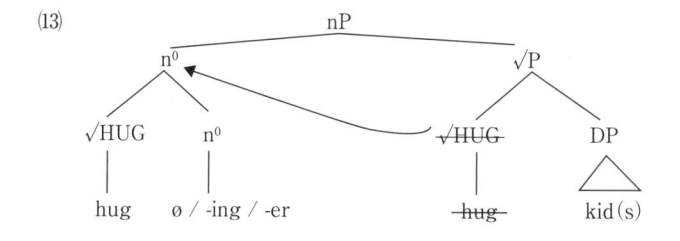

　この派生は，英語における一般的な制約に違反している訳ではないが，こ

れらの形は成人の言語知識では許されない。(ただし,動名詞句として用いられる hugging kids は,成人の言語知識でも許される。しかし,この動名詞句は「子供をハグする(こと)」という行為を指すのであって,「子供をハグしている人」(行為者)を表す訳ではないので,適切な表現ではない。)

なぜ,子供たちは,インプットにないこのような形を産出するのか。まず,大人の言語知識(形態部門)では,n^0 は -er という形態素で表される。子供は,インプットから正しい形態を学習する必要があり,それには時間がかかる。さらに,子供を混乱させ,ø や -ing が n^0 に対応する形態であるという結論に導くようなインプットも存在する。(14)の例をご覧いただきたい。

(14) a. Tom is a good cook.
　　 b. Tom is good at cooking.
　　 c. Tom's hobby is cooking.
　　 d. Cooking is a good hobby.

(14a)においては,cook は名詞で,その n^0 は ø である。(14b, c, d)では,cooking は動名詞,その範疇主要部は n^0 でそのため前置詞の補部などになることができる。インプットに含まれるこの種の「名詞」が,子どもたちを混乱させ,ø や -ing が,n^0 になり得るという結論に導いている可能性がある。

成人英語話者の文法において,(13)で示した構造がそのまま発話されないのは,O となっている DP の格表示のための形態素,すなわち of が欠落しているためである。Harley (2009) は,この of について "the *of* [in adult grammar] heads a 'dissociated morpheme' inserted into the structure as a Last Resort operation to realize the inherent case of the argument DP, as a DM [Distributed Morphology] implementation the 'inherent case' proposal of Chomsky 1986. (of は,DP 項の内在格を実現するために,最終解決策として,構造の中に挿入された「分離形態素」の主要部をなすものであり,これは,すなわち,Chomsky 1986での「内在格」という提案を分散形態論で実現したものである。若林訳)" と述べており,ここではこの考え方を採用する。すなわち,of は,成人文法においても,(13)のような構造で示されるレベルでは存在せず,形態部門の中でも,最後に挿入されることになる。例えば,大人の言語知識における hugger of kids の構造は(15)のように記述される (Harley 2009: 134 参照)。

(15)

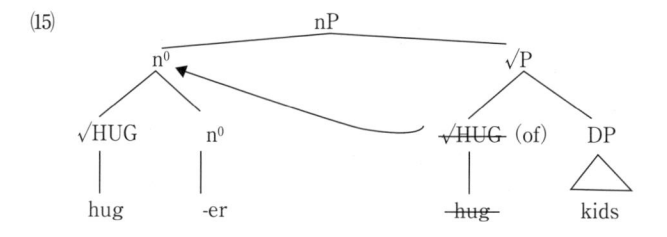

```
              nP
         ／       ＼
       n⁰          √P
      ／＼        ／   ＼
   √HUG  n⁰   √HUG (of)  DP
     |    |      |       △
    hug  -er    hug     kids
```

　(15)の構造は(13)の構造と同一であるが，(15)ではn⁰の書き出しが√HUG (of)という形で行なわれる，つまり，ここにofが加えられるという点だけが異なっている。言い換えれば，(13)で示されたV-ing/-er/-ø+Oは複合名詞ではなく，成人英語話者の[V of DP]の産出に相当することになる。(15)の構造を正しく使用するためには，子供たちは「最終解決方法としてのof挿入」が習得されなければならない。
　この議論が正しければ，表1の段階2として観察された子供たちの発話の「複合名詞に相当する形」は元々複合名詞ではなく，of句を補部に持つ名詞句で，その構造は成人話者と同じものだということになる。Clark, Hecht and Mulford (1986)は，子供たちの発話の分析において，産出された「複合名詞に相当する形」が実際に「名詞」であると考えているが，それが根本的な誤解である。当然，彼らが提案した「統語(語順)より形態素が先に習得される」という説は誤りであり，逆に「統語(語順)が形態素より先に習得される」という説が正しいことになる。

4. 考察：子供の文法

　本稿では，Clark, Hecht and Mulford (1986)およびNicoladis and Murphy (2004)のデータを用いて，子供たちの複合名詞および複合名詞に相当する形の産出に関して論じてきた。以上をまとめると(16)のようになる。

(16)　a. 子供は，主要部と補部の線的順序について，初期の段階から誤りを犯さない。
　　　b. 子供たちの統語知識は成人の統語知識と同一であるが，形態部門における「書き出し」が異なっている。
　　　c. 母語習得において，統語知識よりも遅く習得されるのは，形態素

(すなわち, ø/-ing/-er/of)である。

　(16)の提案は,統語構造の発達が普遍文法の制約を受けるという考え方 (Chomsky 1986),および,原理とパラメータのアプローチにおいて提案された,パラメータ値はごく早い時期に設定されるという考え方 (Hyams and Wexler 1993；Phillips 1995；Wexler 1994など) に合致する。
　ここで,Radford (1990)のいうように,母語の文法知識が統語構造の構築という形で行なわれ,語や句が生成される場合には,そのたびに列挙ならびに派生が起こると考えよう (Suda and Wakabayashi 2007；Wakabayashi 1997, 2002, 2009)。大人の場合には,内容語の範疇素性は,語彙における派生開始の段階で常に列挙に取り込まれると考えるのが自然である。しかし,子どもの言語知識においては,内容語の範疇素性は,うまく列挙に取り込まれる場合と取り込まれない場合があるのかもしれない。そうすると,ここまで[n⁰ ø]という形で,子供の文法に存在すると仮定していた範疇が,派生される統語構造の中に実際に存在する場合としない場合が考えられる[8]。
　例えば,hug kid という形が産出される場合,kid の範疇素性が列挙に取り込まれ,hug の範疇素性が取り込まれていない場合には,その構造は,(17)のようになるはずである。

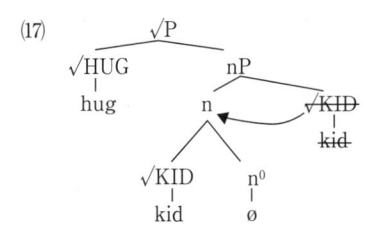

(17)　　　　　√P
　　　　√HUG　　　nP
　　　　　｜　　　　　
　　　　　hug　　n　　√KID
　　　　　　　　　　　　｜
　　　　　　　　　　　　kid
　　　　　　　√KID　n⁰
　　　　　　　　｜　　｜
　　　　　　　　kid　ø

　仮に,kid の範疇素性も hug の範疇素性も列挙に取り込まれないまま派生が起こったとすると(18)のようになる。

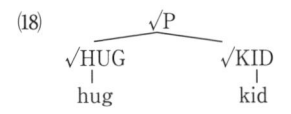

(18)　　　　　√P
　　　　√HUG　　√KID
　　　　　｜　　　　｜
　　　　　hug　　　kid

(17)，(18)の構造は，hug kid という音形になる。

また，hug の範疇素性が列挙に取り込まれていなくても，補部 DP と併合することは可能である。補部の kid が複数形として，-s を付与され kids という形になる場合に，構造は(19)のようになり，この構造はそのまま書き出され，hug kids のようになる[9]。

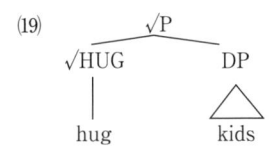

(19)
```
         √P
        /  \
     √HUG   DP
      |    /\
     hug  kids
```

hug kid(s) という表現がその行為者(つまり，ハグしている人)を指すことができる子供の文法と，それを許さない大人の違いは，主要部 hug の範疇素性を使用しなくてもよいという子供の文法と，一貫して使用しなければならないという大人の文法の違いにあると考えることができる。言い換えると，行為者を指すためには，大人の文法では n を範疇素性とする(複合)名詞か，D を主要部とする名詞句でなければならないが，子供の場合，そのような制約は受けないと考えられる。したがって，子供の産出は「複合名詞のようなもの」で「動詞句のようなもの」となる。

また，子供の発話には変異性があり，ある時は大人の産出と同じ形を，ある時は大人の産出とは異なる形を発話する。このことは，大人の文法では範疇素性が一貫して使用されるが，子供の文法ではその使用の一貫性に欠けているという形で捉えることができる。この一貫性の有無の違いは，極小理論(Chomsky 1995)の枠組みで考えると，素性が「一貫して使用されるかどうか」という問題に置き換えられよう。特定の素性を一貫して使用するかどうかは，(類型的パターンがあるものの)言語によって異なっており，その点から考えると，母語習得において学習する必要がある。

さらに，例えば「n^0 が -er という音形を持つ」という規則は，英語独特の規則であり，この素性と音形のつながりも学習する必要がある。子供が -er の代わりに -ing や ø を使用する(ように見える)のは，ここまで述べてきたような，「範疇素性 n^0 の列挙への取り込みの不履行」に加えて，n^0 を -er という形に置き換えられないためであり，その代わりに -ing や ø を使用することが原因となっている場合もある。(ただし，それだけでは，表2のような

データは説明できない。)

　以上から,子供の産出に見られる「複合名詞のようなもの」と成人母語話者の産出に含まれる複合名詞ならびに of DP を補部に取る名詞句の違いは,列挙における素性の取り込み(Wakabayashi 1997)ならびに形態部門における形態素への書き出しの違いにあると捉えることができる[10]。

　さらに別の可能性として,段階2のような発話の原因が,子供が機能範疇(NumP, DP)を十分に獲得しておらず,nP を使用しているためであるとも考えられる。「DP(もしくは D の存在)が(16)で見たような of の挿入の条件である」(つまり,D がなければ of は挿入されない)と仮定すると,hugger-kid のような発話は NumP と DP のいずれもが存在しないため産出され,hugger-kids のような発話では DP が存在しないため産出されると考えることができる。さらに NumP を必要としないと考えられる不規則複数名詞の産出頻度が高いことも,機能範疇を列挙に入れる必要がないためだと説明できる。習得が進んで,子供が,それまで nP だと思っていた kid が,目標文法では句ではなく(単数の)語であることを確認すると,編入操作が可能となり,段階2の派生はなくなる。また,機能範疇の使用ができるようになるにつれて of DP の名詞句も派生するようになることができ,やはり段階2の派生をしなくなるという訳である。

　この考え方は,ここまで見てきた範疇素性の習得という考え方と整合性がある。すなわち,母語習得は,素性や語彙の列挙への取り込みの一貫性の習得という形で行なわれる(Wakabayshi 1997)と考えることができるが,より精緻な議論については,稿を改めて行ないたい。

5. おわりに

　本稿では Clark, Hecht, and Mulford (1986) および Nicoladis and Murphy (2004) のデータを使用して,複合名詞の習得において産出される誤りであるとされてきた子供の発話の一部は,実際には,of DP を補部とする名詞句の発話と同等のものであり,従来,誤りとされてきた形態素の線的順序は,実際には誤りではないと指摘した上で,構成素を併合してより大きな構成素を作り出す統語知識は,統語構造に組み込まれた語を形態に置き換える形態部門での操作や,語彙部門における列挙に範疇素性を一貫して取り込む操作よりも前に習得されると提案した。この提案は,Clark, Hecht and Mulford

(1986)による子供と大人の違いや，Nicoladis and Murphy (2004)が提案したコネクショニストモデルでの複合名詞の習得とは異なり，一方，生成文法に基づく母語習得で提案されてきた説明と一致する。言語知識の習得が，発達途中で大きな転換・変化を見せないことや，いわゆる「刺激の貧困(つまり，成人母語話者の持っている言語知識は，周りから与えられるインプットのみを基に習得できないような抽象的かつ複雑なものであること)」が存在する(Chomsky 1986 ; Crain and Thornton 1998)ことを考えると，本稿での提案は，Clark, Hecht and Mulford (1986)や Nicoladis and Murphy (2004)よりも説得力があると考えられる。

注

* 本稿は，科学研究費(基盤研究(c) NO. 20520524 研究代表者 若林茂則)に基づく研究の一部である。穂苅友洋氏との議論に基づく部分も多い。穂苅氏には参考文献の仕上げも手伝っていただいた。感謝申し上げたい。
1) ただし，次頁の議論参照。
2) ここでの議論が正しければ，英語の成人母語話者が(7b)のような構造を産出しないという観察は，一般的には，不規則複数形が√Pを投射するために必要な意味内容を持たないこと，すなわち，このような不規則複数形の持つ意味内容が単数形の表す意味内容に単に[複数]という素性を加えただけのものであると説明できる。本文での議論参照。
3) Seidenberg, Haskell and MacDonald (1999)は，単数形と複数形の音声上の類似性が高いかどうかが，不規則複数形が複合名詞句内に編入されるかどうかに影響を与えると提案している。
4) 例えば，scissor-holder (鋏を手で持っている人，あるいは，掛けておく道具)のような例は，ここでの説明には問題となるかもしれない。なぜなら，scissor は単独で名詞として用いられることがないため，scissors 自体が独立した語として記憶されている可能性が高いからである。ここでは，scissor が scissors の表す意味内容と(ほぼ)同じの意味内容を持つことが自明であるため，[複数形]かどうかはさほど意味を持たず，そのため，本文中の例(8)とは異なり，単数形 scissor が用いられると考えられる。より詳しい議論については，今後の研究に譲りたい。
5) Clark, Hecht and Mulford (1986)は，ここで示した複合名詞以外の形についても議論しているが，ここでは取り上げない。

6) Nicoladis and Murphy (2004)は，表2にある V-*ing*/-*er*/-*ø*+O における規則形と不規則形の非並行性を，インプットに基づく類似性に基づいて説明しようとしているが，その説明は根本的に説得力がない。大人は，Oが規則複数形であれ不規則複数形であれ，V-*ing*/-*er*/-*ø*+Oのような語順では，複合名詞を産出しないから，類似性に基づいて産出することは不可能である。
7) Nicoladis and Murphy (2004)の説明には，これ以外の問題もあるが，それらについては後で述べる。
8) ここでは，成人の文法においては，すべての内容語が範疇主要部とルート主要部から構成されていると仮定している。英語の複合名詞の生成においては，この仮定で問題はないと思われるが，実際に，すべての言語においてそれが正しいかどうかは，今後の課題としたい。
9) DPというよりも NumP (Ritter 1995)構造を持っているかもしれないが，ここでは D および DP の内部構造については論じない。DPの構造がどういうものであれ，それが語より大きな単位のものであるということさえ明らかになっていれば，本質的な議論には違いが出ない。
10) 第二言語習得研究では，学習者の誤りの原因は統語知識にあるのではなく，形態素の使用にあるという考え方が Hazneder and Schwartz (1997), Prévost and White (2000)などによって提案されている。

参考文献

Brown, Roger (1973) *A First Language: The Early Stages.* Cambridge, MA: Harvard University Press.

Chomsky, Noam (1986) *Knowledge of Language: Its Nature, Origin, and Use.* New York: Praeger.

Chomsky, Noam (1995) *The Minimalist Program.* Cambridge, MA: MIT Press.

Crain, Stephen and R. Thornton (1998) *Investigations in Universal Grammar: A Guide to Experiments on the Acquisition of Syntax and Semantics.* Cambridge, MA: MIT Press.

Clahsen, Harald (1995) "German Plurals in Adult Second Language Development: Evidence for a Dual-mechanism model of Inflection." In L. Eubank *et al.* (eds.), *The Current State of Interlanguage.* Amsterdam: John Benjamins, pp. 123-137.

Clark, Eve, V., S. A. Gelman and N. M. Lane (1985) "Compound Nouns and Category Structure in Young Children." *Child Development* 56, 1: 84-94.

Clark, Eve, V. and B. F. Hecht (1982) "Learning to Coin Agent and Instrument Nouns." *Cognition* 12, 1: 1-24.

Clark, Eve, V., B. F. Hecht and R. C. Mulford (1986) "Coining Complex Compounds in English: Affixes and Word Order in Acquisition." *Linguistics* 24, 1: 7-29.

Gordon, Peter (1985) "Level Ordering in Lexical Development." *Cognition* 21, 2: 73-93.

Harley, Heidi (2009) "Compounding in Distributed Morphology." In R. Lieber and P. Štekauer (eds.), *The Oxford Handbook of Compounding*. Oxford: Oxford University Press, pp. 129-144.

Hazneder, Belma and B. D. Schwartz (1997) "Are There Optional Infinitives in Child L2 Acquisition?" In E. Hughes *et al.* (eds.), *Proceedings of the 21st Annual Boston University Conference on Language Development Volume 1*. Somerville, MA: Cascadilla Press, pp. 257-268.

Hyams, Nina and K. Wexler (1993) "On the Grammatical Basis of Null Subjects in Child Language." *Linguistic Inquiry* 24, 3: 421-459.

Kiparsky, Paul (1982) "From Cyclic Phonology to Lexical Phonology." In H. van der Hulst and N. Smith (eds.), *The Structure of Phonological Representations Part 1*. Dordrecht: Foris, pp. 131-175.

Lardiere, Donna (1995) "'Differential' Treatment of Regular vs. Irregular Inflection in Compounds as Nonevidence for Level Ordering." *Second Language Research* 11, 3: 267-269.

Lardiere, Donna and B. D. Schwartz (1997) "Feature-Marking in the L2 Development of Deverbal Compounds." *Journal of Linguistics* 33, 2: 327-353.

Murphy, Victoria A. (2000) "Compounding and the Representations of L2 Inflectional Morphology." *Language Learning* 50, 1: 153-197.

Nicoladis, Elena (2003) "Compounding is Not Contingent on Level-Ordering Acquisition." *Cognitive Development* 18, 3: 319-338.

Nicoladis, Elena (2005) "The Acquisition of Complex Deverbal Words by a French-English Bilingual Child." *Language Learning* 55, 3: 415-443.

Nicoladis, Elena and V. A. Murphy (2004) "Level-Ordering Does Not Constrain Children's Ungrammatical Compounds." *Brain and Language* 90, 1-3: 487-494.

Prasada, Sandeep and S. Pinker (1993) "Generalisation of Regular and Irregular Morphological Patterns." *Language and Cognitive Processes* 8, 1: 1-56.

Phillips, Colin (1995) "Syntax at Age Two: Cross-Linguistic Differences." In C. Schütze *et al.* (eds.), *Papers on Language Processing and Acquisition: MIT Working Papers in Linguistics* 26: 325-82.

Prévost, Philippe and L. White (2000) "Missing Surface Inflection or Impairment in

Second Language Acquisition? Evidence from Tense and Agreement." *Second Language Research* 16, 2: 103-133.

Radford, Andrew (1990) *Syntactic Theory and the Acquisition of English Syntax: The Nature of Early Child Grammar of English*. Oxford: Blackwell.

Ritter, Elizabeth (1995) "On the Syntactic Category of Pronouns and Agreement." *Natural Language and Linguistic Theory* 13, 3: 405-443.

Seidenberg, Mark S., T. Haskell and M. C. MacDonald (1999) "Constraints on Plural in Compounds: Some Implications of Compounds Research." *Abstracts of the Psychonomic Society: 40th Annual meeting*, 81.

Suda, Koji and S. Wakabayashi (2007) "The Acquisition of Pronominal Case-Marking by Japanese Learners of English." *Second Language Research* 23, 2: 179-214.

Ullman, Michael T. (1999) "Acceptability Rating of Regular and Irregular Past-Tense Forms: Evidence for a Dual-System Model of Language from Word Frequency and Phonological Neighbourhood Effects." *Language and Cognitive Processes* 14, 1: 47-67.

Wakabayashi, Shigenori (1997) "*The Acquisition of Functional Categories by Learners of English.*" Ph.D. Dissertation, University of Cambridge.

Wakabayashi, Shigenori (2002) "The Acquisition of Non-null Subjects in English: A Minimalist Account." *Second Language Research* 18, 1: 28-71.

Wakabayashi, Shigenori (2009) "Lexical Learning in Second Language Acquisition: Optionality in the Numeration." *Second Language Research* 25, 2: 335-341.

Wexler, Kenneth. (1994) "Optional Infinitives, Head Movement and Economy of Derivation." In N. Hornstein and D. Lightfoot (eds.), *Verb Movement*. Cambridge, UK: Cambridge University Press, pp. 305-362.

語義と文法の記述と語用論
—「could/might + 完了不定詞」構文をめぐって—

市 川 泰 男

1. はじめに

　could + 完了不定詞の意味がいく通りかに曖昧であることはよく指摘されるところである。また，could + 完了不定詞と might + 完了不定詞の構文は両者がほとんど同じ意味内容を表す場合があることもよく知られている。本稿は，主に法助動詞 could，might の辞書における語義記述と文法書における「could/might + 完了不定詞」構文に関する記述を概観し，その多義性，曖昧性に関するいくつかの問題点を考察し，併せて could/might + 完了不定詞の語用論的用法を検討する。

2. 語義記述

　一般の英語辞書におけるもっとも大切な要素は語義記述にあるということは言うを俟たない。その重要な語義記述の方法は辞書によって，または見出し語の品詞によって異なる。しかし，何らかの語義の説明がなされ，その意味するところを理解し易くするために用例が示されるのが通例であるように思える。例えば，Oxford Dictionary of English (ODE と略記) は Introduction の Grammar の項で 語彙項目 bomb について，その扱い方を説明している。bomb には3つの中心的意味(CORE SENSE)があり，それぞれの語義とその例文に Grammar として[with obj.]，[no obj.]，[no obj., with adverbial of direction]の説明がついている。この例からわかるように語義の説明と共に，動詞であるなら，自動詞，他動詞の区別，副詞句を伴うかどうかなどが示される。では法助動詞 could や might の場合はどのような語義記述になっているだろうか。ODE では次のように記述されている[1]。

could: **modal verb** past of CAN[1]
■used to indicate possibility: *they could be right* | *I would go if I could afford it.* ■used in making suggestions or polite requests: *you could always ring him up* | *could I use the phone?*■used to indicate annoyance because of something that has not been done: *they could have told me!*■used to indicate a strong inclination to do something: *he irritates me so much that I could scream.*

この語義説明から, could は(a)「可能性を示す」のに使われる。(b)「提案をする, または丁寧にものを頼む」時に使われる。(c)「何かが行なわれなかったことに対する苛立ち立ちを示す」時に使われる。(d)「何かを行ないたいという強い気持ちを示す」時に使われる。この語義の例文で could have + 過去分詞の構文になっているのは(c)にある *they could have told me!* であり, 語義説明から「彼らは私に話してくれてもよかったのに」という意味合いになると思われる。

次に WEBSTER'S THIRD NEW INTERNATIONAL DICTIONARY (1961) (WEBSTER と略記) を見ると, 次のように記述されている。

could *or archaic 2d sing* **couldst** [語源など] *past of* CAN
— used in auxiliary function in the past tense <he found he 〜 go>, in the past conditional <he said he would go if he 〜>, and as an alternative to *can* suggesting less force or certainty or as a polite form in the present <〜you do this for me> and the present conditional <if you 〜 come we would be pleased>

この語義記述には, could have + 過去分詞を含む用例が示されていないので直接的には本稿の参考にならないが, 過去の条件文, 現在の条件文で使われるという語義説明とその用例は ODE に見られない記述である。
次に might の語義説明を見てみる。ODE では以下のように記述されている。

might[1]: **modal verb** (3rd sing present **might**)
1 past of MAY[1], used especially: ■in reported speech, to express possi-

bility or permission: *he said he might be late.* ■expressing a possibility based on an unfulfilled condition: *we might have won if we'd played better.* ■expressing annoyance about something that someone has not done: *you might have told me!*■expressing purpose: *he avoided social engagements so that he might work.*

2 used to tentatively ask permission or express a polite request: *might I just ask one question?* | *you might just call me Jane, if you don't mind.* ■asking for information, especially condescendingly: *and who might you be?*

3 used to express possibility or making a suggestion: *this might be true* | *you might try pain relievers.*

この語義記述において本稿と関わりのある説明は,「実現しなかった条件に基づく可能性を表して」と「誰かが行なわなかったことに対する苛立ちを表して」という記述で, 前者の例文 *we might have won if we'd played better.* はいわゆる仮定法過去完了構文の帰結節に用いられる用法で, 意味は「私たちがもっとうまくプレイしたら勝ったかもしれない」であり, 後者の例文 *you might have told me!* は「(君)私に話してくれてもよかったのに」という意味内容である。ODE の could と might の語義記述において本稿にもっとも関係があり重要な点は, could + 完了不定詞と might + 完了不定詞はいずれも「誰かが何かを行なわなかったことに対するいらだちを表す」のに用いられるという点である。この点に関して注意すべき補足的なことは, could の用例の主語は they であり, might の用例では主語が you になっている点である。次に注目すべき点は, could に関しては仮定法過去完了に該当する用例が1つもあげられていないが, might に関しては用例が1つあり, 仮定法過去完了構文の帰結節に現れている点である。

次に WEBSTER を見る。

past of MAY—used in auxiliary function to express permission, liberty, probability, possibility in the past < the king ～do nothing without parliament's consent> or a present condition contrary to fact <if he were older he ～ understand> or less probability or possibility than may <～get there before it rains> <～be a good idea to wait and see>

or as a polite alternative to *may* <~I ask who is calling> or to *ought or should* <you ~ at least apologize>

この語義記述には could の場合と同様に might + 完了不定詞の構文の用例は見当たらない。しかし,「may よりも蓋然性や可能性が低い」「may または ought や should の丁寧な代替」というような記述は後で触れるところでもある。

次に ODE や WEBSTER より小型の辞書での could と might の語義記述を検討する。語義として提示している記述の一番多い *Collins COBUILD Advanced Learner's English Dictionary* (COBUILDと略記)の could と might の語義記述を取り上げ,他の辞書[2]の類似する語義記述と併せて語義を検討していくことにする。

2.1　could

COBUILD は could の語義を16に分類しているが,16番目では could do with が成句として記載されている。以下 could have + p.p. 構文の用例がある語義を中心に詳しく見ていくことにする。

COBUILD では **Could** is a modal verb. It is used with the base form of a verb. **Could** is sometimes considered to be the past form of **can**, but in this dictionary the two words are dealt with separately. という記述の後に以下のような語義記述がある。

(1)[3] MODAL You use **could** to indicate that someone had the ability to do something. You use **could not** or **couldn't** to say that someone was unable to do something.(could は誰かに何かをする能力があったということを示すのに用いる。could not, couldn't は誰かが何かをすることができなかったと言うのに用いる。): *For my return journey, I felt I could afford the extra and travel first class. | I could see that something was terribly wrong. | When I left school at 16, I couldn't read or write. | There was no way she could have coped with a baby around.*[4]

以下に見る語義(4)と(5)のように,肯定と否定を別扱いにする場合もある

が，この語義記述においては肯定(could)と否定(couldn't)が同じ語義番号のもとで記述されている。語義または語義数という観点からはこの扱いの方が妥当であろう。

COBUILD では「誰かが何かをする能力を持っていた」ことを示す場合に could を用いるという語義記述になっているが，"used as the past tense of 'can'" (OALD could 1), "the past tense of can[1]" (RHWD could 1)のように単に「can の過去形」と記述している場合，"*PAST SIMPLE OF* can, used to talk about what someone or something was able or allowed to do" (CALD could *verb* CAN), "PAST ABILITY used as the past tense of 'can' to say what someone was able to do or was allowed to do in the past" (LDOCE could 1)のように「誰かが何かをすることができた，または何かをすることが許されていた」という語義を与えている場合，"Could is used as the past tense of **can** when it means that someone had the ability to do something, or that something was possible" (MED)のように「誰かが何かをする能力を持っていた，または何かが可能であった」と記述している場合などがある。このように辞書によって表現は微妙に異なるが，could は過去のある時期における主語の能力や何かの可能性を示す時に用いられ，この語義の用例はしばしば過去の時点を示す副詞句や副詞節を伴っている。

(2) MODAL You use **could** to indicate that something sometimes happened. (could はあることが時に起こったということを示すのに用いる): *Though he had a temper and could be nasty, it never lasted.* | *He could be very pleasant when he wanted to.*

この語義は，英和辞典では「(時に) 〜することがある」の意味の can の過去形で「(時に)〜することがあった」などの訳語が与えられる場合であるが，参考にした他の英英辞典ではこの語義を明確に示している辞典はない。しかし，*The North Sea can get very rough.* | *Mike could be very annoying sometimes.* の用例から判断すると，PESD の can[1] 7 " (often can/could/be s.t) am/are/is/was/were sometimes in the state that is described, mentioned" の語義記述がこれに該当するように思える。また，LDOCE では 2 POSSIBILITY a) で "used to say that something is possible or might happen" と記述されて，*Most accidents in the home could be prevented.* | *It could be weeks before we get a reply.* | *If you're not careful, you could get into even worse trouble.* | *A faulty connection could easily* (= would be likely to) *cause a fire.* の用例があり,それぞれの例文が「あることが起こり得る」ことを示していると思われるが,2番目の例文など,「返事を受け取るまで数週間かかることがある」の日本語を与えることができそうなので,LDOCE 2 POSSIBILITY a) の語義記述は COBUILD (2) と PESD 7 の語義とかなり重なる部分があるように思える。後でこの語義に該当すると思える could have + p.p. 構文を検討することになるが,COBUILD にはこの構文の用例は載っていない。

(3) MODAL You use **could have** to indicate that something was a possibility in the past, although it did not actually happen. (could have (+ p.p.) は過去に実際には起こらなかったが,何かが起こる可能性のあったことを示すのに用いる): *He could have made a fortune as a lawyer.* (彼は弁護士として財をなすことができた(が実現しなかった)) | *He did not regret saying what he did but felt that he could have expressed it differently.* (彼は自分が実際に口にしたことを後悔はしなかったが,別の言い方もできただろうに,と感じた)

この could have の語義に関して,MED には次の2つの記述が見られる。1つは "There is no past tense, but **could have** followed by a past participle is used for referring to something in the past that was not real, or something that may possibly have been real: *I could have been killed.* | *What was that noise? Could it have been the wind?*" という記述であり,この語義記述と用例は PHRASES の欄で説明されている次の1と2に該当する。
could have (done sth) *spoken* の後に "1 used for saying that something was possible in the past, even though it did not happen: *You could have been killed.* | *I could have told you, but I didn't think you would listen.* | *She could have married Gerald if she'd wanted to.* 2 used for saying that perhaps something was true, although you do not really know: *The explosion could have been caused by a gas leak.* | *It could have been Dan, but I'm not sure.*" という記述がある[5]。MED の上記1は COBUILD could (3) に該当する。COBUILD could (3) と MED 1と同様に LDOCE の2 POSSIBILI-

TY b)では "used to say that something was a possibility in the past, but did not actually happen" という語義記述になっていて，「あることが過去に起こる可能性があったが，実際には起こらなかったことをいうのに用いられる」と記述している。

これに対して，CALD では could POSSIBILITY の用例として *A lot of crime could be prevented.* | *She could arrive anytime now.* の用例に加えて *Be careful with that stick — it could **have** gone in my eye!* という用例をあげてはいるが，語義の記述は "used to express possibility, especially slight or uncertain possibility" となっていて，「実際には起こらなかったことを表すのに使われる」というような記述はない。OALD では can の項にある **GRAMMAR POINT** で，"**Could have** is used when you are saying that it was possible for somebody to do something in the past but they did not try" と記述して，*I could have won the game but decided to let her win.* の用例を載せている。この実現しなかった過去のある出来事は，周りの状況で実現しなかった場合と OALD に言及されているように，本人がしようとしなかったからあることが実現しなかった場合とが考えられるが，この点は後で検討する。また，実現しなかった過去の出来事について述べる時に用いられる could have + p.p. の語義，用法は might have + p.p. の用法に近いと思われるにもかかわらず，COBUILD (3)では = might とは記されていない[6]。

他の辞書の用例 *Somebody could have been killed.* | *I could have warned you if I had known where you were.* | *He could have escaped, but he chose to stand and fight.* (LDOCE)，*You could have been killed.* | *I could have told you, but I didn't think you would listen.* | *She could have married Gerald if she'd wanted to.* (MED)，*I could have won the game but decided to let her win.* (OALD)を見ると，could have + p.p. を含む用例だけが示されていてその脈絡が与えられていない場合と，仮定法過去完了の帰結節に現れている場合と，*He could have escaped, but he chose to stand and fight.* (彼は逃げることもできたが，踏み留まって戦うことにした)や *I could have told you, but I didn't think you would listen.* (君に話すこともできたが，君が聞いてくれるとは思わなかった)，*I could have won the game but decided to let her win.* (試合に(勝とうと思えば)勝つことができたが，彼女に勝たせることにした)などのように，あることを行なおうと思えばできたのだが，そうしなかった根拠や理由を添えている用例の3種類に分類できる。そ

して,脈絡が与えられていない *You could have been killed.* のような例文がどのような場合に用いられるのかは語用論の問題になると思われるが,この点は後で触れることにしたい。

(4) MODAL=*might* You use **could** to indicate that something is possibly true, or that it may possibly happen.(could は何かがことによると真実であるということ,またはあることがことによると起こるかもしれない,ということを示すのに用いる): *Doctors told him the disease could have been caused by years of working in smokey clubs.*(医者たちはその病気は煙の充満するクラブで働いた歳月によって引き起こされたのだろうと彼に話した) | *An improvement in living standards could be years away.*(生活水準の向上は数年先になるかもしれない)

最初の用例には could have + p.p. の形があるが,語義説明から判断して,主節の動詞の過去時制に一致して could be caused が could have been caused の形になったものであると考えられる[7]。

ここで COBUILD の語義(3)と(4)の違いを明確にしておこう。まず(3)は実現しなかった過去の出来事を表す could の語義記述であるのに対して,(4)は現在,または未来の可能性を示す could の語義記述であり,might と同義であると記されている。なお,別の辞書が示しているように,過去の出来事の可能性について述べる場合は could [might] have + p.p. になるように思える。その場合,「あることが起こる可能性があった」の意味になるが,could [might] have + p.p. 構文に固有の意味ではない。CALD: could POSSIBILITY では "used to express possibility, especially slight or uncertain possibility" と記述され,*A lot of crime could be prevented.* | *She could arrive anytime now.* | *Be careful with that stick — it could have gone in my eye!* の用例がある。この3つ目の用例については,上で述べた通り,COBUILD の could (3)の語義に該当すると思われるが,CALD では過去に実現しなかったことを念頭に置いた語義との区別はしていない。MED の **could have (done sth)** *spoken* 2 "used for saying that perhaps something was true, although you do not really know: *The explosion could have been caused by a gas leak.* | *It could have been Dan, but I'm not sure.*" は COBUILD (4)の語義に該当するように思われるが,COBUILD (4)とは時

制に関する説明が異なる。COBUILD (4)では現在，または未来の可能性について述べているが，上記の MED の「今確信はないが，あることが事実であっただろう」という語義記述は could have (done sth)の構文に限定した語義の記述になっているからだ。could のこの語義が could have + p.p. 構文に特有の語義でないことは，COBUILD (4)の2つ目の用例や，OALD could 4の語義記述 "used to show that sth is or might be possible" とその用例 *I could do it now, if you like.* | *Don't worry — they could have just forgotten to call.* | *You couldn't have left it on the bus, could you?* | *'Have some more cake.' 'Oh, I couldn't, thank you* (= I'm too full). [8] と RHWS could 2 "used to express possibility: *That could never be true.*" を見れば明らかである。

(5) MODAL You use **could not** or **couldn't** to indicate that it is not possible that something is true. (could not または couldn't はあることが真実であることはあり得ないということを示すのに用いられる): *Anne couldn't be expected to understand the situation.* | *He couldn't have been more than fourteen years old.*

この語義自体は(4)にほぼ等しいと思われる。ただ，(4)は肯定(文)，(5)は否定(文)の関係になっている。語義(1)では肯定と否定形を1つの語彙項目として扱っているので，ここでも同様の扱いができよう。このように考えるなら，COBUIL があげている could の語義数は1つ減になる。また，2つ目の用例は couldn't have been の形になっているが，could [couldn't] have + p.p. 構文に固有の意味ではない。He *couldn't be more than fourteen years old.* は (彼は今の(つまり，この発話がなされる)時点で14歳以上であることはない) という意味であるが，He *couldn't have been more than fourteen years old.* は今の発言ではあるが，意味は(彼は(過去のある時点で) 14歳以上であったことはあり得ない)という意味関係にあるといえるからだ。

(6) MODAL You use **could** to talk about a possibility, ability, or opportunity that depends on other conditions (could は他の条件に基づく可能性，能力，機会について話す時に用いる): *Their hope was that a new and better East Germany could be born.* | *I knew that if I spoke to*

Myra, I could get her to call my father.

　この語義記述は that depends on other conditions という部分がわかりづらい。2つ目の用例は，if 節で示される「私がマイラに話しかければ」という仮定なり条件のもとでなら「私は彼女に私の父に電話をしてもらうことができる[可能である]」というような意味の文である。つまり，could を従える主語が示す人物自身の能力によって何かが可能であるのではなく，何らかの他の条件のもとで可能であるということを示すのがこの could の語義であるということだと思われる。これは could が用いられる１つの用法を示してはいるが，could の特別な語義というほどのものではない。語義(13)では，仮定法過去(完了)の構文で用いられる could が１つの語義として扱われているが，それに準じているのかもしれない。あることが可能であるのは主語の能力によるものではないという点がポイントになっている。

　(7)　MODAL You use **could** when you are saying that one thing or situation resembles another. (could はあることや状況が別のものに似ているという時に用いられる): *The charming characters she draws look like they could have walked out of the 1920s.* (彼女が描く魅力的な登場人物はまるで1920年代から歩き出てきた[出てきている]かのように見える)

　この語義は後で検討することになる語義である。この語義記述と用例だけでは could + 動詞原形 または could have + p.p. 構文の意味は十分に理解できないが，英和中辞典(研究社)には could 3b で[～ have + 過分で；条件節の内容を言外に含めた主節だけの文で；婉曲的に] (…できただろうに，…したいくらいだった; …しているみたいだった[も同然だった])の語義が与えられて *He ～ have been talking to everyone in the office.* ((２人だけの話だったのに)彼は事務所の皆に話しているみたいだった)という用例がある。また，MED の might 6には "**used for saying how sth seems to you** used for talking about the way in which someone remembers or thinks of a situation: *I remember that day so clearly, it might have been yesterday.*" という語義説明と用例があるが，これは上記 could(7)の語義，用法に匹敵するように思える。この見方が正しいなら，COBUILD could(7)と MED の might

6 の語義はほぼ同じであることになる。ということは,「～のようだ,～みたいだ;～のようだった,～みたいだった」の意味は could (have + p.p.) にも might (have + p.p.) にもあるということになる。この点は, 文法記述の3.1節で再び検討することになる。また, この語義が could have + p.p. 構文に特化された固有の語義であるのかどうかについても後で触れる。

(8) MODAL You use **could**, or **couldn't** in questions, when you are making offers and suggestions. (could または疑問文での couldn't は申し出や提案をする時に用いられる): *I could call the local doctor. | You could look for a career abroad where environmental jobs are better paid and more secure. | It would be a good idea if you could do this exercise twice or three times on separate days.*

語義と用例から判断して,この could は, 主語が I, we などの一人称の場合は「～してもいいですよ」という申し出, 主語が you の場合は「～してはどうでしょう(か)」という(控えめな)提案をする時に用いられる語義を表しているように思える。COBUILD の上記の説明には, couldn't も用いられるといいながら例文が示されていない。LDOCE could 5 SUGGESTION の *Couldn't you get one of your friends to help you?* のような用例も欲しいところだ。この語義に関しては, MED could 3 "**used for saying what is possible** 3b. *spoken* used for suggesting to someone a possible course of action, especially when they are in a difficult situation: *You could come and stay with us.*" の語義説明, 特に when 以下の説明がこの語義の could の用法をうまく説明している。なお, この語義は基本的には MED could 3 の3a. "used for saying that something is possible or that it may happen: *We could still win — the game isn't over yet. | In a situation like this, anything could happen. |* **could easily** *You could easily lose your way in the dark.*" の記述に見られるように, あることが可能であるというのに用いられる。また, MED could 3b. の用例 *You could come and stay with us.* と OALD could 5 (**used to suggest sth**) の用例 *We could write a letter to the director.* からいえるように,「あなたは家に来て泊まることができますよ;家に来て泊まってはどうですか」「(私たちは)所長に手紙を書くことだってできますよ;(私たちが)手紙を書きましょうか」という意味合いであることがわかる。また「提案

をするまたは許可を出す」時に用いられるとする，"used to make a suggestion or give permission"(NHD could 2) と "used to offer suggestions or give advice"(RHWD could 6)は明快な説明になっている。なお，この語義の用例としては，*You could always sell the cottage if you need some extra cash.* (MED could 3b. **could always**), *You could always try his home number.* (OALD), *You could always try phoning her at the office.* (LDOCE), *You could always call Susie and see if she might babysit.* (CALD)に見られるように，could always + 動詞原形の形で用いられることもこの語義の特徴である。

(9) MODAL politeness You use **could** in questions when you are making a polite request or asking for permission to do something. Speakers sometimes use **couldn't** instead of 'could' to show that they realize that their request may be refused.（could は丁寧にものを頼む時や何かをする許可を求める時に疑問文で用いられる。依頼が断られるかもしれないと気づいていることを示すために could の代わりに couldn't が用いられることが時にある）: *Could I stay tonight?* | *Could I speak to you in private a moment, John?* | *He asked if he could have a cup of coffee.* | *Couldn't I watch you do it?*

この語義記述では，couldn't は要求が断られるかもしれないと話者が感じていることを示すために時々用いられるという点が他の辞書の記述よりも詳しい。CALD と RHWD では「許可」と「要求」が別々の語義になっているが，COBUILD では同一の語義番号のもとで示されている。COBUILD の用例には CALD の *Could you lend me £5?* のような用例が欲しい。*He asked if he could have a cup of coffee.* (COBUILD)や *I wonder if I could just ask you to sign this.* (LDOCE), *I wonder if we could borrow your lawnmower?* (MED)のような if に導かれる名詞節を目的語にとる構文にも用いられる点がこの語義の特徴である。また，"used as a more polite form of 'can' when asking for permission"(CALD: could PERMISSION 1)や "used as a more polite form of 'can' when asking someone to provide something or do something"(CALD could REQUEST)のような記述は特記するまでもないが，could を用いる方が can を用いるより丁寧であることを英語学習者に示す重要な

説明である。

(10) MODAL politeness=*may* People sometimes use structures with **if I could** or **could I** as polite ways of interrupting someone or of introducing what they are going to say next.(FORMAL, SPOKEN)（誰かの発言を遮るまたは次にいおうとしていることを導入する時の丁寧ないい方として，if I could や Could I の構文が時に使われる）: *Well, if I could just interject...* | *Could I ask you if there have been any further problems?* | *First of all, could I begin with an apology for a mistake I made last week?*

この語義はここで別個に扱う必要はないように思える。つまり，語義(9)でまとめて扱っても差し支えないだろう。

(11) MODAL emphasis You use **could** to say emphatically that someone ought to do the thing mentioned, especially when you are annoyed because they have not done it. You use **why couldn't** in questions to express your surprise or annoyance that someone has not done something（could はいわれたこと(つまり，動詞が示していること)を誰かが行なうべきであるということを，特に，その人がそれを行なわなかったことであなたが苛立っている時に，強調的にいうのに用いる。Why couldn't は誰かが何かを行なわなかったことに驚きや苛立ちを表すのに用いる）: *We've come to see you, so you could at least stand and greet us properly.* | *Idiot! You could have told me!* | *He could have written.* | *Why couldn't she have said something?*

この語義記述と用例を見ると，could ＋動詞原形の構文でも could have ＋ p.p. 構文でも用いられることがわかる。この点は CALD could SHOULD "used for saying, especially angrily, what you think someone else should do: *Well, you could try to look a little more enthusiastic!* | *I waited ages for you — you could've said that you weren't coming!*", LDOCE could 6 ANNOYANCE *spoken* "used to show that you are annoyed about someone's behaviour: *You could have told me you were going to be late* (=you should have

told me but you did not)！| *You could at least say that you're sorry.* |
How could you be so stupid!" などの語義記述とその用例から確認できる。
しかし，OALD could 6では "used to show that you are annoyed that sb
did not do sth: *They could have let me know they were going to be late!*" の
ように記述されているので，could のこの語義は could have + p.p.構文だけ
で用いられると誤解される恐れがある。また，PESD では can[1]の項で "***could
have done s.t*** was/were able to do s.t (but did not do it): *Why couldn't
you have helped us?*" となっていて，「苛立ちを示す」という記述はない。し
かし，why で始まる用例がこの構文の意味と用法の一部を示している。語
義記述としては，この PESD のような記述の方が好ましいのかもしれない。
「行なおうと思えば〜することができたのにそれをしなかった（のはなぜか）」
というのが could の語義で，「苛立ちを示す」「怒りを示す」という意味要素
は語義自体にあるのではなく，could (have+p.p.)が用いられる文脈に依存す
る意味合いであると考えられるからである。また，MED 4では "**used for
expressing annoyance** *spoken* used for showing that you are annoyed at
the way someone has behaved: *How could you be so cruel!* | *They could
at least have said they were sorry.*" となっていて，誰かの振舞い方に対する
苛立ちを表すとなっているが「行なわれてしかるべきことが行なわれなかっ
た」ことに対する苛立ちを示すのに用いられるとはなっていない。しかし，
その意味合いは *How could you be so cruel!* という用例で示されている。し
かし，この用例と *How could you be so stupid!* (LDOCE)の語義，用法は
COBUILD では語義(15)で別扱いされている。could のこの語義での用法で
重要と思われる点は，*We've come to see you, so you could at least stand
and greet us properly.* (COBUILD) | *You could at least say that you're sor-
ry.* (LDOCE) | *You could at least apologize!* (LAAD SPOKEN PHRASES 10) |
They could at least have said they were sorry. (MED)の用例に見られるよ
うに，could at least (have)の形で用いられることである。主語が you に限
定されていないことと，この「苛立ち」を示す could の意味，用法は could +
動詞原形と could have + p.p.の構文で用いられる点が重要である。また，
後で触れるが，might have + p.p.でもほぼ同じ意味内容で用いられる点も
重要である。

(12) MODAL emphasis You use **could** when you are expressing strong

feelings about something by saying that you feel as if you want to do the thing mentioned, although you do not do it. (could は，実際には行なわないのだが，述べたことをあたかも行ないたいと思っているかのようにいうことによって強い感情を表す時に用いる): *'Welcome back' was all they said. I could have kissed them!* | *She could have screamed with tension.*

　この語義は could に関するもので，「〜したいくらいだ」という強い感情を表す用法だが，用例には could have + p.p. の構文が用いられている。最初の例文では，過去の時点のことであることが明示されているので，could have + p.p. になっていて，「〜したいくらいだった」のような意味になるといえよう。2つ目の用例には過去の時点が明示されていないが，could have + p.p. 構文であることから逆に過去のことに関する文であることが了解される。LAAD では SPOKEN PHRASES 13 "I could have strangled/hit/killed etc. sb used to emphasize that you were very angry with someone: *Brent forgot our anniversary again! I could have killed him!*" と記述されているように，この語義，用法は could have + p.p. 構文だけで用いられるとしている。また，この記述では，「非常に怒っている」ということだけを表すのに用いられると思われてしまう恐れがある。LDOCE could 3 では "EMPHASIZING YOUR FEELINGS *spoken* used to emphasize how happy, angry etc you are by saying how you want to express your feelings" と語義が記述され，*I was so angry I could have killed her.* | *I was so relieved I could have kissed them all.* という用例があるので，怒りを表す時にだけ用いられるのではないことがわかる。また LDOCE には，He *irritates me so much I could scream.* という用例もあるので，この強い感情を表す語義，用法は could have + p.p. 構文に限定されるものではなく，could + 動詞原形の形でも用いられることがわかる。このことは，MED 5 の語義記述 "**used for emphasis** *spoken* used for emphasizing how angry, happy, bored etc you are" と *It's all Helen's fault. I could strangle her!* のような例文からも確認できる。

　⒀　MODAL You use **could** after 'if' when talking about something that you do not have the ability or opportunity to do, but which you are imagining in order to consider what the likely consequences might be:

If I could afford it I'd have four television sets. | *If only I could get some sleep, I would be able to cope.*

この語義は could がいわゆる仮定法構文に用いられる場合である。例文には仮定法過去の文しかないが，could have + p.p. の形が仮定法過去完了の条件節や帰結節で用いられることはよく知られたことである。なお，上記の例文では if only の後も could + 動詞の原形が用いられているが，以下の例文が示すように could have + p.p. の形も用いられる。

His body was found very close to it, but he had obviously been blinded by the blizzard. He may have survived if only he could have found it.（BNC: NB6）

If only he could have preached conventionally he might have been accepted, and if he could have imitated the smoothness of those illustrators he admired, he could have made a living.（BNC: CBN）

なお，この構文とその意味用法は could have + p.p. が I wish の目的語としても用いられる（安藤 2005: 332）ことと軸を同じくしているといえよう。

(14) MODAL emphasis You use **could not** or **couldn't** with comparatives to emphasize that someone or something has as much as is possible of a particular quality. For example, if you say 'I couldn't be happier', you mean that you are extremely happy: *The rest of the players are a great bunch of lads and I couldn't be happier.*（他の選手たちは立派な若者たちだから（私は）こんな幸せなことはない） | *The news couldn't have come at a better time.*（その知らせは実にいい時に届いた）

LDOCE could 7 では "**couldn't be better/worse/more pleased etc** used to emphasize how good, bad etc something is" と記述されており，MED では PHRASES の項で "**couldn't be better/worse/nicer etc** *mainly spoken* used for emphasizing that someone or something is extremely good/bad/nice etc" と記述されている[9]。

(15) MODAL emphasis In speech, you use **how could** in questions to emphasize that you feel strongly about something bad that has happened: *How could you allow him to do something like that?* | *How could she do this to me?*

この語義に関しては語義(11)で論じたので省く。

(16) **could do with**: see **do**

COBUILD ではこの語義に関しては，see **do** となっていて，**do** の項では PHRASES 18で "If you say that you could do with something, you mean that you need it or would benefit from it" と記述され，*I could do with a cup of tea.* | *The range could do with being extended.* の用例が載っている。この語義に関して，OALD では IDM **could do with sth** (*informal*) で "used to say that you need or would like to have sth: *I could do with a drink!* | *Her hair could have done with a wash.*" という語義と用例の記述がある。

2.2 might

本節では might + 完了不定詞の意味を考察するために，COBUILD の might 項の語義記述とその用例を見ていく。まず，"**Might** is a modal verb. It is used with the base form of a verb." と基本事項が述べられ，その次にそれぞれの語義記述がなされている。might に関しても，might have + p.p. 構文の用例が載っている語義記述や，could have + p.p. 構文との関連を中心に検討する。

(1) MODAL vagueness = *may* You use **might** to indicate that something will possibly happen or be true in the future, but you cannot be certain: *Smoking might be banned totally in most buildings.* | *I might well regret it later.* | *He said he might not be back until tonight.*

(2) MODAL vagueness = *may* You use **might** to indicate that there is a possibility that something is true, but you cannot be certain: *She and Simon's father had not given up hope that he might be alive.* | *You might be right.*

上記(1), (2)の語義記述から判断すると, might は(1)未来のこと, (2)現在のことに関して, 確信はできないが, 何かが起こるかもしれない, 何かが本当であるかもしれないという話者の判断または査定を示している。COBUILD では上記のように語義を2つに分けているが, CALD might 2 POSSIBILITY では "used to express the possibility that something will happen or be done, or that something is true although not very likely", MED might 1では "**used for showing possibility** used for saying that there is a possibility that something is true, or that something will happen, especially when it is not very likely" のように未来と現在の可能性を同じ語義扱いにしている。また, LAAD 1 POSSIBILITY の "used in order to talk about what is or was possible, when you cannot be certain" では確信は持てないが, あることが可能であることや可能であったことについていうのに用いられるとしている。しかも, その用例には *They might have made a mistake.* | *He might have been outside.* のように might have + p.p. 構文があげられている。なお, 未来のことを表す場合については MED の "There is no future tense, but **might** is used for talking about future possibilities" という説明の後にある *It might rain tomorrow.* の用例が示すように未来時を示す副詞(句)が用いられることが多い。話者の不確かさに関して LDOCE POSSIBILITY a) は "if something might happen or might be true, there is a possibility that it may happen or may be true, but you are not at all certain" と, また RHWD might 1. a. では "used to express the speaker's uncertainty about the possibility of the occurrence of the main verb" と記述している。上記 COBUILD might(1)の3つ目の例文 *He said he might not be back until tonight.* を見ると, LDOCE 1 b)の "used as the past tense of 'may' when reporting that someone talked or thought about the possibility of something", MED の "When indirect speech is introduced by a verb in the past tense, **might** can be used as the past tense of **may**" と OALD might 1 の "used as the past tense of *may* when reporting what sb has said" という記述で示される内容も含まれると考えられる。なお, 重要な点は, (1), (2)とも = *may* となっている点である。may と might との意味の違いに関しては, PESD might 2 "used to express less probable present or future possibility than may (1)" や下に示す NHD の USAGE NOTE "It shows that something is less likely to happen than using *may* does" で指摘されているよう

に，may と might では話者の確信の度合いが異なるといえる。この点に関しては後で触れることにする。さらに，POSSIBILITY を表す might の語義記述に関しては，次に示す CALD と NHD の語義，用例と NHD の USAGE NOTE は検討に値する。

CALD: might POSSIBILITY used to express the possibility that something will happen or be done, or that something is true although not very likely: *I might come and visit you in America next year, if I can save enough money.* | *Don't go any closer — it might be dangerous／ it mightn't be safe.* | *Driving so fast, he might **have** had a nasty accident* (= it could have happened but it did not). | *The rain might **have** stopped by now.*

NHD: might 1 helping verb used to express possibility: *I might go shopping this afternoon if I have time.* | *She might have been a good doctor if she hadn't quit school.* 2 as a suggestion: *You might visit the Metropolitan Museum when you go to New York.* See: modal auxiliary).

USAGE NOTE: *Might* is used with the base form of another verb (for example, "go") to express possibility in the present, future, or past. It shows that something is less likely to happen than using *may* does: *I might go to the beach tomorrow, if my friends don't come from out of town.* Also *might* can be used as a polite alternative to *may, should*, or *ought to.*

might の語義記述としては，NHD の USAGE NOTE にあるように，現在，未来，過去の可能性を表すのに用いられるという点である。CALD と NHD の最初の用例に共通していることは，いずれも未来の可能性を示す文で，未来のことであることはそれぞれ next year と this afternoon という副詞句で明示されていることと，両者共に仮定または条件を示す if 節を伴っている点である。CALD の 3 番目の用例と NHD の 2 番目の用例は過去の可能性を示す文であるが，CALD の 3 番目の用例では例文の後の説明で，実現しなかった過去の可能性を示す文であることが示されている。NHD might 1 の 2 番目の用例は might have が仮定法過去完了の帰結節に現れている文である。

この過去の可能性の用法に関しては might (4)でも考察することになる。

(3) MODAL vagueness = *could* You use **might** to indicate that something could happen or be true in particular circumstances: *America might sell more cars to the islands if they were made with the steering wheel on the right.* | *...the type of person who might appear in a fashion magazine.*

この語義記述における in particular circumstances の意味は, 最初の用例では条件または仮定を示す if 節で, 2番目の用例では in a fashion magazine という特定の状況を示す語句から推測される。また, 語義の最初に示されている = *could* からこの might は「あることが特定の状況で起こり得る, 事実であるかもしれない」というような意味合いで用いられ, 語義的には先に見た could (6)の語義に近い。

(4) MODAL = *could have* You use **might have** with a past participle to indicate that it is possible that something happened or was true, or when giving a possible explanation for something. (might have (+ p.p.) はあることが起こったまたはあることが真実であるということが可能であることを示すのに, またはあることに可能な説明を与える時に用いる): *I heard what might have been an explosion.* | *She thought the shooting might have been an accident.*

上記の用例は確かに might have + p.p. の構文になっているが, 主文の動詞が過去形になっているので may have + p.p. の may が might になったとも考えられる。このことは次のような PESD の語義記述とその用例に示されている。"***might have*** + ***p.p***(a) = may have + p.p. (but with lesser probability): *John might have been too ill to go out.*" さらに, PESD の may 項には "***may have*** + *p.p* (used to express an opinion or suggestion about the possibility of a past activity or situation having happened): A*sk Emma — she may have found your watch.* Compare might have + p.p (⇒might[1])" の記述がある。MED では "**Might** has no participles and no infinitive form. There is no past tense but **might have**, followed by a past participle, is used for talking about past possibilities" という語義記述と *The explosion might have been caused by a gas leak.* という用例が出ている。この MED の語義とその用例は重要である。なぜなら，この「過去に何かが起こった可能性がある」というこの語義に示されている例文とほとんど同じ用例，*The explosion could have been caused by a gas leak.* が COBUILD の could (4) で見てきたように，MED の **could have (done sth)** *spoken* 2 "used for saying that perhaps something was true, although you do not really know" に該当する用例として示されているからだ。なお，他の辞書の用例と比べると，COBUILD の用例は語義記述と厳密に適合しているとはいいがたいが，語義の前に記されている = *could have* はこの意味を理解する上で有益である。

(5) MODAL You use **might have** with a past participle to indicate that something was a possibility in the past, although it did not actually happen. (might have (+ p.p.) はあることが実際には過去に起こらなかったが起こる可能性があったということを示すのに用いる): *Had the bomb dropped over a populated area of the city, there might have been a great deal of damage.*（爆弾がその町の人口密集地区に落ちていたら，大きな被害があったかもしれない＜爆弾は人口密集地区に落ちなかったから，大きなダメージはなかった＞）

might (4) と (5) の語義の違いは，(4) はあることが起きた可能性，あるいはあることが事実であった可能性があることを示す時や，あることに可能な説明を与える時に用いられるのに対して，(5) ではあることが実際には起こらなかったが，その可能性があったことを示す時に用いられるという点である。上記 (5) の語義記述は could (3) の語義記述 "You use could have to indicate that something was a possibility in the past, although it did not actually happen." (could have (+ p.p.) は過去に実際には起こらなかったが，起こる可能性のあったことを示すのに用いる) とほぼ同じであり，*might have* の場合は "with a past participle" という語句が付いているのに対して *could have* にはそれが付いていないだけで，意味するところは同じである。だから，might (5) にも might (4) 同様に = *could have* と表示するべきであると思えるが，表示されていない。しかも，上記の用例は might have + p.p. が仮定法過去完了の帰結節にある文である。might (5) の語義は，could (3)

の語義と同様に "although it did not actually happen" という記述が重要である。この過去に実現しなかった出来事に関して用いられるという点は，他の辞書では次のように記述され用例が示されている。

  LDOCE: 1 POSSIBILITY c) used to say that something was a possibility in the past but did not actually happen: *It was terrifying. We might have been killed.*
  MED: PHRASES **might have done sth** used when something was possible but did not in fact happen: *You might have been killed. | How different things might have been, if your father had stayed. | With a bit more effort we might have won the match.*
  PESD: **might have** + ***p.p*** (b) (used to express past unfulfilled possibility): *With a little more luck he might have won.*

 LDOCE と MED では「実際には過去に起こらなかった」ことを表す英語の表現がほぼ同じだが，PESD では "past unfulfilled possibility" と表現されている。用例に関しては，LDOCE の用例は MED の最初の用例とほぼ同じであるが，LDOCE の用例は *We might have been killed.* の前に *It was terrifying.* と「私たちは殺されていたかもしれない」状況をそれとなく示している。MED では *You might have been killed.* の文がどのような状況で発せられたかは不明である。MED の 2 番目の用例は仮定法過去完了構文に匹敵する構文であり，MED の 3 番目の用例と PESD の用例は同じく with... で始まる構文の用例で，*we/he might have won* (*the match*) の部分が過去に実際には起こらなかったことを表している。なお，CALD には might (2) で検討したように，might が POSSIBILITY を表すとする語義の用例として *Driving so fast, he might have had a nasty accident* (= *it could have happened but it did not*). が載っている。この用例は括弧内の説明からわかるように，過去に実現しなかったことを表しているから might (2) で扱ったが，語義記述から判断すれば，might (4) で扱うべきものかもしれない。このことは，CALD が「実際には過去に実現しなかったこと」という意味を定義の中で区別していないことによるのかもしれない。それにこの例文の *he might have had a nasty accident* の意味は「起こったかもしれないが，実際には起こらなかった」となっているが，これが唯一の読みではなく，「ひどい事故を起こし

たかもしれない」と，単なる推量を表す読みも可能である。この点は，さらに後で触れることにしたい。なお，CALD のこの用例の後には *The rain might have stopped by now.* の用例があるが，過去の可能性を表すというより，"by now" という語句により（雨はもうあがった［あがっている］かもしれない）という現在完了を意味する用例になっている。

(6) MODAL = *may* You use **might** in statements where you are accepting the truth of a situation, but contrasting it with something that is more important: *They might not have two cents to rub together, but at least they have a kind of lifestyle that is different.*

might (6)の語義説明は語義記述というよりも，might を含む文の使われ方，または文が用いられる脈絡に関するものである。意味は possibility を表している might (1), (2)の語義とほぼ同じであると考えてよいだろう。

(7) MODAL emphasis = *could* You use **might** when you are saying emphatically that someone ought to do the thing mentioned, especially when you are annoyed because they have not done it: *You might have told me that before!* （前もって話してくれてもよかったのに；話してくれるべきだった）

まず，この語義記述で思い出されるのは could (11)の "You use **could** to say emphatically that someone ought to do the thing mentioned, especially when you are annoyed because they have not done it. You use **why couldn't** in questions to express your surprise or annoyance that someone has not done something" という記述である。つまり，「なされるべきことがなされなかったことに対する苛立ち」を表す時に用いる用法である。語義記述の前に = *could* と明示されているので，この might は could とほぼ同様に用いられることは推測できる。以下，他の辞書での語義記述と用例を見てみよう。

LDOCE: 4 SB SHOULD HAVE DONE STH used when you are annoyed because someone has not done something that you think they should do:

You might at least say thank you. | *They might have cleaned up before they left.*

OALD: 6 used to show that you are annoyed about sth that sb could do or could have done: *I think you might at least offer to help!* | *Honestly, you might have told me!*

LAAD: SPOKEN PHRASES 7 ANNOYED used when you are angry or surprised when someone did not do something that you think they should have done: *You might have at least said thank you.*

MED: 4 **used when criticizing sb** *spoken* used for showing that you are annoyed with someone because they have not done something that they should do: *He might have warned me he was going to be late.* | *In future you might try to be a little more polite.*

CALD: SHOULD used to suggest, especially angrily, what someone should do to be pleasant, correct, polite, etc: *you might at least try to look like you're enjoying yourself!* | *"I've asked the boss to dinner tonight" "Well, you might **have** warned me!"*

PESD: ***might have*** + ***p.p*** (c) (used to express s.t one should have done as a duty etc) : *He might at least have paid her train fare* (but he did not).

まず，語義面では，LDOCE と OALD では「苛立っている」時，または「苛立っていることを示す」時に用いられるとしているのに対して，LAAD では何かが行なわれなかったことに対して，話者が「怒っている」時や「驚いている」時に用いられると記述され，MED では「何かが行われなかった」ことに対して「苛立っている」ことを示すのだが「誰かを非難する」時に用いられると記し，CALD では誰かが礼儀正しくするべきであるなどということを特に「怒って」示唆する時に用いられる，のように「話者の気持ちを」表に出した語義記述になっている。これに対して，PESD では単に誰かが義務として何かを行なうべきだということを表す時に用いられるとなっている。MED では「誰かを非難する」のに用いられると語義記述をしているのに，その2番目の用例は "used to suggest, especially angrily, what someone should do to be pleasant..." と語義を記述している CALD の最初の用例とほぼ同様の用例をあげている。PESD では，この語義の用法を might have + p.p. 構文に限定

しているが LDOCE, OALD, CALD の最初の用例と MED の 2 番目の用例が示すように，might ＋ 動詞原形の形でも用いられる。また，could の場合と同様に，at least を伴うことがあり，主語は you に限定されてはいない。また，「～してはどうかね；～したらどうなんだ」と怒りを込めて示唆する場合には might (at least) try to do/be の形で用いられるのもこの語義の特徴であるといえよう。

(8) MODAL politeness You use **might** to make a suggestion or to give advice in a very polite way: *They might be wise to stop advertising on television.* | *You might try the gas station down the street.*

(7)では「苛立ち」や「怒り」の気持ちを込めて「何かを行なうべきである [あった]」という意味合いで用いられる might を見てきたが，先に述べたように，(7)の語義は(8)の語義にいくぶん通じるところがある。このことは，上で見た CALD の語義記述とその最初の用例や MED の 2 番目の用例からもうかがえる。しかし，この語義は丁寧に何かを提案したり，助言を与える場合に用いられるという説明になっている。先に見た could (8)の語義に近い用法であると思われるが ＝ could の表示はない。

(9) MODAL politeness ＝ *could* You use **might** as a polite way of interrupting someone, asking a question, making a request, or introducing what you are going to say next. [FORMAL, SPOKEN]: *Might I make a suggestion?* | *Might I draw your readers' attention to the dangers in the Government's proposal. (sic)*

この語義は ＝ *could* と明示されていることからもわかるように，could (9)，(10)の語義に近い用法である。
COBUILD は might の語義として(10)～(13)まであげているが，本稿とは直接関連がないので省略する。

3. 文 法 記 述

前節では could [might] have ＋ p.p. 構文の意味を，辞書の語義記述を通し

て見てきた。本節ではいくつかの文法書における could have + p.p. 構文の説明に焦点を当てて、この構文の多義性、曖昧性について検討する。

3.1　could ＋完了不定詞の多義性，曖昧性

could have + p.p. 構文の意味の検討については、その出発点として、まず、R. Declerck (1991) の説明と例文を見ていく。デクラークは「could, might を用いた構文は，特に，完了不定詞があとに続いた場合，曖昧になることがある。例えば，『could + 完了不定詞』は，可能性ということに関し、次にあげる6通りもの意味を表すことができる」と記している (Declerck 1991: 403)[10]。この記述に関して、安井 (2004) は could have + p.p. 構文の基本的意味は「過去における可能性」という特性であると結論づけている。これに対して、澤田 (2006) は第4章のタイトルが示す通り、7タイプの多義性があるとしている。その分類は、デクラークの6つの分類を肯定した上で、デクラーク (b) の例文 I could have got a job as a gardener. と A better goalkeeper could have stopped the ball. における could have + p.p. はタイプが異なるとして合わせて7つの意味に分類している[11]。

本稿では先に見た辞書における語義記述を参照、点検しながら、デクラークのあげている例文の意味、用法を検討することにする。デクラークは以下に示すように (a) 〜 (f) の6種類に分類している。

(a)　past theoretical possibility concerning an anterior situation (先行的な場面に関する過去の理論的可能性)：In those days a village could have been cut off from the world for several days before any help arrived. (その当時，援助の手がさしのべられるまで，村が数日間も孤立したままになっていることはなしとしなかった) (= It was possible for a village to have been cut off...)

(b)　past theoretical possibility with unreality (i.e. without actualisation) (非現実の (すなわち，実現しなかった) 過去に関する理論的可能性)：I could have got a job as a gardener. (私は，庭師としての職にありついたかもしれなかった) (= It would have been possible for me to get a job ; the possibility existed but was not taken advantage of.) | A better goalkeeper could have stopped the ball. (もっと上手なキー

パーだったらあのボールを止めることができたかもしれない) (= It would have been possible for a better goalkeeper to stop that ball.)

(c) present theoretical possibility with unreality: the speaker expresses that what might seem a possible interpretation of a past situation is actually mistaken.(非現実の現在に関する理論的可能性：この場合，話し手は，過去の場面に関し，一見こうかなと思われたことが，実は，思い違いであったということを表している): This poetry looks so modern. It could have been written yesterday (but actually it was written over fifty years ago.)（この詩は，ずいぶんと現代風だ。昨日書かれたとしてもおかしくない(が，実際は50年以上前に書かれたものだ))（= It would have been possible for it to have been written yesterday; it looks as if it had been written yesterday.)

(d) tentative present factual possibility with anteriority: the speaker tentatively says that it is possible that a situation actualised in the past.(控えめで先行的な現在の事実に基づいた可能性：この場合，話し手は，なんらかの場面が過去に実行された可能性があるという断定を，控えめに述べている）: There's no need to worry yet. He could/might have missed his train and taken the next one.(まだ気をもむには及ばない。彼は，その列車には乗り遅れたが，次のには乗ったかもしれない) (= It is just possible that he missed...) | Who do you think did the guy in—It could/might have been his wife.(誰がやつを殺したと思う—奥さんかもね) (= It is not impossible that it was his wife.)

(e) present factual possibility with unreality: the speaker asserts the possible truth of a statement that has the form of a counterfactual conditional sentence.(非現実の現在の事実に基づいた可能性：この場合，反事実の条件文の形を持つ陳述がひょっとすると真であるかもしれないと話し手が断言している): If you hadn't divorced your wife, you could/might have been elected president.(もしも，君が奥さんを離婚していなかったら，大統領に選ばれたかもしれない) (= It is possible that you would have been elected president if you hadn't divorced.)

(f) past factual possibility with unreality: the speaker expresses that at a certain time in the past it seemed possible that some situation would actualise, but in fact it did not.(非現実の過去の事実に基づいた可能性：この場合，話し手は，過去のある一時点で，なんらかの場面が実現できるように思われたが，実際には，実現しなかったことを表している): Can't you look where you are driving? You could /might have run over me.(どこを向いて運転しているんだ。私を轢いてしまったかもしれないぞ)(= There was a possibility that you would run over me, but you didn't.) | You should not have come home through the woods. You might/could have got lost.(森の中を通って帰ってきたりしてだめじゃないか。道に迷ったかもしれなかったんだぞ)(= The possibility that you would get lost existed but did not come true.) | It was foolish of you to throw the empty bottle out of the window. It could/might have hit somebody.(空瓶を窓から投げるなんて君も馬鹿だね。誰かに当たったかもしれないぞ) [12]

デクラークは上記の説明の下に，Note として次のように記している。

　　might have は，最後の(d), (e), (f)の例で，could have と交換可能であるが，might have には，さらに，(先行性を伴う現在の事実に基づく可能性を表す) may have が，伝達話法において過去に後方転移した形としても用いられる。

この後半部分の例文として *I thought she might have been persuaded into doing it by someone else.* をあげている。この後方転移は安藤(2005: 331-333)の(叙実法)後転移現在に該当する。

　当然ながら，could have + p.p. 構文がどのような意味で用いられる時に might have + p.p. 構文とほぼ同じ意味で用いられるのかという点は検討に値するので，could と might の語義に基づいて後で考察することになる。まず，(a), (b), (c)の説明にある theoretical possibility と(d), (e), (f)の説明にある factual possibility という表現あるいは意味素性の意味するところを考えておこう。この用語に関して，デクラークは422ページで "Whereas a factual sentence is truth-committed (i.e. implies that the statement is true), a theoretical sentence is truth-neutral (i.e. leaves the question of truth and falsehood open)."（叙実文が，述べられている事柄の真実性に明確な判定を加えているのに対し，理論的な文は，その事柄の真偽に関しては明確な判定を与えない）と述べている。

(a)では past theoretical possibility となっているが，例文の could have been (cut off from...) は「あることが時に実際に起こった」という意味の COBUILD could (2) が before any help arrived という脈絡の中で, could have + p.p. の構文になったとも考えられる。いずれにせよ，この文は次の(1), (2), (3)との比較で考察した方が理解しやすいだろう。

(1) In those days a village was cut off from the world for several days before any help arrived.
(2) In those days a village could be cut off from the world for several days before any help arrived.
(3) In those days a village could have been cut off from the world for several days before any help arrived. (＝デクラーク(a)の用例)

(1)は過去の事実に基づいた文であり，村の孤立が実際にあったという意味である。(2)の could は，COBUILD could (2)の語義であり，過去に村が孤立することが時に起こったという意味に解釈できる。それでは(3)はどのように解釈されるであろうか。この文の解釈では, In those days がいつ頃のことを指しているのかも問題になるであろうが，could be というよりもさらに確信の度合いが低い「そのような村の孤立がなきにしもあらずであった」という educated guess を表すと思える。この意味では past theoretical possibility という表現は正しいとも思えるが，過去の事実に基づいた推量であるという意味では past factual possibility ともいえそうである。いずれにせよ，蓋然性の高い推量を表すので, could have + p.p. は確率の高い「過去の可能性」を表しているといえそうである。

(b)の(非現実の)過去に関する理論的可能性に関しては，(b)の用例 *I could have got a job as a gardener.* と同様の *He could have made a fortune as a lawyer.* という用例をあげている COBUILD の could (3)に該当するといえよう。また，語義記述の2.1節で見てきたように，この could (3)は might (5)とほぼ同じ語義を有していて同様に用いられる。このことは, (b)

の2つ目の用例 *A better goalkeeper could have stopped the ball.* とほぼ同様に過去の実現しなかったことを示す *With a bit more effort we might have won the match.*（MED），*With a bit more luck we might have won.*（PESD）のような例文が COBUILD の might（5）とほぼ同じ意味を有する例文として辞書にあげられていることから判断できる。しかるに，デクラークは(b)の用例の could に(d)，(e)，(f)と同様に，could/might としていないのはどうしてだろうか。ここで，実現しなかった過去の出来事を表す次の3つの文を比較してみよう。

　　(4)　A better goalkeeper could have stopped the ball.（＝デクラーク(b)の用例）
　　(5)　With a bit more effort we might have won the match.（MED）
　　(6)　With a bit more luck we might have won.（PESD）

(4)はゴールキーパーの力量を問題にしていて，もっと上手なキーパーだったらあのボールを止めることができただろうという意味合いであるのに対して，(5)，(6)では，主語の力量ではなく，(5)の場合は「もっと努力していたら」(6)の場合は「もっと運がよかったら」（試合に）勝っていただろうという意味合いである。つまり，すでに語義記述の節で見てきたように，could も might も実現しなかった過去の出来事に言及する時に用いられるが，上記の例文だけから判断すると，could の場合は主語の能力が重要な要素であり，might は主語の能力以外の要因による場合に用いられるといえるかもしれない。しかし，次の(7)のような例文もあるので，could の場合も，主語の能力というより，過去の可能性に言及すると考えた方が妥当であるようだ。

　　(7)　With a little bit of luck in their penalty area we *could have won* the game.（BNC; 24K4T）

なお，後で触れることにもなるが，(8)のような例文からも想定できるように，ここで見た could/might have ＋ p.p. の構文は，意味的には仮定法過去完了の文の帰結節に現れる could/might have ＋ p.p. 構文の意味と同等であるといえよう。

(8) Chelsea might have won had the ball not kept turning into a Mexican bean at Kerry Dixon's feet. (BNC; A1N)

(c)の could have + p.p. は COBUILD could (7)と MED might 6で見た語義に該当すると思われるのに，デクラークでは could/might have としていない。これは COBUILD could (7)と MED might 6で記述されている言語使用の実際を正しく反映していない記述と思える。しかし，澤田(2006: 94-95)によると，*This picture may/might/could be a Chagall.* で示されるように，この文では may, might, could がほぼ同じ意味で用いられるのに対して，**This picture may/might be a Chagall, but is in fact a Braque.* は容認不可能だが *This picture could be a Chagall, but is in fact a Braque.* は容認可能であるという。つまり，事実でないことがわかっている場合には，could は用いられても might. may は用いられないという。単なる推量をする場合は may, might, could のいずれも用いられるが，事実でないことを承知している場合には(理論的には考えられるとする) could は容認可能だが，may, might の使用は不可能になる。例文の *This poetry looks so modern. It could have been written yesterday* (*but actually it was written over fifty years ago*). は括弧内の but actually 以下の語句がなければ *This poetry looks so modern. It could /might have been written yesterday.* におけるように could でも might でも適格文になる。

(d)の could have + p.p. 構文は語義記述の COBUILD could (4)で考察したように，could have + p.p. 構文に特化された意味ではなく，可能性を表す could + 動詞原形に共通する意味用法である。なお，might (4)で見たように，(d)の could have + p.p. は might have + p.p. でもほぼ同様な意味を表すことができる。この点は，デクラークも用例で could/might と記して示している通りである。問題は，語義記述で見てきたように，この「確信は持てないがあることが起こる，または起こった可能性がある」ことを示す語義の用例として，CALD は *Be careful with that stick — it could have gone in my eye!* の用例をあげている点である。この用例は実現しなかった過去に関する理論的可能性を表す上記(b)の用例であるとも，以下に見る(f)の用例であるとも考えられるからである。この点は再度検討する。

(e)はいわゆる仮定法過去完了の文である。用例は，*If you hadn't divorced your wife, you could /might have been elected president.* であり，

could have + p.p. 構文は仮定法過去完了形の帰結節に現れている。この帰結節 *you could/might have been elected president* は，実際には大統領に選ばれることはなかったが，奥さんと離婚したという事実に反対の「奥さんと離婚しなかったら」という仮定をすれば，もしかしたら大統領に選ばれていたかもしれないという意味であるから，could have + p.p. の部分に限定すれば，意味は(b)の語義，用法と何ら変わらない。このことは，語義記述の could (3) の語義の用例として *I could have warned you if I had known where you are.* (LDOCE)や *She could have married Gerald if she'd wanted to.* (MED)があげられていることからも理解できる。問題は，仮定法で用いられるのか，そうでない独立用法なのかという違い，澤田(2006)の言葉を借りれば，「仮想世界の事態」についてであるのか，「現実世界の事態」についてであるのかの違いであり，could have + p.p. 構文の意味の違いではない。さらに，この点は(b)にあげられている *A better goalkeeper could have stopped the ball.* という例文が意味的には *If he had been a better goalkeeper, he could have stopped the ball.* とほぼ同じ意味合いであることにも裏づけられるだろう。

以上の考察における仮定法過去完了の構文では，could have + p.p. 構文はいずれも帰結節に現れているが，次の(9)，(10)のように if 節に現れる場合もある。

(9) I would have shouted with joy if I could have spared the oxygen. (BNC; ADY; 2924)

(10) If I could have seen a respectable way to dismiss this appeal I should have been happy to do so. (BNC; FCL; 1011)

しかし，この場合の could have + p.p. の意味は，過去の時点で実際には「あることができなかった」が，if 節で「それができたとしたら」という仮定を表す。この過去の時点における主語の能力，論理的可能性をそのまま表す「〜ができた」「〜が可能であった」という意味の基本的な用法は次の(11)のような例文に見られるが，デクラークでは扱われていない。

(11) 'Logically,' said Raymond West, again flourishing his cigarette, 'only one person could have killed Protheroe.' (Agatha Christie；

The Murder at the Vicarage)

ただ，could の語義に関しては ability と logical possibility のどちらを表すのかに関しては曖昧になることがある(D. Biber et al., 1999)ので注意が必要になろう。

(f)は ある可能性が過去にあったが実現しなかったという意味であるから，(b)とどこが異なるのかわかりづらい。(b)は "past theoretical possibility with unreality" と説明があるのに対して，(f)では "past factual possibility with unreality" となっている。違いは過去の theoretical possibility であるか factual possibility であるかという一点である。もう一度，説明と用例を比較してみよう。

(b) past theoretical possibility with unreality (i.e. without actualisation): I could have got a job as a gardener. (= It would have been possible for me to get a job; the possibility existed but was not taken advantage of.) | A better goalkeeper could have stopped the ball. (= It would have been possible for a better goalkeeper to stop that ball.)

(f) past factual possibility with unreality: the speaker expresses that at a certain time in the past it seemed possible that some situation would actualise, but in fact it did not.: Can't you look where you are driving? You could/might have run over me. (= There was a possibility that you would run over me, but you didn't.) | You should not have come home through the woods. You might/could have got lost. (= The possibility that you would get lost existed but did not come true.) | It was foolish of you to throw the empty bottle out of the window. It could/might have hit somebody.

(b)，(f)の両者の説明に "with unreality" という意味素性があることから理解できるように，例文はいずれも実現していない過去の出来事に言及している(庭師としての職に就けなかった / ボールを止めることができなかった // 君が私を轢くことは起こらなかった / 迷子になることはなかった / 誰かに当たることはなかった)。この例文だけから判断すると，(b)の場合はあ

ることが実現しなかったことを表し，その原因として何らかの状況や主語の能力が関与していると思われるのに対して，(f)の場合はある状況が起こることが現実的には考えられたがその状況は実現しなかった，ということを述べているという違いが識別できる。また，(f)の "factual possibility" の場合は could/might have + p.p. 構文で示される文を話者が話す，または口にする根拠らしきものが与えられている点で(b)と異なる。根拠という点から考えるなら，例えば(b)の用例 *I could have got a job as a gardener.* という文も，*My father was a famous gardener.* というような文の後に用いられれば，そのことから(*so,*) *I could have got a job as a gardener.* ということは十分に考えられる。また，(b)の2つ目の用例に関して，先に述べたように，意味的には *If he had been a better goalkeeper, he could have stopped the ball.* と同じである。それと同様に，*I could have got a job as a gardener.* という文も *I could have got a job as a gardener if I had a knowledge of gardening.* というような文において用いられることも可能である。つまり，(b)では例文を発する根拠をあげてないがその根拠は十分に想定できる。いずれにせよ，((e)の場合と同様に) "with unreality" という意味素性で示されるように，(b)の could have + p.p. と(f)の could/might have +p.p. 構文自体の意味内容は「実現しなかったが，あることが過去に起こる可能性があった」ということを示す文である。

しかし，(f)と(b)には決定的に異なる特質が見られる。この点に関しては Huddleston and Pullum (2002: 201) にある例文 *You were mad to drive so fast ; you might/could have been killed.* に関する，"your being killed was a possible result of your driving so fast" という説明が参考になる。(f)の例文では，最初の文でいわれていることが原因となって，次の文がその考えられる結果を表している。つまり，原因—結果の意味関係になっていることが(b)と異なる点である。

さらに注意すべきは，(f)の場合，could/might have +p.p. を含む文は，相手に対して注意を喚起する文であるとみなすことができそうだという点である。このことは語義記述の節で検討したように could/might have +p.p. 構文が誰かを非難する場合に用いられる用法と類似する部分があるように思えるので4節の語用論で再度検討する。

次に，デクラークが "factual possibility" という意味素性を持つとしている(d)の "tentative present factual possibility with anteriority" と(f)の "past factual possibility with unreality" との違いを考察してみよう。デクラーク は(d)に関して「話し手は，何らかの場面が過去に実行された可能性がある という断定を控えめに述べている」と記している。つまり，あることが過去 に実行された可能性があるとはいっているが，(f)(と(b))とは異なり，実 現しなかった過去(with unreality)という意味素性は持たない。つまり，(d) の最初の例文に関していうなら，到着しているはずの時間に到着していない という現実に基づいて，「列車に乗り遅れたが，次の列車には乗ったかもし れない」と推量しているだけで，実現しなかった過去，つまり「実際には列車 に乗り遅れなかった」や「次の列車に乗らなかった」ということを事実として 承知して，それを前提にはしていない文である。この could の語義は語義記 述 could (4)，might (4)で検討したように，「確信はないが，過去にあるこ とが実行されたであろう」という過去の事態に関する話し手の現在の推量， つまり，認識的可能性(安藤 2005；澤田 2006)を表す。

　デクラークの(b)と(f)は実現しなかった過去の出来事があり，それについ て「～したかもしれない」と推量しているのに，(d)では現在のある事実に基 づいて過去にあることが行なわれたであろうと控えめに断定している。過去 に実現したことと実現はしていないことの区別は文脈や冠詞の種類などで微 妙に判断が難しくなることがある。例えば，語義記述の節で見たように， MED **could have (done sth)** *spaken* 2 "used for saying that perhaps something was true, although you do not really know" の用例として *The explosion could have been caused by a gas leak.* という文があげられているが， この文は「爆発は実際に起こった」ことを事実として知った上で，その原因が 「ガス漏れであるかもしれない」と解釈するのが通常の意味である。しかし， *An explosion could have been caused by a gas leak.* は「爆発は実際には起こ らなかった」が，「ガス漏れがあれば爆発が起きたかもしれない」というのが 普通の読みである。

　次に，"factual possibility" という意味素性を有する(d)と(f)と，これとは 異なる "theoretical possibility" という意味素性を有する(b)との相違を検討 してみよう。(d)の最初の例文では，本来，もう着いているはずの男がまだ 着いていないという現在の事実があり，この事実に基づく推量によってある 可能性について述べている。そして(f)ではあることが現在行なわれている， または行なわれたという事実に基づいて，通例は好ましくないある事態が生 じるかもしれない，または生じたかもしれないという可能性について述べて

いる。この現在の事実と過去の事実に基づいた可能性について述べているから，(d)は "present factual possibility" であり，(f)は "past factual possibility" となっていると考えられる。この(d)，(f)に対して(b)は "theoretical possibility" となっているが，これは現在または過去の事実に基づいていない単なる理論的な可能性を表すということを表していると思える。しかし，(b)の例文を見ると，先にも触れた通り，発言の根拠が文の形で示されていないだけであるように思える。この根拠を示す文がなくとも，「庭師としての職業に従事していなかった」，「ボールを止めることができなかった」という過去の事実はあり，そのことに基づいている文であると考えられるので，(b)の "past theoretical possibility" と(f)の "past factual possibility" は語義の違いによる区別とはみなせないといえそうである。

(d)の例文に示されている could/might have + p.p. 構文に関して，デクラークは「話し手は，何らかの場面が過去に実行された可能性があるという断定を，控えめに述べている」と記しているが，could have + p.p. と might have + p.p. 構文の意味の相違には言及していない。この点に関して，他の文法書の記述を検討しよう。両構文の意味の違いを考察する前に，could と might の関係について見ておこう。先に触れたように，デクラークは could + 完了不定詞[could have + p.p.]構文を6つに分類をして，might have は(d), (e), (f)の例で could have と交換可能であると述べているが，本考察では(a)を除くすべての用法で might have に置き換えられることを見てきた。この点に関して G. Leech (2004: 131) では「次の3つの例文に関して，could は容易に認知できる意味の違いを持たずに might と置き換えることができる」と記している。

　　(12)　You might have told me! (It would have been possible for you to tell me.)

　　(13)　You might have dropped it somewhere. (It is just possible that you (have) dropped it somewhere.)

　　(14)　You might have met him if you'd been there. (It is possible that you would have met him)

(12)は，感嘆符があることから判断して，語義記述 could (11)，might (7)で見てきた語義で，デクラークが6つの分類に入れていない語義，用法

である。この語義に関しては後で検討する。(13)は根拠を示す文が示されていないが，この文は，本来君が持っているはずのものが今はないという事実に基づいて，それをどこかに落としたのかもしれないと推量している文であるから，デクラークの(d)に該当する。(14)は仮定法過去完了の文であるからデクラークの(e)に該当する文である。さらに，先にも触れたHuddleston and Pullum (2002: 201-202)には次のような記述がある。

Special use of *might* and *could*
[58] i . *You were mad to drive so fast: you might/could have been killed.*
 ii . We *could/might* be in Africa.[knowingly uttered in France]
 iii . *You might/could have cleared up instead of leaving it to me to do.*
These do not fall either of the above major categories: there is no implicit condition, but the preterite conveys much more than a slight element of tentativeness. In [i] the (circumstantial) possibility existed but was not actualised: you weren't killed. Example [ii] can also be regarded as unactualised circumstantial possibility, but differs from [i] in that there is no element of cause and effect (as your being killed was a possible result of your driving so fast) ; it can be glossed as "It is as though we were in Africa – we're not, but judging from appearances there's no reason why we should not be". Example [iii] is a conventional informal expression of reproach: "You didn't clean up but should have done" ; the possibility here is probably best regarded as deontic (like *should* in this gloss), with pragmatic strengthening. A present time example (hardly permitting *could*) is *You might take your feet off the sofa* ; the implicature is that your feet shouldn't be on the sofa.

　ここでの説明では，might/could have + p.p. 構文が用いられているのは[i]，[iii]の2種類の文だけである。[i]はデクラークの(f)に該当し，[iii]は先に見たLeechの例文(12)に該当するもので，本稿では語義記述の節で検討した語義である。なお，上記[ii]の文はcould/might + 動詞原形の構文であるが，デクラーク(c)の語義に該当する語義であり，語義記述の節で

見たように，これは could にも might にも見られる語義であり，このことは例文［ⅱ］が could/might be ... となっていることによっても示されている。また，重要な点は，上記の例文［ⅱ］とその説明から判断して，この語義が could/might have + p.p. 構文に特化してはいないということだ。

might have + p.p. と could have + p.p. の意味の違いに関しては，Leech (2004: 87) の may と can の意味の相違に関する説明が参考になるのでその説明の一部を引用しておく。

　　In general, *may* represents 'factual possibility', and *can* represents 'theoretical possibility'. The difference is clarified by these sets of equivalents:
　　(A) FACTUAL: The road may be blocked. = 'It is possible that the road is blocked.' = 'Perhaps the road is blocked.' = 'The road might be blocked.'
　　(B) THEORETICAL: The road can be blocked. = 'It is possible for the road to be blocked.' = 'It is possible to block the road.'

この説明に続いて，may と can の意味，用法に関して，医師から "This illness may be fatal." と聞かされた患者は "This illness can be fatal." と聞かされた患者よりも心配の度合いが強くなる。なぜなら，前者の may は「実際的可能性」を表すのに対して，後者の can は「理論的可能性」を表しているからであるという説明がなされている。

また，may と might の意味の相違に関しては might の方が確信の度合いが低いということは見てきた。might と could の相違は上記 may と can の相違に準じると考えてもよいかもしれない。could have + p.p. と might have + p.p. の構文で might と could が交換可能であるということは，両者がほぼ同じ意味合いで用いられるということだが，母国語話者には微妙な意味の違いが感じられる場合もあるようだ。母国語話者によると，might have + p.p. の場合は "has a good (or likely) possibility of being true" であるのに対して could have + p.p. は "likely, but one of many possibilities" であるという。

微妙な意味の違いが認められる例を1つあげておこう。

(15) Something is wrong with this computer. The new software *might have been installed* incorrectly.
(16) Something is wrong with this computer. The new software *could have been installed* incorrectly.

母国語話者によると，上記(15)と(16)はほとんど同じ意味で用いられるが，(15)は少しばかり the new software が原因であるという点が強調されるのに対して，(16)の場合はコンピューターがうまく作動しない原因は他にも考えられて，その理由の1つが the new software であると考えているという。つまり，話者の確信の度合いが could よりも might の方が高いということになる。このような微妙なニュアンスの違いは特定の脈絡から生じると思われる。いずれにせよ，could have + p.p. と might have + p.p. はほぼ同じような意味合いで過去の可能性に関して，デクラークがいっているように，「控えめな断定」をする場合に用いられるが，might の場合よりも，いくつか考えられる可能性の中の1つであるという意味合いのある could の方が，断定あるいは推量における確信の強さが弱いといえそうである[13]。

3.2 状況的可能性，認識的可能性

安藤(2005: 331-333)では現実には起こらなかった過去の可能性を表す用法を状況的可能性として，過去の行為に対する発話時における弱い推量を表す用法を認識的可能性として区別している。デクラークの6つの分類では，(b)，(c)，(e)，(f)の4つの構文が実際には「実現しなかった」内容を表し，そのことが with unreality という意味素性で示されているが，これは状況的可能性の部類に入る。語義記述の節の could (3)，might (5)で，could/might have + p.p. 構文は，実際には起こらなかったがそれが起こる可能性があったことを表すのに用いられるということを見てきた。しかし，辞書によっては「実際には起こらなかった」ということを語義の記述で明示していない，あるいはその区別をしていない。例えば，CALD は could/might have + p.p. 構文を特別に扱わずに could, might も語義 (POSSIBILITY) で次のような定義と用例をあげている。

could (POSSIBILITY) used to express possibility, especially slight or uncertain possibility: *Be careful with that stick — it could **have** gone in*

my eye!
might (POSSIBILITY)　used to express the possibility that something will happen or be done, or that something is true although not very likely: *Driving so fast, he might **have** had a nasty accident* (= it could have happened but it did not).

　might の例文では括弧の説明からわかるように，事故を起こす可能性はあったが実際には起こらなかったことを表している例文である。これに対して，could の例文にはそのような説明はなされていない。しかし，デクラークの例文などから判断すると，この例文はデクラークの(f)の例文と同様に非現実の過去の可能性を示す文であり，「目に突き刺さったかもしれないぞ」と注意・警告している文であると思われる。このことは感嘆符がついていることからも推測されよう。しかし，過去に実現しなかった過去の可能性を表す状況的可能性と，過去の出来事を単に推量する認識的可能性の違いが微妙である場合もある。例えば，might にあげられている例文 *Driving so fast, he might have had a nasty accident.* では "(= it could have happened but it did not)" と「起こったかもしれないが，実際には起こらなかった」と説明されている。しかし，これが唯一の読みではなく「ひどい事故を起こしたかもしれない」と単なる弱い推量を表す読みも可能である。この例文の場合は，彼がスピードを出して運転していたということをどのような状況で知ったのかがこの文を解釈する上で重要である。人物Aが時間通りにパーティーに到着し，人物Bに *I was really late. I was driving almost 140kph all the way here.* というのを人物CとDが聞いていたとしよう。その後CがDに，Aに関して，*Driving so fast, he might have had a nasty accident.* といったという状況を想定すれば，この発話は上記の括弧内の説明通りの意味を表す。しかし，パーティーは7時に始まり，現在7時半でAはまだ到着していないとしよう。6時半にAがBに5分か10分遅れるかもしれないができるだけ早く着けるようにスピードを出して運転している，と携帯電話で連絡してきたことにしよう。この場合，7時半にBがCに *Driving so fast, he might have had a nasty accident.* といったと仮定すれば，この場合の意味はAがまだパーティーに顔を出していないのだから，彼が事故を起こしたか否かの真偽はわからない。Bは1つの可能性を述べているだけに過ぎない。このように could/might have + p.p. 構文の意味は実現しなかった過去の出来事を表す

場合と過去の可能性を推量している場合の2通りに曖昧である。しかし，上のような文の場合は，実現しなかった過去の出来事を表すのが無標の読みであるといえそうである[14]。

4. 語用論

　語義記述の最初の部分で，ODE は could の語義を4つに分類して，その3つ目の語義として「苛立ち」を表す語義を，4つ目の語義として「(何かをしたいという)強い意向」を表す語義をあげている。R. Carter & M. McCarthy (2006: 643-644) では could の語義を Probability, Suggestions, Permission, Criticism と Past tense of can に分けて，Criticism の用例として，*You could have told me. Why did you keep it all to yourself?* の用例をあげ，さらにこの下位の意味として disapproval や reproach を表す用例として *How could you forget that we're going out to dinner tonight?* をあげている。このように辞書や文法書で取り上げられている用法がデクラークで取り上げられていないのはなぜだろうか。もう1度デクラーク(1991: 403)の言葉を見ると，"Thus the 'could + perfect infinitives' can express no fewer than six different ideas that have to do with possibility" となっていて，先に見た6つの語義，用法はいずれも確かに possible や possibility を用いてパラフレーズされている。先に触れたように，could の語義に関しては logical possibility と ability のどちらを表すのかに関しては曖昧になることがあるが，少なくともデクラークの(f)の例文は possibility を用いてパラフレーズされているから「可能性」を表すことは理解できる。しかし，同時に(f)の例文は相手に注意を喚起する文でもある。また，上述の should に近い意味で使われる「苛立ち」または「非難」を表す文も possible や possibility を用いてパラフレーズすることは容易であるから，「可能性」を表す文であるといえる。そこで，この「非難」を表す用法と(f)で示されている could/might have + p.p. 構文の意味，用法についてさらに考察してみよう[15]。
　語義記述で見たように，could (11) "You use could to say emphatically that someone ought to do the thing mentioned, especially when you are annoyed because they have not done it." と might (7) "You use might when you are saying emphatically that someone ought to do the thing mentioned, especially when you are annoyed because they have not done

it." ではほぼ同様の語義記述がなされている。この「苛立ち，怒り；非難」を示す could/might は could/might have + p.p. 構文だけでなく could/might + 動詞原形の構文にも用いられることはすでに語義記述の節で見てきた通りである。デクラークがこの意味，用法をあげていないのは，この語義が could/might have + p.p. に限定された意味でないからであろうか，それとも彼が列挙している(a)～(f)のどれかに該当するからであろうか。COBUILD could (7), MED might 6 と Huddleston and Pullum (2002: 201) で見てきたように，デクラークの(c)の語義，用法も could/might have + p.p. 構文に限定されたものではないので前者ではなさそうである。それでは，この意味，用法は(a)～(f)のどれかに該当するのであろうか。一番近い意味用法と思われるのは(f)である。しかし，「苛立ち」「非難」を表す用法の場合は，行なわれてしかるべきことが実際には行なわれなかったことに対して，その行なわれてしかるべきことを行なうことができただろうに，なぜそれを行なわなかったのかという「苛立ち」や「非難」の気持ちを表す。このことは先に見た *You could have told me. Why did you keep it all to yourself?* という例文によく示されている。これに対して，(f)では *You should not have come home through the woods. You might/could have got lost.* の例文に端的に示されているように，行なうべきでないことや危険なことが行なわれて，その結果，好ましくないと判断できるようなことが起こる可能性があったと「注意を喚起する」意味，用法であると考えられるので「苛立ち」や「非難」の用法とは異なる。

　苛立ちや非難を表す用法を「非難」とし，デクラークの(f)の用法を「注意」と区別すると，次のように要約することができる。

　「非難」：過去に行なっていたら良かった思われること，または行なうべきであったと思われることがある。それが行なわれなかったことに対して「～することができただろうに」と苛立ちや非難の気持ちを表す。すでに見た例文には次のようなものがある。

　　could have + p.p. の用例：*Idiot! You could have told me!* | *He could have written.* | *Why couldn't she have said something?* (COBUILD) | *I waited ages for you – you could've said that you weren't coming.* (CALD) | *You could have told me you were going to be late* (= you should have told me but you did not)! (LDOCE) | *They could

語義と文法の記述と語用論　273

have let me know they were going to be late! (OALD) | *Why couldn't you have helped me?* (PESD)

might have + p.p. の用例: *You might have told me that before.* (COBUILD) | *They might have cleaned up before they left.* (LDOCE) | *Honestly, you might have told me!* (OALD) | *You might have at least said thank you.* (LAAD) | *He might have warned me he was going to be late.* (MED) | *Well, you might have warned me!* | *He might at least have paid her train fare* (but he did not.)

　以上の例文からわかるように，could/might have + p.p. の肯定文で「～することができただろうに」という意味を表す場合と，why couldn't subject (= you, he/she, they) have + p.p.? の疑問文で「なぜ～することができなかったのか」という意味を表し，どちらも話者の苛立ちや非難の気持ちを表すが，why couldn't subject have + p.p.? 構文の方がより強調的であるといえる。この非難を表す用法の主語は you に限定されていない点は辞書の用例が示す通りである。　なお，上記の辞書の用例で見る限りでは 主語が you の場合の用例には感嘆符が付いていることと，why mightn't you/he/she/they have + p.p.? の構文は辞書でも取り上げられていないし BNC にも出てこないことは言及に値するだろう。
　「注意」: 2 つの文 (A)，(B) から成っている。(A) は好ましくないことや危険なことが行なわれた，または行なわれていることを表す。(B) は直接的には (A) を発言したことの根拠を示す，または，(A) がもたらしたかもしれない好ましくない結果，事態を表す。しかし，(B) で好ましくない結果になったかもしれないということによって，間接的に (A) で示される行為に対する注意を喚起すること，または，警告を与えることになる。この「注意喚起」の用例としては以下のようなものがある。

Can't you look where you are driving? You could/might have run over me. | *You should not have come home through the woods. You might/could have got lost.* | *It was foolish of you to throw the empty bottle out of the window. It could/might have hit somebody.* (デクラーク(f)) *Be careful with that stick—it could have gone in my eye!* (CALD) *You were mad to drive so fast; you might/could have been killed.* (Huddleston and Pullum) *You were stupid to try climbing up there. You might have killed yourself.* (Swan 2005: 317)

　この could/might have + p.p. 構文における動詞は，直前に述べられたことが引き起こしたかもしれない事態を表す動詞である。そして，CALD の例文の *Be careful with...* やデクラークの例文の *You should not have come...* に端的に示されているように，この用法は相手に注意を喚起する場合や警告を与える場合に用いられる。
　「非難」の場合は，行なわれてしかるべきことが行なわれなかったことに対して，それをすることができたはずだ(＝そうするべきだった)と少し嫌味を込めて相手または第三者を非難するのに用いられる。Huddleston and Pullum (2002: 201)に指摘されているように，この用法は "a conventional informal expression of reproach" として確立している。確立しているからこそ，大抵の辞書でこの用法が載っているし，*They could have told me!* や *You might have told me!* (ODE)のように特に脈絡が与えられていなくても「苛立ち，非難」の意味が表されることが了解される。これに対して「注意喚起」の場合は，危険なことや行なわれるべきでないことが行なわれているということを指摘した上で，そのような行為が原因で好ましからぬ結果が生じたかもしれないということによって，間接的にそのような行為はするべきでないと相手に注意を喚起する場合に用いられるとみなせる。しかし，「非難」の用法ほど語用論的用法が強く認識されていないと思われる。その結果，辞書でもこの語用論的な意味，用法は説明されていない。しかし，CALD の用例 *Be careful with that stick — it could have gone in my eye!* で，前半部分が言葉で表現されなくても，棒を振り回しているような行為が行なわれているところでは，*It could have gone in my eye!* といえば，その発話の直前に行なわれた，または行なわれていた行為に対する十分な注意の喚起になり得る。同じように，誰かがいきなり私を歩道から道路に押したという状況を考えれば，*I could have been killed!* という発言は私を押した人に対する注意，この場合は，いきなり人を歩道から道路に押し出したりしてはいけない，そのような行為は危険であり行なうべきではない，という警告になり得る。このように考えるなら，先に「注意」は「２つの文(A)，(B)から成っている」と述べたが，(A)が言語化されない場合があり得ることになる。このように(B)だけが用いられる場合の例が 1.1　could (3)で触れた，*You could have*

been killed. というような文であると考えられる。この文は「君は殺された[命を落とした]かもしれない」つまり、「君が殺される[命を落とす]可能性があった」という意味であるが、これを1つの発話として見るなら、「君が殺される[命を落とす]」ということを引き起こすようなことは「するべきでない」、「注意すべき」、「そういうことをするのは愚かだ」というような内容、つまり、上で「注意」の用例として見てきた例文の前半部(=(A))でいわれているような内容が暗黙のうちに意図された語用論的な用法を持っている文、発話であると考えることができるだろう。なお、このような注意喚起で使われる用法に関して、母国語話者の中には might have + p.p. 構文よりも、could have + p.p. 構文の方が、好ましからぬ結果が生じる確率が高いと感じられるという言語直観を示している人がいる。この判断を示した母国語話者は、デクラークの例文で見れば、*It was foolish of you to throw the empty bottle out of the window. It could/might have hit somebody.* においては、窓の外に人がいるのが見えた場合には could が用いられるだろうとも述べている。また別の母国語話者の中には、両者の意味はほぼ同じで区別がつけられないという人もいる[16]。

　could/might have + p.p. 構文の「非難」の用法が過去に行なわれてしかるべき行為が行なわれなかったことに対する苛立ち、非難の気持ちを表すのに対して、「注意喚起」の用法は、デクラーク(f)の最初の例文に示されているように、今行なわれている危険な行為に対して、好ましからぬ結果を引き起こしたかもしれないと注意を喚起する場合もある。このことからわかるように、「注意喚起」は過去の出来事に限定されていない点が「非難」の場合と異なる。また、「苛立ち、非難」の場合は、行なわれてしかるべき行為が could/might have + p.p. 構文における動詞によって明示的に示されるのに対して、「注意喚起」の場合は上で見た用例における最初の文(=(A))に見られる表現、*It was foolish of you to throw..., You were mad to drive...,You were stupid to try...* で示されるように、好ましくないことや危険なことをしたことに対して相手を非難し、その非難の根拠を「好ましくない結果になったかもしれない」という趣旨の次の文(=(B))で示すことによって、間接的に(A)で示される行為に対して注意を喚起する、あるいは、警告を与える用法である。「非難」は「行なわれてしかるべきこと」や「好ましいこと」が「行なわれなかった」ことを could/might have + p.p. 構文の動詞で明示的に示すのに対して、「注意」は「行なわれてはならないこと」や「好ましくないこと」が「行な

われた」ことを非難して，その非難の根拠，またはその行為が引き起こしたかもしれない好ましくない事態を could/might have + p.p. 構文の動詞で示すことによって，そのような行為はするべきでないと間接的に示すことになる。注意を喚起される行為，または非難される行為は could/might have + p.p. 構文の動詞によって明示的に示されるのではなく，発話の前半の(A)の部分で示される動詞によって，あるいは(A)が言語化されない場合は(B)の発話のきっかけとなった発話前の行為によって示される。この意味で「苛立ち，非難」の用法と「注意喚起」の用法は対極的な関係にあるといえよう。「非難」は *You could have told me. Why did you keep it all to yourself?* の例文で示されるように，could/might have + p.p. の構文で「～することができただろうに」と「苛立ち」を示し，その後で「なぜ～したのか[～しなかったのか]」と相手を責める構図が考えられるが，後半部は明示されない場合が多い。これに対して，「注意喚起」は「～という好ましくない結果になったかもしれない」ということによって「～するべきではない[なかった]」と間接的に示す構図であるが，上で考察したように(A)，(B)の2つの文のうち(A)が明示されないこともある。しかし，両者共に could/might have + p.p. 構文によって，「行なおうと思えばできたはずだ」（「非難」の場合）と「好ましからぬ結果を引き起こしたかもしれない」（「注意」の場合）のように，意味的には実現しなかった「過去の可能性」[17]を表す用法である。

　先に述べたように，デクラークは could have + p.p. 構文の考察に「非難」の意味，用法を含めていない。しかし，(f)は「注意喚起」の用法であると考えられるので，(f)を考察するなら「非難」の意味，用法も対象に含めてしかるべきであると思われる。

　また，could (12)で見てきた「何かを行ないたいという強い気持ち，意向」を表す could have + p.p. 構文もデクラークは取り上げていない。この語義，用法が could have + p.p. 構文に限定されていないからであろうか。この語義，用法が could have + p.p. 構文に限定されていないという理由によるなら，デクラーク(c)の構文も，すでに見てきたように could have + p.p. 構文に限定されたものではないので考慮から除外されるべきものである。つまり，(c)を検討するなら，この「強い意向」を表す語義，用法も取り上げるべきであると考えられる。なお，この「強い意向」を表す用法は，could + 動詞原形と could have + p.p. 構文で用いられるが，might には見られない意味，用法である。この「強い意向」を表す用法は，could (12)で見てきたように，

could have + p.p. 構文で「～したいくらいだった」というような意味合いで用いられる。この用法も，あることを実際には行なわなかったが，「しようと思えばできた」という基本的な意味構造を持ち，実際には実現しなかったが，それが実現する可能性があったこと，つまり「過去の可能性」を表すといえる。

5. おわりに

デクラークがあげている 6 つの構文のうち，(a) と (c) は could have + p.p. 構文に限定された意味，用法ではない。(d) は安藤 (2005) の認識的可能性を表す例文である。(b) (e) (f) は状況的可能性を表す例文であり，「実現しなかった」「過去の可能性」を示している。このうち，(e) は仮定法過去完了の文であり，(f) は相手に「注意」を喚起する語用論的用法を持った構文である。このように考えるなら，could/might have + p.p. 構文を (叙実法) 後転移現在，状況的可能性，認識的可能性に三大別している安藤 (2005) の分類は基本的に正しいとみなせるだろう。ただ若干の補足が必要になるだろう。安藤は状況的可能性に関して，could/might have + p.p. が語用論的に用いられて「『しようと思えばできたのに，しなかった』という ＜非難＞ を表すことができる」(could の場合)「過去の怠慢に対する非難にも用いられる」(might の場合) のように，「非難」は語用論的に用いられると記しているが，本稿で考察した「注意喚起」の用法は含まれていない。また，could に関しては，ODE にも記され，語義記述 could (12) で見てきた「強い意向」を表す用法は例文として載せてはある[18]が語用論上の区別はされていない。つまり，could have + p.p. 構文の基本的意味は「過去の可能性」を表すが，「非難」の他に「注意喚起」「強い意向」を表す用法を語用論的用法として位置づけて加えるなら could + 完了不定詞の構文の記述としては，辞書や文法書に記載されている言語事実をほぼ正確に反映した文法記述になるであろう。might + 完了不定詞の場合は「非難」の他に「注意喚起」を語用論的用法として加えることが必要だろう。[19]

注

1) *Oxford English Dictionary*, Second Edition on CD-ROM Version 3.01 の could 項には pa. tense (and *obs.* and *dial.* pa. pple.) of CAN v., q.v. Also *spec.* in ellipt.

phr. ***could be***: it could be (that); it is possible; your suggestion may be correct. と用例しか記述されていないので，ここでは ODE の語義説明を取り上げた。
2) *Collins COBUILD Advanced Learner's ENGLISH DICTIONARY*, Fifth Edition 2006の他に，CALD, LAAD, LDOCE, OALD, PESD, MED, NHD, RHWD を参照した。
3) COBUILD の語義の説明には番号が□で囲まれているが，本稿では( )で囲んでおく。
4) 例文の後の | は筆者のもの。
5) COBUILD の用例は□で，MED の用例は◆で区切られているが，本稿では統一して | で区切ってある。
6) COBUILD (4)では = *might* となっている。
7) can have been caused が could have been caused に変わったとも考えられそうであるが，can have + p.p. 構文は普通は (only, few, scarcely などを伴う文を含めて) 否定文や疑問文だけに生じる (Cf. 安藤 2005: 331)。
8) この用例 (*'Have some more cake.' 'Oh, I couldn't, thank you* (= I'm too full)) は LDOCE 8 の用例 *'Would you like another piece of pie?' 'Oh, no thanks, I couldn't.'* とほぼ同じであるが LDOCE では，I couldn't BrE *spoken* used to politely say that you do not want any more food or drink と，MED では，I couldn't *spoken* used for politely saying 'no' when someone offers you something: *'More ice cream?' 'No, thanks, I couldn't'* と記述されている。なお，OALD では用例は◇で区切られているが，ここでは | で示している。
9) 同じく MED には次のような記述もある : I couldn't ask/wish for... *spoken* used for saying that something is so good, you cannot imagine anything better: *I couldn't wish for a better husband.* | *We got fantastic support—we couldn't have asked for more.*
10) デクラークが述べている説明などについては『現代英文法総論』レナード・デクラーク著，安井 稔訳 (1994: 556-557) を使わせていただく。
11) 本稿の考察は『仕事場の英語学』安井 稔著 (開拓社 2004) の第Ⅰ部第 9 章「過去のモダリティとモダリティの過去について」と第Ⅰ部10章「could + 完了不定詞」，並びに『モダリティ』澤田治美著 (開拓社 2006) の第Ⅰ部第 4 章「『could + 完了形』構文における 7 タイプの多義性」と第Ⅰ部第 5 章「『could/might/must 完了形』の表すモダリティ」が出発点になっていることと，両書から多くの示唆を得たことを記して両著者に感謝申し上げたい。
12) (a), (b), (c), (d), (e)の最初の例文と(f)の 2 つ目の例文は安井稔 (2004) が取り上げているので，訳は安井のものを使わせていただき，それ以外の例文訳は

筆者のもの。
13) 母国語話者の同僚や友人(主にカンザス大学講師 John Hestand 氏)たちとの個人的コミュニケーションによるもの。
14) 同上。
15) 安井(2004: 73)は, could have + p.p. の表す意味がデクラークの分類した6つの意味以外にあるかという点に関して,「実際, 七つめの意味は, すぐに見つけることができる, 例えば,『非難』を表す用法である。これは,『主語が二人称』で,『好ましいとされる可能性』が『実現されなかった』場合, というふうにとらえることができる。が, このように『could + 完了不定詞』の意味を際限なく増やしていくことに, 言語学的な意味はない。それだけでは場面を際限なく細かに分析していくだけのことであるからである」と述べている。
16) could/might have + p.p. 構文における could と might の意味合いは, 状況的可能性を表す場合と認識的可能性を表す場合で意味合いが微妙に異なることがあると考えられるのかもしれない。
17) 「注意」の場合は, 用例からわかるように, 限りなく今の時点(つまり発話時)に近い過去の場合がある。
18) I was so angry I could have killed her!(すごく腹が立って, 彼女を殺してやりたいくらいだった) (Swan 2005) (安藤 2005: 332)。
19) 本稿をまとめるのに際して, 最終段階で高橋作太郎東京外国語大学名誉教授に原稿を読んでいただき, 貴重なご指摘を受けたことをここに記して感謝申し上げたい。ただし, 本稿に不備や誤りがあれば, それはすべて筆者の責任である。

参 考 文 献

Biber, D., S.Johansson., G,Leech., S.Conrad and E.Finegan (1999) *Longman Grammar of Spoken and Written English.* London: Longman.

Carter, R. and McCarthy, M. (2006) *Cambridge Grammar of English.* Cambridge: Cambridge University Press.

Declerck, R. (1991) *A Comprehensive Descriptive Grammar of English,* Tokyo: Kaitakusya, (安井稔(訳) (1994)『現代英文法総論』開拓社).

Huddleston, R and Pullum G.K. (2002) *The Cambridge Grammar of the English Language,* Cambridge: Cambridge University Press.

Leech, G.N. (2004) *Meaning and the English Verb,* 3rd Edition. London: Longman.

Quirk, R., S.Greenbaum, G.Leech and J.Svartvik (1985) *A Comprehensive Grammar of the English Language.* London: Longman.

Swan, M. (2005) *Practical English Usage*. 3rd Edition. Oxford: Oxford University Press.
Palmer, F.R. (1986) *Mood and Modality*, Cambridge: Cambridge University Press.
安藤貞雄（2005）『現代英文法講義』開拓社
澤田治美（2006）『モダリティ』開拓社
安井稔（2004）『仕事場の英語学』開拓社

参 考 辞 書

COBUILD = *Collins COBUILD Advanced Learner's ENGLISH DICTIONARY*, 2006 (Fifth Edition).
CALD = *Cambridge Advanced Learner's Dictionary*, 2003, 2008 (Third Edition).
LAAD = *LONGAMN Advanced American Dictionary*, 2009 (Second Edition).
LDOCE = *LONGMAN Dictionary of Contemporary English*, 2009. (Fifth Edition).
OALD = *Oxford ADVANCED LEARNER'S Dictionary*, 2005 (Seventh Edition).
PESD = *The Penguin English Student's Dictionary*, 1991.
MED = *MACMILLAN English DICTIONARY FOR ADVANCED LEARNERS*, 2007 (Second Edition).
NHH = *THE Newbury House DICTIONARY of American English*, 2000.
RHWD = *RANDOM HOUSE WEBSTER'S DICTIONAR of American English*, 1997.
Oxford English Dictionary, Second Edition on CD-ROM Version 3.01.
ODE = *Oxford Dictionary of English*, 2005 (Second edition (revised)).
WEBSTER = *WEBSTER'S THIRD NEW INTERNATIONAL DICTIONARY* Unabridged, 1961.
『新英和中辞典』（2003 竹林滋 他編 7版）研究社

コ ー パ ス

BNC = British National Corpus (Shogakukan Corpus Network)

不快表現との共起指向性が高い「予兆・発生・直面」表現

新井洋一

1. はじめに

どの言語にも，望ましくない意味を持つ表現がある。たとえば death（死），destruction（破壊），dissatisfaction（不満），row（対立），crime（犯罪），thief（窃盗犯），war（戦争），disaster（災難），famine（飢饉），epidemic（伝染病），problem（問題），dilemma（板ばさみ），conflict（争い），fine（罰金）や，a bad weather（悪天候）などの名詞・名詞句は，英語でも日本語でも快くない印象を与えるものである。本稿では，このような表現を，「不快表現」(unpleasant expressions)と呼び，この不快名詞と共起する傾向(つまり不快指向性)が高い表現の一部である，以下のような(1)「予兆」(2)「発生」(3)「直面」などの意味を持つ表現について考察するものである。以下の用例において，「不快表現」の部分は下線で，またその中心部は太字で，そして「不快指向性の高い表現」の部分はイタリック体の太字で示す。

(1) a. A *harbinger* of death and destruction.
   b. Dissatisfaction amongst the Blue Buttons *reared its ugly head*.
   c. A major row is *brewing* in the region.

(2) a. The *incidence* of car crime in the UK as a whole.
   b. A classroom crisis is *looming* in Prestwick's primary schools.
   c. Thieves, war and other disasters may *befall* you.
   d. Famine and a typhus epidemic *struck* in the winter of 1919-20.

(3) a. The analysts *encountered* many problems.
   b. Numerous policy dilemmas and conflicts *confronted* the United States and Japan.
   c. Dozens of motorists *faced* fines of £100.

不快表現という概念は，semantic prosody と一体をなすもので，基本的に Sinclair (1987)，Louw (1993) の研究まで遡るものである。しかし本稿では，semantic prosody という用語は可能な限り使わずに論考を進めることにする。その理由については，3.5.2，3.5.3，3.6節で述べるが，本稿の主要目的は，(1)〜(3)であげられているような，既存研究であまり指摘されていないもので，不快表現との共起指向性が高いものに光を当て，その共起指向の程度や個々の特性について，英語コーパスによる調査と，それに基づく文法記述を行なうことである。

2. 今までに取り上げられたおもな共起表現

1990年前後以降，特にコーパス言語学の分野において，おもに semantic preference (優先的意味選択)，あるいは semantic prosody (意味的韻律)[1]と呼ばれる共起概念として，特に不快な表現と共起する動詞・形容詞・副詞の存在が指摘されてきている。具体的には，(4a)〜(4g)における，イタリック体の太字部分が該当する。

(4) a. "The magnitude of the **downturn** has ***set in***," Kermit Baker, the group's chief economist, said in an interview.
   (International Forecaster Weekly, January 9, 2010)
 b. The Herald says a student who ***was bent on*** **revenge** after being expelled conducted the German school atrocity.
   (BBC News, 27 April, 2002)
 c. Gusts of wind up to 70 miles-per-hour and heavy rain ***cause*** **damage** and **disruption** in Devon and Cornwall.
   (BBC News, 8 Jan 2004)
 d. President Suharto headed an authoritarian regime which ***brooked*** *no* ***opposition***.   (BBC News, 7 July, 2005)
 e. The researchers said their findings were particularly important for areas where both HIV and malaria were rife.
   (BBC News, 25 June, 2005)
 f. Some of our prosecutors and judges are ***utterly*** **incapable** of adapting to the legal reforms for the Copenhagen criteria and

the practices of the European Court of Human Rights.

(BBC News, 17 Dec 2005)

g. A deep level of **mistrust** has *built up* among developing nations about financial pledges made by rich countries.

(BBC World Service, Documentaries, Short Changing the Planet)

(5) a. They *provide* an effective, professional counselling **service** for those in need. (BBC, Eastenders, Help and information)

b. I've *built up* a **strong** relationship with them over the years, and I'm going to miss them a lot. (BBC News, 5 Oct 2009)

　最初に指摘した研究はそれぞれ，(4a) set in (Sinclair 1987a), (4b) be bent on (Louw 1993), (4c) cause (Stubbs 1995), (4d) brook (Sinclair 1996), (4e) be rife (Partington 1998), (4f) utterly (Louw 1993), (4g)「主語 + build up」(Louw 1993) であり，いずれも下線部のような意味的に「好ましくない」(unfavourable) または「不快な」(unpleasant) ものと共起する傾向が強い。一方(5)はそれぞれ，(5a) provide (Stubbs 1995), (5b)「build up + 目的語」(Louw 1993) の研究で最初に指摘されたが，(4)の例と対照的に，意味的に「好ましい」または「快い」ものと共起する傾向がある[2]。

　これらの現象を最初に指摘したのは，Sinclair (1987a), Louw (1993) であるが，その後の展開の中で，両者の趣旨が必ずしも一致しているとは言い難い。また，semantic preference と semantic prosody は，定義やその内容が研究者によって異なり，時には別なものであったり，時には同一視されたり，しばしば混乱を生じさせている (この点については，特に Bendarek (2008) が詳しく論じている)。さらに，類似の現象に対して，semantic harmony (Lewandowska-Tomaszczyk 1996), discourse prosody (Stubbs 2001a), semantic associations (Hoey 2005, Nelson 2006) といった別の用語が提案されるなど，さらなる混乱を生じている面も観察される。そこで本稿では第1に，その起源と歴史，用語の定義の問題点の整理，主要な具体例を取り上げ，論点を整理しながら，semantic prosody という用語が不必要なことを提案し，この用語の問題の解決を試みたい。

　既存研究では，不快名詞と共起する表現は，(4)で示すように非常に限られた個別のものにとどまっている。そこで本稿では第2に，冒頭の(1)〜(3)であげた「予兆・発生・直面」などの意味的にまとまった表現に焦点を当

て，コーパス調査と，コーパス調査による各表現の特徴づけなどを行ないたい。また，他にもより多くの表現が存在する可能性を指摘すると共に，その具体例を提示し今後の研究の方向性を示すことにしたい。

3. 起源と既存研究概観

もともと特定の意味表現との共起指向性の指摘は，Sinclair(1987a)の観察から始まったが，当初その現象には，特定の名前がつけられていたわけではなかった。たとえば，Sinclair(1991: 112)は，明確な用語は使わずに，"many uses of words and phrases show a tendency to occur in a certain semantic environment"という表現で述べているだけである。実際 semantic prosody という用語を広めたのは，Louw(1993)であり，以下これら2人の研究の跡を辿ることにする。

3.1 Sinclair(1987a)

Sinclair(1987a)は，動詞の set の分析において，「始まる・起こる」を意味する句動詞 set in の主語の特性について，次のように論じている(用例中の太字や下線は筆者による。以下同様)。

(6) The most striking features of this phrasal verb is the nature of the subjects. In general they refer to **unpleasant states of affairs**. (Sinclair 1987a: 155)

つまり，set in という句動詞の主語の特性は，一般的に，意味的に「不快な状況」(unpleasant states of affairs)を指すと述べている。Sinclair の調査によれば，主語の位置に来るものは，3例が天候，数例が reaction, trend などの中立的な内容，残りの大部分は，以下にあげるように，いずれも望ましくないか魅力的でないものであるという[3]。

(7) rot, decay, malaise, despair, ill-will, impoverishment, infection, prejudice, vicious (circle), rigor mortis, numbness, bitterness, mannerism, anticlimax, anarchy, disillusion, disillusionment, slump (Sinclair 1987a: 156)

この点は，Sinclair が編纂した『Cobuild 英英辞典』(Sinclair 1987b) にも生かされていて，次のような定義と用例が収められ，用例の主語の位置には意味的に「不快なもの」(something unpleasant) が置かれている。

(8) If something unpleasant *sets in*, it begins and seems likely to continue or develop.
(9) a. A feeling of anticlimax *set in*.
    b. It must be treated quickly before infection *sets in*.
    c. The bad weather has *set in* for the winter.

3.2 Sinclair (1990)

Sinclair (1990: xi) では，break out が取り上げられ，"bad things break out" と定義し，次の用例をあげている。(11) は名詞化した例である。

(10) a. violence/riots/war/a storm of protest *broke out*
     b. feeling the sweat *breaking out*
     c. real disagreements have *broken out*
     d. this caused an epidemic to *break out* （Sinclair 自身の作例）
(11) disastrous *outbreaks* of foot and mouth
                                    （口蹄疫の壊滅的な発生）

いずれも，break out またはその名詞化した outbreak が，意味的に「不快なもの」と共起しているのがわかる。

3.3 Sinclair (1991)

Sinclair (1991: 67-79) には，1つの章として，3.1節で述べた Sinclair (1987a) の論考がそのまま収録されているが，別の章では，同様の特徴を持つ動詞として，happen が取り上げられている。

(12) Many uses of words and phrases show a tendency to occur in a certain semantic environments. For example, the verb *happen* is associated with unpleasant things — accidents and the like.
                                              (Sinclair 1991: 112)

上記で happen は，「ある一定の意味環境に生起する傾向がある」単語の1例であり，「事故などのような不快なものと結びつく」と述べられている。しかし，set in や break out の主語の位置には，圧倒的に不快なものが生起するのとは対照的に，happen の主語の位置には，後に述べるように，不快なもの以外のものも多種類生起するので，これらを同列に扱うのは問題があるかもしれない(本稿 4.2.2.2 節参照)。

3.4 意味素性[±PLEASANT]の導入による生起文脈記述

今後の論考を進めるにあたり，この「不快な」という形容詞の意味を，明示的に定義しておく必要があろう。たとえば，「混乱」「暴動」といったものが，「不快な」意味を持つというのは，その語彙の内容的な意味ではなく，その対象に対して言語を扱う我々人間が持つ，「プラス・マイナス」，「良い・悪い」，「肯定的・否定的」といった評価(evaluation)である[4]。意味とは通常，対象となる語彙を同義語で置き換えたり，具体的に説明をしたり，何を指すかを表示したりする客観的なものである。したがって，「不快な」のような単なる主観的評価は，語用論的な解釈として別扱いすべきとも考えられる。しかし一方で，「混乱」「暴動」と聞けば，「不快な(もの)」とする付帯的な解釈は，一般に共有されているものでもある。こうして本稿では，評価的意味(evaluative meaning)のひとつである「不快性」を，1つの意味素性とみなすことにする。

ところで，意味的に「不快なもの」というのは，Sinclair が(7)にあげている名詞以外にも非常に多く，さらに(9c)，(10a)にあげているような名詞句全体も考慮すれば，組み合わせは膨大である。これらは，数枚のリストにまとめ切れる閉じられたものではなく，終わりの無い開放的な(open-ended)ものである。文法記述が，単に単語リストの表示で終わらないために，これらをまとめる道具が必要である。

本稿では，この道具となる評価的意味素性(evaluative feature)として「快・不快」素性[±PLEASANT]を導入し，この素性が名詞や形容詞の意味表示の一部を担うものとする。表記の候補としては，これ以外に，単純に[+GOOD/+BAD]や[+POSITIVE/+NEGATIVE]，ほぼ同意語の[±FAVOURABLE]，実利的な観点から[±BENEFICIARY]，[±BURDENSOME]なども考えられるが，本稿では Sinclair の最初の定義を尊重し，[±PLEASANT]（以下[±P]と略記）と表記することにする。

この結果，たとえば peace, harmony, victory, well-being, welfare, success, award などは，[＋P]素性を内在的に持ち，violence, riots, protest, storm, sweat, disagreements, epidemic, disaster, disease, foot and mouth, corruption, arrogance, decadence, failure, murder, manslaughter, revenge, vengeance, threat などは，[－P]素性を内在的に持つものと仮定する。また(9c)の The bad weather は，bad が持つ[－P]が，名詞句全体に[－P]の解釈を与えるものと考える。このように設定することで，たとえば，「set in, break out は，[－P]表現との共起性が高い」というような単純な言い方が可能になる。また，その生起文脈の記述は，以下の(13a)，(13b)のようにそれぞれ記述されるものとする。

(13)　a. set in: ＿［－P］set in
　　　b. break out: ＿［－P］break out

この記述によって，set in, break out の主語の位置には，［－P］という意味素性を持つものが生起しやすいという強い傾向を指定できることになる。ただし，生起文脈の指定は，絶対的なものではなく，さまざまな要因によって，［－P］以外の意味素性を持つものの生起もあり得るものとする。

　この記述方法は，従来生成文法の selectional restriction（選択制限）で採られたものであるが，semantic prosody というよりもむしろ，コーパス言語学の semantic preference（優先的意味選択）の概念と等価と見なしてよいであろう。Sinclair(1987b)が採用した(8)にあげたような英英辞書の記述（sets in の前の主語の位置に something unpleasant を置く）も，同様のものと考えることができる[5]。

3.5　Louw(1993)
　前節で述べた set in と happen に関する Sinclair の記述を引用[6]した上で，この現象を semantic prosody（意味的韻律）と呼んで初めて紹介したのは，Louw(1993)であった。

3.5.1　Louw の semantic prosody
　Louw は，意味的韻律の定義を，論文の本文には書かず，冒頭の要約部分にのみ次のように記している。

⑭ A consistent aura of meaning with which a form is imbued by its collocates is referred to ... as a semantic prosody.
(Louw 1993: 157 Abstract)

　この内容は，おおよそ「ある単語が，その共起語によって満たされる，ある一貫した雰囲気の意味」と解することができる。Louw(1993: 158-159)の説明によると，この概念と用語は，Louw 自身が発案したものではなく，1988年の Sinclair との個人的な会話から得たものであり，Sinclair は，Firth 流の prosody の意味で，semantic prosody という用語を使い始めているという。この用語がすぐ理解しにくいのは，意味的な現象に，prosody という音声的な概念を取り込んだためであろうが，Louw の論文では次のように説明がなされている。なお以下の Amen に関する部分は，Louw による解釈であって，Firth の説明部ではないことに注意されたい。

⑮ Firth は，分節境界を越えることができる音韻論的色づけを指すために prosody（韻律）という用語を使っている。Amen という単語の鼻音が1例であろう。母音が鼻音の /m/，/n/ に近いために鼻音の性質を帯びる。同様に set in と結びつく習慣的な（複数の）共起語（つまり主語）は，set in に色づけをすることができる。だから set in は，もはやその意味的韻律から分離して眺めることはできなくなる。というのも，その意味的韻律は，その複数の主語の意味的一貫性によって確立されているからである。　(Louw 1993: 158-159)

　Louw の論文では，どこまでが Sinclair の考えで，どこからが Louw 自身の解釈なのか明確でないが，筆者なりに解釈し直せば，「set in と習慣的に共起する複数の主語は，意味的に不快な雰囲気を一貫して持つために，set in も意味的に不快な雰囲気を持たされる」ということになろう。結果的に，set in の主語の複数の名詞が一貫して持っている[−P]の意味素性が，語の境界を越えて影響を及ぼし，set in にも[−P]の意味素性を持たせるようになったということになる。

3.5.2　Louw の定義の注意点と問題点
　Louw (1993) の研究のあと，semantic prosody に関する多くの研究が続い

た点を考えると，Louw の研究の貢献度は大きいものがある。しかしながら，Louw の研究の本質は，semantic prosody の現象を広く深く掘り下げるというよりもむしろ，semantic prosody を破って皮肉や修辞的な意味を込めた用例の考察に主眼が置かれたものである。つまり semantic prosody を維持している例よりも，破綻している例の考察に力点が置かれているわけである。結果的に Louw の研究は，次節で詳述するように，もともとの semantic prosody の定義が厳密さに欠けているのに加えて，皮肉を含む話し手の意図や評価的態度といった，より言語外の要素が入り込んだために，その後の研究に混乱さえもたらすことになった。奇妙なことに，後続している多くの研究が，Louw の研究を出発点にしながら，Louw の主題である semantic prosody の破綻の問題は，あまり取り上げていない。むしろ(13)にあげたような，生起文脈の選択制限に関わる事例として処理できるものがほとんどである。また，semantic prosody を取り上げた多くの研究者が，その用語の利用に躊躇，困惑し，用語の変更を提案している研究が少なくない。たとえばその具体例として，Stubbs (2001a)，Hoey (2005)，Whitsitt (2005)，Hunston (2007)などがある。こうして本稿では，不快表現との共起現象の説明に，semantic prosody という用語の使用は避けることにする。

3.5.3 Louw の定義の批判

Louw (1993)の論文の定義の問題点について正面から取り組んでいるものに，Whitsitt (2005)がある。ここでは，Whitsitt の論点のうち，特に重要と思われる3点を選び，必要に応じて追加・補足しながら説明することにする。

まず，Louw の(15)の説明について，考えてみたい。Firth 流の prosody とは，分節境界を越えることができる音韻論的色づけのことをいう。このつづり字の間に音の「色づけ」(colouring)があるのとちょうど同じように，Louw は，単語の間にも意味的な色づけがあり得ると，主張している。しかし Louw の prosody を使った説明には，論理的にかなり無理がある。Whitsitt が指摘する通り，「Amen の中の母音が，鼻音 /m//n/ の影響を受けたとしても，その母音が鼻音の特性を帯び続けることはありえない」からである。他の子音といっしょに現れた場合は，また他のその子音の影響を受けるだけである。母音が永遠に鼻音に色づけされることはあり得ないのである。Louw は semantic prosody を提案するにあたり，特に prosody の用語の根

拠を音韻論的比喩を使って説明しているが，以上の点を考えると，この議論が依って立ったはずの喩えは，成立し得ないといえよう。

次に，set in について，通時的に見てみよう。OED で，該当の意味の set in の項目を見ると，300年前の初例では，天候表現が主語に来ているだけで明確な[−P]素性を持つ名詞ではない。

(16)　set(v.)
　　B．XII．146．*set in*．e．
　　To begin, become prevalent: chiefly of the weather entering upon a particular state.
　　　　a1700 Evelyn *Diary* 8 Feb. 1684, The weather was *set in* to an absolute thaw and raine.
　　　　1765 Foote *Commissary* iii.(1782) 61 The latter end of the year, when the **winter** *sets in*.
　　　　1769 Falconer *Dict. Marine*(1780) N 2 b, When the western **monsoons** *set in*.
　　　　1848 Thackeray *Van. Fair* lx, **Politics** *set in* a short time after dessert.

(16)にあげたものは，OED の定義と最初の4例である[7]。ここで共起している weather, winter, the western monsoons, politics のうち，weather は，はっきりと明確に不快な語とは言えないが，他の語は[−P]名詞と考えられる。Winter，monsoons については言うまでもないが，politics については OED の定義の 3.c. に，"Political actions or practice; policy. Freq. in **unfavourable** sense." とあるように，「政治的かけひき」の意味である。(16)の最初の a1700 の例の全体の意味は不快性を帯びており，この時すでに set in が不快表現と共起する指向性を持っているように思われる。Louw の定義では，set in は不快名詞の共起語の影響を繰り返し受けて不快な意味合いを持つことになるが，set in についてはその可能性は乏しい。むしろ，300年前の初例から，すでに不快指向性を持つ set in そのものが，共起する主語名詞の不快性に影響を与え，「天候」→「悪天候」→「不快名詞」のように，共起語の発達が起こってきたと推測される。

こうして，動詞が不快な意味をもともと持っておらず，多くの不快な語と

の共起の繰り返しの結果，不快な意味が「外から」満たされた(imbued)といういLouwの考え方よりも，不快指向の特性が，すでにはじめから，動詞の「中に」存在していたという考え方の方が妥当であろう。そしてその不快指向の特性をすでに持っていたとすれば，明らかに不快な意味を持つ(9a)～(9c)の主語といっしょになぜ使われるかも説明がつく。

　Louwは，自分の結論が，「直接の観察」(direct observation, Louw 1993: 173)に基づくといっているが，どんなにset inのような語句の共時的な使用を見ても，特に，意味の移動を表すために，imbuingという「流れ」や「液体」を連想させる比喩を使い続ける正当性はないように思われる。こうしてWhitsittは，「Louwの意味的韻律に対する議論は，説得力のない比喩，成立しないアナロジー，そしていかなる経験的な証拠にも基づかないものである」(p.296)と結論づけている。

　別の視点からさらに批判的に補足すれば，「たとえ動詞が不快素性を持っていたとしても，その共起語も不快素性を持つことにはならない」，ということである。たとえば，decline(低下・衰退する)，plunge(急落・激減する)などの動詞は不快な意味を持つが，その共起語の主語には，必ずしも不快な名詞が生起するわけではない。以下のBNCからの例を参照されたい[8]。

(17) a. The **importance** attached to attractiveness **declines** throughout the adolescent years. 　　(W_non_ac_soc_science: HCE)
　　b. But with the Government's **popularity** having **plunged** over the past 11 months, he may have a struggle on his hands to beat off the Liberal Democrats, who were runners-up in Newbury last April. 　　(W_newsp_other_report: K5M)

　上の(17a)では，declinesが[－P]の意味を持つが，主語の名詞の主部であるimportanceは，[＋P]解釈の名詞で[－P]解釈の名詞ではない。また，(17b)でも，plungedの主語のpopularityも，通常[＋P]解釈の名詞で[－P]解釈の名詞ではない。つまり，共起する名詞と動詞の[P]素性が，異なることは普通にあることで，一致しなければならないことではないのである。

　3点目としてWhitsittは，動詞alleviate, heal, relieve, sootheなどを取り上げている。これらの動詞そのものは不快な意味を持たないが，目的語に不快な名詞を持つものがあるとして取り上げている。つまり，(17)とは逆

の例ということになる。Whitsitt は具体例をあげていないので，BNC から用例を抜き出してみよう。

(18) a. Key aims of the British aid programme are to ***alleviate* <u>poverty</u>** and promote human rights. (S_meeting: JNG)
 b. Mr Clinton seemed eager to ***heal* <u>wounds</u>** and to ***overcome* <u>dissatisfaction</u>** within his own party.
 (W_news_brdsht_nat_misc: AJM)
 c. ... how much they can ***relieve* <u>pain</u> and <u>suffering</u>**, ...
 (S_interview_oral_history: K69)
 d. To ***soothe* the <u>discomfort</u>**, if the thrush is severe, your doctor might give you pessaries ... (W_misc: AOJ&BN7)

　これらの動詞は，程度の違いはあるものの，いずれも，好ましくない意味の名詞をとる傾向がある。確かに，上の例の太字で示された目的語 poverty, wounds, pain and suffering, discomfort は，[−P]素性を持つと考えられるもので，alleviate, heal, relieve, soothe などの動詞は不快性との共起指向が強い動詞といえよう。また (18b) の後半の overcome dissatisfaction の overcome も，alleviate などと同類と考えられよう。
　Louw の semantic prosody の定義では，ある特性を持つ語と繰り返し共起する結果，それと同じ特性を持つようになると主張しているが，alleviate や，heal, relieve, soothe, overcome などの動詞が，その目的語の意味素性[−P]と同じ特性にはなっていない。むしろ，反対の[＋P]素性を持っている。また，[−P]素性を持つ目的語を含めた動詞句全体の意味も，[−P]の意味解釈にはならず，むしろ alleviate の持つ[＋P]の意味が支配し，快適な意味に解釈される。これは，主語と set in, break out を組み合わせた全体の意味が[−P]の意味に解釈される (9), (10) の例とは，対照的である。さらに，Louw は，共起する語や句の semantic prosody が一致していない時は，皮肉や何らかの修辞的な意味が込められていると主張するが，(17), (18) にあげた例に皮肉や修辞的な意味が込められているものはなく，Louw の主張はこの点でも破綻していることになる。

3.6 用語の必要妥当性の吟味

多くの論文では，意味的韻律（semantic prosody）という用語を使ってきているが，Stubbs (2001a), Whitsitt (2005), Hoey (2005), Hunston (2007) などが指摘するように，さまざまな意味で用語が紛らわしく誤解を生みやすい。Stubbs (2001a: 66) は，semantic prosody を discourse prosody と呼ぶことを提案しているが，それも理にかなってはいない。なぜなら，set in, break out, cause, alleviate などが否定的意味素性の不快名詞と共起するというのは，共起語同士の文の中での内在的な，純粋に言語学的問題であって，文を超えたディスコースや，語用論的な問題と考えるべきではないからである。Hunston (2007) は，ディスコースを越えた，話し手や書き手の心的態度や主観的評価について semantic prosody と呼んでいるが，それらには，たとえばすでにある evaluative attitude という用語で代用が可能であり，彼女自身も the contentious term (Hunston 2007: 249) と記しているように，混乱を招きやすい semantic prosody という用語は避けた方がよいように思われる。

Semantic prosody とは，Sinclair をはじめとして，ディスコース全体にかかる話者の態度や評価を表す意味で使うもので，隣接関係にある主語と述部，動詞と目的語，副詞とその被修飾語などの快・不快関係の意味的整合性に関わる用語としてはふさわしくないように思われる。こうして本稿では，semantic prosody という用語は使わないことにしたい。その代わり，本稿では，semantic preference とほぼ同じ意味で collocational orientation (共起指向性) という用語を用いることにしたい。Semantic prosody を，語彙の中に内在的な意味ではなく，言語外の話者の態度や評価を表す意味を指すものとして使っている研究もあるが，それには，evaluative attitude という用語を用いれば済むことであり，混乱を生み出す semantic prosody という用語は，避けるのが望ましいであろう。

4. 不快指向性を持つ「予兆・発生・直面」表現

自然言語が人間の活動や行動を表現または描写する道具である限り，人間にとって望ましくない不快感を与えるものが，その表現の中に存在するのは，当然のことである。人間に不快なものは，その存在の予兆，発生，到来が事件であり，表現の対象となる。つまり，不快な名詞については，その存

在の「予兆・前兆」から始まり,「到来・来襲・発生」→「直面・接触」→「広がり」→「経験」→「対処・闘争」→「緩和・阻止・排除」→「消失」までのプロセスすべてが,自然言語の中に反映されるはずである。そして,これらの各プロセスに対応する名詞や動詞表現が必ず存在するものと思われる。このような枠組みを仮定してみると,Sinclair 等が指摘した set in, break out などの存在は自然なものであり,各プロセスに応じた動詞が他にも存在するものと推測される。

本節ではこの仮定が正しいかを,具体的な英語表現を取り上げながら調査してみることにする。ページ制限の関係から,本稿では,大きく分けて「発生の兆候」「到来・発生・生起」「直面・接触」の3種類のプロセスに関わる名詞類や動詞類に限定して考察することにしたい。考察にあたり,既存研究の該当表現にも触れるが,おもに既存研究で取り上げられていない表現を中心に考察していくことにしたい。

4.1 「予兆」を表す表現

不快なものが発生する兆候である「予兆」を意味する動詞について考察する前に,まず数種類の名詞類に光を当ててみたい。

4.1.1 「予兆」を表す名詞類

4.1.1.1 harbinger of

この harbinger は,「予兆・兆し・前触れ」という意味であり,「a (形容詞) harbinger of 名詞」のパターンで生起することが多い。頻度的には,好ましくない内容の不快名詞を of の目的語としてとる傾向が強い。OED では,この意味の初期の例として[9],すでに以下の例があげられている。

 (19) Hope is ***harbenger*** of all mishappe.
           (c1572 Gascoigne *Fruites Warre*(R.))

BNC の用例では,頻度的に[−P]の意味を持つものとして,「bad 名詞」や death を含む例が多い。

(20) a. But this old bird was more sinister, a veritable crow, *a **har-binger** of bad news*.　　　　　　　　(W_fict_prose: H90)
  b. The lurking menace of those few sinister lines hung over her like a sentence of doom, *an ominous **harbinger** of death and destruction*.　　　　　　　　(W_fict_prose: HA6)
  c. It was the very symbol of wealth, and yet tradition had it that when the fish swam up-river in great numbers it was *a **har-binger** of social unrest*.　　　　　　(W_fict_prose: G04)

しかしながら、harbinger については、上の3例のような不快名詞との共起例ばかりでなく、以下のように、非不快名詞(つまり快名詞または中立名詞)との共起例も観察される。

(21) a. This victory was *a **harbinger** of a new era* in machine chess.
　　　　　　　　　　　　　　　　(W_non_ac_nat_science: B7D)
  b. Even then, however, the upturn had served more as *a **har-binge**r of better things to come* than as the means of eclipsing the recessionary weakness of the previous 11 months.
　　　　　　　　　　　　　　　　　　　　(W_misc: FSV)
  c. The flowers, traditionally the ***harbingers** of Spring*, have blossomed a month early, as Clare Lafferty reports.
　　　　　　　　　　　　　　　　　　(W_news_script: K1C)

この(21a), (21b)のように、new や better のような[＋P]と解釈される他の形容詞を含む名詞と共起する例がある。また、特に複数形 harbingers の場合は、「new 名詞」や(21c)のような spring を含む[＋P]解釈の例が多く見られる。こうして harbinger は、不快指向性が高いものの、一部の[＋P]解釈の名詞とも共起する特徴を持つと考えた方がよいであろう。

4.1.1.2　brink/edge/verge of

もっとも頻度が高いのは、of の後に意味的に[－P]の意味を持たない、中立的な名詞が来る「brink/edge/verge of 名詞」の場合で、単純に「淵」「端」「先端」の意味である。たとえば edge の例をあげれば、edge の前に形容詞

が来ている例(22c)や，edge が複数形の例(22d)なども見られる。

(22) a. I grabbed the handrail at *the edge* of the cable car.
　　　　　　　　　　　　　　　　　　　　　　　　(W_newsp_tabloid: CH1)
　　　b. He found at *the edge* of his consciousness the wish that he was just going to his own flat to crash out rather than back to share Catherine's warm bed.　　(W_fict_prose: AB9)
　　　c. We are at *the leading edge* of the development of wind power, and must also have one of the most effective network of organizations, ...　　　　　　　　　　　　　(W_misc: GXG)
　　　d. After the glue has been applied to *both edges* of each segment and they are assembled, the banding clamp is dropped down over the assembly and ...　　(W_instructional: EFH)

しかし，「on/to the brink/edge/verge of [-P]名詞」の構造の場合は，何か好ましくないことが近づいている「瀬戸際」や「寸前」を意味することになる。特に名詞の部分が，[-P]の意味を持つ抽象名詞の extinction, despair, destruction, collapse, panic, starvation, bankruptcy や，泣くことを意味する tears などの場合が該当する[10]。「絶滅・絶望・崩壊・倒産」といった「滅」「崩」などの語に象徴される不快名詞である。同意語として，verge, brink があるが，edge の例のみ(23)に示す。この意味の場合は，edge の複数形の例はない。

(23) a. The literary essay is a species always *on the **edge** of* **extinction**, and ...　　　　　　　　(W_non_ac_law_edu: CAJ)
　　　b. I wanted to drive her *to the very **edge** of* **despair**.
　　　　　　　　　　　　　　　　　　　　　　　　(W_fict_prose: B1X)
　　　c. ... the sight of the courting couples pressed against the wall was enough to bring her *to the **edge** of* **tears** again.
　　　　　　　　　　　　　　　　　　　　　　　　(W_fict_prose: BMW)

4.1.2 「予兆」を表す動詞類

4.1.2.1　teeter on the brink/edge/verge of

　前節の構造に動詞 teeter が組み合わさって,「予兆・接近」を表す「～の瀬戸際にある」という意味を表す。名詞の brink の部分は edge でも verge でも同じ意味となり,頻度的には brink の例がもっとも多い。どれも of の目的語として[－P]名詞がおもに生起する。

　BNC を調査してみると,この目的語の位置に生起する名詞は,strike, civil war, defeat, disaster, bankruptcy, deficits, panic, depression, death などで,「社会問題・経済的損失・精神的・肉体的崩壊」などに関連するものである。以下にこれらの具体例をあげることにしたい。なお,(24h)は,on the brink of の後に動名詞が来ている発展的な形であり,(24i)は,completion が普通は[－P]の意味は持たないものの,ここでは修辞的に皮肉の意味で使われている例(Louw 1993 参照)として,許容されていると思われる。

(24)　a. As Britain's major ports ***teeter on the brink of*** a national dock strike, ...　　　　　　　　　　(S_brdcast_news: KRM)

　　　b. Confrontation between Croatia and federal army Yugoslavia during January ***teetered on the brink of*** civil war ...
　　　　　　　　　　　　　　　　(W_non_ac_polit_law_edu: HL3)

　　　c. "Such a government, he argues, perpetually ***teetering on the brink of*** defeat and ...　(W_newsp_brdsht_nat_misc: AHN)

　　　d. Mr Bond, condemned for unconventional and perhaps sometimes dubious business tactics, has ***teetered on the brink of*** bankruptcy.　　　(W_newsp_brdsht_nat_commerce: AAS)

　　　e. Furthermore, many conservatives are wondering whether they are inheriting a poisoned chalice by taking over the government at this time, with the economy moving into a recession, unemployment ***teetering on the brink of*** three million, public spending deficits soaring and the franc under renewed attack on the foreign exchange market.
　　　　　　　　　　　　　　　　(W_newsp_other_report: K5M)

    f. The elderly couple must have been mistaken. He ***teetered on the brink of*** <u>panic</u> now.   (W_fict_prose: C86)

    g. ... according to Eisenman he was ever ***teetering on the brink of*** <u>depression</u> and <u>death</u>,   (W_pop_lore: CKX)

    h. Even so, I am ***teetering on the brink of*** <u>spending £300</u> to replace the turntable I foolishly ditched as an anachronism a few months ago.   (W_newsp_brdsht_nat_misc: AJY)

    i. Both buildings, and the rest of the vast complex stood empty, ***teetering on the brink of*** <u>completion</u>, when the only purpose of their existence was snuffed out at Christmas 1989.   (W_non_ac_polit_law_edu: CCK)

また，edge と共起している[−P]名詞としては，recession, crisis, drop, catastrophe, despair などがある。その具体例は(25)に示すことにしたい。なお(26)の3例は，of の目的語が抽象名詞でなく具体的な普通名詞である。この場合，いずれも物理的に文字通り「〜の際で揺れている」という意味で，比喩的な意味ではない点に注意されたい。

(25) a. ... , with the UK economy ***teetering on the edge of*** <u>recession</u>, ...   (W_ac_humanities_arts: BN8)

    b. We er ***teeter on the edge of*** er <u>a crisis</u> virtually at the end of every day and ...   (S_brdcast_news: KRT)

    c. TEETER TERROR PASSENGERS screamed in terror when a bus ***teetered on the edge of*** <u>a 20ft **drop**</u> yesterday.   (W_newsp_tabloid: CH6)

(26) a. He was ***teetering on the edge of*** <u>the cliff</u>.   (W_non_ac_soc_science: CA5)

    e. Now he was ***teetering on the edge of*** <u>the parapet</u>.   (W_misc: ASV)

    f. The body and its burdens ***teetered on the edge of*** <u>the gazebo</u>.   (W_fict_prose: GUU)

4.1.2.2 rear one's（形容詞）head(s)

「頭をもたげる」から転じて「見えてくる・目立つようになる・現われる」という意味を持つ熟語である。主語の位置に[－P]名詞が生起する不快指向性が高い表現である。BNC における実際の生起数は60件程度で少なく，主語に来る名詞もあまり重複しないが，大きく分類すると，以下の3つに分けられるように思われる。

「問題」
　　problem, issue, matters, paradox
「具体的問題テーマ」
　　money, sex, dioxin
「感情・偏見・差別」
　　dissatisfaction, numbness, guilt, spectre, hatred, racism, fascism, elitism

それぞれの用例は，以下の通りである。

(27) a. But it was only when these first rehearsals began that two more **problems** *reared their heads*.　　（W_misc: F9Y）
　　b. No such **problem** *rears its pretty head* with Sex and the City, ...　　（W_newsp_brdsht_nat_arts: AA9）
　　c. As the South African **issue** *rears its ugly head* again, DON CAMERON asks who would lead any tour of the Republic.
　　　　　　　　　　　　　　　　　　　　　　　　　（W_pop_lore: CB2）
　　d. The old Smiths **paradox** begins to *rear its naturally ugly head* once more.　　（W_biography: ART）
(28) a. Clubs lost their authority and control of players when **money** *reared its ugly head*.　　（W_news_other_report: K97）
　　b. One explanation is that **sex** is about to *rear its head*.
　　　　　　　　　　　　　　　　　　　　　　　　　（W_misc: BMG）
　　c. **DIOXIN**, the chemical that **polluted** Seveso in Italy, has *reared its ugly head* again.　　（W_non_ac_nat_science: B75）
　　d. The **terrible** prospect *rears its ugly head* of having to mow

the lawn, fix the gutters, creosote the garden shed and push the Saturday-morning supermarket trolley. (W_pop_lore: FT9)

(29) a. **Dissatisfaction** amongst the Blue Buttons *reared its ugly head*. (W_commerce: EUU)
 b. A few months after I left I met someone else and we had a wonderful relationship for a few months, but then **guilt** *reared its ugly head* and Marie persuaded me to go back because I'd left her with two children. (W_pop_lore: ECT)
 c. A small **worm** of **self-disgust** *reared its blind head* within his belly. (W_fict_prose: C8D)
 d. Now the same **ugly** forces of **racial hatred** are beginning to *rear their heads* again. (W_newsp_other_social: CEK)
 e. In Rostock, East Germany, and Greenwich, South London, the **ugly** face of **racism** *reared its evil head* last week at almost exactly the same time, victimising the innocent and intimidating the weak. (W_misc: HAE)
 f. Mr Fullarton, who was also wounded in the civil war, said: "Don't think **Fascism** can't *rear its ugly head* again. It can." (W_newsp_other_social: K5L)
 g. But I'm worried now because **elitism** is *rearing its ugly head* again. (W_pop_lore: ACN)

以上見てきたように，[−P]名詞との共起指向が非常に高い表現といえよう。ただし，必ずしも明確に[−P]名詞が来ない場合もある。以下の reared its head は，「〜が話題に上る」というような意味であるが，ここの主語の下線部 it は，その前の下線部 some kind of community service を指示し，明確な[−P]名詞ではない。また，2つめの例は，テレビがメキシコ中に現われていることを述べており，[−P]要素としては捉えられない例である。

(30) a. Why, asked the Prince, was Britain the only country in Europe that did not have some kind of community service. The answer was that community service was a political minefield, and had been rejected as unworkable every time it had *reared its*

head.　　　　　　　　　　　　(W_biography: A7H)
b. No matter how remote the locale, television is ***rearing its talking heads*** all over Mexico.　　　　　(W_misc: EBD)

4.1.2.3　brew

基本は「醸造する」という意味であるが，「〜が起ころうとしている・くすぶっている」の意味で，主語に不快名詞が生起することが多い。統語的な特徴としては，-ing 分詞の形で生起することが多く，進行形や名詞を修飾する現在分詞の例が多い。

BNC では例が少ないので，この動詞に限り Wordbanks Online で調査を行なった。次の名詞の後の括弧内は，(t-score | LogLog 値)を表すが[11]，おもな不快名詞に，trouble (2.99 | 27.17)，row (2.82 | 28.03)，storm (2.00 | 18.50)，controversy (1.41 | 8.87)，draught (1.41 | 12.25)，dispute (0.99 | 1)，war (1.37 | 1) などの例が見られる。

(31)　a. There may be multiple **troubles** *brewing* in the brine.　(ukb)
　　　b. Moreover, a major **row** is *brewing* in the region between the countries ...　　　　　　　　　　　　　　　　　(bbc)
　　　c. A **storm** is *brewing* in the gay (male) establishment.　(ukm)
　　　d. ... an improbable new racial **controversy** was *brewing* last week over the fate of the Sphinx's nose and the colour of Cleopatra's skin.　　　　　　　　　　　　　　　(tim)

4.2　「発生」を表す表現

4.2.1　「発生」を表す名詞類

4.2.1.1　incidence of

「発生」の意味に関わりが深い基本的な名詞として，まず incidence (発生率) を取り上げたい。多くが incidence of 〜の構造で生起し，of の目的語の位置には，ほとんどの場合不快名詞が来る。つまり，不快指向性が非常に高い表現である。BNC を使って incidence との共起頻度を調べた結果，おもなものは，表1のようなものである。

表1　BNCにおける incidence と共起するおもな不快表現（右方5語以内）

		t-score	LogLog			t-score	LogLog
1	disease	10.71	64.41	11	infection	5.19	42.65
2	cancer	9.48	66.55	12	gastric	4.46	39.98
3	pancreatitis	6.71	71.91	13	prevalence	4.36	43.77
4	tax	5.87	35.52	14	acute	4.35	38.42
5	crime	5.63	39.40	15	severe	4.23	33.20
6	heart	5.71	36.78	16	illness	4.11	33.40
7	death	5.50	32.00	17	coronary	4.00	43.45
8	leukaemia	5.29	56.60	18	abuse	3.99	33.29
9	taxation	5.28	45.52	19	failure	3.97	28.16
10	discharge	5.20	59.02	20	chronic	3.73	34.39

　表1から明らかなように，共起している上位の名詞は，大きく，「病名・病状」からなる病気関連と，「税金・犯罪・虐待」からなる社会問題の2種類に分けられる。下のリストの下線をつけた形容詞 acute, chronic, severe などは，特に病状を強調する役を担っている。

「病気関連」（病名・病状）
　　cancer, leukaemia, infection, pancreatitis discharges, heart disease, heart failure, heart attack, gastric cancer, sudden death, sudden infant death, coronary heart disease, coronary artery disease;
　　<u>acute</u> pancreatitis discharges, <u>chronic</u> pancreatitis discharges, <u>severe</u> pancreatitis, <u>severe acute</u> renal failure

「社会問題」（税金・犯罪・虐待）
　　tax, taxation, crime, abuse

　それぞれの種類のおもな例を(32)と(33)に引用する。なお(34)は，他の単語と結びついたより拡張的な例として載せておきたい。

(32)　a. For the immediately surrounding area ... there was no evidence of *an increased* **incidence** of **cancer** among those aged 0-24 years in either period.　　　　　　　　(W_ac_medicine: EA0)

不快表現との共起指向性が高い「予兆・発生・直面」表現　*303*

b. ***Incidence*** of infection in each country is notified to the World Health Organization so that necessary strategies can be implemented to prevent spread to other countries by travellers, cargoes and animals.　　　　　(W_non_ac_medicine: B14)

c. *The **incidence*** of **pancreatitis discharges** correlated with the alcohol consumption in Finland (r=0.78, p=0.0001).

(W_ac_medicine: HWS)

(33) a. *The **incidence*** of **car crime** in the UK as a whole has fallen by more than 2.5pc, …　　(W_newsp_other_report: K97)

b. … they enabled us to analyse easily *the **incidence*** of **taxation** in a variety of economies exhibiting different kinds of imperfections.　　　　　　　　　　　(W_commerce: H9J)

c. *The **incidence*** of elder **abuse** is hard to quantify.

(W_non_ac_soc_science: CGD)

(34) a. The main conceptual tools of epidemiology are *the **incidence** rate and the **prevalence** rate* of **disease**.

(W_non_ac_soc_science: B16)

b. … the wide variation reported in research concerning *the **incidence and prevalence*** of childhood sexual **abuse** in part reflects the very different definitions of the problem used (Wyatt and Peters, 1986).　　　(W_non_ac_soc_science: CN6)

4.2.1.2　bout of

前節で扱った incidence と同じ意味のものとして bout がある。この bout はおもに，「a bout of 不快名詞」の構造で生起する。基本的な意味は「発作，症状の発生，一定期間の症状」を意味する。そのため，名詞の部分には，[−P] の要素を含むものが来る可能性が極めて高い。以下に用例をあげたい。

(35) a. Nigel was really unwell at the last minute with *a bad **bout*** of **flu**, but decided not to cancel.　　(W_fict_prose: AC3)

b. The friar wanted Sir John to go; he was tired of *the coroner's* constant bad temper and *sudden **bouts*** of **fury**.

(W_fict_prose: K95)

c. "What a charitable gesture," he said thoughtfully. "Perhaps you could patent it. Sex as the cure-all for ***bouts*** of depression."
(w_fict_prose: H8H)
d. From time to time she suffered from ***bouts*** of depression as she had done for many years. (W_non_ac_medicine: BM1)

BNC の頻度では，単数形の bout と複数形の bouts の場合では，その後の不快名詞の種類に差が見られる。単数形の場合は，生起数を前に示してリストアップすると，(13) flu；(5) coughing；(4) bronchitis, glandular, influenza, pneumonia, sickness, inflation のように続いている。複数形の場合は，(15) depression；(3) homesickness, diarrhea, crying, coughing；(2) confusion, anger, fever, drinking, fury, indigestion などとなっている。複数形でも頻度が高いのが特徴である。多くが病気や，インフレや混乱などの否定的な抽象名詞，そして怒りなどの感情に関連するものである。

4.2.1.3 fit of

前節の bout とほぼ同じ意味と同じ構造で，特に怒りや咳などと共起する。頻度順に示せば，temper, coughing, giggles, laughter, jealousy, anger, depression, madness, rage, hysteria などと共起する。病気の関係では，bout が幅広いさまざまな病気と共起するのとは対照的に，fit は coughing と共起するくらいであり，それ以外はあまりない。ほとんどが強い感情やその表現と共起し，単数形 fit では，temper, pique（立腹）, giggles, laughter, jealousy などと，複数形 fits では，laughter, anger, morality, depression, rage, temper などと共起することが多い。

(36) a. He laughed so hard that he had *a **fit*** of coughing which, in turn, caused big tears to roll down his face.
(W_fict_prose: CR6)
b. In *a **fit*** of temper Yates grabbed Nicola's sweater, tied the sleeve round her neck and throttled her as she cried out "Daddy don't". (W_news_script: K23)
c. Well I actually said thank you for that and she dissolved into ***fits*** of laughter. (S_conv: KE3)

d. John Heartfield was known among his Dada associates Raul Hausmann, Hannah Hoch, and George Grosz among others for his uncontrollable *fits* of anger, usually after heavy drinking.

(W_pop_lore: EBX)

4.2.1.4　stab of

この stab も，bout と同じように，「a stab of 不快名詞」の構造で生起する。単数，複数可能であるが，単数形で使われる場合が多い。共起する不快名詞は，pain, fear, jealousy, regret, guilt, coldness, disappointment, agony, emotion, envy などで，突き刺すような痛みの「突然の〜感」を与える感情的なものが多い。複数形 stabs の例も少数見られるが，ほとんどが単数形の例である。具体例は以下のものである。

なお，(38)には，[＋P]名詞と共起している例をあげた。これらは Louw (1993)が主張する皮肉というよりも，文学的，修辞的効果をあげるために使われている例であろうが，このような例の頻度はそれほど高くなく，基本的には不快指向性が高い名詞といってよいであろう。

(37)　a. "I felt *a **stab** of pain* as the needle went into my leg but the fact that it was concealed made me feel less squeamish," she says.　(w_pop_lore: C8A)

　　b. As Grant hurried down the narrow concrete stairs, he felt *the first warning **stab** of pain* in his torn thigh muscle.

(w_fict_prose: HJD)

　　c. She felt *a **stab** of jealousy* and smiled to cover it.

(w_fict_prose: JYD)

　　d. Cleo felt *a **stab** of guilt* for having forced him to suffer the ghost-bagging.　(w_fict_prose: GW2)

(38)　a. The Ray-Bans obscured his eyes, but from the subtle hardening of his jaw she had the feeling she'd angered him. *Her small **stab** of triumph* was short-lived. Or had it been triumph? She wasn't sure.　(w_fict_prose: GUE)

　　b. "Please," she murmured shakily. Their bodies joined in rhythmic unison, and she thought with *a swift, delirious **stab** of*

pleasure, How can any man ever compare with you? He was transporting her to another world, and she responded to him with uninhibited abandon. (w_fict_prose: H8H)

4.2.1.5　spell of

「一続きの期間」を意味する。頻度的には，bad/dry whether, unemployment などのような好ましくないものと共起するが，good whether, employment などの反対の好ましいものとも共起する。他のものと違い，不快指向性が高い方ではないといえよう。なお，特に以下の(39b)の例では，a long spell of bad weather 自身が［－P］の意味を持ちながらも，全体の文意は「目に見えるほとんどすべての油を，複数の石から洗い流すのに役立つ」となり，全体としては肯定的な意味解釈になっている点は注意が必要であろう。

(39) a. Still, there'd be another panto next year, and once *this* **spell** of **bad** weather was over, well, it'd nearly be springtime, wouldn't it? (W_fict_prose: H0F)
b. Since then, *a long* **spell** of **bad** weather has helped to clean almost all the visible oil off the stones, although some of the building interiors remain contaminated. (W_advert: HCR)
c. Participants who smoked also had higher rates of *short and long* **spells** of **sickness absence** compared with non-smokers. (W_ac_medicine: EA2)
d. … she did experience *a few brief* **spells** of **unemployment** before entering the hostel a year and a half ago. (W_newsp_other_social: K5C)
e. He said: "Hopefully *the recent* **spell** of *good* weather will give us a pitch better suited for batting. …" (W_newsp_other_social: K2D)

4.2.2　「発生」を表す動詞類

4.2.2.1　loom

「(威圧的に)現れる・迫り来る・差し迫る」意味を表す loom の主語には，

もっとも頻度が高い figure（姿）以外に，problem, crisis, war, shadow, deadline, threat などの [-P] 素性を持つ名詞や，dark, big, great などの形容詞，および election, prospect などの中立的な名詞が生起する。BNC を調査した結果，単語別のおもなものは，頻度順に表2の通りである。

表2　BNC における動詞 loom との共起語（左方5語以内）

		t-score	LogLog			t-score	LogLog
1	figure	4.65	30.64	8	big	3.25	19.81
2	problem	4.27	23.70	9	election	3.13	21.58
3	face	3.82	24.11	10	great	2.90	15.46
4	crisis	3.73	31.92	11	deadline	2.64	27.50
5	dark	3.72	27.42	12	prospect	2.64	23.31
6	war	3.69	23.46	13	threat	2.63	20.06
7	shadow	3.46	21.06	14	battle	2.43	17.82

なお頻度の高い共起語として，power, hand なども検出されるが，これらは，power loom(s)（電動織機），hand loom(s)（手動織機）などが存在するために検出されるもので，この表では省いてある。これは，もともと名詞として標識付けされるべき loom(s) が，誤って動詞の，または曖昧に名詞と動詞の両方の標識付与がなされているために起きていることで，BNC の元データの修正が必要なものである[12]。

具体的なおもな用例は以下にあげるが，以下の (40a)〜(40e) の例から，problem, crisis, dark, shadow, conflicts, war などのように，明確に [-P] 素性を含むものとの共起指向性が高いことがわかる。

⑷0　a. "Further **problems** began to ***loom*** ahead as the final date for payments from the £300 million fund (1 July 1953) drew near.
　　　　　　　　　　　　　　　　　　　　　　(W_non_ac_soc_science: J16)
　　b. A CLASSROOM **crisis** is ***looming*** in Prestwick's primary schools.　　　　　　　　　　(W_newsp_other_report: K5D)
　　c. Just before the climactic murder, Desdemona's maid Emilia is shown in deep focus closing her mistress's door, while in the foreground Othello's **dark shadow** ***looms*** ominously on a white wall.　　　　　　　　　　　　　　　　　(W_pop_lore: CK5)

d. The biggest **conflicts** *looming* over negotiations for a climate treaty, which begins this month, ...

(W_non_ac_nat_science: ANX)

e. But, with the Great **War** *looming*, the future will be harsher than any of them could ever expect ...　　(W_advert: CFS)

(41) a. Athelstan **jumped** as a large figure *loomed* out of the **shadows**.

(W_fict_prose: K95)

b. There was a terrifying moment of confusion when faces *loomed* round the windows, voices bellowed and hands banged and battered at the roof of the car.　　(W_fict_prose: AC4)

c. ... and the **prospect** *loomed* of Britain becoming **isolated** as a somewhat **dubious** off-shore "data haven".

(W_non_ac_soc_science: BNE)

また, figure, face, prospect などの単独では中立的なものも, たとえば, 上の(41a), (41b), (41c)において太字で示された[-P]要素を含む文脈(41a: jumped, shadows; 41b: a terrifying moment of confusion; 41c: isolated, dubious)をそれぞれ考慮すると, 不快名詞として認識されていることが理解できよう。こうして, loom は, 全体的には[-P]素性を含むものとの共起指向性が極めて高い動詞と判断できる。

4.2.2.2 happen

この動詞については, すでに(12)で示したような Sinclair(1991: 67-79)の記述が残っている。また, Partington(2004)では, set in, happen, occur, take place, come about が, 不快度について, 段階的相違があると述べている(本稿の注14を参照)。また国内では, 山下・阪上(2004)がある。山下・阪上の BNC を使った調査でも指摘されているように, 普通名詞以外の代名詞類や, 疑問詞および関係代名詞としての what の頻度が高い。この点は, Sinclair の(12)の記述では触れられていない。

そこで本稿でも BNC を使って, 特に t-score, LogLog 値の両方を考慮して頻度の高いものの傾向調査を行なった。結果を(t-score|LogLog 値)をつけて示せば, 普通名詞のうち中立的な名詞として, thing(39.76|67.00), event(12.32|35.55), fact(10.71|25.21), change(8.94|21.53)などがあり, [-P]なも

のとしては, accident(17.96|59.66), incident(11.36, 45.93), attack(7.58|26.72), crash(6.69|34.61), disaster(5.93|27.80), tragedy(5.38|28.44), hell(6.26|26.38)[13]などがある。

　これらよりも著しく頻度が高いものとして, it, that などの代名詞や what, whatever などの疑問詞・関係代名詞類がある。具体的には, what(110.09|101.99), it(69.08|51.73), this(49.39|50.16), thing(39.76|67.00), that(35.68|42.43), something(32.83|63.71), nothing(29.05|64.14), whatever(22.13|63.74), anything(21.88|53.84), all(20.12|27.12), everything(15.30|44.58), no matter what(5.80|39.54)のような結果で, ほとんどが, 普通名詞の頻度を上回っている。こうして, [-P]の要素が主語に生起する事実は認められるものの, 傾向として[-P]要素を明示的に内在しないものが生起するという際立った特性を持つことが, この調査でも確認された。

　なお, おもな[-P]名詞よりも t-score は低いが, LogLog 値が高い[+P]名詞として miracle(6.80|37.95)が観察された。以下に例をあげておきたい。

(42)　a. "You and Eddie, well, you're both proof that *miracles* **happen**! ..."
　　　　　　　　　　　　　　　　　　　　　　　　(W_fict_prose: HGM)
　　b. Because of this modern definition of miracles many people seem to think *miracles* do not **happen** very often today.
　　　　　　　　　　　　　　　　　　　　　　　　(W_religion: CEJ)

　さらに本稿では, 同様の調査をより規模の大きな Wordbanks Online を対象に, 行なってみることにする。その結果の t-score と LogLog 値を表示してみると, 次ページの表3のようになった。そこから BNC であげられた語彙や表現を抜き出してみると, ほぼ同じように上位にランクされ, BNC の結果をそのまま裏づけていることが検証できよう。

　表の中で※マークをつけて示してある miracle は, こちらの調査でも, 明確に[+P]名詞として現れている唯一のものであり, この点でも, BNC の調査と同じ結果が得られるのがわかる。また興味深い点のひとつとして, t-score と LogLog 値の結果に注目したい。どちらの値でも, 順位に違いはあっても, 唯一 accident を除いて, 太字で示された[-P]名詞のものが下位部に並べられ, 上位部を占めるそれ以外のものとのグループ分けがかなりはっきりとなされていることである。この点でも, happen は, 他の同類の

表3　Wordbanks Online における happen の共起語（左方5語範囲内）

	t-score		LogLog 値	
1	88.08	what	88.08	what
2	58.05	it	64.52	thing
3	38.89	that	60.22	something
4	38.39	this	60.16	whatever
5	36.98	thing	58.28	nothing
6	28.10	something	53.97	**accident**
7	22.50	nothing	51.38	anything
8	19.34	anything	50.07	it
9	18.96	whatever	48.11	that
10	16.28	all	46.81	this
11	14.14	**accident**	43.06	no matter what
12	13.96	same	39.73	incident
13	12.09	everything	37.24	everything
14	9.25	incident	34.50	same
15	8.75	event	31.39	※ miracle
16	6.75	no matter what	29.68	**tragedy**
17	6.67	change	28.70	**disaster**
18	6.32	**attack**	28.60	event
19	5.95	**disaster**	25.21	all
20	5.81	**tragedy**	24.33	**crash**
21	5.50	※ miracle	24.19	**opposite**
22	4.87	**crash**	21.41	**attack**
23	3.97	**horror**	19.81	change
24	3.70	**opposite**	19.60	**horror**
25	3.33	**explosion**	16.67	**explosion**
26	3.12	hell	11.91	hell

　語彙に比べて，[ーP]名詞よりも，より一般的なものが上位を占めることがわかる．こうして，Sinclair が(12)で記述した内容には，何らかの修正が必要といえよう．

なお，happen については，以下のような例もある。生成文法では，次の(43a)の従属節の主語が，主節の it の位置への移動(主語から主語への移動：Subject-to-Subject Movement)によって，(43b)の構造が生じると従来考えられていたものである。

(43)　a. If **it happens that** you do something, you do it by chance.
　　　b. If you **happen to** do something, you do it by chance.

表3で it の頻度が高いのは，この構文の(43a)のような例が含まれているからといえよう。ただ，(43b)の構造の場合には，表3にあげたうちで，［－P］名詞が主語として生起する頻度はあまり高くない。この意味で，「偶然〜する」の意味を表すこの構文の happen は，単純に「生起・発生」を表す意味の happen とは区別して考える必要がある。既存研究で，これらの例も同類に扱っているものが見受けられる(Stubbs 2001b など参照)が，注意が必要であろう。

4.2.2.3　occur

「変化・ミス・問題・病気・症状・事故・災害・もめ事・損失・衝突・爆発」など幅広いものが「起こる」ことを意味し，主語の位置に比較的［－P］素性を持つ名詞が生起する。しかし，もっとも頻度が高い change(変化)が非不快なものと考えると，共起する名詞は，必ずしも［－P］の傾向が強いともいえなくなる。他に非不快な意味のものとして，event, process, reaction, development などの名詞があるが，これらを除けば，［－P］名詞の頻度が高い。［－P］名詞のおもなものとしては, error(15.73｜65.73), problem(14.21｜37.40), accident(13.77｜56.04), death(12.64｜56.04), incident(12.27｜56.08), case(11.22｜29.27), damage(9.95｜44.58), loss(9.69｜36.60)などがある。他に［－P］なものとして，infection, explosion, complication, breach, loss, tragedy, clash, outbreak, failure, delay, eruption, disturbance, erosion, disease, conflict, disaster, symptom, riot, disorder, attack, injury, violence, collision などがある。

(44)　a. A good system needs to be able to detect when **errors *occur*, ...
　　　　　　　　　　　　　　　　　　(W_ac_tech_engin: CHF)

b. Group sessions between senior staff and learners are also of value when ethical **problems** *occur* in the treatment of patients. (W_ac_medicine: B33)
c. Whenever a death *occurs* as a result of a breach of another's duty of care to the deceased, … (W_ac_polit_law_edu: FCT)
d. "Why me Lord?" is asking God if he was out to lunch when this painful incident *occurred*. (W_religion: BND)
e. Over 60 per cent of **cases** *occur* in males, and it is much more common among the Negro races than Caucasians, … (W_non_ac_medicine: ARH)
f. A large number of possible **diseases** can *occur* singly or in combination. (W_non_ac_soc_science: CJ9)

非不快なものが主語の時は,「変化・催し・反応・現象」などが「起こる」場合で,具体例としては,change(22.75|60.19), event(18.12|57.73), process(10.99|35.81), thought(10.26|39.84), development(9.64|28.96), reaction(9.16|41.01), time(9.13|16.75), effect(9.06|28.03), mineralization(5.56|50.09), singularity(5.37|43.70), moult(4.00|43.17), mutation(5.07|36.05), phenomenon(6.64|36.01), development(9.64|28.96),などがある。

また[＋P]名詞として,happen の場合と同じように miracle(2.57|28.58)も生起する。

(45) a. Although much remained unaltered, there is no denying that some significant *changes* were ***occurring***. (W_non_ac_soc_science: ACH)
b. Until the late 1970s, this annual *event* **occurred** with a minimum of publicity. (W_non_ac_soc_science: AN9)
c. Thus most of the *miracles* **occur** in these three separate periods. (W_religion: EFT)

一方,「考え・(いろいろな)こと」が「浮かぶ」といった例がある。具体例としては,thought, idea, things, solution, possibility, explanation, hypothesis, reason, surmise(推測)など,頭に浮かべられる概念的名詞が生起する。

また主語に文が来る場合は，it を残して that 補文の外置が起こるのが普通である。同じ外置構造は，後に見る hit にもある。しかし，hit が数例しかないのに対して，occur は196例あり，occur の方が圧倒的に多い。

(46) a. When a *thought* **occurred** *to her*, she quickly noted it on the pad.　　　　　　　　　　　　　　　　（W_fict_prose: EVG）
　　 b. After a couple of minutes an *idea* **occurred** *to her*.
　　　　　　　　　　　　　　　　　　　　　　（W_fict_prose: FAB）
　　 c. How on earth could she possibly manage it? Then, in a flash, the perfect *solution* **occurred** *to her*.　（W_fict_prose: JXS）
　　 d. Two *things* **occurred** *to him*: firstly, that they were extremely anxious to divert attention away from Mrs Langham, which was natural enough. The second was the stirrings of a memory in his mind.　　　　　　　　　（W_fict_prose: H8A）
(47) a. He told her. She said nothing, and it **occurred** *to Paul* that she had shown little interest in any of it; ...　（W_fict_prose: CD2）
　　 b. It **occurred** *to no one* that the empire might survive as a single political unit, or that it ought to do so.　（W_biography EFV）

4.2.2.4　take place

BNC に生起する10,591件の take place との左方5語以内のおもな共起語は，次ページの表4のようになる。なお，ここには，接続詞や関係代名詞として頻度の高い that は省略してある。まずこの表を見て気づくのは，happen の表3で顕著であった something, anything, nothing などの語がほとんどないことである。多くが普通名詞であり，その大部分が，次のように，大きく3つの種類に分けられるように思われる。

「変化・進化・成長」
　　change, development, revolution, process, reform, growth
「会議・交渉」
　　meeting, negotiation, discussion, talks, debate, exchange, transaction
「催し・式」
　　event, election, ceremony, marriage, party, funeral, wedding

表4 BNCにおけるtake placeの共起語頻度順リスト(左方5語以内)

	t-score			t-score	
1	16.05	change	26	5.14	election
2	15.78	this	27	5.13	exchange
3	14.16	it	28	5.02	party
4	11.71	meeting	29	4.74	reform
5	11.42	what	30	4.66	government
6	11.37	event	31	4.66	funeral
7	9.32	development	32	4.65	**battle**
8	9.00	discussion	33	4.65	transactions
9	8.58	they	34	4.64	review
10	7.10	revolution	35	4.62	**war**
11	7.08	election	36	4.61	education
12	6.95	negotiations	37	4.55	wedding
13	6.94	discussion	38	4.45	reactions
14	6.94	process	39	4.43	intercourse
15	6.51	talks	40	4.42	communication
16	6.50	activities	41	4.40	training
17	6.50	work	42	4.32	conversation
18	6.50	debate	43	4.29	things
19	6.09	conference	44	4.21	demonstrations
20	5.91	action	45	4.20	trial
21	5.44	incident	46	4.20	hearing
22	5.44	ceremony	47	4.19	growth
23	5.32	marriage	48	4.11	march
24	5.31	activity	49	4.10	course
25	5.15	consultation	50	4.09	fusion

　これらの3分類のいずれも，ほとんどが中立的ないしは，好意的な意味の傾向が強いものである。ただ，[−P]の要素を持つものが決してないかといえばそうではなく，明確な[−P]名詞としては，battleとwarが存在する。逆に言えば，これらの2つの[−P]名詞を除けば，多くが非不快なものであると断言してもよいであろう。こうして，take placeは，中立から[＋P]の指向性が高い表現といえる[14]。(48)に具体的な例をあげたい。

(48) a. ... the specific circumstances within which changes in schools were expected to **take place**.　(W_non_ac_soc_science: H83)
b. The next meeting due to **take place** on Thursday February 13 is a Chinese evening, ...　(W_news_other_report: K55)
c. The official presentation ceremony for the two Queen's Awards **took place** in the Staff Restaurant at Royston on Friday, 1 October.　(W_commerce: HP8)
d. ... at the beginning of June 1942, when the "Battle of Midway" **took place** and resulted in a decisive win for the American forces.　(W_non_ac_humanities_arts: ALY)
e. Behind the front lines a war of emancipation is **taking place**.　(W_misc: G34)
f. ... it can make the child feel that the awful event that has **taken place** is a punishment for which they are in part responsible.　(W_non_ac_soc_science: G0T)

4.2.2.5　befall

おもに「悪運・不幸・災難・事故」などが「～に降りかかる」意味を表す。多くが内在的に[−P]素性を持つ名詞が主語の位置に生起する。もっとも頻度の高い fate は，a similar fate, the same fate などの形で現れることが多く[15]，文脈を調べると，よい運の意味の場合も，たまに見られる。BNC における befall との共起名詞は，fate(6.24|70.61), disaster(3.60|41.53), misfortune(3.16|41.53), accident(3.00|29.65), tragedy(3.00|36.31), harm(2.23|25.54), injury(1.99|16.79), evil(1.73|17.62), horror(1.41|11.60)などと続く。

他に[−P]のものとしては，indignity, problem, affliction, arrogance, blow, calamity などが見られる。内在的に[＋P]素性を持つ名詞が主語に来る例として，honour(1.41|11.60)の例のみ1例ある。全体としては，不快指向性が極めて高い動詞と考えてよいであろう。具体例は以下の(49)にあげておきたい。

(49) a. The **worst fate** that could **befall** any relative or follower was to be declared a "broken man"; ...　(W_misc: EF2)

b. ... and the Queen is not the only one who blames her for <u>many of the **misfortunes** which</u> have ***befallen*** the House of Windsor this year.　　　　　(W_news_other_report: CBF)
　　c. <u>**Thieves, war** and other **disasters**</u> may ***befall*** you.
　　　　　　　　　　　　　　　　　(W_ac_soc_science_H0J)
　　d. It is a popular belief that <u>the **worst horrors**</u> ***befall*** whoever invites the curse of a hijra.　　　　　　(W_misc: HAE)
　　e. It will not be the first match involving a South African representative side on West Indian soil; symbolically <u>that honour</u> ***befell*** the Jamaican and South African under-19 teams who met in a 50-over contest yesterday just outside Kingston.
　　　　　　　　　　　　　　　　(W_ac_soc_science: H0J)

4.2.2.6 strike

前の節の befall と同じように，不快名詞が「降りかかる・襲う」とか，occur のように「(～の頭)に浮かぶ」という意味を持つものとしてこの strike がある。表5は，主語の位置に生起する[−P]素性を含む頻度の高い名詞を，BNC から選んだものである[16]。

表5　BNC における strike と共起する不快名詞　(左方5語以内)

	天災・疫病	LogLog		犯罪者	LogLog
1	lightning	56.73	1	thief	35.11
2	disaster	47.18	2	burglar	30.10
3	tragedy	31.47	3	raider	30.07
4	earthquake	24.36	4	attacker	27.57
5	plague	24.14	5	rapist	25.10
6	cyclone	22.52	6	killer	22.76
7	blast	18.47	7	vandal	20.16
8	misfortune	17.91	8	murderer	20.08
9	hurricane	16.99	9	arsonist	19.40
10	epidemic	16.47	10	sniper	13.55
11	storm	15.37			
12	accident	15.14			

以上の表の語彙の中で天災や疫病に関わるものは，OED の strike の多数の定義の中の，定義番号43〜45.b. の部分で扱われている。定義の順番では，lightning がもっとも古いものとして扱われ，次に earthquake などの天災，さらに plague などの疫病となっている。これらのそれぞれの語彙と動詞 strike とが共起した OED の初例は，受動態の例を含むが，以下にあげる通りである。それぞれの初例の年代に多少の前後はあるものの，ほぼ同じ16世紀頃から使われ始め今日まで至っている共起表現のグループを構成しているのがわかる。

(50) a. **1586** Lupton *Thous. Notable Th.*(1675) 122 Bodies that are **strucken** with Lightening do remain uncorrupt.
 b. **1570** *Satir. Poems Reform.* xvii. 172 Swa mony **stormes** at onis **Struke** neuer land sa sair.
 c. **1530** Palsgr. 739/2 He was **stryken** with the plage as he stode in his dore.

落雷，地震，ハリケーンなど，これらは大掛かりな惨事をもたらすということで共通している。病気に関しては，すでに incidence of の共起表現として多数生起することを見たが，そこで頻度の高かった cancer, disease などの「単なる病名」は strike と共起していない。病気関連の語彙がおもに plague, epidemic に限定されているのは，天災と同じように，大規模な死を，突発的に瞬く間に招くからと思われる。BNC からの具体例を次にあげる。

(51) a. "You wouldn't think **lightning** could *strike* in the same place twice, would you?"　　　　　　　　　　（W_fict_prose: H85）
 b. When **disaster** *strikes*, you call Europ Assistance, who will contact one of its contractors and send him to your home, usually within two hours.　　　　　　　（W_instructional: ECJ）
 c. Over on the other side of the Gulf, Iran had its share of misfortune when an **earthquake** *struck* the region containing the key oilfield of Gach Saran.　　（W_non_ac_humanities_arts: HRE）
 d. Floods Tropical **storm** "Thelma" *struck* the central Philippines on Nov. 5, causing floods and mudslides.

(W_non_ac_polit_law_edu: HLD)
e. Famine and a typhus **epidemic** *struck* in the winter of 1919–20.
(W_ac_humanities_arts: ANT)

一方，表5の右列にまとめた「犯罪者」の語彙は，strike との組み合わせとしては OED には言及がないものである。ということは，通時的には，比較的新しい共起表現といえる。これらの犯罪者という点で共通の名詞は，その規模と突発性の点では共通しており，左列の天災・疫病と同じように，人々の不安を強く搔き立てるものである。以下に BNC からのこれらの具体例をあげたい。普通の説明部分のみならず，「犯罪者＋strike」（〜現る・襲う）のように，特に記事の見出しで使われている点に留意されたい。

(52) a. The **vandals** *struck* on deserted Berkhamsted station, Herts, between 8.35 and 9 on Saturday night.
(W_newsp_tabloid: CH2)
b. **Thieves** *strike*: Thieves stole a pair of jeans from a washing line on Biglands Terrace, Bishop Auckland, on Wednesday night. (W_newsp_other_report: K55)
c. **Burglars** *strike*: Police are investigating a burglary in which a quantity of jewellery was stolen.
(W_newsp_other_report: K4W)
d. **Arsonists** *strike*: A fire in an empty house in Queen Street, South Bank, Middlesbrough, was started deliberately, said firemen. (W_newsp_other_report: K4W)
e. Freed **rapist** *strikes* again: A CONVICTED rapist carried out another sex attack months after being freed from a 14-year jail sentence. (W_newsp_other_report: CBF)

なお，大規模なものや社会的な影響が大きいもの以外に，「恐怖」などの心理的な不快名詞が主語に来る例も存在する。

(53) I said to them, "Come along. Move along, please." They all looked at me and suddenly, **horror** *struck* me: the two or

three policemen normally along there had disappeared ...

(W_non_ac_soc_science: B24)

最後に,「～が心に現れる」「～が思い浮かぶ」の意味の例をいくつかあげておきたい。前に取り上げた occur と同じように, strike もこの意味を持っている。この場合の主語の名詞としては, thought(s), thing(s), idea(s) などの中立的な語彙が多い。この strike の左位置に共起する thought(s), thing(s) は, どちらも85回でそれぞれの LogLog 値は, 42.58と26.65である。文内容を主語に持つ時, 外置構造になる点は occur と同じである。次で取りあげる hit も同じ構造を持つことができるが, 頻度としては, strike の方がはるかに多い。以下に BNC からの例をあげたい。

(54) This was the first time I'd been into a prison and a number of things **struck** me during the day. The first was that the lads weren't allowed to move freely within the prison; another was the size of the cells, in which the lads spend about 11 hours each day. (W_misc: CCJ)

(55) a. "Well, I hope you are right. Has it **struck** you that you could be wrong?" (W_fict_prose: H85)
b. It **struck** Madeleine that this was surely a waste of time.
(W_fict_prose: FS1)

4.2.2.7 hit

BNC において hit と共起する特徴的な語彙は, 表6のようになる。この表にあるように, hit は, 一撃や弾を意味する smash, bullet, ball, shot, bomb, blast などとの共起頻度がもっとも高い。この点は, 前節では省略したが, 前節で取り上げた strike も同じである。では異なる点は何であろうか。

この動詞の場合も, 天災を表す語彙と共起する点は strike と似ているが, strike の共起語として頻度が高かった disaster, tragedy などの大惨事性を表す語彙はほとんど見られない。その代わりに, 経済の不安状況を表す recession, unemployment, そして crisis などの語彙が目立っている。そして, もっとも大きな相違は, strike との共起語として観察された thief, burglar, killer などの「犯罪者」関連の語彙が, hit にはまったく見られない点であ

表6 BNCにおける hit と共起頻度の高い語彙（左方5語以内）

	一撃・弾	LogLog		経済不安	LogLog		天災	LogLog
1	smash	57.66	1	recession	48.20	1	hurricane	31.08
2	bullet	46.21	2	crisis	21.18	2	wave	29.27
3	ball	43.67	3	unemployment	17.32	3	storm	23.58
4	shot	39.33				4	wind	21.79
5	bomb	28.01				5	earthquake	16.95
6	blast	25.75				6	drought	16.90
7	missile	20.64						

る[17]。以下に，BNC から代表的な例を2例引用しておきたい。

(56) a. However, like the rest of the world, as **recession hits** Japan, they have begun to buy lower priced products, …
（W_misc: HBE）
b. A pedestrian is blown over as **hurricanes** and snow **storms hit** Atlantic City on the U.S. coast.
（W_newsp_other_report: CFC）

こうして hit は，strike よりも語彙としての拡張性，柔軟性は弱い。「～が思い浮かぶ」の意味も occur, strike と同じように持っているが，これらの動詞に比べると頻度はかなり低い。また strike の場合は，thought, thing などが主語として生起したが，hit の場合は，以下に示すように，it を主語にした外置構造との共起のみである。

(57) a. When I look back, it's impossible to pin-point a moment when it **hit me** that I was "successful". （W_biography: CH8）
b. You set a blurb or something in proper Caledonia and then in Neue-Caledonia and it **hits you** that the Neue-Caledonia has gone all sort of thin and sharp and it's the perfection of that shape there and the old one sort of boings about a bit and looks happy on the page. （S_interview: KS2）

付随的ながら，hit が strike よりも拡張能力が低い点については，「〜という印象を与える・〜のように思わせる」を意味する，次のような構造が hit には無いことからも裏づけられよう．

(58) a. "He'd ***struck*** me as a very kind, caring man, so I rang him and … (W_pop_lore: C8A)
b. She ***struck*** me as prosperous and gave the impression of being a celebrity … (W_fict_prose: H9G)

4.2.2.8 rage
　この語彙は，「激しく続く・猛威をふるう・猛り狂う」などの意味を表し，主語には [-P] 名詞が来ることが多く，かなりはっきりと不快指向性が高い動詞である．BNC の調査の結果は，次のようにまとめられる．

「闘争・火事・混乱；論争」
war (6.22|42.76), battle (6.08|52.42), fire (3.72|29.67), fighting (2.45|24.84), conflict (2.45|19.55), turmoil (1.73|16.15); controversy (4.47|47.18), argument (4.78|38.96), debate (4.68|40.66), row (3.58|26.64), dispute (1.99|15.24), polemic (1.41|11.47), quarrel (1.41|9.58)
「(特に風に関わる)悪天候」
storm (4.47|46.22), blizzard (2.82|37.70), wind (1.71|10.08)
「伝染病；強い感情・情熱」
cholera (2.07|22.20), plague (1.73|9.83), epidemic (1.41|9.83); emotion (1.75|13.27), passion (1.73|12.87), fury (1.73|14.53), anger (1.73|12.04), furore (怒り) (1.41|11.29), fever (1.41|8.59)

　争いを表す語は，他の動詞の共起語としてもよく見られるが，この rage の際立つ特徴の1つに，論争を表す controversy, argument, debate, row, dispute, polemic などの名詞との共起があげられる．また悪天候については，storm, blizzard, wind などいずれも風に関わるものが多い．さらに，病気との共起も見られるが，普通の disease ではなく，cholera, plague, epidemic など，いずれも伝染病的なものである．その他に，特に強い感情

や怒りの表現との共起も特徴的である。BNC からの具体的用例は以下にあげる。

(59) a. On one occasion <u>a great forest **fire**</u> **raged** through the area of Telegraph Station 30.　　　　　　　　(W_biography: B11)
  b. As a result, <u>the **controversy** which</u> had **raged** for many years about the date of the introduction of the denarius was resolved.
　　　　　　　　　　　　　　(W_non_ac_humanities_arts: ADH)
  c. Within minutes <u>a gusting **blizzard**</u> was **raging**, …
　　　　　　　　　　　　　　　　　　　　(W_pop_lore: ECH)
  d. We had been warned by a merchant on the road not to drink either the water or the muddy-coloured ales because <u>the **plague**</u> had recently been **raging** in the city and the streams might still be infected.　　　　　　(W_fict_prose: HU0)
  e. She had been thinking about nothing else except this phone call for days now, wrestling with the conflict of <u>**emotions** that</u> were **raging** inside.　　　　　　　(W_fict_prose: HGT)
  f. <u>The **furore** on the Conservative side</u> **raged** all year; it has been continually claimed ever since that RPM cost Home the October 1964 election, in which Labour won the slimmest majority of four seats.　　　　　(W_non_ac_humanities_arts: B0H)

全体的に［−P］指向性が高いものの，「強い感情」が「怒り」でなく，「情熱・熱狂」のような意味で，［＋P］解釈に転じているものもある。以下の例で raged と共起している下線部のイタリック体部分は，いずれも，［＋P］解釈すべきものであろう。

(60) a. <u>His *passion* for books</u> still **raged**, and so did his desire to study, to instruct himself.　　　　　　　　(W_biography: CBN)
  b. I though of Poppy and was surprised to find that <u>the *fever* that</u> had **raged** in my blood since I had first seen her wasn't there any more.　　　　　　　　　　　(W_fict_prose: H0F)

4.3 「直面・出会い・対峙」を表す表現

4.3.1 「直面・出会い・対峙」を表す動詞類

　前節までは，意味的に「出現・到来」を表すもので，基本的な構造において，主語の位置に不快名詞が生起する動詞表現について考察してきた。以下では，基本的な構造において，目的語の位置に[－P]素性の名詞が来る動詞表現について考察することにしたい。意味的には「直面・出会い・対峙」などの内容を表す動詞類である。

　「直面・出会い・対峙」を表す動詞の代表として encounter, face, confront の3語を取り上げることにしたい。これらは，共通して，problem, difficulty などの不快名詞と共起する傾向がある。たとえば BNC を調査してみると，不快名詞の中でも，problem と difficulty は，これらの3語と高頻度で共起する共通語である。それぞれの動詞と，この2語との共起 LogLog 値は，表7, 8のようになっていて，いずれの動詞においても，頻度順位5位以内に入るほどの共起語である。カッコ内の数字は生の出現数を示す。

表7　BNC における problem との共起頻度（左右5語以内）

	左方向	右方向
encounter	60.96（260）	42.24（105）
face	64.79（820）	60.32（319）
confront	43.74（106）	34.91　（65）

表8　BNC における difficulty との共起頻度（左右5語以内）

	左方向	右方向
encounter	62.26（137）	50.29　（79）
face	54.48（229）	49.35（179）
confront	30.25　（25）	21.62　（14）

4.3.2　encounter

　まず encounter について，OED の定義から確認してみよう。不快名詞と共起している用例は，以下のようになる。用例は，該当する例を1例のみあげ，それより以前の該当しない用例は年代のみ示して省略してある。

(61) **encounter** *vt.*
1. *trans.* To meet as **an adversary**; to confront in battle, assail. Sometimes *absol.* with reciprocal sense. Also *fig.*
c1300, 1475, c1500, 1577, 1601
1624 Capt. Smith Virginia i. 2 He was provided with a Navy able to *incounter* a Kings power.
1626 Mead in Ellis Orig. Lett. i. 336 III. 250 The Duke was hotly *encountered by* the Sailors about this day sennight.
4. To meet, fall in with (a person or thing), esp. casually. Sometimes *absol.* Also *fig.*
1520, 1528, 1614, 1662
1776 Johnson in Boswell(1816)III. ＜sect＞49 The most extraordinary young man that has *encountered* my knowledge.
1860 Tyndall Glac. i. ＜sect＞8. 57, I *encountered* a considerable stream rushing across it [the glacier].
5. To meet with, experience (**difficulties, opposition,** etc.). Also with notion of 1: To face resolutely.
1814
1844 H. H. Wilson Brit. India III. 68 Disease was not, however, the only enemy which the British had to *encounter*.

　まず1の定義に従うと，encounterと共起する[－P]名詞の起源は「敵・対戦相手」(adversary)であり，それが発達して，戦闘的な意味が薄れた4と5のような定義や用例が生まれたことになる。4にあげている "To meet, fall in with (a person or thing)" は，基本的には「人に立ちはだかる・物に出くわす」という解釈であり，5にあげている "To meet with, experience (**difficulties, opposition**, etc.). Also with notion of 1: To face resolutely" は，基本的には「困難・抵抗・反対に会う・直面する・と対峙する」という解釈になろう。「対峙する」（または「立ち向かう」）という解釈は，定義の1の "To face resolutely" の意味を込めているという説明を，付加していることからうかがえる。
　上で引用した用例からは，encounterの目的語が，17世紀またはそれ以前

の「王権力・対戦相手・敵」という戦争や権力争いの戦闘的なものから，18世紀，19世紀にかけて，「手ごわい相手・厄介なもの」や「病気・障害・抵抗」などの意味を持つものに拡大・拡張されていったことがわかる。

一方，encounter は，不快名詞とのみ共起するわけではない。現代英語の encounter の共起語の種類を知るために，BNC を調査してみると表9のようになる。この表から明らかなように，太字以外のたとえば people, child, student, man, woman などは，意味的に [－P] 素性を含まない中立的なものである。これは，encounter が，前の段落で触れた意味だけではなく，単に「～と出会う」という意味も持っているからである。しかし，特徴的な点としては，太字体で示した内在的に [－P] 素性を持つ名詞が比較的上位を占めていることである。たとえば，特に resistance, opposition, hostility などは，OED で起源を辿った「対戦相手」に直結する [－P] 名詞の典型的なものである。また，戦闘的特性が薄れた現代社会では，これらが最上位を占

表9 BNC における encounter との共起語（左右5語以内）

	左方向				右方向			
		t-score		LogLog		t-score		LogLog
1	problem	16.04 (260)	difficulty	62.26 (137)	problem	10.12 (105)	difficulty	50.29 (79)
2	difficulty	11.68 (137)	problem	60.96 (260)	difficulty	8.85 (79)	problem	42.24 (105)
3	error	5.54 (31)	error	38.50 (31)	attempt	5.33 (29)	resistance	36.20 (23)
4	people	5.23 (33)	resistance	24.00 (11)	opposition	4.85 (24)	attempt	31.57 (29)
5	report	4.54 (22)	situation	23.35 (20)	resistance	4.78 (23)	opposition	31.07 (24)
6	situation	4.37 (20)	report	22.14 (22)	life	4.37 (22)	hostility	25.78 (9)
7	child	4.22 (21)	condition	21.88 (16)	way	4.02 (21)	prejudice	24.70 (8)
8	condition	3.91 (16)	setback	19.37 (4)	situation	4.01 (17)	obstacle	23.76 (8)
9	kind	3.84 (16)	photon	18.80 (4)	system	3.89 (18)	situation	21.12 (17)
10	form	3.65 (15)	kind	18.60 (16)	number	3.77 (17)	hazard	19.23 (6)
11	man	3.57 (17)	people	17.49 (33)	child	3.44 (15)	practice	17.45 (12)
12	time	3.53 (20)	student	17.18 (13)	course	3.43 (13)	life	17.29 (22)
13	student	3.46 (13)	form	16.03 (15)	man	3.43 (16)	testing	16.95 (5)
14	number	3.36 (14)	child	16.01 (21)	people	3.41 (17)	course	16.12 (13)
15	resistance	3.29 (11)	reader	15.75 (8)	practice	3.35 (12)	fog	15.26 (4)
16	word	3.17 (12)	disadvantage	15.58 (5)	form	3.22 (12)	system	15.01 (18)
17	range	3.01 (10)	stress	15.25 (6)	work	3.18 (13)	reality	14.97 (7)
18	type	2.97 (10)	flak	15.01 (3)	time	3.10 (17)	number	14.54 (17)
19	company	2.90 (11)	nudists	14.75 (2)	study	3.09 (11)	object	14.25 (7)
20	woman	2.88 (11)	range	14.65 (10)		3.05 (12)	barrier	14.22 (5)

めずに，より拡張されて一般的な意味を持つ problem, difficulty が，不快名詞として最上位を占めるに至ったものと考えられる。

Encounter と共起するこれらの不快名詞を整理すると，以下のようにまとめられよう。現代英語では，encounter の共起語として，特に「困難・障害」を表す現実的に克服すべきものの語彙に多様性があることが確認できる。

また，「予兆・発生」表現において定番であった「天候・天災・具体的社会問題」を意味する名詞がないことは，際立った特徴であろう。この点は，後に述べる face, confront にも当てはまることで，「直面」表現の共通点でもある。

「問題・課題」
　　problem, testing
「困難・障害」
　　difficulty, obstacle, resistance, disadvantage, stress, reality, barrier
「危機」
　　error, danger, hazard, stress
「敵対・偏見」
　　opposition, hostility, prejudice

次に，この動詞と不快名詞との構造的関係を見てみることにしたい。OED の定義の用例の中から，主要な構造のものとして1624, 1626, 1844の例を取り出してみると以下のものがある。なお，ここでは，理解しやすくするために語彙を置き換えてある。

(62)　a. These people *encountered* the difficult **problem**.　　(1624)
　　　b. The difficult **problem** *was encountered by* these people.
　　　　　　　　　　　　　　　　　　　　　　　　　　　　　(1626)
　　　c. These people talked about the difficult **problem** which they *encountered*.　　(1844)

現代英語でも，この構造は引き継がれており，BNC には，以下の例が観察される。

(63) a. The analysts *encountered* many problems in the process of
bridging this gap, ...　　　　　　　(W_ac_tech_engin: B2M)
b. A similar problem *was encountered by* Taylor et al(1989)
when analysing the noun phrases ...　(W_ac_tech_engin: HGR)
c. How to avoid the problems which a business can *encounter*
following the sudden death or ...　　　　　(W_misc: AYP)

表9において，中心語である encounter より左側の共起語の頻度の方が，右側の同じ共起語の頻度よりすべて高い。これは，(63a)の構造よりも，(63b)，(63c)の構造の頻度の方が多いからである。共起語を problem のみについて調べた結果では，(63a)の構造101例，(63b)の構造179例，(63c)の構造77例となっていて，(63b)の構造の頻度の高さが際立っている。また，その180例のうち，多数を占める125例は，以下に示すように，be 動詞が省略された，NP［encountered ...］の構造である。これは，encounter と problem が動詞と目的語という論理構造を持つ全257例の該当例のうち，その約半数が be 動詞の縮約された受動態構造であることを意味する。

(64) a. It will be remembered that an estimate was made of a 20-30
per cent proportion of adults as subject to sexual difficulty. The
problems *encountered* may be entirely physical in nature, ...
　　　　　　　　　　　　　　　(W_ac_soc_science EW8)
b. By virtue of being interdisciplinary, psychobiology has some
special problems not *encountered* in mainstream psychology.
　　　　　　　　　　　　　　　(W_ac_nat_science: CMH)

もう1点留意すべき点は，受動態における前置詞の問題である。動詞 encounter が受動態構造で使われる場合，不快名詞と直接関わりを持つ存在(主題関係における AGENT)は，前置詞 by によって示される。この点は，OED の定義の中の1626年の用例や，(63b)によって表わされている。後に観察する face, confront では，前置詞 with によってもこの存在が示されることが可能である。Encounter の受動態でも前置詞 with が後続する例があるが，face, confront の場合と異なり，不快名詞と直接関わりを持つ存在を示す意味にはならず，前置詞 by と明確に区別される。過去分詞の後に by

や with が来る以下の例を比べられたい。

(65) a. Considerable **resistance** may *be encountered by* anyone challenging these rationalisations.　(W_non_ac_soc_science: G3D)
b. It is hoped the **difficulties** *being encountered by* the industry will be short-term.　(W_misc: J2T)
c. **Ageism** is embedded in our attitudes and social structures. It can even *be encountered by* younger people — as a glance at job advertisements will show.　(W_non_ac_soc_science: B01)

(66) a. No **problems** *were encountered with* the motor, although none would be expected on a short test. (W_instructional: CLG)
b. Little **problem** has ever *been encountered with* other mammalian species ...　(W_ac_nat_science: EV6)
c. Attempts in Belfast to investigate experimentally constraints on the highly stigmatized non-standard concord rule (see 7.4) ran up against these problems, and similar **difficulties** *are encountered with* bilingual speakers (8.3.2).
　　　　　　　　　　　　　　　　(W_ac_soc_science: FRG)

　(65)のすべての例の by 前置詞句の名詞は，下線部の[－P]名詞と直接対峙する存在であるが，(66)のすべての例の with 前置詞句の名詞は，[－P]名詞が関わりを持つ所在場所に過ぎない。つまり意味的には，「～に関して」と訳されるべきものである。この encounter の受動態と異って，by も with も直接対峙する存在となっているのが，face, confront の受動態である。この点も含め，次はまず face を，その後 confront について考察していく。

4.3.3 face

　ここでは face を取り上げ，OED がどのように定義しているかを吟味してみることにしたい。前節まで，不快名詞として，「天災」，「不安な状況」などを含めているが，OED の動詞 face の定義から，このような不快名詞と共起している用例を抜き出してみると，以下のようになる。なお用例については，該当する例を1例のみあげ，それより以前の該当しない用例は年代のみ示して省略してある。

(67) **face** *v.*
 4. a. *trans.* To meet (danger, an enemy, or **anything unpleasant**) face to face; to meet in front, oppose with confidence or defiance.
  1659, *a*1680, 1708, *a*1745
  1798 Ferriar Illustr. Sterne v. 150 He *faced* the storm gallantly.
 5. a. **In weaker sense**: To look in the face of; to meet face to face; to stand fronting. *lit.* and *fig.*
  1632, 1779
  1841 Elphinstone Hist. Ind. II. 275 He performed the journey .. with such celerity that .. he .. *faced* his enemy .. on the ninth day.
  1853 Kingsley Hypatia ix. 110 Might he but *face* the terrible enchantress.
  1883 Manch. Exam. 24 Nov. 5/2 The great **problem** which *faces* every inquirer into the causes of colliery explosions.
 b. ***Esp. pass***. To be confronted with.
  1920 Challenge 21 May 44/2 An extrovert soldier *faced with* the **problem** of escape from war conditions.

以上の例の中から，構造的に異なる1798, 1883, 1920の3例を取り上げ，用例を単純化して構造を示すと，以下のようになろう．

(68) a. He *faced* the difficult **problem**.   (1798)
  b. The difficult **problem** *faced* him.   (1883)
  c. He *was faced with* the difficult **problem**. (1920)

興味深いのは，(68a)→(68b)の間に，主語と目的語の位置の逆転が起こり，新しい構造が生まれても両者が並存して現在まで存続して来ていることである．日本語で言えば，「彼がむずかしい問題**に立ち向かう・直面する**」と「むずかしい問題が彼**の前に立ちはだかる**」の2つの太字体部分の表現を，同

じ動詞で表現できていることになる。通常は，主語と目的語の逆転が起こるのは，(68b)→(68c)のように受動化(あるいは逆の能動化)が起こる場合であるが，(68a)→(68b)の場合は，単に位置がそのまま逆になっているだけである。この(68b)は，不快名詞が主語の位置，つまり動詞の左側に生起する点では，むしろ今まで観察してきた set in, break out, happen, occur, befall などの「発生」動詞と同じである。逆に，(68a), (68c)では，関係詞化などの場合を除く基本形では，不快名詞が動詞よりも後，つまり右側に来る点が，今までとは異なるパターンである。

BNC から上記の(68)と同じ構造を持つ例を調べてみると，次のように現代でも3構造とも存続していることが確認できる[18]。

(69) a. Other Western countries *face* the same **problem** of natural monopoly in these industries.　(W_commerce: HGP)
　　b. The uncomfortable **problem** Britain *faces* is to recognise its capacity to consume and not to invest.
　　　　　　　　　　　　　　　(W_newsp_brdsht_nat_editorial: A44)
(70) a. Similar **problems** undoubtedly *faced* many working class women throughout the period.　(W_ac_humanities_arts: GUW)
　　b. The **problems** *facing* a reforming democracy in Spain during the early 1930s were nevertheless enormous.
　　　　　　　　　　　　　　　(W_non_ac_polit_law_edu: CJ2)
(71) a. The teacher *is faced with* the persistent **problem** of how to help children.　(W_ac_polit_law_edu: AM6)
　　b. …, because of the kind of **problem** we *are faced with*
　　　　　　　　　　　　　　　(W_non_ac_nat_science: H7X)

BNC を調査し，face との共起頻度の高いおもな不快名詞を頻度順(今回も幅広く拾うために LogLog 値を利用)に抽出すると，表10のようになる。

これらの共起語を見ると，「予兆・発生」動詞類の共起語との違いが明らかである。「天候」に関するもの，「天災」，「具体的社会問題」などの不快名詞が少ないのが目につく。表10の左方向の不快名詞をまとめると，以下のようになろう。

表10　BNCにおけるfaceと共起する不快名詞（左右5語範囲以内）

	左方向	LogLog	右方向	LogLog
1	problem	64.79　(820)	charge	60.32　(319)
2	difficulty	54.48　(229)	dilemma	58.94　(96)
3	dilemma	51.77　(69)	challenge	58.24　(187)
4	challenge	51.13　(134)	problem	53.87　(506)
5	issue	33.30　(112)	crisis	49.53　(126)
6	danger	32.01　(52)	fine	49.47　(55)
7	crisis	26.93　(35)	difficulty	49.35　(179)
8	obstacle	25.43　(16)	competition	46.63　(132)
9	threat	23.69　(29)	eviction	44.71　(26)
10	hardship	23.15　(15)	jail	42.08　(39)
11	constraint	22.85　(63)	extinction	42.01　(30)
12	risk	22.82　(43)	starvation	41.29　(27)
13	hazard	22.57　(11)	threat	40.99　(84)
14	pitfall	20.96　(15)	reality	40.18　(82)
15	reality	20.46　(30)	prosecution	39.42　(47)
16	fear	19.78　(22)	opposition	39.11　(87)
17	racism	19.65　(5)	barrage	38.68　(23)
18	barrier	18.79　(52)	shortage	38.36　(42)
19	refusal	18.60　(6)	ruin	37.81　(30)
20	disadvantage	17.88　(19)	redundancy	34.98　(32)
21	offender	17.85　(25)	ordeal	34.77　(21)

「問題・課題」
　　problem, challenge, issue, dilemma
「困難・障害」
　　difficulty, obstacle, hardship, constraint, barrier, reality, disadvantage
「危機・怖れなど」
　　danger, crisis, risk, hazard, pitfall, threat, fear, offender

　また表10の右方向の不快名詞には，必ずしも語彙が一致するものばかりで

はないが，左方向と同じ「問題・課題」，「困難・障害」，「危機・怖れ」に関する名詞が生起している。右方向に特徴的な危機を表す名詞として，「絶滅，飢餓，不足」と共に，「余剰」を意味する不快名詞(redundancy)が生起しているのは興味深い。また，特に左方向には目立たず，右方向に目立つものとして，法執行に関わる語彙がある。これらをまとめると，以下の通りである。

「問題・課題」
    dilemma, challenge, problem, competition
「困難・障害」
    difficulty, opposition, reality, ordeal
「危機・怖れ」
    crisis, extinction, starvation, shortage, ruin, redundancy, threat
「法規・法執行」
    charge(嫌疑・告訴), fine(罰金), eviction(立退き・退去), jail(拘留), prosecution(起訴)

左方向と右方向のアンバランスの原因は探求の余地があるものの，左の名詞の頻度数が全般的に高いのは，構造的な理由によるものと思われる。つまり，不快名詞が最初から左側にある(70a)，(70b)の2つの構造に加えて，(69b)，(71b)の例のような，face の右側の不快名詞が，関係代名詞化によって，face の左側に生起することが多いからである。実際，特に(69b)と同じ関係代名詞構造の頻度は非常に高い。

4.3.4 confront

最後に confront について触れたい。OED を調べてみると，face とほぼ同じ意義を持つ部分として以下の部分が該当する。全体的な用例の年代は，face より古いものが多く，通時的には face より古い動詞といえよう。

(72) **confront** *v.*
    2. *trans.* To stand or come in front of (any one); to stand or meet facing, to face.(Often with a shade of sense 3.) Also *fig.* of **things**.

　　　　*c*1568, 1588（該当外の用例の年代）
　　　1863 Holland Lett. Joneses xi. 159 Many a man on reaching wealth has found himself ***confronted by*** the great **problem** of his life.
　3. *esp.* To face in hostility or defiance; to present a bold front to, stand against, oppose. *lit.* and *fig.*
　　　1588, 1697[19)]
　　　1790 Burke Fr. Rev. 245 This [i.e. **Difficulty**] it has been the glory of the great masters in all the arts to ***confront***, and to overcome.
　　　1848 ---- Hist. Eng. I. 91 John Hampden..had the courage to step forward, to ***confront*** the whole **power** of the government.
　c. *fig.* Said of things.
　　　*a*1600 Hooker (J.), The East and West **churches** did both ***confront*** the Jews and concur with them.

これらの用例の中から，構造的に face の場合と同じものを抽出すると，1863, 1848, *a*1600 の 3 例が該当する。前節の face の場合と同じように，簡略例で置き換えて年代順に示すと，以下のようになる。

(73)　a. The difficult **problem** ***confronted*** him.　　　　　　　(*a*1600)
　　　b. He ***confronted*** the difficult **problem**.　　　　　　　　(1848)
　　　c. He ***was confronted by*** the difficult **problem**.　　　　(1863)

BNC には，次に示すように同じ構造の用例が観察でき，そのまま現代英語にも受け継がれていることがわかる。この点は，face とまったく同じである。

(74)　a. However, a number of **problems** ***confront*** investigators applying this technique to studies of alcoholic liver disease.
　　　　　　　　　　　　　　　　　　　　　　　(W_ac_medicine: HU4)
　　　b. One of the central **problems** ***confronting*** any discussion of a

text for the play is which version should be used.

(W_non_ac_humanities_arts: HH4)

(75) a. "You know they've got to learn to ***confront*** their own **problems**, and work out their own solutions." (W_fict_prose: G0F)

b. The new regimes, of course, differed widely in the kind of **problems** they had to ***confront***. (W_ac_soc_science: H9F)

(76) a. But Jones may ***be confronted by*** more **problems** than he anticipates when he seeks funds for his ideas.

(W_non_ac_nat_science: B7L)

b. ... ; yet the Chinese ***are*** now **confronted with** the **problems** Wells discussed almost a century ago.

(W_non_ac_nat_science: B73)

c. To my knowledge there was hardly a political **problem** ***with*** which George ***was confronted*** where he did not seek the advice and guidance of Crossman, ... (W_biography: FPN)

(77) a. ... : some **problem** ***confronted by*** individuals in their environment pushes them out of convention and into crime.

(W_ac_soc_science: CRX)

b. There is, of course, a **problem** which must ***be confronted by*** both the police and the press ... (W_ac_soc_science: CS1)

受動態が by をとる(76a)タイプより，with をとる(76b)のタイプの頻度が高い。また(76c)のような関係詞化された受動態構造は，(76a)タイプには見当らない。(77a), (77b)のような異種構造もあるが，この2例程度である。

BNCにおける confront と共起する不快名詞には，LogLog 値に基づく頻度順でのみ示せば，表11のようになる。この表を基にして主要な不快名詞を意味的に分類すると次のようになろう。

「問題・課題」
　　problem, issue, task, dilemma, challenge, question
「困難・不運・矛盾」
　　difficulty, reality, injustice, misfortune, failure, contradiction, paradox

表11　BNC において confront と共起するおもな不快名詞（左右5語以内）

	左方向	LogLog		右方向	LogLog	
1	problem	43.74	(106)	issue	35.72	(46)
2	issue	30.68	(34)	problem	34.91	(65)
3	difficulty	30.25	(25)	reality	31.25	(21)
4	task	26.16	(19)	situation	26.24	(23)
5	dilemma	24.38	(8)	question	22.67	(24)
6	challenge	23.40	(12)	dilemma	22.27	(7)
7	situation	21.11	(16)	injustice	22.23	(6)
8	danger	17.03	(8)	difficulty	21.62	(14)
9	question	15.86	(14)	fear	19.96	(10)
10	horror	15.39	(5)	prejudice	19.90	(6)
11	crisis	12.08	(5)	evidence	18.92	(14)
12	paradox	11.94	(3)	enemy	18.80	(7)
13	failure	11.48	(5)	challenge	18.59	(8)
14	reluctance	11.30	(3)	burglar	18.44	(4)
15	mystery	12.35	(4)	adversary	18.15	(4)
16	need	12.14	(7)	racism	18.04	(5)
17	opposition	8.78	(4)	danger	17.03	(8)
18	enemy	8.68	(3)	crisis	16.35	(7)
19	shock	8.32	(3)	contradiction	16.20	(4)
20	victim	8.28	(3)	suspicion	15.77	(5)
21	protest	7.96	(2)	robber	14.58	(3)
22	misfortune	7.69	(2)	anger	14.47	(5)
23	persistence	7.69	(2)	grief	14.24	(4)
24	torture	7.54	(2)	threat	13.87	(6)

「危機」
　　crisis, danger
「敵対・犯罪者」
　　enemy, adversary, opposition, protest, burglar, robber
「感情・偏見」
　　suspition, anger, grief, fear, horror, prejudice, racism
「その他」
　　persistence, torture, victim

336　第3部　英　語

　これらのconfrontとの共起不快表現を，encounterやfaceとの共起不快表現と比べてみると，基本的な意味のまとまりでは共通点があることが明らかである。ただし，たとえば法規・法執行のグループの不快名詞は，faceとは共起しても，encounterやconfrontとの共起は見られないという固有の特徴もそれぞれ存在することに，じゅうぶん留意する必要があろう。

5. おわりに

　不快表現との共起表現の研究は，Sinclair(1987a)，Louw(1993)による最初の研究が出てから，約20年近くになる。最近では，その集大成の一冊としてStewart(2010)も出版された。Stewartは，過去の研究を要領よくまとめている印象を受ける一方で，堀り下げの面で物足りなさを感じるのは私だけではあるまい。その物足りなさは，新たな共起表現の開拓があまりなされていないからではなかろうか。本稿は，そのささやかな不満を出発点に，より身近な場所に，不快表現と強い絆を持つ言語表現を探ろうと始めたものである。本稿の4節のはじめに述べたように，人間にとって不快なものの「予兆，発生，到来，直面，接触」は事件であり，表現の対象となる。本稿が，意味的に共通する名詞や動詞表現を選び，それらと不快表現との共起関係を調べたのは，このような理由によるものである。本研究が，今まで注目されなかったより多くの表現に，さらに光が当たることになれば幸いである。

注

1) 優先的意味選択，意味的韻律の訳語は，南出・石川(2006)に従った。
2) 国内のsemantic prosodyに触れた文献としては，par for the courseについて紹介した深谷(2005)，おもに文体論との関わりで論じた堀(2009)がある。
3) Sinclairは，句動詞set inの特徴として，他に以下の特徴をあげている。これらの特徴は，他の意味に解釈されるset inと区別するための手がかりとして，とても有用である。
　　① 大部分は，6語かそれ以下の語数の文に生起する。
　　② 多くの文が従属文を持ち，従属文の方に生起する。
　　③ 文末に生起する傾向が強い。
　　④ 主語は大部分が抽象名詞で，いくつかは別の品詞から名詞化させたものである。
4) 古くはOsgood et al. (1957)，最近ではTurney and Littman (2003), Dilts (2010)

などを参照。
5) 英和辞書では，たとえば井上・赤野（2003）が，主要な見出し表現と共起する主語・目的語・補語に関する情報を＜　＞に入れて選択制限として記述している。
6) 例として重要な3.2節で触れた break out についてはなぜか言及がない。
7) Whitsitt は，2例のみしかあげていない。また，OED の1つ前の定義とその初例として以下のものがある。以下の例を(16)より前の例とみなすことも可能かもしれない。
 d. To set to work, begin (upon something); esp. followed by to, for. Also pass. Obs. exc. dial.
  1608 Willet Hexapla Exod. 495 Where the **fire** *setteth in*, the whole is spoiled.
8) 本稿の BNC の用例は，BNCweb と BYU-BNC に負うものである。
9) 定義は，
 harbinger n. 3. One that goes before and announces the approach of some one; a forerunner. Mostly in transf. and fig. senses, and in literary language.
で，(19)の harbenger は，harbinger の異綴語。
10) これらは，通時的には18世紀以降発達したと考えられる。OED によるそれぞれの初例検索の結果を以下にあげておきたい。
 1700 Dryden *Fables, Pythag. Philos.* 350 *On the* **verge** *of* death he stands Contemplating his former feet and hands.　　（contemplate v. 1.）
 1735 Thomson *Liberty* ii. 150 Oft *on the* **brink** *Of* ruin Totter'd the rash Democracy; un_pois'd.　　（un_poised ppl. a.）
 1884 Church *Bacon* v. 114 He was now *on the very* **edge** *of* losing his office.
                （edge n. 11.b.）
11) 本稿で示される Wordbanks Online と BNC の t-score および Log Log 値は，Shogakukan Corpus Network に負うものである。
12) 具体的には，loom(s)に対して次のような標識付与がなされている。
 power loom NN1_VVB (5例); power looms VVZ (9例), VVZ_NN2 (3例), NN2_WZ(1例)
 hand loom NN1_VVB (3例); hand looms VVZ (6例), VVZ_NN2 (2例)
13) この hell の頻度が多めなのは，山下・阪上（2004: 128）にもあるように，疑問詞の強意語として使われるためである。
 (i) What *the hell* had happened.
14) Partington (2004)は，set in, happen, occur, take place, come about の5種類の発生表現の不快指向性の度合いに，差があると述べている。Partington の説

明を基に図にして示せば以下のようになる。

```
        worst ←─────────────────────────→ neutral
          set in   happen   occur   take place   come about
```

15) たとえば，次の例が該当する。
    (i) A similar fate befell Adam Watson, who subsequently called for the quizmaster's resignation. (W_pop_lore: CG1)

16) BNC の左側 5 語以内の共起名詞頻度調査の結果そのままでは，かなり多くの関連のない名詞が含まれるため，それらは省いてある。たとえば，以下は，上位 10 位までのそのままの結果であるが，網掛け以外の部分は，[−P] 要素を含まない名詞である。

strike の共起頻度上位名詞10（左方 5 語以内）

	t-score		LogLog	
1	deal	9.37 (89)	lightning	56.73 (51)
2	thought	9.13 (85)	clock	54.84 (79)
3	clock	8.87 (79)	disaster	47.18 (57)
4	thing	8.70 (85)	deal	46.31 (89)
5	balance	7.62 (59)	bargain	43.39 (30)
6	disaster	7.52 (57)	thought	42.58 (85)
7	lightning	7.13 (51)	blow	41.25 (36)
8	blow	5.98 (36)	balance	40.66 (59)
9	time	5.91 (55)	bullet	36.47 (22)
10	right	5.87 (38)	thief	35.11 (23)

Strike は共起語との関係で多様な意味があり，deal is struck（契約が結ばれる），clock is struck（時報が告げられる），balance is struck（バランスがとられる），time to strike（ストの時間），right to strike（スト権）などの表現を構成している。

17) ただし，以下の killer のように，犠牲の大きさを示すために形容詞的に使われている例が 1 例ある。
    (i) The *killer* **hurricane hit** Barbados at 145 miles per hour six hours later.
    (W_fict_prose: FRS)

18) これら 3 種類の構造以外に，以下のようなものが存在するが，本論では，主要な 3 種類に絞った。
    (i) [−P] be faced by X
    (ii) X be faced by [−P]

19) Dryden Æ neid v. 637 He spoke, and then confronts the bull.

参 考 文 献

Baker, Mona, G. Francis, E. Tognini-Bonelli (eds.) (1993) *Text and Technology: In Honour of John Sinclair*. Philadelphia/Amsterdam: John Benjamins Publishing Company.

Bendarek, Monika (2008) "Semantic Preference and Semantic Prosody Re-examined." *Corpus Linguistics and Linguistic Theory* 4, 2: 119-139. Walter de Gruyter.

Dilts, Philip (2010) "Good Nouns, Bad Nouns: What the Corpus says and What Native Speakers Think." in Stefan Th. Gries, S. Wulff and M. Davies (2010). (eds.) *Corpus-Linguistic Applications: Current Studies, New Directions*. Amsterdam: Rodopi, pp. 103-118.

Hoey, Michael (2005) *Lexical Priming: A New Theory of words and Language*. London and New York: Routledge.

Hunston, Susan (2007) "Semantic Prosody Revisited." *International Journal of Corpus Linguistics* 12: 249-268. John Benjamins Publishing Company.

Lewandowska-Tomaszczyk, Barbara (1996) "Cross-linguistic and Language-Specific Aspects of Semantic Prosody." in Katarzyna Jaszczolt and Kenneth Turner (eds.) *Contrastive Semantics and Pragmatics*, vol. 1 *Meanings and Representations* and reprinted in *Language Sciences*, vol. 18, 1-2: 153-178. Great Britain: Pergamon/Elsevier Science.

Louw, Bill (1993) "Irony in the Text or Insincerity in the Write: the Diagnostic Potential of Semantic Prosodies." in M. Baker et al. (1993) (eds.) pp. 157-176.

Nelson, Mike (2006) "Semantic Associations in Business English: A Corpus-Based Analysis." *English for Specific Purposes* 25: 217-234. Orlando: Elsevier.

Osgood, Charles E., George J. Suci and Percy H. Tannenbaum (1957) *The Measurement of Meaning*. Urbana: University of Illinois Press.

Partington, Alan (1993) "Corpus Evidence of Language Change." in M. Baker et al.(eds.) (1993) pp. 177-192.

Partington, Alan (2004) "Utterly Content in Each Other's Company: Semantic Prosody and Semantic Preference." *International Journal of Corpus Linguistics* 9, 1: 131-156. also in Patrick Hanks (ed.) (2008) *Lexicology: Critical Concepts in Linguistics* Vol. 1. London and New York: Routledge, pp. 92-115.

Sinclair, John (1987a) "The Nature of the Evidence." in J. M. Sinclair (ed.) (1987), *Looking Up: An account of the COBUILD Project in lexical computing*. London and Glasgow: Collins ELT, pp. 150-159.

Sinclair, John, et al. (1987b) *Collins Cobuild English Language Dictionary*. London: HarperCollins.
Sinclair, John, et al. (1990) *Collins Cobuild English Grammar*. London: HarperCollins.
Sinclair, John (1991) *Corpus, Concordance, Collocation*. Oxford: Oxford University Press.
Sinclair, John (1996) "The Search for Units of Meaning." *Texus* 9: 75-106.
Stewart, Dominic (2010) *Semantic Prosody*. New York: Routledge.
Stubbs, Michael (1995) "Collocations and Semantic Profiles: On the Cause of the Trouble with Quantitative Studies." *Functions of Language* 2, 1: 23-55. John Benjamins Publishing Company.
Stubbs, Michael (2001a) *Words and Phrases: Corpus Studies of Lexical Semantics*. Oxford: Blackwell.
Stubbs, Michael (2001b) "Texts, Corpora, and Problems of Interpretation: A Response to Widdowson." *Applied Linguistics* 22, 2: 149-172. Oxford University Press.
Thompson, Geoff and Susan Hunston (2000) *Evaluation in Text*. Oxford: Oxford University Press.
Turney, Peter D. and Michael L. Littman (2003) "Measuring Praise and Criticism: Inference of Semantic Orientation from Association." *ACM Transactions on Information Systems,* 21 (4): 315-346. Burnaby, BC: TESL Canada.
Whitsitt, Sam (2005) "A Critique of the Concept of Semantic Prosody." *International Journal of Corpus Linguistics* 10, 3: 283-305. John Benjamins Publishing Company.
Xiao, Richard and Tony McEnery (2006) "Collocation, Semantic Prosody, and Near Synonymy: A Cross-Linguistic Perspective." *Applied Linguistics* 27, 1: 103-129. Oxford University Press.
Zhang Weimin (2009) "Semantic Prosody and ESL/EFL Vocabulary Pedagogy." TESL *Canada Journal/Revue TESL Canada* 26. 2: 12.

井上永幸・赤野一郎（2006）『ウィズダム英和辞典　第2版』三省堂書店
齋藤俊雄・中村純作・赤野一郎（編）（2005）『英語コーパス言語学』研究社
南出康世・石川慎一郎（監訳）（2006）マイケル・スタッブズ著『コーパス語彙意味論：語から句へ』研究社
深谷輝彦（2005）「コーパスに基づく文法研究」齋藤・中村・赤野（編）（2005）第7章 pp.144-161.

堀正広(2009)『英語コロケーション研究入門』研究社
山下淳子・阪上辰也（2004）「"Happen" の semantic prosody」木下徹（代表）『大規模コーパス研究に基づく英語学習者用例文コーパス構築と用例の適切性判断サービス』(pp.119-159). 平成13・14・15年度 科学研究費補助金（基盤研究(B)(2)）研究成果報告書，研究課題番号 13480059

コーパス関連

BNC: British National Corpus.（Shogakukan Corpus Network）
　© 2000 the British National Corpus Consortium. © 2003-2010 NetAdvance Inc.
BNCweb: http://www.bncweb.info/
BYU-BNC: http://corpus.byu.edu/bnc/
OED: The Oxford English Dictionary（Second Edition）on CD-ROM.（1992）Version 1.0. Oxford University Press.
Wordbanks Online.（Shogakukan Corpus Network）©1998 Harper Collins Publishers Ltd., © 2003-2010 NetAdvance Inc.

索引

A

Alfonso (1966) ································ 33
Agent (動作主) ············ 178, 183, 228, 327

B

befall ···························· 281, 315, 316, 330
BNC ········ 246, 260-262, 273, 280, 291, 292, 294-335, 337, 338, 341
bout ·· 303-305
break out ········ 285-287, 292-294, 330, 337
brew ·· 281, 301
brink ·· 295-298, 337
brook ·· 282, 283
Broselow, Ellen ································· 74
build up ·· 283

C

Campbell, Nick ································· 65
cause ············ 236, 267, 282, 283, 285, 293, 304
CN (中国人日本語学習者) ············ 76-79
confront ········ 281, 323, 324, 326-329, 332-336
CONTEXT 制約 ································ 204
continuous motion ······················ 183
core sense (中心的意味) ··············· 231
Core 位置 ·· 208
could + 完了不定詞 ······ 231, 233, 256, 266, 277-279
could have + p.p. ········ 234, 236-241, 243-247, 255, 256, 258, 259, 261, 262, 264, 266-269, 272, 275-277, 279
could have + 過去分詞 ··············· 232

D

definiteness (名詞句の定性) ········ 177, 185
Definiteness Scale ········ 188, 202, 207, 208
discourse accessibility (談話接触可能性) ··· 185

discourse prosody ············ 283, 293

E

edge ···························· 295-298, 337
encounter ············ 281, 323-328, 336
evaluation ································· 286
evaluative attitude ················· 293
evaluative feature ···················· 286
evaluative meaning ·················· 286

F

face ········ 281, 300, 307, 308, 323-333, 336
factual possibility (実際的可能性) ·················· 257-259, 263-266, 268
FAITH (REC) 制約 ······················ 187
Firth ······························ 288, 289
fit ································ 304, 305
fulfilling alternation ················ 192

G

GN (ドイツ人日本語学習者) ······ 76, 81-89
Gumperz, John ····························· 66

H

happen ······ 285-287, 308-313, 330, 337, 338
harbinger ············ 281, 294, 295, 337
HARMONY (DEF) 制約 ·············· 202
HARMONY (PRON) 制約 ····· 187-189, 201, 203, 208
hell ···························· 180, 310, 337
hit ·························· 313, 319-321, 338
Hornby ·· 27

I

if 節 ·························· 240, 249, 250, 262
incidence ············ 281, 301-303, 317

instantaneous motion ……………… *183*
IPA(国際音声字母) ………………… *101, 132*

J

JN(日本語話者) ………………………… *76*

L

Lamarre, Christine(クリスティン・ラマール) ……………… *159, 170, 172, 173*
LogLog(値) ……… *301, 302, 307-310, 316, 319, 320, 323, 325, 330, 331, 334, 335, 338*
loom ………………………… *281, 306-308, 337*
Louw, Bill ……… *282-284, 287-292, 297, 305, 336*

M

might + 完了不定詞 ……… *231, 233, 234, 247 277*
might have + p.p. ……… *237, 244, 247, 248, 250-252, 254, 258, 260, 261, 264, 266, 268-277, 279*
modal(法助動詞) ……… *232, 234-236, 238-247, 249, 250, 251, 253, 255*

N

Non-Core 位置 ………………………… *208*

O

occur ……… *284, 285, 308, 311-313, 319, 320, 330, 337, 338*
OED ……… *290, 294, 317, 318, 323, 325-328, 332, 337*
outbreak ………………………… *285, 311*

P

[＋P]([＋PLEASANT]) ……… *286, 287*
[±P]([±PLEASANT]) ……… *286, 287*
[－P]([－PLEASANT]) ……… *286, 287*
[±PLEASANT] ………………………… *286, 287*

pronominality(代名詞性) …………… *185*
prosody →韻律
provide ……… *191, 192, 194, 195, 197, 199, 204, 208, 242, 283, 336*

R

rear one's(形容詞)*head* ……… *281, 299-301*
Recipient(受容者) ……… *178, 182, 183, 185, 187, 189, 194-198, 200, 201, 206, 207*
rife ………………………… *282, 283*
Rossi, Mario ………………………… *70, 81*

S

selectional restriction(選択制限) …… *287*
semantic associations ……………… *283*
semantic harmony ………………… *283*
semantic preference(優先的意味選択)
……………………………… *283, 287, 293*
semantic prosody(意味的韻律)
……………………… *282-284, 287-293*
set in ……… *282-294, 308, 330, 336-338*
Sinclair, John ……… *282-288, 293, 294, 308, 310, 336*
spell ………………………… *306*
SSA 副詞 ………………………… *41*
stab ………………………… *305*
Stewart, Dominic ………………… *336*
strike ……… *281, 297, 316-321, 338*
structure parallelism(構造的並行性)
………………………… *185*
Subject-to-Subject Movement(主語から主語への移動) ……………… *311*

T

take place ……… *308, 313-315, 337, 338*
teeter on the brink of ……… *297, 298*
teeter on the edge of ……… *297, 298*
teeter on the verge of ……… *297, 298*
Theme(主題) ……… *178, 182, 183, 185, 194-198, 200, 206-208*
theoretical possibility(理論的可能性)
……… *256-259, 263, 265, 266, 268*

索引　345

t-score ……… *301, 302, 307, 309, 310, 314, 325,*
　　　　　　338

U

unfavourable ………………………… *283, 290*
unpleasant（不快な）……… *281, 283-285, 287,*
　　　　　　329
unpleasant expressions（不快表現）
　…………………………………………… *281*
utterly ……………………………………… *282, 283*

V

VC 型 ………………………… *132, 165, 167, 171*
Verbs of Change of Possession ……… *192*
Verbs of Communication …………… *192*
Verbs of Providing …………………… *192*
verge …………………………………… *295-297, 337*
VXC 型 ……………………… *132, 159, 160, 165, 171*

W

Whitsitt, Sam ………………… *289-293, 337*
Wordbanks Online …………… *301, 309, 337*

あ　行

曖昧性 ………………………………… *231, 256*
アクセント …………… *66, 74-76, 78, 87, 89, 92*
鮎澤孝子 ………………………………………… *74*
庵他（2000）『日本語文法ハンドブック』
　……………………………………… *8, 9, 12, 13*
一般的な情報 ………………………………… *50*
一般論 …………………………………… *54, 55*
移動 ……… *17, 24, 170, 182-184, 194, 208, 213,*
　　　　　　214, 311
意味関係 …… *12, 18, 19, 24, 134, 135, 139, 149,*
　　　　　　239, 264
意味素性 ……… *258, 263-265, 269, 286-288,*
　　　　　　292, 293
意味的韻律（semantic prosody）
　……………………… *282, 287, 288, 291, 293, 336*
イントネーション …… *65, 66, 71, 73, 75, 78, 92*
韻律（プロソディ，prosody）……… *65-67,*
　　　　　　73-79, 85-93, 282, 287, 288, 291,
　　　　　　293, 336
韻律的特徴 …… *65-68, 73, 74, 76, 77, 87, 89-93*
粤語 …………………………………………… *101*
小河原義朗 …………………………………… *92*

か　行

介詞 …………………………… *101, 105, 127, 128*
解釈文法 ……………………………………… *3, 4*
蓋然性 ………………………………… *234, 259*
外置 …………………………… *313, 319, 320*
快名詞 ………………………………………… *295*
海陸客家語（かいりくはっかご）……… *131-*
　　　　　　133, 135, 138, 140, 141, 143, 144,
　　　　　　151-153, 156, 158, 160, 163, 165,
　　　　　　167-171
書き出し …………………… *214, 220, 223, 226*
確実性 …………………………………… *44, 48, 58*
格助詞 …………………………… *8, 11, 18, 26*
格と構文 ……………………………… *18, 27, 34*
格表示 ………………………………………… *222*
確率的最適性理論 ……… *177, 187, 189, 190,*
　　　　　　201, 206, 207
ガチ ……………………………………… *61, 63*
ガチンコ ……………………………………… *61*
学校文法 ……………………………………… *4, 5*
仮定法過去完了 ……… *233, 237, 246, 249, 251,*
　　　　　　260-262, 267, 277
仮定法過去完了構文 …………… *233, 252, 262*
可能性 ……… *232-239, 248-251, 253, 256-266,*
　　　　　　268-272, 275-277, 279
可能補語 …… *132, 133, 136-140, 152, 156-159,*
　　　　　　170, 172
関係代名詞 …………………… *308, 309, 313, 332*
感情表現 ……………………………… *16, 17, 26*
漢族 ………………………………………… *101*
広東語（かんとんご）…………… *117, 129*
偽 ……………………………………………… *47, 60*
帰結節 ……… *233, 237, 246, 249, 251, 260, 262*
記述の順（序）………………………… *5, 6, 10*
記述文法 …………… *3, 4, 9, 12, 13, 31-33, 36*
規則変化 ………………………………… *215, 220*
機能範疇 ………………………………… *214, 226*
基本周波数 ……………………………… *70, 83*
疑問代詞 …………………… *101, 105, 120, 128*

共起語 ……… 288, 290, 291, 293, 307, 310, 313, 314, 319, 321, 323, 325-327, 330, 338
共起指向性 ……… 281-285, 287, 289, 291, 293, 307-309, 311, 313, 315, 317, 319, 321, 323, 325, 327, 329, 331, 333, 335, 337
極小理論 ……… 225
形式と機能 ……… 16
形容詞文 ……… 13
桂柳語(けいりゅうご) ……… 101, 104, 114, 119, 129
結果補語 ……… 132-137, 139, 147, 150, 152, 153, 165, 168
現実 ……… 53
『現代日本語文法』 ……… 3, 8, 12, 13, 15, 17-31, 34
原理とパラメータのアプローチ ……… 224
福祥(呉福祥, ご・ふくしょう) ……… 152, 153, 171, 173
語彙項目 ……… 231, 239
江敏華(江敏華, こう・びんか) ……… 133, 151, 153, 171, 172
行為者 ……… 212, 222, 225
広西壮族自治区 ……… 101
構造助詞 ……… 106-110, 122, 129, 168, 170
構造的並行性(structure parallelism) ……… 185
肯定(文) ……… 42, 63, 78, 141, 153, 154, 157, 170, 234, 235, 239, 273, 286, 306
後転移現在 ……… 258, 277
コーパス ……… 46, 177, 180, 184, 185, 189, 190, 193, 201, 203, 207, 280, 282, 284, 287
郡史郎 ……… 65
国際音声字母(IPA) ……… 101, 132
快い ……… 283
コト ……… 6, 8, 12-14, 17, 18, 25, 26, 32, 33
コトの類型 ……… 6, 8, 14, 17, 18, 25, 26
コネクショニストモデル ……… 227
好ましい ……… 275, 279, 283, 292, 296, 305
好ましくない(unfavourable) ……… 265, 272, 273, 275, 276, 283, 292, 294, 296, 306
語用論的用法 ……… 231, 274, 277

さ 行

佐久間鼎 ……… 12, 31, 33
——(1941) ……… 33
三江族自治県 ……… 101
産出 ……… 65, 68
時間詞 ……… 105, 110
刺激の貧困 ……… 227
四県客家語(しけんはっかご) ……… 131, 133, 168, 169, 171
指向性 ……… 281, 282, 291, 293, 306, 307, 308
事実 ……… 52
システム ……… 56, 57, 61, 62, 73, 211
持続時間 ……… 72
実感の強さ ……… 58
実際 ……… 45, 50-52, 54, 62
実際的可能性(factual possibility) ……… 268
実は ……… 46, 47, 49, 53, 56, 57
実用文法 ……… 3, 4
自動詞 ……… 21, 23
社会音声学 ……… 67
若年層 ……… 66, 89
朱德熙(朱德熙, しゅ・とっき) ……… 132, 133, 159, 165, 168, 169, 174
周坪郷黄牌村 ……… 101
主観 ……… 41, 42, 63, 286, 293
主観的評価 ……… 286, 293
主語から主語への移動(Subject-to-Subject Movement) ……… 311
主語と目的語の逆転 ……… 330
主語の位置 ……… 284-287, 299, 311, 315, 316, 323, 330
主題 ……… 5, 6, 9, 12-15, 31-33, 289
主題(Theme) ……… 178
主題化 ……… 14, 157, 168-171
主題関係 ……… 327
受動化 ……… 330
受動態 ……… 193, 317, 327, 328, 330, 334
受容者(Recipient) ……… 178
主要部 ……… 211-213, 217, 219, 221-223, 225, 228
準必須補語 ……… 24
状況的可能性 ……… 269, 270, 277, 279
条件節 ……… 63, 240
状態補語 ……… 132, 133, 138, 144, 158, 160-163, 165, 166, 168, 171
情報構造 ……… 186, 189, 190, 202, 207

索　引　347

情報の質 …………………………… 56
所在構文 …………………………… 29
叙実文 ……………………………… 259
叙実法 ………………………… 258, 277
助動詞 …………………………… 6, 11, 29
所有関係の変化 …… 182-184, 189, 192, 208
真 ……………………………… 47, 60
真実 ………………………………… 55
真実性 …………………………… 259
心的態度 ………………… 41, 45, 90, 93
心内情報 …………………………… 49
真の情報 ………………… 45, 49, 56
真の命題 …………………………… 48
推量 …… 253, 259, 261, 265, 267, 269, 270-271
杉藤美代子 ………………………… 65
鈴木重幸(1972) …………………… 33
生起文脈 ………………… 286, 287, 289
西南官話 ………………………… 101
制約 ……… 211, 214, 218, 220, 221, 224, 225
先行文脈 …………………………… 41
全然 ……………………………… 42, 61
選択制限(selectional restriction) …… 287, 289, 337
線的順序 ……………… 216, 217, 223, 226
専用量詞 …… 103, 105, 112, 113, 116-118, 120-123
壮語(そうご) ……………………… 101
壮族(そうぞく) …………………… 101
素性 …… 212, 220, 224-227, 258, 263-265, 269, 286, 287, 290-293, 307, 308, 311, 315, 316, 323, 325

た　行

体験的事実 ………………………… 50
代名詞性(pronominality) …… 185, 189, 190, 192, 194-196, 200
多義性 ………………… 231, 256, 278
他動詞 …………………………… 21
田中克彦 ………………… 32, 167, 173
男女差 …………………………… 66, 73
単数形 ……… 214, 215, 220, 227, 304, 305
談話接触可能性(discourse accessibility) ……………………………… 185
談話の管理 ………………………… 41
知覚 ……………………………… 65, 73

知覚の転移 ……………………… 74, 89
中国人日本語学習者(CN) …… 66, 76, 77, 79, 86
中心的意味(core sense) ………… 231
中立的 ……… 284, 295, 307, 308, 314, 319, 325
中立名詞 ………………………… 295
聴取実験 …………………………… 73
直面 ……………… 281, 294, 323, 324, 326, 329
ちょっと ………………… 43, 44, 59, 64, 69
程度性 …………………………… 43
程度補語 ……… 132, 133, 159, 165, 166, 171
寺村秀夫 ………………………… 4, 5, 31
──『日本語の文法(上)』 ………… 5, 32
──『日本語の文法(下)』 …… 5, 8, 15, 32
──『日本語のシンタクスと意味』
　　 …………………………… 5, 6, 15
──(1982)『日本語のシンタクスと
　　意味Ⅰ』 …… 11, 13, 17, 18, 24, 25, 26, 36
──(1991)『日本語のシンタクスと
　　意味Ⅲ』 ……………………… 32, 34
転用 ……………………………… 41
ドイツ人日本語学習者(GN) …… 66, 76, 81, 82, 86
侗語(どうご) …………………… 101
統語構造 …… 101, 103-105, 122, 125, 128, 129, 224, 226
動作主(Agent) …………………… 178
動詞文 ……………………………… 13
動詞類 ……… 294, 297, 306, 323, 330
東勢客家語(とうせいはっかご) …… 133, 151, 153, 171
動相補語 …… 133, 135, 137, 141, 162, 167-169
侗族(どうぞく) …………………… 101
動補構造 ……… 131-133, 146, 152, 159, 160, 167, 169
土拐語(どかいご) ……………… 101
ト格 ……………………………… 22
とりたて ………………… 9, 10, 16
取り立て ………………… 6, 7, 13-15

な　行

内容語 ……… 136, 142, 212, 224, 228
難易構文 …………………………… 30
二重目的語構文 …… 177-190, 192, 200, 201, 203, 204, 206-209

仁田義雄 …………………………… 32
日本語教育 …………………………… 3, 4, 27
『日本語のシンタクスと意味』→寺村秀夫
『日本語の文法』→寺村秀夫
日本語文法 …………………………… 3
『日本語文法ハンドブック』→庵他
日本語母語話者（JN） …………… 66, 68, 76
認識的可能性 ………… 265, 269, 270, 277, 279
能力 …………… 234, 235, 239, 240, 260, 262, 264
野田尚史（1982） …………………… 14, 25

は 行

場所詞 ………………………………… 105, 110
派生 ……………… 212, 214-216, 221, 224, 226
客家語（はっかご） ……………… 101, 131-133,
　　　　135, 138, 140, 141, 143, 144, 151-
　　　　153, 156, 158, 160, 162-165, 167-
　　　　173
発生 …… 281, 283, 285, 293, 294, 301, 303, 306,
　　　　311, 326, 330, 336, 337
発話時 ………………………………… 269, 279
発話態度 ………………………… 65-67, 89, 93
発話末 …… 65, 66-68, 71-73, 76-79, 81, 83-91, 93
範疇素性 ……………………… 212, 224-226
汎用量詞 ………… 103, 105, 112, 116, 117, 120-
　　　　123, 129
比較・程度構文 ………………… 15, 29, 31
ピッチ …………………… 66, 71-74, 81, 92
否定 ……… 7, 16, 42, 51, 63, 129, 136, 139-142,
　　　　147-149, 153, 155, 157, 163, 168-
　　　　170, 234, 235, 239, 278, 286, 293,
　　　　304
否定詞 ……… 129, 136, 139-141, 147-149, 163,
　　　　168, 169
非不快な ……………………… 311, 312, 314
非不快名詞 ……………………………… 295
評価（evaluation） ……… 41, 43, 44, 49, 50, 58,
　　　　59, 61, 62, 286, 289, 293
評価的意味（evaluative meaning） ……… 286
評価的意味素性（evaluative feature） ……… 286
表現文法 ………………………………… 3
苗語（びょうご） ……………………… 101
苗族（びょうぞく） …………………… 101
標識付与 ………………………… 307, 337
標準中国語 …… 101, 105-111, 116, 131-133,
　　　　136, 138-141, 143-145, 152, 154,
　　　　155, 158, 159, 165, 169, 170, 171
品詞論 ……………………………… 8, 10, 11
閩南語（びんなんご） …… 101, 131, 133, 165,
　　　　168, 170-174
不快指向性 …… 281, 290, 293, 295, 299, 301,
　　　　305, 306, 315, 321, 337
不快な（unpleasant） ………… 282-286, 288,
　　　　290, 291, 293, 294, 336
不快表現（unpleasant expressions）
　　　　……………… 281, 282, 289, 290, 302, 336
不快名詞 …… 281, 283, 290, 293-296, 301, 303-
　　　　305, 308, 316, 318, 323, 325-328,
　　　　330-332, 334-336
不規則変化 ……………………… 215, 220
副詞 …………………………………… 41
副詞句 ……………………… 231, 235, 249
副詞節 ……………………………… 7, 235
複数形 …… 214, 215, 217-220, 225, 227, 228,
　　　　295, 296, 304, 305
複文 …………………………… 5, 8, 11, 15
普遍文法 …………………………… 224
ブログ ……………………………… 46, 61, 63
プロソディ→韻律
文型 ……………………………… 19-31, 34
文型の立て方 ……………………… 21
分散形態論 ………………… 212, 219, 222
文の種類 …………………………… 12
文法記述 …… 3, 8-11, 14, 32, 65, 132, 133, 241,
　　　　256, 277, 282, 286
併合 ……………………… 212-214, 221, 225, 226
変化構文 …………………………… 30
編入 ……………… 213, 214, 216, 221, 226, 227
方向補語 …………… 132, 133, 145-147, 152, 153,
　　　　165, 168, 170
法助動詞（modal） ……………………… 231
補語 …… 5, 6, 11, 13, 14, 19, 24, 26, 28, 31, 32,
　　　　337
補語（中国語文法） ………… 131-133, 167, 168
補助動詞構文 ……………………… 16, 28
母国語話者 ……………… 268, 269, 275, 279
補部 ……………… 213, 219, 221-223, 225, 226
香港粤語（ほんこんえつご） ……… 133, 168
ほんと …… 42, 43, 45, 47-50, 52, 55-59, 61, 62
本当 …………………… 42, 43, 45, 47-49, 69
本当に ……………………………… 47

索引 *349*

本当は ………………… *43, 46, 47, 49, 56, 61*

ま 行

まじ ………………………………… *57-62*
益岡隆志(2003) ……………………… *33*
益岡・田窪(1992)『基礎日本語文法』
　………………… *7, 11, 13, 15, 30, 38*
益岡隆志編(2008) …………………… *33*
三尾砂 ………………………………… *12*
三上章 ……………… *5, 6, 12, 14, 31, 33*
宮島達夫 ……………………………… *33*
ムード ……………… *5-7, 10-14, 32, 33*
村木新次郎(2000) …………………… *37*
名詞句の prominence ………… *187, 208*
名詞句の定性(definiteness) …… *177, 185,*
　　189, 190, 193-202, 205-207
名詞述語 ………………………… *11, 24*
名詞文 ………………………… *12, 13, 14, 25*
名詞類 ………………………… *294, 301*
命題 …………………………………… *41*
目的語の位置 …… *118, 152, 157, 180, 187, 200,*
　　297, 301, 323, 329
モダリティ …………………………… *16*
モダリティ副詞 ……… *41-45, 56, 62, 63*
森山卓郎 ……………………………… *36*

や 行

優先的意味選択(semantic preference)
　………………… *282, 287, 336*
瑶語(ようご) ………………………… *101*
瑤族(ようぞく) ……………………… *101*
与格構文交替 …… *177-186, 189-192, 200, 201,*
　　207, 208
予兆 …………… *281, 283, 293, 294, 297, 326, 330*

ら 行

リアル …………………………… *45, 59-62*
離合詞 …………………………… *105, 111*
リズム ……………………… *66, 75, 85, 92*
量詞 …… *103, 113, 117, 118, 121, 122, 124, 129,*
　　168
理論的可能性(theoretical possibility)
　………………… *256, 257, 259, 261, 268*
類似性 …………………… *217, 218, 227, 228*
類像性(iconisity) …… *131, 139, 144, 167*
ルート範疇 ……………… *212, 214, 221*
列挙 ……………………………… *224-226*
レベル順序付け ………………… *215, 217*
連城客家語(れんじょうはっかご) …… *151*
連体修飾構造 ………………………… *101*
六甲語 …… *101, 103-110, 116, 117, 127-129*
六甲人 ………………………………… *101*
論理構造 ………………… *44, 47, 55, 56, 57*

わ 行

渡辺実 ………………………………… *6*

執筆者紹介（執筆順）

野田　時寛（のだ　ときひろ）　研究員　中央大学法学部准教授
藤原　浩史（ふじわら　ひろふみ）　研究員　中央大学文学部教授
林　　明子（はやし　あきこ）　研究員　中央大学文学部教授
西沼　行博（にしぬま　ゆきひろ）　客員研究員　フランス国立科学研究センター（CNRS）音声言語研究所上級研究員
谷部　弘子（やべ　ひろこ）　客員研究員　東京学芸大学留学生センター教授
工藤　早恵（くどう　さえ）　客員研究員　中央大学法学部兼任講師
遠藤　雅裕（えんどう　まさひろ）　研究員　中央大学法学部教授
大羽　　良（おおば　りょう）　研究員　中央大学経済学部助教
若林　茂則（わかばやし　しげのり）　研究員　中央大学文学部教授
市川　泰男（いちかわ　やすお）　研究員　中央大学経済学部教授
新井　洋一（あらい　よういち）　研究員　中央大学経済学部教授

文法記述の諸相

中央大学人文科学研究所研究叢書　54

2011年3月30日　第1刷発行

編　者　　中央大学人文科学研究所
発行者　　中央大学出版部
　　　　　代表者　玉造　竹彦

〒192-0393　東京都八王子市東中野742-1
発行所　中央大学出版部
　　　電話 042（674）2351　FAX 042（674）2354
　　　http://www2.chuo-u.ac.jp/up/

Ⓒ 2011　　　　　　　　　　　　　　　奥村印刷㈱

ISBN978-4-8057-5339-2

中央大学人文科学研究所研究叢書

1　五・四運動史像の再検討　　　　　　　　　Ａ５判　564頁
　　　　　　　　　　　　　　　　　　　　　　　（品切）

2　希望と幻滅の軌跡　　　　　　　　　　　　Ａ５判　434頁
　　　反ファシズム文化運動　　　　　　　　　定価 3,675円
　　　様々な軌跡を描き，歴史の壁に刻み込まれた抵抗運動
　　　の中から新たな抵抗と創造の可能性を探る．

3　英国十八世紀の詩人と文化　　　　　　　　Ａ５判　368頁
　　　　　　　　　　　　　　　　　　　　　　　（品切）

4　イギリス・ルネサンスの諸相　　　　　　　Ａ５判　514頁
　　　演劇・文化・思想の展開　　　　　　　　　（品切）

5　民衆文化の構成と展開　　　　　　　　　　Ａ５判　434頁
　　　遠野物語から民衆的イベントへ　　　　　定価 3,670円
　　　全国にわたって民衆社会のイベントを分析し，その源
　　　流を辿って遠野に至る．巻末に子息が語る柳田國男像
　　　を紹介．

6　二〇世紀後半のヨーロッパ文学　　　　　　Ａ５判　478頁
　　　第二次大戦直後から80年代に至る現代ヨーロッパ文学　定価 3,990円
　　　の個別作家と作品を論考しつつ，その全体像を探り今
　　　後の動向をも展望する．

7　近代日本文学論　大正から昭和へ　　　　　Ａ５判　360頁
　　　時代の潮流の中でわが国の文学はいかに変容したか，　定価 2,940円
　　　詩歌論・作品論・作家論の視点から近代文学の実相に
　　　迫る．

中央大学人文科学研究所研究叢書

8 ケルト　伝統と民俗の想像力　　A 5 判 496頁
　　　　　　　　　　　　　　　　定価 4,200円
　　古代のドイツから現代のシングにいたるまで，ケルト
　　文化とその禀質を，文学・宗教・芸術などのさまざま
　　な視野から説き語る．

9 近代日本の形成と宗教問題〔改訂版〕　A 5 判 330頁
　　　　　　　　　　　　　　　　定価 3,150円
　　外圧の中で，国家の統一と独立を目指して西欧化をは
　　かる近代日本と，宗教とのかかわりを，多方面から模
　　索し，問題を提示する．

10 日中戦争　日本・中国・アメリカ　A 5 判 488頁
　　　　　　　　　　　　　　　　定価 4,410円
　　日中戦争の真実を上海事変・三光作戦・毒ガス・七三
　　一細菌部隊・占領地経済・国民党訓政・パナイ号撃沈
　　事件などについて検討する．

11 陽気な黙示録　オーストリア文化研究　A 5 判 596頁
　　　　　　　　　　　　　　　　定価 5,985円
　　世紀転換期の華麗なるウイーン文化を中心に20世紀末
　　までのオーストリア文化の根底に新たな光を照射し，
　　その特質を探る．巻末に詳細な文化史年表を付す．

12 批評理論とアメリカ文学　検証と読解　A 5 判 288頁
　　　　　　　　　　　　　　　　定価 3,045円
　　1970年代以降の批評理論の隆盛を踏まえた方法・問題
　　意識によって，アメリカ文学のテキストと批評理論を
　　多彩に読み解き，かつ犀利に検証する．

13 風習喜劇の変容　　　　　　　　　A 5 判 268頁
　　王政復古期からジェイン・オースティンまで　定価 2,835円
　　王政復古期のイギリス風習喜劇の発生から，18世紀感
　　傷喜劇との相克を経て，ジェイン・オースティンの小
　　説に一つの集約を見る，もう一つのイギリス文学史．

14 演劇の「近代」　近代劇の成立と展開　A 5 判 536頁
　　　　　　　　　　　　　　　　定価 5,670円
　　イプセンから始まる近代劇は世界各国でどのように受
　　容展開されていったか，イプセン，チェーホフの近代
　　性を論じ，仏，独，英米，中国，日本の近代劇を検討
　　する．

中央大学人文科学研究所研究叢書

15 現代ヨーロッパ文学の動向　中心と周縁　　A5判 396頁
　　　　　　　　　　　　　　　　　　　　　　定価 4,200円
　　　際立って変貌しようとする20世紀末ヨーロッパ文学
　　　は，中心と周縁という視座を据えることで，特色が鮮
　　　明に浮かび上がってくる．

16 ケルト　生と死の変容　　　　　　　　　　A5判 368頁
　　　　　　　　　　　　　　　　　　　　　　定価 3,885円
　　　ケルトの死生観を，アイルランド古代／中世の航
　　　海・冒険譚や修道院文化，またウェールズの『マビノー
　　　ギ』などから浮び上がらせる．

17 ヴィジョンと現実　　　　　　　　　　　　A5判 688頁
　　　十九世紀英国の詩と批評　　　　　　　　定価 7,140円
　　　ロマン派詩人たちによって創出された生のヴィジョン
　　　はヴィクトリア時代の文化の中で多様な変貌を遂げる．
　　　英国19世紀文学精神の全体像に迫る試み．

18 英国ルネサンスの演劇と文化　　　　　　　A5判 466頁
　　　　　　　　　　　　　　　　　　　　　　定価 5,250円
　　　演劇を中心とする英国ルネサンスの豊饒な文化を，当
　　　時の思想・宗教・政治・市民生活その他の諸相におい
　　　て多角的に捉えた論文集．

19 ツェラーン研究の現在　　　　　　　　　　A5判 448頁
　　　詩集『息の転回』　第1部注釈　　　　　　定価 4,935円
　　　20世紀ヨーロッパを代表する詩人の一人パウル・ツェ
　　　ラーンの詩の，最新の研究成果に基づいた注釈の試
　　　み，研究史，研究・書簡紹介，年譜を含む．

20 近代ヨーロッパ芸術思想　　　　　　　　　A5判 320頁
　　　　　　　　　　　　　　　　　　　　　　定価 3,990円
　　　価値転換の荒波にさらされた近代ヨーロッパの社会現
　　　象を文化・芸術面から読み解き，その内的構造を様々
　　　なカテゴリーへのアプローチを通して，多面的に解
　　　明．

21 民国前期中国と東アジアの変動　　　　　　A5判 600頁
　　　　　　　　　　　　　　　　　　　　　　定価 6,930円
　　　近代国家形成への様々な模索が展開された中華民国前
　　　期(1912〜28)を，日・中・台・韓の専門家が，未発掘
　　　の資料を駆使し検討した国際共同研究の成果．

中央大学人文科学研究所研究叢書

22 ウィーン　その知られざる諸相
　　もうひとつのオーストリア
　　　　A5判 424頁
　　　　定価 5,040円

20世紀全般に亙るウィーン文化に，文学，哲学，民俗，音楽，映画，歴史など多彩な面から新たな光を照射し，世紀末ウィーンと全く異質の文化世界を開示する．

23 アジア史における法と国家
　　　　A5判 444頁
　　　　定価 5,355円

中国・朝鮮・チベット・インド・イスラム等アジア各地域における古代から近代に至る政治・法律・軍事などの諸制度を多角的に分析し，「国家」システムを検証解明した共同研究の成果．

24 イデオロギーとアメリカン・テクスト
　　　　A5判 320頁
　　　　定価 3,885円

アメリカン・イデオロギーないしその方法を剔抉，検証，批判することによって，多様なアメリカン・テクストに新しい読みを与える試み．

25 ケルト復興
　　　　A5判 576頁
　　　　定価 6,930円

19世紀後半から20世紀前半にかけての「ケルト復興」に社会史的観点と文学史的観点の双方からメスを入れ，その複雑多様な実相と歴史的な意味を考察する．

26 近代劇の変貌
　　「モダン」から「ポストモダン」へ
　　　　A5判 424頁
　　　　定価 4,935円

ポストモダンの演劇とは？　その関心と表現法は？　英米，ドイツ，ロシア，中国の近代劇の成立を論じた論者たちが，再度，近代劇以降の演劇状況を鋭く論じる．

27 喪失と覚醒
　　19世紀後半から20世紀への英文学
　　　　A5判 480頁
　　　　定価 5,565円

伝統的価値の喪失を真摯に受けとめ，新たな価値の創造に目覚めた，文学活動の軌跡を探る．

28 民族問題とアイデンティティ
　　　　A5判 348頁
　　　　定価 4,410円

冷戦の終結，ソ連社会主義体制の解体後に，再び歴史の表舞台に登場した民族の問題を，歴史・理論・現象等さまざまな側面から考察する．

中央大学人文科学研究所研究叢書

29 ツァロートの道
ユダヤ歴史・文化研究
A5判 496頁
定価 5,985円

18世紀ユダヤ解放令以降,ユダヤ人社会は西欧への同化と伝統の保持の間で動揺する.その葛藤の諸相を思想や歴史,文学や芸術の中に追究する.

30 埋もれた風景たちの発見
ヴィクトリア朝の文芸と文化
A5判 660頁
定価 7,665円

ヴィクトリア朝の時代に大きな役割と影響力をもちながら,その後顧みられることの少なくなった文学作品と芸術思潮を掘り起こし,新たな照明を当てる.

31 近代作家論
A5判 432頁
定価 4,935円

鴎外・茂吉・『荒地』等,近代日本文学を代表する作家や詩人,文学集団といった多彩な対象を懇到に検討,その実相に迫る.

32 ハプスブルク帝国のビーダーマイヤー
A5判 448頁
定価 5,250円

ハプスブルク神話の核であるビーダーマイヤー文化を多方面からあぶり出し,そこに生きたウィーン市民の日常生活を通して,彼らのしたたかな生き様に迫る.

33 芸術のイノヴェーション
モード,アイロニー,パロディ
A5判 528頁
定価 6,090円

技術革新が芸術におよぼす影響を,産業革命時代から現代まで,文学,絵画,音楽など,さまざまな角度から研究・追求している.

34 剣と愛と
中世ロマニアの文学
A5判 288頁
定価 3,255円

12世紀,南仏に叙情詩,十字軍から叙情詩,ケルトの森からロマンスが誕生.ヨーロッパ文学の揺籃期をロマニアという視点から再構築する.

35 民国後期中国国民党政権の研究
A5判 656頁
定価 7,350円

中華民国後期(1928-49)に中国を統治した国民党政権の支配構造,統治理念,国民統合,地域社会の対応,そして対外関係・辺疆問題を実証的に解明する.

中央大学人文科学研究所研究叢書

36 現代中国文化の軌跡　　　　　　　　Ａ５判　344頁
　　　　　　　　　　　　　　　　　　　定価　3,990円
　　　文学や語学といった単一の領域にとどまらず，時間的
　　　にも領域的にも相互に隣接する複数の視点から，変貌
　　　著しい現代中国文化の混沌とした諸相を捉える．

37 アジア史における社会と国家　　　　Ａ５判　354頁
　　　　　　　　　　　　　　　　　　　定価　3,990円
　　　国家とは何か？　社会とは何か？　人間の活動を「国
　　　家」と「社会」という形で表現させてゆく史的システ
　　　ムの構造を，アジアを対象に分析．

38 ケルト　口承文化の水脈　　　　　　Ａ５判　528頁
　　　　　　　　　　　　　　　　　　　定価　6,090円
　　　アイルランド，ウェールズ，ブルターニュの中世に源
　　　流を持つケルト口承文化――その持続的にして豊穣な
　　　水脈を追う共同研究の成果．

39 ツェラーンを読むということ　　　　Ａ５判　568頁
　　　詩集『誰でもない者の薔薇』研究と注釈　定価　6,300円
　　　現代ヨーロッパの代表的詩人の代表的詩集全篇に注釈
　　　を施し，詩集全体を論じた日本で最初の試み．

40 続　剣と愛と　中世ロマニアの文学　Ａ５判　488頁
　　　　　　　　　　　　　　　　　　　定価　5,565円
　　　聖杯，アーサー王，武勲詩，中世ヨーロッパ文学を，
　　　ロマニアという共通の文学空間に解放する．

41 モダニズム時代再考　　　　　　　　Ａ５判　280頁
　　　　　　　　　　　　　　　　　　　定価　3,150円
　　　ジョイス，ウルフなどにより，1920年代に頂点に達し
　　　た英国モダニズムとその周辺を再検討する．

42 アルス・イノヴァティーヴァ　　　　Ａ５判　256頁
　　　レッシングからミュージック・ヴィデオまで　定価　2,940円
　　　科学技術や社会体制の変化がどのようなイノヴェー
　　　ションを芸術に発生させてきたのかを近代以降の芸術
　　　の歴史において検証．近現代の芸術状況を再考する試
　　　み．

中央大学人文科学研究所研究叢書

43　メルヴィル後期を読む　　　　　　　　　Ａ５判　248頁
　　　　　　　　　　　　　　　　　　　　　　定価　2,835円
　　　複雑・難解であることで知られる後期メルヴィルに新
　　　旧二世代の論者六人が取り組んだもので，得がたいユ
　　　ニークな論集となっている．

44　カトリックと文化　出会い・受容・変容　Ａ５判　520頁
　　　　　　　　　　　　　　　　　　　　　　定価　5,985円
　　　インカルチュレーションの諸相を，多様なジャンル，
　　　文化圏から通時的に剔抉，学際的協力により可能と
　　　なった変奏曲（カトリシズム（普遍性））の総合的研究．

45　「語り」の諸相　　　　　　　　　　　　Ａ５判　256頁
　　　演劇・小説・文化とナラティヴ　　　　　定価　2,940円
　　　「語り」「ナラティヴ」をキイワードに演劇，小説，祭
　　　儀，教育の専門家が取り組んだ先駆的な研究成果を集
　　　大成した力作．

46　档案の世界　　　　　　　　　　　　　　Ａ５判　272頁
　　　　　　　　　　　　　　　　　　　　　　定価　3,045円
　　　近年新出の貴重史料を綿密に読み解き，埋もれた歴史
　　　を掘り起こし，新たな地平の可能性を予示する最新の
　　　成果を収載した論集．

47　伝統と変革　　　　　　　　　　　　　　Ａ５判　680頁
　　　一七世紀英国の詩泉をさぐる　　　　　　定価　7,875円
　　　17世紀英国詩人の注目すべき作品を詳細に分析し，詩
　　　人がいかに伝統を継承しつつ独自の世界観を提示して
　　　いるかを解明する．

48　中華民国の模索と苦境　1928～1949　　Ａ５判　420頁
　　　　　　　　　　　　　　　　　　　　　　定価　4,830円
　　　20世紀前半の中国において試みられた憲政の確立は，
　　　戦争・外交・革命といった困難な内外環境によって挫
　　　折を余儀なくされた．

49　現代中国文化の光芒　　　　　　　　　　Ａ５判　388頁
　　　　　　　　　　　　　　　　　　　　　　定価　4,515円
　　　文字学，文法学，方言学，詩，小説，茶文化，俗信，
　　　演劇，音楽，写真などを切り口に現代中国の文化状況
　　　を分析した論考を多数収録する．

中央大学人文科学研究所研究叢書

50 アフロ・ユーラシア大陸の都市と宗教　　Ａ５判　298頁
　　　　　　　　　　　　　　　　　　　　　定価　3,465円
　　　アフロ・ユーラシア大陸の都市と宗教の歴史が明らか
　　　にする，地域の固有性と世界の普遍性．都市と宗教の
　　　時代の新しい歴史学の試み．

51 映像表現の地平　　　　　　　　　　　　Ａ５判　336頁
　　　　　　　　　　　　　　　　　　　　　定価　3,780円
　　　無声映画から最新の公開作まで様々な作品を分析しな
　　　がら，未知の快楽に溢れる映像表現の果てしない地平
　　　へ人々を誘う気鋭の映画論集．

52 情報の歴史学　　　　　　　　　　　　　Ａ５判　348頁
　　　　　　　　　　　　　　　　　　　　　定価　3,990円
　　　「個人情報」「情報漏洩」等々，情報に関わる用語がマ
　　　スメディアをにぎわす今，情報のもつ意義を前近代の
　　　歴史から学ぶ。

53 フランス十七世紀の劇作家たち　　　　　Ａ５判　472頁
　　　　　　　　　　　　　　　　　　　　　定価　5,460円
　　　フランス十七世紀の三大作家コルネイユ，モリエー
　　　ル，ラシーヌの陰に隠れて忘れられた劇作家たちの生
　　　涯と作品について論じる。

定価に消費税５％含みます。